高等院校统计学系列教材

统计学

——理论·实务·案例 （第三版）

主编　赵振伦　李洪静

立信会计出版社
LIXIN ACCOUNTING PUBLISHING HOUSE

图书在版编目(CIP)数据

统计学:理论·实务·案例/赵振伦,李洪静主编.
—3 版.—上海:立信会计出版社,2017.7(2021.12 重印)
高等院校统计学系列教材
ISBN 978 - 7 - 5429 - 5531 - 9

Ⅰ.①统… Ⅱ.①赵… ②李… Ⅲ.①统计学—高等学
校—教材 Ⅳ.①C8

中国版本图书馆 CIP 数据核字(2017)第 191762 号

策划编辑 赵志梅
责任编辑 赵志梅
封面设计 南房间

统计学——理论·实务·案例
Tongjixue   Lilun   Shiwu   Anli

出版发行	立信会计出版社
地 址	上海市中山西路 2230 号	邮政编码	200235
电 话	(021)64411389	传 真	(021)64411325
网 址	www.lixinaph.com	电子邮箱	lixinaph2019@126.com
网上书店	http://lixin.jd.com		http://lxkjcbs.tmall.com
经 销	各地新华书店

印 刷	浙江临安曙光印务有限公司
开 本	787 毫米×960 毫米 1/16
印 张	30
字 数	560 千字
版 次	2017 年 7 月第 3 版
印 次	2021 年 12 月第 5 次
印 数	12 801—15 900
书 号	ISBN 978 - 7 - 5429 - 5531 - 9/C
定 价	48.00 元

如有印订差错,请与本社联系调换

第三版前言

统计学是一门比较难学的学科,记住公式,不等于理解统计;学会计算,不等于会用统计。统计的真谛在于它所体现的思想,在于它所提供的思维方式。

随着经济的快速增长、社会的不断发展以及经济指标体系的不断完善和更新,原有的统计学教材个别章节已不适应形式发展的需要,有些指标、理论计算手段需要更新,这就是改版的初衷。

第三版的出版仍然感谢立信会计出版社,感谢编辑和有关同志的辛勤劳动。感谢书后所列参考文献的作者,本书的部分素材选自所列参考文献。

书中疏漏之处,恳请读者指正。

编　者

前　言

随着经济改革的不断深入发展,统计的科学理论和分析方法在企业中得到了广泛应用。本人编写此书的目的,是为了给大、中专院校经济类专业学生以及企、事业单位统计人员、经济管理人员在学习和工作中多提供一些参考。

本书内容通俗易懂,案例较为生动、直观,理论与实际紧密结合。它的出版将有利于案例教学的发展,有利于统计学科教学质量的提高,使读者进一步明确在企业经济活动中该怎样应用科学的统计分析方法来进行统计分析。

本书第二编所征集的企业经济统计分析案例,本身就是统计工作的成果。从案例中可以看出,企业统计人员充分发挥了统计提供信息、实行监督、提供咨询、参与决策的功能,为企业创造更好的经济效益起到了良好的作用。

在编写过程中,由于本人水平所限,疏漏之处在所难免,恳请专家、读者批评指正。在此,也向案例提供者表示感谢!

编　者

目　录

第一编　统计理论和方法

第二编　企业统计分析案例

第 一 编

统计理论和方法

第一章 绪 论

学习目标 通过本章的学习,了解统计学的含义、统计学的产生与发展;正确地理解统计学的对象与特点;掌握统计学的几个基本概念;把握统计指标设计的一般问题,并能根据研究目的进行简单的统计指标体系的框架设计。

关键概念 统计(statistics) 标志(symbol) 指标(index) 指标体系(index system) 总体(population) 变量(variable) 总体单位(population unit) 样本(sample) 参数(parameter) 统计量(statistic)

本章将介绍统计学的一些基本问题,包括统计学的含义、统计数据及其分类、统计中常用的一些基本概念等。

第一节 统计及其应用领域

一、什么是统计学

统计是处理数据的一门科学。人们给统计学下的定义很多。比如,"统计学是收集、分析、表述和解释数据的科学";"统计是一组方法,用来设计实验、获得数据,然后在这些数据的基础上组织、概括、演示、分析、解释和得出结论"。综合地说,统计学(statistics)是收集、处理、分析、解释数据并从数据中得出结论的科学。

统计学是关于数据的科学,它提供的是一套有关数据收集、处理、分析、解释并从数据中得出结论的方法,统计研究的是来自各领域的数据。数据收集也就是取得统计数据;数据处理是将数据用图表等形式展示出来;数据分析则是选择适当的统计方法研究数据,并从数据中提取有用信息进而得出结论。

数据分析所用的方法可分为描述统计方法和推断统计方法。描述统计(descriptive statistics)研究的是数据收集、处理、汇总、图表描述、概括与分析等统计方法。推断统计(inferential statistics)是研究如何利用样本数据来推断总体特征的统计方法。比如,要了解一个地区的人口特征,不可能对每个人的特征——进行测量;对产品的质量进行检验,往往是破坏性的,也不可能对每个产品进行测量。这就需要抽取部分个体即样本进行测量,然后根据获得的样本数据对所研究的总体特征进行推断,这就是推断统计要解决的问题。

二、统计的应用领域

统计方法是适用于所有学科领域的通用数据分析方法,只要有数据的地方就会用到统计方法。随着人们对定量研究的日益重视,统计方法已被应用到自然科学和社会科学的众多领域,统计学也已发展成为由若干分支学科组成的学科体系。可以说,几乎所有的研究领域都要用到统计方法。比如,政府部门、学术研究领域、日常生活中、公司或企业的生产经营管理中都要用到统计。下面将给出统计在经济管理中的一些应用。

1. 企业发展战略

发展战略是一个企业的长远发展方向。制定发展战略一方面需要及时了解和把握整个宏观经济的状况及发展变化趋势,了解市场变化;另一方面还要对企业进行合理的市场定位,把握企业自身的优势和劣势。所有这些都离不开统计,需要统计提供可靠的数据,利用统计方法对数据进行科学的分析和预测等。

2. 产品质量管理

质量是企业的生命,是企业持续发展的基础。质量管理中离不开统计的应用。在一些知名跨国公司,6σ 准则已成为一种重要的管理理念。质量控制已成为统计学在生产领域的一项重要应用。各种统计质量控制图被广泛用于监测生产过程。

3. 市场研究

企业要在激烈的市场竞争中取得优势,首先必须了解市场。要了解市场,则需要作广泛的市场调查,取得所需的信息,并对信息进行科学的分析,以便作为生产和营销的依据。这些都需要统计的支持。

4. 财务分析

上市公司的财务数据是股民投资选择的重要参考依据。一些投资咨询公司主要是根据上市公司提供的财务和统计数据进行分析,为股民提供投资参考。企业自身的投资,也离不开对财务数据的分析,其中要用到大量的统计方法。

5. 经济预测

企业要对未来的市场状况进行预测,经济学家也常常要对宏观经济或某一方面进行预测。在进行预测时要使用各种统计信息和统计方法。比如,企业要对产品的市场潜力作出预测,以便及时调整生产计划,这就需要利用市场调查取得数据,并对数据进行统计分析。经济学家在预测通货膨胀时,要利用有关生产价格指数、失业率、生产能力利用等统计数据,然后通过统计模型进行预测。

6. 人力资源管理

利用统计方法对企业员工的年龄、性别、受教育程度、工资等进行分析,并作为企业制定工资计划、奖惩制度的依据。

当然,统计并不是仅仅为了管理才有用,它是为自然科学、社会科学的多个领域而发展起来的,为多个学科提供了一种通用的数据分析方法。从某种意义上说,统计仅仅是一种数据分析的方法,与数学一样,统计是一种工具,它是一种数据分析的工具。

利用统计方法可以简化繁杂的数据。比如,用图表展示数据,建立数据模型,有人认为统计的全部目的就是让人看懂数据,其实这仅仅是统计的一个方面,统计更重要的功能是对数据进行分析,它提供了一套分析数据的方法和工具。不同的人对数据分析的理解也会不一样,曲解数据分析是一种常见的现象。在有些人的心目中,数据分析就是寻找支持:他们的心目中可能有了某种"结论"性的东西,或者说他们希望看到一种符合他们需要的某种结论,而后去找些统计数据来支持他们的结论。这恰恰歪曲了数据分析的本质:数据分析的真正目的是从数据中找出规律,从数据中寻找启发,而不是寻找支持。真正的数据分析事先是没有结论的,通过对数据的分析才能得出结论。统计不是万能的,它不能解决你所面临的所有问题。统计可以帮助分析数据,并从分析中得出某种结论,但对统计结论的进一步解释,则需要你的专业知识。比如,吸烟会使患肺癌的几率增大,这是一个统计结论,但要解释吸烟为什么能引起肺癌,这就不是统计学家所能做到的,需要有更多的医学知识才行。

第二节　统计数据的类型

统计数据是对现象进行测量的结果。比如,对经济活动总量的测量可以得到国内生产总值(GDP)数据;对股票价格变动的测量可以得到股票价格指数的数据;对人口性别的测量可以得到男或女这样的数据。下面从不同角度说明统计数据的分类。

一、分类数据、顺序数据、数值型数据

按照所采用的计量尺度不同,可以将统计数据分为分类数据(categorical data)、顺序数据(rank data)和数值型数据(metric data)。

(1)分类数据是只能归于某一类别的非数字型数据,它是对事物进行分类的结果,数据表现为类别,是用文字来表述的。例如,人口按照性别分为男、女两类;企业按行业属性分为医药企业、家电企业、纺织品企业等,这些均属于分类数据。为便于统计处理,对于分类数据可以用数字代码来表示各个类别。比如,用1表示"男性",0表示"女性";用1表示"医药企业",2表示"家电企业",3表示"纺织品企业"等。

(2)顺序数据是只能归于某一有序类别的非数字型数据。顺序数据虽然也是类别,但这些类别是有序的。比如,产品可以分为一等品、二等品、三等品、次等品;考试成绩可以分为优、良、中、及格、不及格等;一个人的受教育程度可以分为小学、初中、高中、大学及以上;一个人对某一事物的态度可以分为非常同意、同意、保持中立、不同意、非常不同意,

等等。同样,对顺序数据也可以用数字代码来表示。比如,用 1 表示"非常同意",用 2 表示"同意",用 3 表示"保持中立",用 4 表示"不同意",用 5 表示"非常不同意"。

（3）数据型数据是按数字尺度测量的观察值,其结果表现为具体的数值。现实中所处理的大多数数据都是数值数据。

分类数据和顺序数据说明的是事物的品质特征,通常是用文字来表述的,其结果均表现为类别,因而也可统称为定性数据或品质数据（qualitative data）;数值型数据说明的是现象的数量特征,通常是用数值来表现的,因此也可称为定量数据或数量数据（quantitative data）。

二、观测数据和实验数据

按照统计数据的收集方法,可以将其分为观测数据（observational data）和实验数据（experimental data）。

（1）观测数据是通过调查或观测而收集到的数据,这类数据是在没有对事物人为控制的条件下得到的,有关社会经济现象的统计数据几乎都是观测数据。

（2）实验数据则是在实验中控制实验对象而收集到的数据。比如,对一种新药疗效的实验数据,对一种新的农作物品种的实验数据。自然科学领域的大多数数据都为实验数据。

三、截面数据和时间序列数据

按照被描述的现象与时间的关系,可以将统计数据分为截面数据（cross-sectional data）和时间序列数据（time series data）。

（1）截面数据是在相同或近似相同的时间点上收集的数据,这类数据通常是在不同的空间上获得的,用于描述现象在某一时刻的变化情况。比如,2011 年我国各地区的国内生产总值数据就是截面数据。

（2）时间序列数据是在不同时间上收集到的数据,这类数据是按时间顺序收集到的,用于所描述现象随时间变化的情况。比如,2006 年至 2011 年我国的国内生产总值数据就是时间序列数据。

第三节　统计学中的几个基本概念

统计学和其他科学一样,也有它的研究范畴和概念。本节介绍的是统计学中常有的几个基本概念,其他概念将在后面各有关章节的内容中予以叙述。

一、统计总体和总体单位

统计总体和总体单位,简称总体和个体,是反映统计认识对象的基本概念。

统计总体是由客观存在的某些性质上相同的许多个体所组成的,组成统计总体的个体称为总体单位。例如,某大学所有学生组成一个总体,每个学生就是总体单位。

统计总体的形成必须具备一定条件,其客观条件主要有三条:第一,客观性,即总体和总体单位必须是客观存在的,可以实际观察的。任何主观臆想的东西,都构成不了统计总体。第二,同质性,即组成总体的所有个体必须在某些性质上是相同的。例如,我国的人口普查统计总体包括的每一个人,都具有中国国籍和居住在中国境内的共同性质;工业企业总体,必须是由工业生产经营的基层单位组成的。但是,总体的同质性并不是固定不变的,根据研究的目的不同,同质性也会随之变化。按某一种属性划分,总体可能是同质的,而按另一种属性划分,则可能是不同质的。例如,某地区全部国有工业企业,若按经济类型划分是同质的,但若按行业划分,就不能看成是同质的,第三,差异性,即构成总体的各单位除了同质性一面还必须有异性,否则就不需要进行统计调查研究了。例如,职工这个总体中的每个职工,除了有性质相同的一面,还有差异的一面,如工种,性别,年龄、文化程度、工资等,这样才构成社会统计调查研究的内容。

统计总体的形成还取决于主观条件,这主要有两个方面:

第一,统计研究的目的。统计研究的具体目的不同,作为认识对象的总体和个体便有所不同。例如,研究一个国家或地区的工业生产情况时,将这个国家和地区的每个企业作为总体单位,而在研究一个工业企业的生产情况时,则将该企业的每个车间或者每个班组作为总体单位。

第二,统计机构的状况。统计机构的立场、观点、工作条件、了解实际的深入程度等也决定了统计总体的形成。例如,要调查研究煤矿井下工人的健康状况,如果人力和经费充足,可以把全国煤矿的全体井下工人都列为总体单位形成统计总体;但是,若人力与经费有限,则可以选定大、中、小型煤矿各若干个,以其井下工人为总体单位形成统计总体。

总体与总体单位是既有联系又有区别的不同的概念,但是它们也会因研究对象不同而相互转化。同一个研究对象,在一种情况下是总体,在另一种情况下则变成了总体单位。例如,在研究某高等院校在校学生人数时,该省所有的高等院校是总体,省内每所高等院校是总体单位;而当研究的是某一院校内各系的在校学生人数时,则该院校被看成是总体,而该校的各系则是总体单位。

对于以实物形态存在的总体来说,可以分为有限总体与无限总体,大总体与小总体,可加总体与不可加总体等。如果总体中所包括的单位数是有限的,则称为有限总体;如果总体中包括的单位数是无限的,则称为无限总体。社会经济现象从理论上来说,都是有限总体,但倘若其总体单位数在某一有效的时间内不能一一列举出来,也可视其为无限总体,如电子元件产品、粮食产量等。有限总体与无限总体的划分,有助于选择合适的调查方法和计量方法。总体一经确定,则该总体可称为大总体,而大总体的各组成部分(即组)

则称为小总体,这样做有助于对指标和标志的理解。如果总体单位可以合计在一起,则该总体称为可加总体,如人数、播种面积等;如果总体单位不能合计在一起,则该总体称为不可加总体,如产品产量、固定资产原值等。不可加总体不能计算总体单位数,只能计算各种标志总量。

二、统计标志与变量

(一) 标志

在统计中,总体单位所具有的属性或特征称为标志。例如,每个工人都具有性别、工作、文化程度以及年龄、工龄、工资等属性特征,这些就是工人总体中各个单位的标志。就工业企业来说,企业的经济类型、主管系统、产品产量、固定资产原值等,也是工业企业总体中各个单位的标志。

由此可见,总体由总体单位构成,而总体单位是标志的载体和承担者,统计研究是从登记标志开始,并通过对标志的研究来综合反映总体的数量特征。因此,标志是统计研究的起点。

标志可分为品质标志与数量标志。工人的性别、工种、文化程度、企业的经济类型、主管系统等,是以品质方面的差别来表现的,这类标志称为品质标志;而工人的工龄、工资、企业的工人数、产品产量、固定资产原值等,则是以数量的多少来表现的,这类标志称为数量标志。

一般情况下,同一总体中的各个单位存在着许多标志,其中有的标志在各单位之间的表现是共同的,根据这样的标志将所有单位结合在一起,构成总体同质性的基础。例如,在国有工业企业总体中,在经济类型这一标志的表现上,各个企业都是相同的,这样的标志称为不变标志。除此之外,大多数的标志在各单位之间的表现是不同的,这样的标志称为变异标志。例如,上面所列举的生产工人与工业企业的各项标志就是变异标志。在统计中,变异标志是普遍的、大量的,这是由客观事物所具有的属性决定的。标志在各单位之间的变化称为变异,变异也是统计中的一个重要的概念。

(二) 变量

顾名思义,变量是指可变化的量。变量按反映的对象不同可以分为三种类型,即数值型变量、分类型变量和顺序型变量。

(1) 数值型变量就是可变化的数量标志。所有定量变量(数据)都属于数值型变量。

(2) 分类型变量是用于区分单元或个体属于不同类别组别的变量,如性别、种族、宗教、颜色都是典型的分类型变量。

(3) 顺序型变量是指能够反映单元或个体属于不同等级或顺序的变量。

需要说明的是,数值型变量也包括另外两种类型变量(数据)的数量变种。例如,0~1变换就是将一些分类型变量(数据)转化为数值型变量的常规工具。事实上,各种类型的变量相互之间是可以彼此转化的,长跑运动员的比赛成绩原本用数值型的时间表示,但也可以使用第一、第二……最后一名的名次表示,至此已经变成了顺序型变量了;在一些场合人们又愿意用奖牌获得者与未获得奖牌者这样的分类型变量来描述这同一事情。变量类型的不同最终决定着究竟采用何种方式进行数据处理。

数据变量按其数值是否连续,有离散变量和连续变量之分。离散变量是指只能取整数的变量。例如,职工人数、机器设备台数是不会有小数的,这类变量就属于离散变量。离散变量由于只有整数,通常可用计数方法取得。连续变量是指在整数之间可插入小数的变量。例如,人的身高、体重一类的变量,其数值在整数之间可有无限个数值,因此属于连续变量。连续变量数值的取得,要利用计量工具。需要指出的是,在统计实践中,为了便于核算,有些连续变量可以只取整数,即按离散变量处理,如人的年龄很少恰好是若干周岁,通常会有几个月乃至几天的尾数。这个尾数,统计时一般都舍去了。

数据变量又可分为确定性变量与随机变量两种。由确定性因素影响所形成的变量称为确定性变量,确定性因素使变量按一定的方向呈上升或下降趋势变动。由随机性因素影响所形成的变量称为随机性变量。在观察或试验之前,随机变量的取值是不能确定的,但在观察或试验之后,它只取多种可能结果中的一个,这个值称为随机变量的观察值。

三、统计指标

(一) 统计指标的概念

统计指标也是统计学中常用的重要概念之一,有时简称为指标。它是反映社会经济现象总体数量特征的概念及其具体数值。例如,根据《关于 2004 年国民经济和社会发展的统计公报》,2004 年年末,某地区人口总数为 517 万人,国内生产总值为 380 亿元,全年钢产量为 868 万吨,以上数字及这些数字反映的内容就是统计指标。由此可见,统计指标是由两项基本要素构成的,即指标的概念(名称)与指标数值。上面提到某地区人口数、国内生产总值、钢产量就是指标的概念,它指明统计所研究的现象的物质内容是什么;而 517 万人、380 亿元、868 万吨则是指标数值,它反映所研究现象在具体的时间、地点、条件下的规模和水平。统计指标的两个基本要素既是相对独立,又是紧密联系着的。从指标概念来看,它指明了统计所研究的现象的实际内容;表现这些现象的数值都会因时间、地点、条件不同而变化,但它们都是普遍存在的客观现象。为了深入认识这些现象,在政治经济学及其他各门社会科学中,都是把这些概念作为独立的社会经济范畴来研究,在统计中也有必要把它们独立出来,对每项指标在社会经济过程中的地位、内容、范围和计算方式进行研究,以便能够取得完整的资料。在这种意义下,它具有独立性,所以在许多情况下就把指标概念称为指标。当指标概念,即研究内容确定之后,需要通过具体的指标数值反映它的数量特征与相互关系。指标数值有时是一个,许多情况下是一系列数值,并形成数列。当指标概念这个前提一经确定,统计研究的重点就转移到对数值和数列的加工与分析上面,以便从中获得更多的信息。这种分析也是在相对独立的状态下进行的。例如,统计中常用的有相对指标、平均指标、变异指标、指数、相关系数等,其中还包括搜集和整理这些资料的过程。在统计学中,对于指标数值以及统计数列的研究已建立了完整的理论和方法,并构成统计学中十分重要的内容。

指标概念与指数数值两者具有相对独立的意义,但在实际问题的研究中,绝不可以把两者割裂开来,对立起来。指标概念反映了所研究现象的质的规定性,指标数值则反映了该现象的量的规定性,完整的统计指标也就是质和量两方面的统一,两者结合起来才有可能对所研究现象的数量特征及其相互关系作出完整的描述。

统计指标与标志的关系是怎样的呢?两者的区别是:第一,指标是说明总体特征的,而标志是说明总体单位特征的。第二,标志有不能用数值表示的品质标志和能用数值表示的数量标志两种,而指标必须是由数值表示的。两者的联系是:第一,许多指标的数值是从总体单位的数量标志汇总而来的,如某单位的工资总额是从每个职工的工资(标志数值)汇总得来的。第二,两者之间存在转化关系。例如,我们研究一个工业企业(总体)的生产情况时,该企业的工业总产值、职工人数等反映该企业生产情况的统计指标;而当我们研究全国或一个地区的工业生产情况时,每个企业(总体单位)的工业总产值、职工人数等则变成了反映企业特征的标志。

（二）统计指标的特点

统计指标主要有两个特点:第一,同质事物的可量性。没有质的规定性不能成为统计指标,有了质的规定性而不能用数量表示也不能成为统计指标。第二,量的综合性。统计指标是反映总体的量,是许多个体现象的数量综合的成果。一个职工的工资不能成为统计指标,一个企业或一个地区的工资总额或平均工资才能成为统计指标。

（三）统计指标的分类

社会经济统计的种种指标,在内容、性质和时间特点上不尽相同,为了求得指标的核算和分析符合科学原则,保证统计结果准确无误,对统计指标加以分类是很有必要的。

统计指标可以从不同角度进行分类,现就几种主要分类介绍如下:

（1）指标按所反映的事物性质不同,可分为实体指标和行为指标两类。实体指标是反映具有实物形态、客观存在的具体事物的数量特征的指标,如产品产量指标、职工人数指标、固定资产价值指标等;行为指标是反映某种行为的数量特征的指标,如工伤事故指标、犯罪行为指标等。

（2）指标按其数据的依据不同,可分为客观指标和主观指标两类。客观指标是指对统计对象进行实际度量或计数得来的指标,它具有具体性和客观性,这类指标多属实体指标,如前面举的例子中,产品产量、职工人数都是客观指标;不可测验、对事物综合评价等指标就属于主观指标。必须指出的是,主观指标虽然不是通过实际度量或计数得来的,带有模糊性,但这类指标通常是通过一定数量的样本资料加以综合比较,最后可以确定其量的特征,因而具有一定代表性。可见,主观指标并非全凭人们的想象任意提出,而是数出有据,有一定可信度的,从这点来看,应该说,这类指标也具有一定的客观性。

(3)指标按其反映的时间特点不同,可分为时点指标和时期指标两类。时点指标是反映总体特征在某一时点上的数量表现的指标,常用的是期末数字,如 2011 年年末,某地区人口数为 517 万人,2011 年年末,我国医院共有病床 618 万张等;时期指标是反映总体特征在某一时期的数量表现的指标,如 2011 年某地区国内生产总值为 380 亿元。

(4)指标按计量单位的特点,可分为实物指标与价值指标两类。实物指标是以实物单位计量的指标,由国家统一规定的计量单位,如米、千克、台、千瓦时等来计量;价值指标是以货币单位计量,反映事物价值量的指标,如产值 500 万元。

(5)指标按其反映总体特征的性质不同,可分为数量指标和质量指标两类。当指标反映的是总量或单位总数时,就统称为数量指标。这类指标主要说明总体的规模、工作问题和水平,一般用绝对数表示,如商品销售额、人口总数、工业企业总数等。质量指标是反映总体强度、密度、效果、工作质量、比例关系等的指标,如人口密度、劳动生产率、全国每人拥有的粮食数量、资金利率等。这类指标一般用平均数或相对数表示。

四、统计指标体系

(一)统计指标体系的概念和作用

由若干个相互联系、相互制约的统计指标组成的一个统计指标系统叫做统计指标体系。

社会经济现象之间存在着相互联系、相互制约的关系。一个统计指标只能反映客观事物的一个方面的特征,若要反映事物各个方面及其发展变化的整个过程,就需要设计和运用一整套统计指标。例如,要研究一个地区的工业生产状况,就要设计和运用反映生产条件的指标,如企业单位、职工、设备、原材料供应等;反映工业生产状况便需要设计和运用一个相当庞大、相当复杂的统计指标体系,至于指标体系如何设计、设计的原则等将在下一章阐述。

统计指标体系的作用主要体现在以下几个方面:

(1)借助统计指标体系能够从整体上反映社会经济现象之间的相互联系。一般来说,任何社会经济总体都是一个相互联系的有机整体。比如,整个国民经济总体是由许多有机联系的部门和地区组成的,它的运行是生产、分配、消费、积累连续不断地有机联系的复杂运动过程。运用指标体系能够从整体上反映社会经济现象的有机联系。

(2)通过统计指标体系能够深入地反映一定的社会经济现象总体的数量方面的全貌和发展的全过程,便于分析各种复杂的因素对所研究现象变动结果的作用方向和程度,防止片面性。因为一个统计指标的作用是有限的,只靠一个指标来认识事物并作出决策,就难免出错。

总之,通过统计指标体系可以使我们达到对事物更全面、更系统、更深入地认识,从而更好地发挥统计的整体功能。

(二) 统计指标体系的种类

统计指标体系可以从不同角度进行分类,现就几种主要分类介绍如下。

1. 按反映的内容分类

统计指标体系按其所反映的内容可以分为基本统计指标体系和专题统计指标体系。

(1) 基本统计指标体系是反映社会经济发展基本情况的指标体系。它可以分为:反映社会生产、分配、交换、使用等方面的经济统计指标体系;反映人口、文化、教育、卫生等各方面的社会统计指标体系;反映科学技术机构、人员、投入、成果等方面的科学统计指标体系。

(2) 专题统计指标体系是对某一社会经济问题进行调查研究时专门设立的统计指标体系。例如,残疾人状况的指标体系、农产品生产成本和经济效益指标体系等。

2. 按实施的范围分类

统计指标体系按其所实施的范围可以分为四大类:国家统计指标体系、行业(或部门)统计指标体系、地方统计指标体系、基层单位的统计指标体系。

(1) 国家统计指标体系是国家统计局制定的,在全国范围内实施的统计指标体系。它是为满足党中央、国务院管理国家、领导社会主义现代化建设的需要而制定的统计指标体系。它的内容必须包括上述社会经济科技等方面的基本情况并反映其运行过程和成果。

(2) 行业(或部门)统计指标体系是不同行业、不同部门根据生产经营、业务管理的需要设计的统计指标体系。它比国家统计指标体系在具体要求上要细密得多。例如,对于汽车的产销情况,国家统计指标体系内只要求总数量,或者只要求区分大小客车、货车等。在行业统计指标体系中则要求把不同规模型号和一些技术标准都列为统计指标,才能满足具体业务经营管理的需要。在市场经济和对外经贸日益发展的情况下,行业统计指标体系的完整化和科学化越来越重要了。

(3) 地方统计指标体系是为了满足地方各级,主要是省、市、自治区一级党委和政府领导工作的需要,在国家统计基础上补充增加而设立的。例如,沿海开放地区特别是经济特区,在对外经济关系方面就需要一些更细密的指标签;而少数民族地区对于少数民族的经济文化状况就需要设立一些必需的指标。这样便形成了地方统计指标体系。在经济改革、对外开放的形势下,发挥各个地方的积极性、主动性至关重要,设立地方统计指标体系是十分必要的。

值得注意的是,行业统计指标体系和地方统计指标体系都必须以国家统计指标体系为核心,严格贯彻国家统计指标体系中的各项规定,保证国家统计指标体系的基础。

（4）基层单位的统计指标体系。以上三类统计指标体系的贯彻实施,最后都要落实到各个有关的基层单位,各个基层单位必须以上级下达的统计指标体系为核心,结合本单位生产经营管理的需要再加以补充而形成本单位的统计表指标体系。任何一个基层单位的生产经营管理所需要的统计指标体系都要比其上级部门所需要的统计指标体系细密得多,任何一个基层单位的统计工作都不能只满足于完成上级管理部门要求的统计报表,而应当把本单位的生产经营管理的需要列为直接的日常的工作任务,这就需要主动地建立起本单位的统计指标体系。

五、样本

样本(sample)是从总体中抽取的一部分元素集合,构成样本的元素的数目称为样本量(sample size)。抽样的目的是根据样本提供的信息推断总体的特征。比如,从一批灯泡中随机抽取 100 个,这 100 个灯泡就构成了一个样本,然后根据这 100 个灯泡的平均使用寿命去推断这批灯泡的平均使用寿命。

六、参数和统计量

（一）参数

参数(parameter)是用来描述总体特征的概括性数字度量,它是研究者想要了解的总体的某种特征值。研究者所关心的参数通常有总体平均数、总体标准差,总体比例等。在统计中,总体参数通常用希腊字母表示。比如,总体平均数用 μ(mu),总体标准差用 σ(sigma)表示,总体比例用 π(pi)表示等。

由于总体数据通常是不知道的,所以参数是一个求知的常数。比如,我们不知道某一地区所有人口的平均年龄,不知道一个城市所有家庭的收入的差异,不知道一批产品的合格率等。正因为如此,所以才进行抽样,根据样本计算出某些值去估计总体参数。

（二）统计量

统计量(statistic)是用来描述样本特征的概括性数字度量。它是根据样本数据计算出来的一个量,由于抽样是随机的,因此统计量是样本的函数。研究者所关心的统计量主要有样本平均数、样本标准差、样本比例等。样本统计量通常用英文字母来表示。比如,样本平均数用 $\bar{x}$(读作 x-bar)表示,样本标准差用 s 表示,样本比例用 p 表示等。

由于样本是已经抽出来的,所以统计量总是知道的。抽样的目的就是要根据样本统计量去估计总体参数。比如,用样本平均数($\bar{x}$)去估计总体平均数 μ,用样本标准差(s)去估计总体标准差(σ),用样本比例(p)去估计总体比例(π)等。

除了样本均值、样本比例、样本方差这类统计量,还有一些是为统计分析的需要而构造出来的统计量。比如,用于统计检验的 z 统计量、t 统计量、x^2 统计量、F 统计量等。它们的含义将在后面相关的章节中再作介绍。

本 章 要 点

统计的三种含义——统计活动、统计资料、统计学。

统计的性质。统计是从数量方面入手研究社会经济现象的现状及其发展规律的一种手段。对统计是"社会认识的最有力的武器之一"这一论断的理解。

统计认识社会的特点——数量性、社会性、总体性。

统计学的研究对象。统计学是一门系统论述统计方法的应用科学,它的研究对象是统计活动过程。

统计的作用。统计的作用包括统计在管理工作中的作用、统计在科学研究中的作用、统计在国际交流中的作用。

统计学的几个基本概念:统计总体和总体单位、标志与变量、统计指标、统计指标体系等。

本 章 习 题

1. 统计的含义包括几个方面?
2. 统计的作用是什么?
3. 统计总体与总体单位的区别与联系是什么?
4. 如何区分连续变量与离散变量?
5. 统计指标如何分类?
6. 什么是指标体系? 指标体系如何分类?
7. 指出下面的数据类型:
(1) 年龄。
(2) 性别。
(3) 汽车产量。
(4) 员工对企业某项改革措施的态度(赞成、中立、反对)。
(5) 购买商品时的支付方式(现金、信用卡、支票)。
8. 某研究部门准备抽取 2 000 个家庭推断该城市所有职工家庭的年人均收入。
(1) 描述总体和样本。
(2) 指出参数和统计量。
9. 一家研究机构从 IT 从业者中随机抽取 1 000 人作为样本进行调查,其中 60% 的人回答他们的月收入在 5 000 元以上,50% 的人回答他们的消费支付方式是使用信用卡。
(1) 这一研究的总体是什么?

（2）月收入是分类变量、顺序变量还是数值型变量？

（3）消费支付方式是分类变量、顺序变量还是数值型变量？

（4）这一研究涉及截面数据还是时间序列数据？

10. 一项调查表明，消费者每月在网上购物的平均花费是 200 元，他们选择在网上购物的主要原因是"价格便宜"。

（1）这一研究的总体是什么？

（2）"消费者在网上购物的原因"是分类型变量、顺序型变量还是数值型变量？

（3）研究者所关心的参数是什么？

（4）"消费者每月在网上购物的平均花费是 200 元"是参数还是统计量？

（5）研究者所使用的主要是描述统计方法还是推断统计方法？

第二章　统计数据的搜集

学习目标　通过本章的学习，了解并掌握统计调查的概念和要求；明确统计调查的各种分类；掌握统计调查的主要组织形式、特点以及适用场合；掌握问卷设计的基本技术，能设计比较简单的调查表；把握常见的几种统计调查方法及特点并了解它们的应用领域；掌握设计统计调查方案的步骤及其方法。

关键概念　统计数据(statistics data)　统计调查(statistics investigation)　抽样调查(sampling survey)　统计报表(statistical report forms)　普查(census)

第一节　统计调查的概念、作用和种类

一、统计调查的概念和意义

所谓统计调查就是根据统计研究预定的目的、要求和任务，运用各种科学的调查方法，有计划、有组织地搜集有关现象的各个单位的资料，对客观事物进行登记，取得真实可靠的原始资料的工作过程。

统计调查搜集来的资料有两种：一种是未做任何加工整理的被调查单位的原始资料，又称初级资料。例如，国家向全国调查工业生产情况，每个被调查的工业企业向上级报送该企业的产值、产品产量、产品质量、劳动生产率、职工人数、原材料消耗、成本、资金状况等，这些未经过任何一个部门的加工、汇总的资料，就是初级资料。另一种是次级资料。所谓次级资料，是指已经经过某个部门或地区加工整理过的，综合说明某个部门或地区综合情况的统计资料。一切次级资料都是从原始的初级资料过渡而来的。

统计调查在统计工作中具有重要意义。它是统计工作的基础环节，是认识事物的起点，统计资料的整理、计算汇总与分析研究都必须在调查搜集来的资料的基础上进行。因此，调查工作的好坏，取得的资料是否完整与正确，将直接影响到以后各个阶段工作的好坏。原始资料残缺不全或错误百出，则在以后的汇总和分析中难以弥补与纠正，同时在以后的分析研究中，会引出错误的结论。因此，统计调查的资料必须准确、全面、及时。

统计调查，从内容上包括社会问题调查和经济问题调查。社会问题调查包括对宗教

信仰、犯罪、环境、法案、政府政治举措等广泛问题的调查。经济问题调查包括对生产、分配、消费、投资、市场等广泛问题的调查。在现代社会发展中,社会问题和经济问题相互影响且交织在一起,因此,有关社会和经济问题的系统调查已成为统计调查更为关注的研究内容。

二、统计调查的作用

统计调查在现代社会发展过程中发挥着越来越重要的作用,主要表现在:

(1) 统计调查不仅是一种科学技术方法,而且包含着重要的科学思想。它要求人们正确对待客观事物,研究问题从客观事物或现象描述开始,测度或计量社会经济活动特征,获取调查数据或资料,然后经过加工整理,接着通过对客观现象的归纳去认识或推断有关总体特征或本质特征。从实际出发,实事求是,讲究调查研究,是我们认识客观规律的基本思想方法。

(2) 统计调查使社会经济现象的概念描述转化为科学的计量和测度,实现从定性和定量方面描述和归纳社会经济现象及其变化特征。

(3) 统计调查运用各种调查方法对社会经济问题进行调查,特别是运用抽样技术方法。运用这种方法对社会经济问题进行调查研究,不仅测度或计量公正客观,而且可以用数据推断总体特征和进行科学分析。因此,它可以快速、科学、经济地了解、分析、评价和预测社会经济问题及其发展变化的特征和规律性。

三、统计调查的客观要求

随着我国经济体制改革和对外开放的深入与扩大,社会主义市场经济的目标模式基本确定,市场环境和条件不断完美,市场竞争机制日趋成熟,市场经济活动全面展开。与过去高度集中的计划经济相比较,许多方面发生了明显的变化,表现出市场经济的固有特点。市场经济的发展客观上广泛需要统计调查这一科学手段。

(1) 政府计划管理从指令性计划转向指导性计划,从直接管理转向间接调控,需要大量及时的社会经济调查来准确掌握社会经济发展基本动向和基本结果。例如,利用问卷调查法对企业投资意向、居民消费、经济形势评价、经济问题等内容进行景气调查,可以为国家宏观经济监测、预警和适时调控提供客观依据。

(2) 在建立社会主义市场经济法律体系过程中,也广泛需要关于社会经济和法律条款等方面的民意调查。这不仅体现了立法过程中的民主集中制,而且也有利于加强法规建设过程的科学性。

(3) 伴随市场经济出现的许多社会经济问题,如收入分配不公、贫困界线、犯罪、中小学生教育、独生子女问题、计划生育问题、社会治安问题、老人生活及养老问题等,客观上需要利用社会经济调查的科学手段来了解各种问题的特性和程度,以用来分析各种问题的形成原因及其影响,并研究解决问题的对策和措施。

(4)随着市场经济的发展,金融活动越来越复杂,并且发挥的作用越来越大。因为金融手段日益多样化,包括通货、存款、贷款、股票、债券等,其中每一种金融手段又可分为多类,如股票有许多种,债券也有国库券、企业债券、银行债券等。银行或非银行金融机构需要利用社会经济调查手段获取金融市场上有关供需各方的意向、行为等情况,为分析研究提供客观依据。保险业属于非银行金融机构的重要组成部分,各种险种的开发或发展必须建立在民意调查和分析的基础上,这也广泛需要借助社会经济调查的科学方法。

(5)社会保障体系是市场经济的重要组成部分,它是我国目前改革的重要内容之一。社会保障与人民群众息息相关,在各方面分析研究中,首要的也是要做好社会经济调查和分析。

(6)在市场经济主体多元化和市场竞争机制增强过程中,要做好企业经营,必须快速准确地掌握市场供求和消费等市场信息,这也需要利用社会经济调查方法来进行各方面的市场调查。例如,产品需求调查、市场占有率调查、广告影响调查等市场经济调查。

四、统计调查的种类

社会经济现象多种多样,根据不同的调查目的,选择适当的调查方法和组织方式是统计调查的重要问题。统计调查可以按不同标志进行分类。

(一)按调查对象不同,可以分为全面调查和非全面调查

全面调查就是对调查对象的全部单位无一例外地进行调查的统计调查方法。例如,要了解全国人口的数量及其详细的分布状况,就必须对全国的全部人口进行调查。非全面调查则是对调查单位中一部分单位进行调查的统计调查方法。非全面调查同样也是为了了解和研究总体现象的某些特征,如结构、比例等;同时,也可用以推算总体数量,例如,为了研究出生婴儿的性别比,在全国抽选一定数量的医院、保健院,对其出生婴儿的性别进行调查登记就可以了,并不一定要对全国每一个出生婴儿全部进行调查登记。

(二)按调查时间是否经常,可以分为经常性调查和一次性调查

经常性调查是为了观察总体现象在一段时间内的数量变化所作的调查,又叫作连续调查,它要求随着调查对象的发展变化,进行连续的调查登记。例如,工厂的产品生产、原材料的投放、能源的消耗等,必须在观察期内连续登记,然后加总起来。一次性调查是间隔一个相当长的时间所作的调查,一般是为了对总体现象在一定时点的状态进行研究,如工业设备的拥有量、耕地数量等,这些指标的数值在短期内变化不大,不需要连续登记。

（三）按调查组织方式的不同，可以分为统计报表调查和专门调查

统计报表调查是按照国家统一规定的表式要求，自下而上地逐级提供统计资料的一种方式。这种统计调查方式在我国已经成为一种报告制度，如工业统计报表制度、农业统计报表制度。专门调查是为了研究某种情况或某个问题而专门组织的调查。例如，残疾人状况调查、妇女生育率调查、市场上销售的某一类或几类商品的质量调查，等等。

（四）按搜集资料的方法不同，可分为直接观察法、访问调查法、报告法、问卷调查法和卫星遥感法等

（1）直接观察法。这是指调查人员亲自到现场对调查单位的调查项目直接清点、测定、计量以取得资料的一种统计调查方法。例如，进行农产量抽样调查时，调查人员亲自参加实割实测等。直接观察法取得的资料，具有较高的准确性，但需要大量的人力、物力、财力和时间，因此，它的应用受到很大限制。

（2）访问调查法。这是调查人员直接向被调查者口头提问，并当场记录答案的一种面对面的调查方法。在社会经济调查中，访问调查法是应用最普遍的方法之一，不论是以个人或家庭为调查单位，还是以机关团体、企业为调查单位，往往都需要通过访问调查搜集资料。在访问调查中，调查人员可以直接了解被调查者对调查的问题所持的态度、观点和数据，掌握被调查者陈述的第一手资料，可以观察到被调查者的表情、举止等，这就为判断调查结果的可靠程度提供了一定的依据。有时，还可以搜集到许多好的建议。所以，在各种调查方法中，访问调查法占有十分重要的地位。

根据调查对象不同，访问调查法可分为不同类型，它们是居民入户调查、座谈会和当事人或知情者个别采访。

（3）报告法。这是由报告单位依据统计报表的格式和要求，按照隶属关系，逐级向有关部门提供统计资料的一种调查方法。我国现在各企业、机关向上级填报统计报表，就属于报告法。

（4）问卷调查法。这是同访问调查法相区别的另一种调查方法，它是通过邮寄或其他方式将调查问卷送至被调查者，由被调查者填写，然后将问卷返回给调查者的一种调查方法。它的突出特点是，调查者和被调查者没有直接的语言交流，信息的传递全部依赖于问卷。因此，被调查者在接受调查过程中得到的外部刺激力是相同的，这是一种标准化的调查。问卷调查法的主要方式有邮寄问卷、利用宣传媒介传送调查问卷、专门的场所分发问卷等。

（5）卫星遥感法。卫星遥感法是一种使用卫星高度分辨辐射提供地面农作物的绿度资料来估计农产量的方法。这种方法的覆盖面较广，一般是三条轨道的绿度资料就可基本上覆盖我国北方 11 个省市的小麦产区。采用卫星遥感法估产的时间要选择恰当，过早难以推算农作物成熟前受长时间内外界环境条件变化的影响；过晚则会失去产量与叶绿

素含量相等的最高时期,同时还会增加识别小麦与其他绿色植被的难度。卫星遥感资料要与地面其他资料相印证,以便作出综合分析。地面资料包括类型抽样定点所形成的大面积监测网络资料,还包括统计、农业、气象、农业科学等部门以其他调查方法取得的资料。卫星遥感法运用得好,可以达到投入少、速度快、准确度高的要求。

上述各种不同的分类是互相联系、互相交叉的,要根据调查对象的特点和调查任务的要求结合具体情况加以选择,结合运用。

第二节　统计调查方案的设计

所谓统计调查方案,就是包括统计调查的目的、调查范围、调查方法、工作步骤、人员和经费来源等在内的严密完整的工作计划方案。其设计的成功与否直接关系到调查研究工作的效率和成效。统计调查方案是针对所确立的调查研究题目而制定的一种指导调查研究过程的行动纲领或框架。不同的统计调查,在调查方案的具体内容设计上不同,但其总体框架和构成基本上大同小异。从设计的层次上看,调查方案设计包括调查研究总体方案的框架以及研究课题的概念化、操作化、指标化等方面;从调查方案的总体构成上看,其内容一般包括确定调查目的、确定调查对象和调查单位、确定调查内容、确定具体的调查方法、确定调查时间和其他准备工作。

一、确定调查目的

在调查方案中,首先应说明本次调查的目的。调查目的就是调查所要达到的具体目标,它所回答的是"为什么调查",要解决什么样的问题,调查具有什么样的社会经济意义和作用。具体来讲,在说明调查目的时,应从以下几个方面来考虑:首先应说明调查研究课题是如何提出来的,这一课题要解决的具体社会经济问题是什么?要解决到什么程度?是对现象作一般性的描述,还是要探讨现象之间的因果关系?等等。其次要说明调查研究的社会价值,具体包括本次调查研究的理论价值和应用价值以及它对社会的具体作用等。

二、确定调查对象和调查单位

在明确调查目的之后,应着手解决"向谁调查"的问题,即根据调查研究课题确定调查对象和具体的调查单位。调查对象就是我们要调查的社会经济现象的总体,调查单位也称分析单位,它是组成调查现象总体的个体,是我们所要调查的具体单位。例如,我们要取得某地区工业产品产量、产值、生产成本等方面资料,调查对象就是该地区的所有工业企业,而调查单位就是构成工业企业这个总体的每一个企业;又如,我们要了解某市大学生的政治思想状况,该市所有大学生的集合就构成了调查对象,而我们要具体调查的每一个大学生的就是调查单位或分析单位。

在实际调查研究中，调查对象和调查单位有时是一致的，有时并不一致。如果采取全面调查方式，如普查，调查对象中的每个单位也就是调查单位，两者是一致的。若采取非全面调查方式，如抽样调查，调查单位只是调查对象的全部单位中的一部分，两者就是不一致的。

调查单位是具体调查项目或指标的承担者或载体，它是我们搜集资料和分析资料进行描述或解释的基本单位。在社会经济调查中，调查单位有不同的级别或类型。它可以是个人，也可以是社会群体、社会组织、社区等。个人是社会经济调查中最常见的基本调查单位，在以个人作为调查单位时，调查对象可以是一定空间范围内的全体人口，也可以是符合某些特征规定的部分人口。例如，可以对人口按性别、年龄、职业、阶层等特征标志进行分类，以符合研究课题的需要。又如，进行农村生育率调查，调查对象是农村 15～49 岁的女性人口，这里对调查对象同时用年龄、性别、居住地点三个特征标志作了规定，符合这些规定的妇女个人就是调查单位。

社会群体是具有某些共同特征的人口的结合体，如妇女、儿童、青年人、老年人、工人、农民以及家庭等。尽管群体也是由个人组成的，但把社会群体作为调查分析单位时，我们的着眼点不在于个人，而在于由个人组成的群体及其特征。例如，家庭的特征包括家庭规模、结构、类型、经济收入及消费方面的特征等。此外，具有共同目标和正式分工的一群人所组成的社会组织，如企业、商店、公司、学校、医院、机关单位、宗教团体等，以及按地理区域划分的社区，如农村、城市等，也可以作为调查单位。总之，调查单位是多种多样的，选择什么样的调查单位，主要取决于研究课题所要解决的具体问题和特征。在调查研究时，我们不仅要明确调查对象的范围，还必须弄清楚具体调查单位的级别或类型。

三、确定调查内容

确定调查内容是调查方案设计中的核心工作。调查内容就是调查研究所要了解的调查项目或调查指标。由于一项研究通常是以抽象的概念进行表述或提出问题的，要使其具体地体现在调查内容上，就需要将研究课题分解为一系列具体的调查项目或调查指标，进而通过这些调查项目或指标来搜集与分析资料。确定调查内容的过程，也就是将研究课题概念化、操作化或指标化的过程。

（一）调查研究课题的概念化

所谓概念化，就是将调查研究课题分解为一系列具体的调查项目或指标，并对每一个调查项目或指标从概念上予以明确的定义。这里包括两层含义：一是将调查研究课题先分解为若干个研究层面，并针对每一层面确定具体的调查项目或指标；二是对所确定的调查项目或指标给予概念上的明确定义。

　　例如,假定我们要研究某个地区的贫困问题。首先我们需要弄清楚"贫困"的实际含义是什么,并对"贫困"从概念上予以定义。如果我们将"贫困"定义为缺少达到最低生活水平的能力,那么这一定义是高度抽象的,无法予以直接观测。为此我们需要将"贫困"分解为若干个可观测的层面,如我们可以从该地区的经济发展水平、居民生活水平、社会福利水平等几个方面来研究"贫困"问题,例如,我们用经济增长反映该地区的经济发展水平,"经济增长"可定义为国内生产总值或人均国内生产总值的提高,居民生活水平可定义为居民的实际生活状况,等等,但这些层面仍然是抽象的。因此,我们还需要对这些层面作进一步的分解,具体化为一些调查项目或指标,如用国内生产总值、人均国内生产总值等反映经济发展水平;用居民家庭收入、支出或消费等描述生活水平;用医疗卫生、教育及其他社会服务设施等反映社会福利水平,等等。对其中的有些项目我们还可以作进一步的分解,直到得出具体的调查项目或指标。最后,再对具体的调查项目或指标从概念上加以明确定义。例如,"国内生产总值"可定义为一定时期内社会所有生产部门所创造的最终产品和劳务的价值,等等。这种通过对调查研究课题的层层分解来确定具体的调查项目或指标并从概念上予以定义的过程,就是调查研究课题的概念化过程。

　　(二) 概念的操作化

　　所谓操作化,是指对已从概念上定义的调查项目和调查指标进一步赋予操作性定义,使之在实践中具有经验层次上的可测度性。通过对概念的操作化,可使抽象的概念转化为具体的可测度的变量,即调查中的具体的指标。例如,国内生产总值的操作性定义是国内生产总值=各部门增加值之和。再如,我们可以用"家庭人均收入"、"人均生活费支出"、"耐用消费品拥有量"、"人均居住面积"等指标来测度"生活水平";用"购买最低标准的营养品和其他必需品的必要支出"作为"贫困线"的衡量尺度;用"贫困人口占总人口的比重"来反映"贫困程度",等等。

　　由此可见,抽象定义和操作性定义是对同一调查项目或调查指标所下的定义,只是定义的方法和着眼点有所不同。抽象定义是用概念来下的定义,而操作性定义则是用具体的事物、现象或方法来下的定义,它使抽象概念与经济现象联系起来,使其具有直接的可测度性。但操作性定义的设计必须与抽象定义的内涵与外延相一致,从而保证其科学性。

　　一般来说,对于不同的抽象概念,可设计的操作性定义的多少也是不一样的。对抽象程度较低的概念,我们可设计一两个指标来测度,如"经济增长"可用国内生产总值或人均国内生产总值来表示;而对于抽象程度较高的概念,如"贫困"、"生活水平"、"社会福利"、"健康"等,就需要从多种指标加以测度。即使如此,这些指标是否真正反映了这一概念的实际内涵,还取决于调查指标选择得是否恰当。

四、确定具体的调查方法

　　在前面的几个问题中,我们讨论了"为什么调查"、"向谁调查"、"调查什么"的问题。

接下来应当考虑的是"如何调查"的问题,即采用什么样的方法从调查对象那里取得资料。

首先,我们需要确定采取什么样的方法搜集调查资料。是采用全面调查还是抽样调查方法? 如果是全面调查,还应确定是采用普查的方法还是采用大多数统计调查中的报表形式;如果是抽样调查,则需要确定是采用概率抽样还是非概率抽样方法,以及如何确定样本等抽样方案的设计问题。

其次,要确定调查的具体实施方式。具体的调查方式包括访问调查、邮寄调查、电话调查、观察试验调查等。每种调查方法都有其优缺点,在具体选择时应根据调查研究内容的特点及具体情况而定。

此外,在设计方案时,对调查数据的处理与分析方法也应有所考虑,使调查工作与数据处理和分析工作尽可能地衔接起来。例如,是采用手工处理还是计算机处理,如果是采用计算机处理,则需要考虑程序的编制以及所要使用统计软件的问题。在数据分析方面,是采用定性分析还是采用定量分析,若采用定量分析,应考虑所使用的统计分析方法及其适用范围等问题。

五、方案设计中的其他问题

除上面介绍的几项主要内容外,设计调查方案时还应当考虑调查时间、调查经费、调查人员的选择及组织培训以及其他准备工作等问题。

(1) 确定调查时间。调查时间具体包括调查的标准时间和调查的工作期限等。标准时间是指调查资料所属的某个时点,如第四次人口普查的标准时间规定为 1990 年 7 月 1 日 0 时,规定标准时间对于普查具有重要意义。调查的工作期限是指调查工作从开始到结束的时间长度。此外,对于以描述为主要目的的统计调查来说,还应规定调查资料具体所属时间,即要取得哪个时期的资料。

(2) 调查经费。这里需要考虑调查经费的具体来源,以及根据所能得到的经费总额作出经费开支预算等,包括各个阶段及各个项目的经费开支,如调查人员的差旅费、课题资料费、调查表格印制费、资料处理费等,都应作出详细的开支预算。

(3) 调查人员的选择、培训和组织。特别是对于规模较大的调查或大型研究课题,人员的组成包括课题项目总负责人、调查人员、数据处理人员、分析与研究人员等,这些人员往往具有不同的专业特长,只有很好地组织并协调起来,才能很快地完成调查研究任务。但大型的统计调查,如普查,调查人员往往不具有较多的专业知识或实际调查经验,这就需要组织专门的培训,如组织专家讲座、模拟调查或配备必要的"调查员手册"等,从而保证调查数据的质量。

(4) 其他准备工作。在实施调查前,做好各项准备工作是保证调查工作顺利进行的条件之一。其中包括具体的联络工作,如与有关部门或单位取得联系以便取得支持;文件表格等的印刷和必要的调查工作手册的印刷,以及调查工作记录本、笔及计算器等工具的准备等。在采取抽样调查时,需要编制抽样框,准备随机数表等。

第三节　统计调查的基本方法

统计调查是一个复杂的过程,从搜集调查资料的过程来看,所运用的方法可以从多种角度进行分类。但从调查的具体实施过程来看,所涉及的方法有两个大的方面:一是如何根据调查对象来确定具体的调查单位;二是如何根据所确定的调查单位搜集所需要的调查资料。从调查所涉及的单位来看,有全面调查和非全面调查之分,全面调查主要有普查,非全面调查主要有抽样调查、典型调查、重点调查、个案调查等。除普查外,其他调查方法主要涉及如何确定调查单位的问题,这也是调查中的一个主要问题。调查单位一经确定之后,如何向这些单位取得所需要的资料,又可以采取一些具体不同的调查方式,如访问调查、邮寄问卷调查、电话调查、观察试验调查等。搜集资料的具体方式通常与确定调查单位方法有直接关系。例如,所确定的是典型单位或重点单位,适合采用访问调查或观察实验调查方式,如果是抽样调查的单位,则适用问卷调查或电话调查方式等。本节主要介绍普查、抽样调查、典型调查、重点调查、个案调查等基本调查方法。

一、普查

普查是一种全面调查,它是对调查对象中的全部单位无一例外地都进行调查的调查方法。例如,人口普查、工业普查、农业普查、经济普查等。普查是适合于特殊目的、特殊对象的一种调查方法,它主要用于搜集处于某一时点状态上的社会经济现象总量,其目的是通过对社会经济现象全面准确的描述,来把握其一般状况或全貌,从而为国家或部门制定有关政策和措施提供依据。

普查的组织形式一般有两种:一种是组织专门的普查机构,配备一定数量的普查人员,对调查单位直接进行登记,如人口普查就是采取这种形式;另一种是利用调查表格,由被调查单位根据所掌握的资料进行填报,如商品库存普查、工业普查等均可以采取此种形式。后一种形式仍需要专门的组织机构和人员配备。

普查的特点主要有:① 普查通常是一次性的或周期性的。由于普查需要耗费大量的人力、物力、财力及时间,一般需要间隔较长时间进行一次。例如,我国人口普查从1953—2000 年共进行了五次,而且从 1990 年第四次人口普查开始,以后每隔 10 年进行一次。② 普查一般需要统一规定标准调查时点,以便保证普查结果的准确性,避免调查资料的重复或遗漏,如我国人口普查的标准时点一般定在普查年份的 7 月 1 日 0 时,标准时点一般应选择调查对象比较集中、变动相对较小的时点。③ 普查的资料一般比较准确,标准化程度也较高,普查的结论也具有很高的概括性和普遍性。④ 普查的适用范围也比较狭窄,只能调查一些最基本、最一般的社会经济现象,而且很难对问题做深入细致的研究。因此,在一般的社会经济调查中很少采用这种方法。

二、抽样调查

抽样调查是按照随机的原则,从总体中抽出一部分单位,并计算出这部分单位的有关数据,进而推算整个总体的有关数据的调查方法。

抽样调查是统计调查中应用最为广泛的一种方法,它的优点和独特作用是其他调查方法无法代替的。抽样调查作为一门独立学科,它所涉及的问题是十分广泛的,如抽样调查的基本理论、抽样方案的设计、选择方法、抽样误差的计算及统计推断等。但由于抽样调查的理论与方法是作为一门专业课程来系统学习的,本书后面专门有一章比较详细地阐述抽样调查的理论和方法,因此,本节中不对抽样调查作深入介绍,而只是简单地进行介绍。

在抽样调查中,根据抽取样本时是否遵守随机原则,可以将抽样方法分为概率抽样和非概率抽样两种。其具体方法主要有简单随机抽样、等距抽样、分层抽样、整群抽样、多阶段抽样等。

如果总体的边界不十分清楚,抽样框无法预先确定,或总体单位的分布过于分散,采用概率抽样比较困难,在这种情况下可采用非概率抽样。

三、典型调查

典型调查是从调查对象中选择一个或几个具有代表性的单位进行全面深入的调查的调查方法。其目的是通过典型单位来描述或揭示所研究问题的本质和规律。典型调查是一种从个别到一般的研究方法。因此,所选择的典型单位应具有我们研究问题的属性或特征。例如,要研究企业的经济效益问题,我们可以在同行业中选取一个或几个经济效益突出的单位作为典型,做深入细致的调查研究,从中找出经济效益好的原因和经验,从而达到在同行业中推广的目的。

典型调查的特点主要有:① 典型调查深入、细致,可以研究比较复杂的专门性问题。② 调查单位是有意识地主观选择的,因而其代表性程度很难判断。③ 调查范围小、调查单位少且为主观选择,因此典型调查的结论不一定能代表所研究问题的本质特征。④ 典型调查主要是一种定性研究,很难发现现象之间的数量规律。

四、重点调查

重点调查是从调查对象中选择少数重点单位进行调查,进而了解总体的基本状况的调查方法。这些重点单位在调查对象的全部单位中应占很小比重,而就所研究的数量特征而言,这些单位的数量占全部单位的数量比重则较大。例如,要了解全国钢铁生产的状况,可以选择产量较大的少数几个企业,如鞍钢、宝钢、首钢等,作为重点单位进行调查,就可以对总体状况有一个大致的了解。

重点调查与典型调查都是非全面调查,但两者却有所不同。首先,典型调查的目的主要是认识事物的本质特征,调查单位必须具有代表性或典型性,而重点调查的目的主要是了解或估计总体的数量特征,调查单位要具有较大的数量比重,而不一定具有典型的特征。其次,典型调查的具体调查方式只能是面对面的直接调查,而重点调查可以是直接调查,也可以是背对背的间接调查,如电话调查、通信调查等。此外,重点调查只限于了解少数的一些指标或项目,因而适用范围也较小。

五、个案调查

个案调查也是一种非全面调查,它是为研究某一专门问题而对特定的个别现象所进行的调查。个案调查与典型调查和重点调查不同,它的目的是为了解决某个具体问题,就事论事,因此调查单位通常是特定的,不存在选择的问题。例如,为弄清某一案件所进行的调查,调查目的是特定的,调查单位也是同该案件有关的特定单位。另外,个案调查也不是为了由个体推论总体或者以个体反映总体状况,而是要深入研究一个特定单位的具体状况或全貌,因此调查单位不需要具有典型单位或重点单位的特征。

六、各种统计调查方法的结合运用

以上分别介绍了各种不同的统计调查方法,这些方法各有其特点和作用。在实际统计工作中,很多情况下,不是只采用一种调查方法,而是多种统计调查方法结合运用的。其理由是:① 随着社会主义市场经济体制的发展,统计调查对象日趋多种多样,利益主体多元化,必须用多种统计调查方法,才能搜集到丰富的统计资料。② 任何一种统计调查方法都有它的优越性与局限性,各有不同的实施条件,只用一种统计调查方法,不能较好地反映社会经济现象的真实情况。

为适应社会主义市场经济体制的建立和发展,必须在原有的方式方法基础上创建一套具有中国特色的、科学合理的统计调查体系,有意识地采用多种多样的调查方式方法,把各种统计调查方式方法有机地结合起来运用,做到统计信息准确、全面、迅速和灵敏,发挥统计提供信息、实行监督、提供咨询、参与决策的作用。

如何结合运用各种统计方法呢?这主要根据具体情况而定。就我国整个统计工作来说,是以普查为基础,抽样调查为主体,辅之以其他方式,取得统计资料:① 建立周期性的普查制度,掌握重要的国情国力的最基本的指标。② 大力普及广泛采用抽样调查技术,依据部分单位资料,推断总体的有关数据。③ 适当采用全面统计报表掌握全面情况,继续发挥重点调查和科学推算方法的作用,更广泛、更深入、更具体地掌握情况。各种方式方法结合运用搜集统计资料,既可以掌握全面的基本的资料,又可以搜集到重点的或典型的资料;既可以观察到事物数量变化的情况,又有助于深入研究事物发展变化的规律性。

本 章 要 点

统计调查的概念、作用和意义。统计调查可以按不同标志分类,每种分类互相联系、互相交叉。

统计调查方案的设计,其设计的成功与否直接关系到调查工作的效率和成效。

统计调查方法包括普查、抽样调查、典型调查、重点调查、个案调查等。重点调查、典型调查与抽样调查的相同点和不同点:这三种统计调查的相同点为都是专门组织的一次性的非全面调查。一个不同点是抽样调查是按照随机原则抽选调查单位,而重点调查和典型调查是凭人们的主观意志抽选调查单位;另一个不同点是一般来说重点调查和典型调查不能根据抽出来的单位数所计算出的数据去估计总体的有关数据,而抽样调查能用抽出来的单位数所计算的数据去估计总体的有关数据。

本 章 习 题

1. 统计调查有什么意义?
2. 如何划分统计调查种类?
3. 重点调查、典型调查和抽样调查有什么相同点和不同点?
4. 什么是调查对象、调查单位? 两者如何区分?
5. 简述调查方案的基本结构。
6. 假定要研究在校大学生的生活时间分配情况,请你写出研究思路。
7. 某家用电器厂想通过市场调查以下问题:
(1) 企业产品的知名度。
(2) 产品的市场占有率。
(3) 用户对产品质量的评价及满意程度。
要求:
(1) 请你设计出一份调查方案。
(2) 你认为这项调查采用哪种调查方法比较合适?
(3) 请你设计出一份调查问卷。

第三章　统计数据的整理

学习目标　明确统计整理的概念、意义和内容；掌握统计分组的概念、原则、方法和作用，了解分组的类型；熟悉频数分布的概念、种类；熟悉变量数列的编制方法，注意组距数列中的一些基础知识；熟悉统计表的构成和制表、填表规则。

关键概念　统计分组（grouped statistics）　统计图（statistics chart）　统计表（statistics table）

第一节　资料整理的一般问题

一、资料整理的意义

所谓资料整理，就是根据统计研究的任务与要求，运用科学的方法，对调查资料进行科学的归纳、分类、汇总和显示，使之成为系统化、条理化、适用于分析和解释的资料的工作。资料整理的意义主要有以下几个方面。

（一）统计资料整理是进行资料分析的前提

调查得到的原始资料往往是比较零散的、粗糙的，不能直接用于分析或说明问题。这就需要对这些资料进行归纳、分类、加工和汇总，使之具备满足一定需要的形式。资料整理本身虽然不能提供所研究问题的直接答案，但却为我们进行科学分析、判断和解释提供了必要的条件。因此，资料整理是否正确，直接影响到分析研究所得出的结论。

（二）资料整理是社会经济调查从感性认识上升到理性认识的连接点

通过调查取得的资料只是对事物表面现象的一种反映，而不能说明事物的本质特征。或者说，这些资料只是我们对事物的一种感性认识，是认识的一个起点。要对客观事物作出正确的分析与判断，并得出科学结论，就需对调查资料进行加工整理，"由此及彼，由表及里"，从而由感性认识上升到理性认识。资料整理正是我们对事物从感性认识上升到理性认识的连接点。

二、资料整理的目标与要求

资料整理的总体目标,是使调查资料能够说明和反映我们所研究的问题。具体地说,就是要把反映个体特征的原始资料过渡到反映总体特征的分析指标。为实现这一目标,资料整理应符合以下要求:

首先,资料整理应符合研究目的的需要,这是整理资料的基本要求。我们在研究某一问题时,往往需要搜集大量的有关资料。这些零散的资料只是反映了问题的一部分或不同侧面。即使是同一资料,由于研究的问题或研究角度的不同,可以采取不同的方法进行整理,用来说明不同的问题。因此,整理资料必须符合调查研究目的的要求,使之能够用于分析我们所研究的问题。

其次,资料的整理要真实、客观和统一。真实性和客观性要求在整理资料时,不能为了某种特定的目的或得出主观上想要得出的结论,而任意增添某些资料或有意剔除某种资料,或者对调查资料作任意改动,以符合自己结论的需要。而应保持原有资料的本来面目,在此基础上进行加工整理,从而得出客观的结论。统一性要求对各项调查指标要有统一的解释,前后一致,避免前后矛盾或概念上不一致。同时要求各调查指标在计量单位、计算口径和计算方法上一致,以便进行比较和分析。

最后,资料的整理要做到条理化、系统化,符合简化资料、扩大信息量的要求。资料整理的目的在于简化资料,使之便于理解、分析和解释。但简化并不意味着剔除、损坏调查资料的某些信息,而是在充分保留原始资料信息的条件下,对调查资料进行必要的归纳、分析或分组、汇总及计算,从而扩大原有资料的信息量,使之能概括性地反映我们所研究的问题。实现这一目的的手段就是使调查资料条理化和系统化。条理化即对资料进行必要的分类,从而简化资料;系统化就是使资料能全面、概括性地说明所研究的问题。

三、资料整理的审核与分类

资料整理的步骤通常包括资料的审核、分类、编码、分组、汇总及汇总结果的显示等。本节只阐述资料的审核、分类等内容。而统计资料的分组、汇总及汇总结果的显示后面有专门章节进行阐述。

(一)资料的审核

调查资料搜集上来之后,第一步工作就是审核。资料审核就是对调查取得的原始资料进行审查与核实,其目的在于保证资料的完整性、准确性和客观性,为资料的整理打下基础。在调查过程中,由于所研究的问题和采取的调查方法不同,所取得的调查资料也是各种各样的。对于不同类型的资料,审核的内容、方法和侧重点有所不同,但一般而言,资料审核的内容主要包括完整性、准确性和及时性三个方面。

完整性的内容包括两个方面：一是检查所有的调查表或调查问卷是否已收全；二是调查的所有问题、项目或指标是否都填写齐全。如不齐全，应查明原因，予以填补。

准确性的内容包括两个方面：一是检查调查资料是否真实地反映了调查对象的客观情况，内容是否符合实际；二是检查资料是否有错误，计算是否正确。

及时性的内容包括两个方面：一是检查资料与实际发生的时间间隔长短。一般来说，两者的间隔越短越好，因为对于有些时效性较强的问题，如果调查资料过于滞后，可能失去了研究的意义。二是要检查所填指标的所属时间与调查要求的指标所属时间是否一致。若两者不一致，便不能用来分析所研究的问题。

（二）资料的分类

调查中获得的信息资料有文字资料，也有数字资料。对文字资料一般需要进行分类整理。资料的分类就是根据研究的目的和要求，将调查资料按其内容、性质和特征区分为不同的类型或类别。通过分类可将资料整理成简明的、易于理解的形式，从而满足进一步分析的需要。

资料分类的方法有事先分类和事后分类两种。事先分类也称事前分类，它是在调查之前，设计调查提纲、调查表或问卷时，根据所要调查的事物或问题的性质与特征，分门别类地设计调查项目或指标，然后按照分类指标来搜集调查资料。事先分类在调查之前就完成了分类工作，因而便于资料的整理。但有些现象或资料无法在事先加以分类，比如用采访法进行调查，调查者事先往往不清楚会得到什么样的信息，无法进行事先分类，而只能在调查结束后再根据需要进行分类。事后分类就是在调查资料搜集上来之后，再根据资料的内容、性质和特征进行分类。例如，文献调查资料、问卷中的开放型问题的回答采用事后分类。

资料分类包括两个步骤：一是决定所要运用的类别；二是将各项资料分派到各个类别中去。一般来说，资料分类应遵循以下原则：

第一，资料的类别应根据研究问题的目的来确定，否则，无法对所研究的问题给出适当的答案。因为即使是同一资料，采用不同方法和标准进行分类，所得出的资料反映出的问题可能不同，从而得出完全不同的结论。

第二，类别必须互斥且独立。类别的互斥性是指一项资料必须被分派到一个类别中去，而且只能属于这一类别，不能在其他类别中重复出现。这就要求所给出的分类标准和界限必须清楚、准确，不能模棱两可。类别的独立性是指一项资料被分派到某一类别时，不影响其他资料的分类。例如，资料被分为 A、B 两类，当甲被分到 A 类时，不影响乙也被分到 A 类或被分到 B 类。

第三，类别必须穷尽。即在已分出的全部类别中，每一资料都能被分到一定的类别中去，而没有遗漏。有些分类达到穷尽标准是没问题的，如性别只有男、女两类。而有些分类要达到穷尽并非易事。例如,在调查个人的宗教信仰时,只分佛教、基督教、天主教、伊斯兰教四个类别,若被调查者不信仰任何宗教,则这四项分类就违背了穷尽原则。当类别不能穷尽时,必要时可在这些类别之外加上"其他"一类,以保证每个被调查者或所回答的问题都能归属到一定的类别中去。

上述原则在实际中应灵活运用。从总体上看,分类的一个基本要求是类内同质而类间异质,即分在同一类别中的个体尽可能同质,而类与类之间应有较大差异。这就要求分类的粗细要适中,分类过粗难以保证类内个体的同质性,而分类过细,则难以反映出类别之间的差异性。

第二节　统　计　分　组

在统计资料整理工作中,一项重要的复杂的资料整理工作是将资料进行科学的分组。

一、统计分组的概念和作用

统计分组是根据调查目的和研究的需要,按照一定的标志将调查资料(总体)区分为若干不同的部分或组。

社会现象是复杂的,现象之间既存在相互联系、相互制约的关系,同时又存在质与量的差别。统计分组的目的,就是揭示现象内部各部分之间存在的差异,认识它们之间的矛盾,表明事物的本质与规律。

统计分组在统计分析中具有重要的作用,主要表现在以下几个方面:

(1)可以将复杂的社会经济现象,划分为性质不同的各种类型。在复杂的社会经济现象中,往往要将社会经济现象总体划分为性质不同的类型,它是统计工作中应用最广泛、最主要的分组。这种分组也称国民经济分类。它不仅具有很重要的经济意义,也具有重要的政治意义;不仅可以反映经济基础的变化情况,也可以反映上层建筑的变化情况。

(2)反映社会经济现象总体的内部结构变化。将社会经济现象总体按照某种标志分成若干组成部分,并计算其总体内部各组成部分占总体的比重,揭示总体内部的构成,表明部分与总体、部分与部分之间的关系。它是分析国民经济各部门比例关系的一种重要方法,在实际工作中应用很广泛。

(3)研究社会经济现象总体之间数量上的依存关系。社会经济现象不是孤立的,而是相互联系、相互依存和相互制约的。利用分组法可以看到它们的联系。例如,某地区粮食单位面积产量和单位面积化肥用量的情况见表 3-1。

表 3-1

某地区粮食亩产量和化肥用量情况

每亩化肥用量(千克)	粮食单位面积产量(千克)
15.5	377.0
17.8	416.6
19.4	452.8
20.5	481.1
21.8	464.4

注：单位面积指 0.067 公顷。

表 3-1 中，按化肥用量分组，可以体现出粮食亩产量与化肥用量之间的依存关系，即合理适度地施用化肥可以有效地提高粮食的单位面积产量。

二、统计分组的方法

（一）分组标志的选择

正确地选择分组标志和划分各组界限是统计分组的关键问题。正确选择分组标志主要涉及按品质标志分组，划分各组界限主要涉及按数量标志分组，它们不仅直接影响分组的科学性与统计资料整理的准确性，而且也影响统计分组结果的真实性。

1. 分组标志选择的原则

分组标志的选择应有一定的原则：

（1）应根据统计研究的目的与任务选择分组标志，研究的目的不同，所选用的分组标志也不同。

（2）要选择能够反映事物本质或主要特征的标志。总体单位的标志很多，任何一种标志都可以作为分组的依据，但分组时选择哪种标志最好，这就需要根据被研究对象的特征，选择最主要的、能抓住事物本质的标志进行分组。例如，研究职工生活水平的高低情况，可以用职工的工资（包括资金等）水平作为分组标志，也可以用职工家庭成员平均收入水平作为分组标志。究竟选用哪个分组标志更能充分反映职工的生活水平呢？显而易见，职工的工资水平并不能反映职工的生活水平高低，还要看他的家庭人口多少等，如果他的家庭人口多，需要赡养的人口多，即使他的工资高，其生活水平也不一定高。因此，选用工资水平这个标志不恰当，应选用按家庭成员计算的人均收入水平作为分组标志。

（3）要结合历史条件及经济条件来选择。社会是在不断发展的，历史条件和经济条件也在不断地发生变化。为此，历史条件和经济条件不同，选用的分组标志也不一样。例如,要研究职工中的生活困难户问题,对职工生活困难进行分组,那么困难户的标准是什么呢?这就要根据现在的实际情况确定,而不能按 20 世纪 80 年代以前的生活标准确定,道理很简单,在此不必赘述。

2. 分组标志的种类

资料分组的标志有许多,通常可以分为四类,即品质标志、数量标志、空间标志和时间标志。

(1)品质标志分组。它是选择反映事物属性或本质差异的标志作为分组标志。例如,人口按性别分为男、女两组,企业按所有制分为全民、集体、私营、合资等几组。品质标志分组实际上是对调查资料的一种定性分类。由于事物间的属性差异相对固定,因此按品质标志分组时各组间的界限易于确定,分组也较容易。

(2)数量标志分组。它是选择反映事物数量差异的标志作为分组标志。比如,人口按年龄大小分组、家庭按人口多少分组、企业按固定资产价值的多少分组等。数量标志分组实际上是对调查资料的一种定量分类,其关键问题是确定各组间的数量界限。由于事物之间的数量差异不一定代表它们之间质的不同,而且数量差异具有相对不稳定性,所以按数量标志分组不易于确定各组间的界限。但分组时我们应尽力使分组界限能够区分各组之间质的差异性,从而有助于我们通过对事物量的分析揭示出它们的本质特征。

(3)空间标志分组。空间标志反映的是事物的位置差异,空间标志分组就是按调查资料所属的地理位置或区域范围进行分组。例如,人口按居住地区分组,人均收入水平按不同地区分组等。这种分组可用于研究事物在不同空间上的分布状况,或进行比较研究。

(4)时间标志分组。它是根据调查资料的连续性或所属时间的先后顺序进行分组。例如,居民收入水平按年度分组,零售物价指数按月分组等。这种分组可用于研究事物在不同时间上的发展状况,分析事物发展变化的趋势或规律。

(二)分组表的编制

分组标志确定之后,下一步的任务就是编制分组表,因为使用图、表是统计的一个特点。分组表是汇总整理的综合表的主要形式。分组表的形式有两种:简单分组和复合分组。

(1)简单分组就是选用一个标志对资料进行分组。例如,人口按性别分组,家庭规模按人口多少分组等。简单分组后列出各组的单位数或频数即可形成一张简单分组表。简单分组适用于调查资料较少的情况。

(2)复合分组是对调查资料同时选用两个或两个以上的标志进行分组,分组的形式可以是层叠式或交叉式。例如,全国大学本科、专科学生按学科性质分组见表 3-2、表 3-3。

表 3-2

全国大学生层叠式分组体系表

单位：人

	在　校　学　生
总计	
本科学生：	
男生	
女生	
专科学生：	
男生	
女生	
其中：理　科：	
本科学生	
男生	
女生	
专科学生	
男生	
女生	
文　科：	
本科学生	
男生	
女生	
专科学生	
男生	
女生	

表 3-3

全国大学生交叉式分组体系表

单位：人

	总　　计	理　　科	文　　科
合　计			
本　科：			
男生			
女生			
专　科：			
男生			
女生			

以上两个分组表的总体是一个,而表式不同,表 3-2 是层叠式,表 3-3 是交叉式。复合分组可用于对事物多方面、多层次的分析研究。

第三节　分　配　数　列

一、分配数列的概念与种类

分配数列也称次数分布或次数分配,是统计资料经过对某一标志分组后按一定的分组顺序,列出各组的总体单位数,形成一个反映总体单位在各组间分配情况的统计数列。分布在各组的总体单位数叫次数,又称频数。各组次数与总次数之比称为频率。

分配数列是进行统计分析的重要方法,是统计资料整理的一种重要形式和结果。它可以表明总体的分布特征及内部结构情况,并可据此研究总体某一标志的平均水平及其变动的规律性。

分配数列的构成必须同时具备两个因素:一是按分组标志划分的各类型组;二是分配于各组的总体单位数。分配数列根据分组标志不同,可以分为品质数列与变量数列。另外,还有时间数列,其内容将在第八章中予以讲述。

(一) 品质数列

品质数列是按品质标志分组的数列,用来观察总体单位中不同属性的单位分布情况。例如,将全国工业企业单位数按所有制性质分组,可分为国有企业、集体企业、合资企业、独资企业、个体企业等组,这便是分组的名称,各组的单位数即频数,各组的单位数占企业总数的比重即频率,这就构成了一个品质分配数列。

(二) 变量数列

按数量标志分组的数列叫变量数列。在变量数列中,各组的名称表现为具体的数值即变量值。所以变量数列是由各组的变量值与其相对应的频数或频率组成。例如,将某单位职工工资收入分为 5 000 元以下,5 000～6 000 元,6 000～7 000 元,7 000～8 000 元,8 000～9 000 元,9 000 元以上六组,这便是分组名称,各组的人数及占该单位职工总数的比重分别是频数和频率。

二、变量数列的编制

变量数列的编制步骤如下:

第一步,将原始资料按数字大小依次进行排列。

第二步,确定变量的类型和分组的方法(如单项式分组或组距式分组)。

第三步,确定组数和组距。

第四步,确定组限及其表示方法。

第五步,汇总各组的次数,并计算频率。

【例 3-1】 某车间工人进行技能测试的成绩分别为(单位:分):

57	89	49	84	86	87	75	73	72	68
75	82	97	81	67	81	54	79	87	95
76	71	60	90	65	76	72	70	86	85
89	89	64	57	83	81	78	87	72	61

要分析该车间工人测试成绩,可以通过编制变量数列来反映工人的成绩情况,步骤如下:

第一,将原始资料按数据大小进行顺序排列,确定变量值的变动范围。

以上资料杂乱无章,不易看出问题,将这些成绩按大小顺序排列,就可以确定其变动范围、最大值、最小值,显示出基本趋势。

49	54	57	57	60	61	64	65	67	68
70	71	72	72	72	73	75	75	76	76
78	79	81	81	81	82	83	84	85	86
86	87	87	87	89	89	89	90	95	97

通过初步整理,可看出工人测试成绩的基本情况:最低分为 49 分,最高分为 97 分,成绩的变动幅度在 49~97 分之间,全距为 48 分(97－49)。另外,从数列中也可以看出大多数工人的测试成绩在 60~90 分之间,不及格的和优秀的工人人数不多。

第二,确定组数和组距。

测试成绩属于连续变量,且变动幅度较大,采用组距式分组。组数的确定要根据研究对象的具体情况而定,对测试成绩的分析主要是从不及格、及格、中、良好、优秀等方面来考虑,于是分为五组。

组数确定之后,就可以确定组距了。从资料及其研究目的来考虑,采用等距分组法。

第三,确定组限及其表示方法。

成绩是连续变量,采用重叠组限的形式。

第四,汇总各组次数,并计算频率。

根据所确定的组数、组距及组限的表示方法,可以分别汇总出各组测试成绩出现的次数,并计算频率,形成变量分配数列,如表 3-4 所示。

表 3-4

某车间工人技能测试成绩统计表

按测试成绩分组	工人数(人)	各级工人占总人数的比重
60 分以下	4	10.0%
60~70 分	6	15.0%

（续表）

按测试成绩分组	工人数（人）	各级工人占总人数的比重
70～80 分	12	30.0%
80～90 分	15	37.5%
90～100 分	3	7.5%
合计	40	100.0%

从变量数列中可以看出,这个车间工人在不同分数层次上的分布情况。

为了进一步分析工人数在某一成绩段上的分布情况,还可以在分组计算的基础上累计频数和累计频率。向上累计是将各组数从变量值最小的组向变量值最大的组次累计;反之,则称为向下累计。

【例 3-2】　仍沿用[例 3-1]的资料,分别进行向上累计和向下累计,如表 3-5 所示。

表 3-5

某车间工人技能测试成绩累计表

向上累计				向下累计			
成绩分组上限（分）	频数	累计频数	累计频率	成绩分组下限（分）	频数	累计频数	累计频率
60	4	4	10.0%	0	4	40	100%
70	6	10	25.0%	60	6	36	90.0%
80	12	22	55.0%	70	12	30	75.0%
90	15	37	92.5%	80	15	18	45.0%
100	3	40	100%	90	3	3	7.5%
合计	40	—	—	合计	40	—	—

向上累计的意义是各组上限以下的累计频数或累计频率,当所关注的是标志值较小的现象的次数分配情况时,通常采用向上累计,以说明这些数值以下的所有数值所占比重。表 3-5 第一组说明在 40 名工人中,测试成绩在 60 分以下的有 4 人,占总数的 10%。第二组则说明成绩在 70 分以下的有 10 人,占总数的 25%,以此类推。有时为表示在一定成绩以上的累计频数和累计频率,则采用向下累计。各累计数的意义是各组下限以上的累计频数或累计频率,当所关注的是标志值较大的现象的次数分配情况时,通常采用向下累计,以说明在这些数值上所有数值所占的比重。如表 3-5 中第五组表示在 40 名工人中,90 分以上的工人有 3 人,占总数的 7.5%。第四组表示 80 分以上的有 18 人,占总数的 45%,以此类推。

由此可见,累计频数和累计频率可以更简便地概括总体各单位的分布特征。

三、次数分布的主要类型

不同的社会经济现象会呈现出不同的次数分布。这主要包括以下三种类型。

1. 钟形分布

钟形分布的特征是"两头小,中间大",所绘图形似一口古钟,如图 3-1 所示。

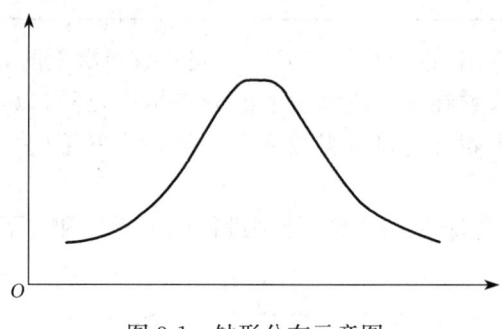

图 3-1　钟形分布示意图

从图 3-1 中可以看出,靠近中间的变量值分布的次数多,靠近两边的变量值分布的次数少。一般社会经济现象的次数分布都服从于这种分布,如居民家庭月生活费收入、商品市场价格等。

2. U 形分布

U 形分布的特征是"两头大,中间小"。所绘图形似倒扣的古钟,又称倒钟形分布,如图 3-2 所示。

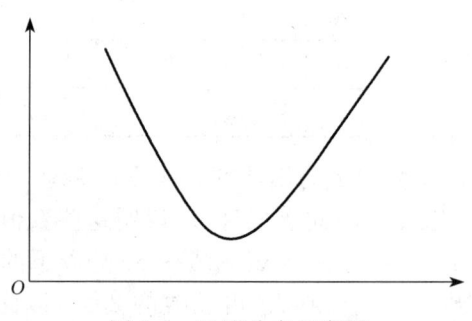

图 3-2　U 形分布示意图

从图 3-2 中可以看出,靠近中间的变量值的频数少,靠近两端的变量值的频数多,如人口死亡现象按年龄分布即属于这种分布。

3. J 形分布

J 形分布的特征是次数随变量值的增大而增多。所绘图形是一条形似字母 J 的曲线,如人口按年龄大小的分布,如图 3-3 所示。

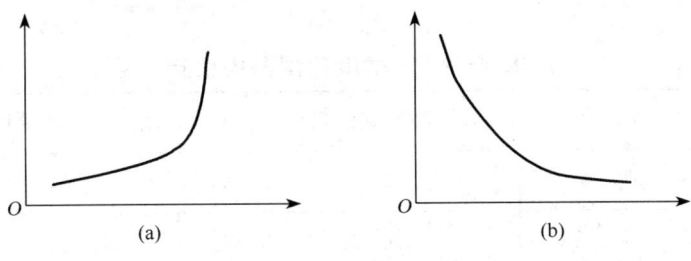

图 3-3 J 形分布示意图

第四节 统计数据的展示

一、统计表

（一）统计表的意义和结构

1. 统计表的意义

统计表是用纵横交叉的线条来表现统计资料的表格,是表现统计资料的常见方式。统计表能够将大量统计数字资料加以综合组织安排,使资料更加系统化、标准化,更加紧凑、简明、醒目和有条理,便于人们阅读、对照比较、清楚说明问题,从而更加容易发现现象之间的规律性。利用统计表还便于资料的汇总和审查,便于计算和分析。因此,统计表是统计分析的重要工具。

2. 统计表的结构

从形式上看,统计表由四个部分组成,即总标题、横行标题、纵栏标题和数字资料。总标题为整个统计表的名称,用来简明扼要地说明全表的主要内容,一般列在表的上端中部;横行标题是表中各横行的名称,在统计表中通常用来表示各组的名称,它代表统计表所要说明的对象,一般列在表的左方;纵栏标题是表中各纵栏的名称,在统计表中通常用来表示统计指标的名称,一般列在表的上方;数字资料列在各横行标题与各纵栏标题交叉处,即统计表的右下方。统计表中任何一个数字的含义都由横行标题和纵栏标题共同说明。

从表的内容看,统计表包括主词和宾词两个部分。主词是统计表所要说明的对象,也就是统计表所要反映的总体或总体的各个分组;宾词是说明总体的各个指标。一般情况下,主词排列在统计表的左方,即列于横行;宾词排列在表的上方,即列于纵栏。如表 3-6 所示是 2006 年 1～3 季度我国国内生产总值按三次产业分组形成的统计表。

总标题

表 3-6

2006 年 1～3 季度我国国内生产总值

纵栏标题

横行标题

产　业	绝对额(亿元)	比上年同期增长
第一产业	15 570	4.9%
第二产业	70 496	13.0%
第三产业	55 411	9.5%
合计	141 477	10.7%

主词栏　　　　　　　　　　　宾词栏

资料来源:国家统计局网。

(二) 统计表的种类

统计表按照主词是否分组和分组的程度不同,可分为简单表、分组表和复合表三类。

1. 简单表

主词未经任何分组的统计表称为简单表。它的特点是反映的内容只按顺序或按逻辑排列,并有合计数,一般是在对调查来的原始资料初步整理时采用这种形式。简单表的主词可以按总体单位简单排列,也可以按时间先后顺序简单排列。如表 3-7 所示是按时间先后顺序排列的简单表。

表 3-7

我国五次人口普查家庭规模统计表

年份	家庭户规模(人/户)	年份	家庭户规模(人/户)
1953	4.33	1990	3.96
1964	4.43	2000	3.44
1982	4.41		

资料来源:第五次全国人口普查公报(第 1 号)。

2. 分组表

主词只按某一个标志进行分组的统计表叫分组表。其主词可按品质标志分组,也可按数量标志分组,如表 3-8 所示。

表 3-8

2004 年我国普通小学学校和学生情况

项　目	学校数（所）	招生数（人）	在校学生数（人）	毕业生数（人）
教育部门和集体办	383 622	16 429 376	106 295 624	20 416 787
社会力量办	6 047	564 595	3 283 213	434 241
其他部门办	4 514	476 157	2 883 419	500 698
合　计	394 183	17 470 128	112 462 256	21 351 726

资料来源：《中国统计年鉴 2005》。

3. 复合表

复合表是指主词按两个或两个以上标志进行重叠分组的统计表。复合表能把更多的标志结合起来，可更深入地分析现象的特征和规律性。比如，表 3-8 还可以按两个标志进一步分为如表 3-9 所示。

表 3-9

2004 年我国普通小学学校和学生情况

项　目	学校数（所）	招生数（人）	在校学生数（人）	毕业生数（人）
城市	23 445	2 996 128	18 314 007	3 028 051
教育部门和集体办	198 33	2 453 352	15 248 552	2 570 562
社会力量办	1 751	264 966	1 410 005	176 027
其他部门办	1 861	277 810	1 655 450	281 462
县镇	33 420	3 171 362	20 362 265	3 762 044
教育部门和集体办	31 599	2 996 678	19 258 956	3 589 434
社会力量办	1 137	114 045	726 399	107 491
其他部门办	684	60 639	376 910	65 119
农村	337 318	11 302 638	73 785 984	14 561 631
教育部门和集体办	332 190	10 979 346	71 788 116	14 256 786
社会力量办	3 159	185 584	1 146 809	150 728
其他部门办	1 969	137 708	851 059	154 117

资料来源：《中国统计年鉴 2005》。

统计表还可按照宾词设计进行分类，可分为宾词简单排列、宾词分组平行排列和宾词分组层叠排列三种。宾词简单排列是指宾词不进行任何分组，只按一定顺序排列在统计表上。宾词分组平行排列是指宾词栏中各分组标志彼此分开,平行排列。宾词分组层叠排列是指统计指标同时有层次地按两个或两个以上的标志进行分组,各种分组层叠在一起。

（三）统计表的编制规则

（1）表的各种标题,特别是总标题,要简明确切,概括地反映出表的基本内容,表明统计资料所属地点和时间。

（2）表中的横行标题各行,纵栏标题各栏一般按先局部后整体的原则排列。即先排列各个项目,后排列总体,当没有必要列出所有项目时,可先列总体,后列其中一部分项目。

（3）如果统计表的栏数较多,通常应加以编号。主词栏和计量单位各栏,一般用甲、乙、丙等文字编号;宾词栏各统计指标一般用(1)、(2)、(3)等数字编号。

（4）表中的数字要对准位数,填写整齐,当某项无数字时,用规定符号表示;如有的规定用"—"表示,当缺乏某资料时,有的规定用符号"…"表示。尤其对于用电子计算机汇总的统计表,填写的符号都有特殊的要求,必须按具体规定填写计量单位栏,若整个统计表只用一种计量单位时,可省去计算单位栏,将计量单位写在统计表的右上方。

（5）统计表的上下横线一般用粗线条封口,左右两端不封口,即统计表采用"开口表"格式。

二、统计图

（一）统计图的意义和绘制原则

统计图是利用统计资料绘制成的几何图形或具体事物形象和符号来说明社会经济现象数量方面的一种形式。统计图与统计表一样,可以从数量方面反映出研究对象的规模、水平、结构、发展趋势和比例关系,是展示统计数据的一种主要形式。

统计图是表现统计资料的一种重要方法,它不仅使统计资料鲜明醒目、生动活泼,而且具体、形象、通俗易懂,给人以明晰而概括的印象,使人一目了然。所以,统计图是向广大群众进行宣传教育的有效工具,是进行评比的重要方法,也是进行统计分析加强经营管理的一种重要手段。

绘制统计图应遵循以下原则:

（1）统计图应能反映客观实际情况。统计图不同于一般的美术图,不允许夸张。绘制统计图所用的统计资料及绘制的统计图都必须准确,给人留下正确的印象。

（2）统计图要简明扼要,主题突出,通俗易懂。绘制的统计图应使读者一看就知道所表达的基本内容,每一个图形都应有一个确切的、简明扼要的标题,必要时可对图中的各项内容附加注解和说明。

（3）要根据不同的统计资料和不同的目的绘制不同的图形,尽量做到内容与形式的协调,在准确反映客观实际的前提下,尽量做到美观,以增加读者的兴趣,提高对读者的吸引力。

在多个场合,为了醒目、形象、美观地反映现象的特点,用统计图来表示次数分布则可达到此效果。用手工制作统计图是一件费工、费时的工作,但计算机图标软件和一些专门用于演示报告软件的普及,使图标的制作越来越方便、轻松,而且利用计算机软件制作的图表十分美观。

（二）统计图的绘制步骤

统计图的绘制一般需要经过以下几个步骤。

1. 确定绘制统计图的目的

有了明确的制图目的,才能据此决定制图所应用的资料、图式和表达方法,制图的目的应根据实际需要来确定。

2. 收集统计资料

统计资料是绘制统计图的依据,制图所用的统计资料必须合乎制图的目的。因此,所选择的统计资料,应是具有实际意义并能反映事物本质的重要资料。

3. 决定绘制的图式

要根据所确定的绘制统计图的目的、收集的统计资料的性质与内容,决定所要绘制的统计图式样,并同时考虑统计图的作用、分布场合和应用对象。

4. 绘制图形

一般先用铅笔画好草图,待校对准确后再绘制出正式图形,并要书写图名、加注数字文字说明（如绘制单位、日期、资料来源等）和必要的图例。

以上介绍的是手工绘制统计图的程序,用计算机绘制统计图的操作将在以后章节中介绍。

（三）几种常用的统计图

1. 线形图

线形图是以线条的连续升降来表示现象动态及现象间的依存关系的统计图形。线形图是统计图形中最简单的也是最常见的图形,尤其适用于显示变量值在不同时间上的差异。

【例 3-3】 我国 1991—2005 年按当年价格计算的国内生产总值如表 3-10 所示。

表 3-10

我国 1991—2005 年国内生产总值

单位:亿元

年份	国内生产总值	年份	国内生产总值
1991	21 781	1994	48 198
1992	26 923	1995	60 794
1993	35 334	1996	71 177

(续表)

年份	国内生产总值	年份	国内生产总值
1997	78 793	2002	120 333
1998	84 402	2003	135 823
1999	89 677	2004	159 878
2000	99 215	2005	183 085
2001	109 655		

资料来源:《中国统计年鉴 2006》。

根据上述资料,在平面坐标图系上,以横轴表示年份,纵轴表示国内生产总值,可绘制线形图,如图 3-4 所示。

图 3-4　我国 1991—2005 年国内生产总值

2. 直方图

直方图是用直方形的宽度和高度来表示次数分布的图形。绘制直方图时,横轴表示各组组限,纵轴表示次数或比率。以各组组距为条形宽度、次数为条形高度绘制成直方图。

【例 3-4】　将表 3-4 某车间工人技能测试成绩统计表绘制成直方图,如图 3-5 所示。

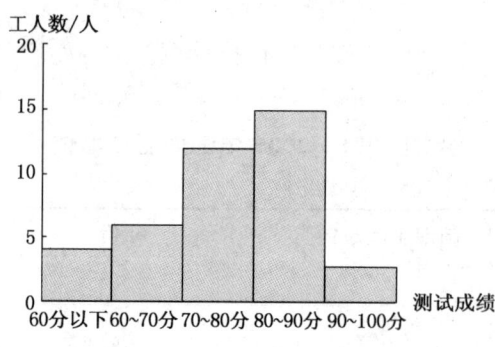

图 3-5　工人技能测试成绩分布图

3. 饼状图

饼状图是以图形的面积来表现数值大小的图形,适合于表示总体中各组成部分所占的比例,主要用于研究结构性问题。

将表 3-6 中 2006 年 1~3 季度我国国内生产总值的构成用饼状图展示如图 3-6 所示。

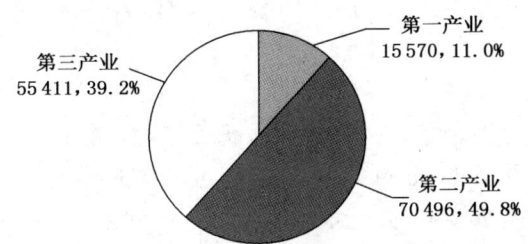

图 3-6 2006 年 1~3 季度我国国内生产总值的分布图

以上介绍了几种常用的统计图,应用时可根据所掌握资料的性质及绘制图的目的选择适合的图形。

本 章 要 点

本章掌握统计分组的概念。特别要掌握好分配数列中的变量数列的构成种类、单项数列、组距数列和组中值的计算。各种统计表和统计图。

本 章 习 题

1. 某区 20 个商店从业人数资料如下:

30 32 38 40 45 40 30 52 45 32 38 45 52 40 40 45 40 38
38 32

要求:根据上述资料,编制单项式变量数列,并计算各组的比重(频率)以及累计频率。

2. 某工业公司所属 27 个企业,某年利润计划完成百分比的原始资料如下(%):

102 109 104 103 116 113 130 105 94 104 103 97 101 117 106
117 104 109 107 113 105 112 102 127 103 119 109

要求:

(1) 以计划完成百分比为分组标志,作如下分组:100%以下,100%~110%,110%~120%,120%以上。编制分配数列,并计算每组的频率及累计频率。

(2) 指出这个数列中的变量是连续型还是离散型的,为什么?

(3) 指出这个数列中,两个开口组的组距和组中值是多少?并说明是怎样确定的。

3. 某班 40 名学生统计学考试成绩分别如下：

66　89　88　84　86　87　75　73　72　68　75　82　97　58　81　54　79　76
95　76　71　60　90　65　76　72　76　85　89　92　64　57　83　81　78　77　72
61　70　81

学校规定：60 分以下为不及格，60～70 分为及格，70～80 分为中，80～90 分为良，90～100 分为优。

要求：

(1) 将该班学生分为不及格、及格、中、良、优五组，编制一张次数分配表。

(2) 指出分组标志及类型、分组方法的类型，分析本班学生考试情况。

(3) 用统计图反映本班学生的考试情况。

第四章 静态分析指标——数据描述

学习目标 通过本章学习,理解各种静态分析指标在认识事物中的作用;了解静态指标的各种分类及其表现形式;掌握时期指标与时点指标的异同、相对指标的对比关系、权数在计算平均指标中的影响;了解标准差在标志变异指标中的地位;掌握相对指标、平均指标和标志变异指标的计算方法和应用原则,能够运用静态指标分析社会经济问题。

关键概念 总量指标(total index) 相对指标(relative index) 平均指标(average index) 标志变异指标(symbol variation index) 方差(variance) 众数(mode) 中位数(median)

第一节 绝 对 指 标

一、绝对指标的概念与作用

1. 绝对指标的概念

绝对指标是反映社会经济现象总体规模和水平的综合指标,也称为总量指标。例如,一个国家或地区的人口数、国民生产总值、土地面积等。

绝对指标也可以表现为社会经济现象总体在一定时空条件下数量增减变化的绝对数。例如,某企业 2005 年产值比 2004 年产值增加 50 万元、职工人数减少 100 人等。

2. 绝对指标的作用

(1)绝对指标是认识社会经济现象的起点。社会经济现象总体的基本情况通常表现为总量。人们要想正确认识国家的基本国情国力和社会经济发展状况,首先需要掌握国家在一定时间、条件下社会经济发展的规模或水平。例如,人口数、劳动力数量、土地面积、各种矿藏储量、工农业各种产品产量、国民生产总值等。因而,总量指标是认识社会经济现象的起点,是正确认识国情、国力的起点。

(2)总量指标是实现宏观经济调控和企业经营管理的基本指标。在社会主义市场经济条件下,要使国民经济协调发展,需要对经济运行实行宏观调控;要使企业生产经营活动正常进行,需要实行科学的管理。这就需要掌握宏观经济和微观经济运行的环境、条件、投入、产出等各方面的数量状况,研究各方面的数量关系。总量指标可以反映这些现象的数量,为经济管理提供依据。

(3) 总量指标是计算其他统计指标的基础。例如,相对指标和平均指标一般是两个总量指标对比的结果,是总量指标的派生指标。总量指标计算是否科学直接影响到其他指标的正确性。

二、绝对指标的种类

绝对指标按反映的总体内容不同、反映的时间状态不同,有以下几种分类。

(一) 总体单位总量和总体标志总量

绝对指标按反映的总体内容不同,分为总体单位总量和总体标志总量。总体单位总量即总体单位数之和。总体标志总量即总体单位某一种数量标志之和。例如,研究某工业局产值的情况,该工业局的"企业个数"为总体单位总量,"工业产值"为总体标志总量。一个绝对指标是总体单位总量还是总体标志总量,不是固定不变的,而是随着研究目的和研究对象不同而发生变化的。例如,研究全国工业企业的情况,每个工业企业为总体单位,工业部门的"职工人数"是各个企业职工人数之和,为总体标志总量;若研究工业职工的情况,每个职工为总体单位,全国工业部门的"职工人数"就变成为总体单位总量了。

(二) 时期指标和时点指标

绝对指标按反映的时间状态不同,分为时期指标和时点指标。时期指标表明社会经济现象总体在一段时期内发展过程的总结果。例如,某种产品的产量、商品销售额、工资总额、国民生产总值等都是时期指标。时点指标表明社会经济现象总体在某一时刻(瞬间)的数量状况。例如,人口数、商品库存量、固定资产的价值等都是时点指标。时期指标与时点指标各有不同特点。

1. 时期指标的特点

(1) 不同时期的指标数值具有可加性,相加后表示较长时期现象总的发展水平。例如,将一年内 12 个月的钢产量相加就得到全年的钢产量。

(2) 时期指标数值大小与包含的时期长短有直接关系。一般情况下,包含时期越长,指标数值越大;包含时期越短,指标数值越小。

(3) 时期指标数值是连续登记、累计的结果。例如,月产量是对每天的生产量进行登记然后累计得到的,年产量是将 12 个月的产量累计得到的。

2. 时点指标的特点

(1) 不同时点的指标数值不具有可加性,即相加后不具有实际意义。

(2) 时点指标的数值大小与其时间间隔(两个不同时点的指标之间的时间距离)长短无直接关系。例如,某年某种商品库存量 1 月 1 日时为 2 500 吨,4 月 30 日时为 3 700 吨,12 月 31 日时为 2 300 吨,4 月 30 日至 12 月 31 日相隔 8 个月,其指标数值却减少了,这是因为时点指标数值是现象发展变化差异的结果。

（3）时点指标数值是间断计数的,因为不可能对每一时点(瞬间)的数量都进行登记,通常是每隔一段时间登记一次。

三、绝对指标的计算

（一）绝对指标的计量单位

根据绝对指标所反映的社会经济现象的性质不同,计量单位一般有实物单位、劳动时间单位和价值单位三种形式。

1. 实物单位

它是根据事物的自然属性和特点而采用的实物计量单位。实物单位有自然单位,如人口以人为单位,汽车以辆为单位等;有度量衡单位,如粮食以吨为单位,棉布以米为单位等;有复合单位,如货物周转量以吨公里为单位等;有标准实物单位,如将含热量不同的煤折合为发热量为 7 000 大卡 / 千克的标准煤等。用实物单位计算的绝对指标称为实物指标。

2. 劳动时间单位

它是以劳动时间来度量事物的数量的计算单位。例如,工日、工时、台时等。以劳动时间计量的绝对指标为劳动量或工作量指标。

3. 价值单位

它是以货币来度量事物的数量的计量单位。例如,国民生产总值、工资总额、利润总额等。以价值单位计算的绝对指标称为价值指标,可以综合反映具有不同使用价值的经济现象的总规模、总水平,具有广泛的综合性和概括能力。

（二）绝对数的统计方法

绝对数的统计方法有如下两种。

1. 直接计量法

直接计量法是指对研究对象进行直接计数、点数或测量后,将总量指标的数值计算出来的方法。这种方法要求对总体的所有单位都进行登记,并汇总出所需要的资料,如商品流转统计报表中的库存量、人口普查资料等。

2. 推算与估算法

（1）因素推算法。它是以现象总量分解的各因素数量间的关系为依据,用已知因素的资料推算出尚未掌握资料的方法。如:

$$社会总产出 = 社会劳动者 \times 社会劳动生产率$$
$$商品销售额 = 销售量 \times 销售价格$$

这一关系式中的某两项已知就可推算另一未知因素的数值。

（2）比例关系推算法。它是以社会经济现象数量间的比例关系为依据，用已知项目指标的数据推算另一项目指标数据的方法。比如，已知某国某年的 GDP 为 24 020 亿元，并知其第一产业占 23.9%，第二产业占 48.2%，则可推算出第三产业占 27.9%（100%－23.9%－48.2%），其绝对额为 6 701.58 亿元（24 020×27.9%）。

（3）平衡关系推算法（利用平衡公式）。它是以社会经济现象数量的平衡关系为依据，用已知项目指标的数据推算某一未知或缺漏项目指标数据的方法。例如，企业利用商品购、销、存之间的平衡关系可以推算出销售量。其计算公式为

$$本期销售量 = 期初库存 + 本期库存 - 期末库存$$

这一关系式中，如果三项已知就可以平衡推算出另一未知因素的数值。

（4）内插值推算法。它是以社会经济现象数量间的变动速度为依据，用已知现象的某些数量推算另一中间数量的方法。

（5）相关推算法。它是以现象间的因果关系为依据，用已知现象的数量，推算另一现象数量的方法。

（6）投入产出推算法。它是以投入产出平衡原理为依据，用其他调查取得的资料推算未知资料的方法。

估算方法是指运用抽样推断的方法估算总量指标，其具体内容将在第六章介绍。

第二节　相　对　指　标

一、相对指标的意义和表现形式

相对指标是应用对比的方法来反映相关事物之间数量联系程度的指标。相对指标可以反映现象之间的联系程度。例如，将实际完成的数量值与计划完成的数量值对比，反映计划完成程度；将不同时间的同类指标对比，反映现象的发展程度；等等。相对指标通过不同指标数值对比，将现象总体数量上的绝对差异抽象化。因此，相对指标可以使那些规模不同、条件不同、无法直接对比的现象找到了比较的基础。

相对指标的形式有两种：一种是无名数；另一种是有名数。无名数可用倍数或系数、成数、百分数、千分数等表示。倍数或系数是将分母抽象为 1，表明分子是多少；成数是将分母抽象为 10，表明分子是多少，它主要来说明总体内部结构，如某地区地形为六山两水两分田；百分数是将分母抽象为 100，表明分子是多少；千分数是将分母抽象为 1 000，表明分子是多少。一般来说，当分子分母的数值差不多时，宜用百分数表示；当分子比分母大得比较多时，宜用倍数表示；当分子比分母小得多时，宜用千分数表示，如人口出生率、死亡率、伤亡事故率等。有名数表示的相对数是复名数，这是将对比的分子分母的名数同

时保留下来,以表示事物的程度、密度和普遍程度等,如人口密度指标是以"人/平方公里"表示、劳动力装备程度指标用"瓦/人"表示。

这里还要对经济分析中经常用到的"百分点"的概念作一下说明。百分点相当百分数的单位,1个百分点就指1%。百分点常用于两个百分数相减的场合。例如,将两个不同时期同种商品的价格上涨情况进行对比,确定分别为110%和121%,那么后一个时期的该商品间隔比前一时期上涨了11个百分点(121%-110%)。

二、相对指标的种类及计算方法

相对指标按其所反映的内容和所起的作用不同,可以分为结构相对指标、比例相对指标、比较相对指标、强度相对指标、动态相对指标和计划完成程度相对指标六种。

(一)结构相对指标

结构相对指标是利用分组法,将总体区分为不同性质的各个部分,以部分数值与总体数值进行对比而得出的指标,其计算公式为

$$结构相对指标 = \frac{总体某一部分数值}{总体全部数值} \times 100\%$$

例如,某单位共有职工1 000人,其中男职工650人,占职工总数的65%(650÷1 000×100%),女职工350人,占职工总数的35%(350÷1 000×100%),同一总体各组的结构相对指标数值之和等于100%。

在研究社会经济现象时,结构相对指标具有重要意义。它经常用来分析现象总体的内部构成情况,说明事物的性质的特征;把不同时间的结构相对指标进行对比分析,可以说明现象的变化过程和规律;总体各组的结构相对指标可以说明该组在总体中的地位和作用,对于计算平均指标有特殊意义。

(二)比例相对指标

由于总体内部各组成部分之间存在着一定的联系,并在客观上保持一定的比例,为了反映这种关系,就需要计算比例相对指标。

比例相对指标是指总体中某一部分的指标数值与另一部分指标数值对比得到的指标,可用来反映组与组之间的联系程度或比例关系。其计算公式为

$$比例相对指标 = \frac{总体中某一部分数值}{总体中另一部分数值}$$

比例相对指标都表现为无名数,可用倍数或百分数表示,它可以在两组之间进行对比,也可以在多组之间进行连比,但连比的组数不宜太多。进行连比时,一般选用较小的数值作为基础,这样既利于计算,也便于观察。例如,某地区2005年的第一产业、第二产业、第三产业的产值分别为288.6亿元、147.1亿元、404.9亿元,采用连比形式为

1:1.96:2.75。

比例相对指标对于国民经济宏观调控具有重要意义。利用比例相对指标可以分析国民经济中各种比例关系,调整不合理的比例,促使社会主义市场经济稳步协调发展。

（三）比较相对指标

客观事物的发展是不平衡的,对事物在不同地区、不同单位之间即不同空间发展的差异程度进行研究,需要运用比较相对指标。

比较相对指标是不同地区或单位的同类指标之间进行对比得到的指标。它都表现为无名数,可用倍数或百分数表示。对比的指标可以是绝对数,也可以是相对数或平均数。它可以在两个指标之间进行对比,也可以用几个指标进行连比。比较相对指标的计算公式为

$$比较相对指标 = \frac{某地区（或单位）某一指标数值}{另一地区（或单位）同类指标数值}$$

在统计中,把一些主要技术经济指标在国际、省际、厂际进行对比,计算出比较相对指标,可找准自己的位置,对于促进管理水平的提高、推动生产发展具有重要意义。

（四）强度相对指标

强度相对指标是两个性质不同而有联系的总量指标相对比得到的结果。它可以反映现象的强度、密度和普遍程度。其计算公式为

$$强度相对指标 = \frac{某一总量指标数值}{另一性质不同而有联系的总量指标数值}$$

有些强度相对指标是以有名数表示的,如某地区一定时期的粮食产量与人口数对比,得到平均每人粮食产量为"千克/人";还有些强度相对指标是无名数表示的,如资金利税率、商品流通费用率等用百分数表示,人口死亡率用千分数表示。

有些强度相对指标的分子和分母可以互换,形成正指标和逆指标两种计算方法。正指标的数值大小与现象的发展程度或密度成正比,逆指标的数值大小与现象的发展程度或密度成反比。例如,反映卫生事业对居民服务保证程度的指标即为正指标。

$$每千人口的医院床位数 = \frac{医院床位数（张）}{人口数（千人）}$$

计算结果表明,指标数值越大,说明对居民的医疗保证程度越高,这是从正方向来说明问题的,因此是正指标。如果把分子与分母互换位置,得到的是逆指标。

$$每张医院床位负担的人口数 = \frac{人口数（人）}{医院床位数（张）}$$

计算结果表明,指标数值越小,说明对居民的医疗保证程度越好,这是从反方向来说

明问题的,故为逆指标。

强度相对指标应用十分广泛,它可以反映国民经济和社会发展的基本情况,反映生产条件及公共设施的配备情况,也可以反映经济效益的情况。

（五）动态相对指标

动态相对指标是某一指标不同时期的数值对比而得到的综合指标。它说明同类事物在不同时间的发展方向和变化程度。通常把作为比较的时期叫基期,把同基期对比的时期叫报告期。动态相对指标一般用百分数表示,其计算公式为

$$动态相对指标 = \frac{报告期指标数值}{基期指标数值} \times 100\%$$

动态相对指标对于分析研究社会经济现象的发展变化过程具有重要意义,本书将在后文予以详细讲述。

（六）计划完成程度相对指标

计划完成程度相对指标是某一时期的实际完成的指标数值与计划指标数值相对比得到的指标。一般用百分数表示。其计算公式为

$$计划完成程度相对指标 = \frac{实际完成指标数值}{计划指标数值}$$

例如,某企业 2005 年产值计划完成 1 000 万元,实际完成 1 200 万元,则该企业产值计划完成 120％,超额 20％完成产值计划。

由于综合指标的形式有绝对指标、相对指标、平均指标三种,在制订计划时采用的计划完成程度相对指标公式中的分子分母既可以采用绝对指标,也可以采用相对指标和平均指标。

1. 采用绝对指标计算的计划完成程度

计算绝对指标计划完成程度一般采用上述基本公式,即将实际完成数值与计划数值直接对比。但在检查长期计划,如五年计划的执行情况时,由于计划指标有两种不同的制定方法,在计算其计划完成程度相对指标时也有水平法和累计法两种方法。

（1）水平法。当计划指标为长期计划最后一个时期应达到的水平时,计算计划完成程度相对指标是将计划期最后一个时期实际完成的指标数值与计划规定应达到的指标数值对比,其计算公式为

$$计划完成程度相对指标 = \frac{计划期最后时期实际完成的指标数值}{计划规定该时期应达到的指标数值}$$

例如,某企业 2001—2005 年五年计划规定到 2005 年某种产品年产量达到 4 500 万台,实际完成了 4 800 万台,计划完成程度相对指标为 106.7％（4 800 ÷ 4 500 × 100％）,说

明这种产品超额 6.7％完成 5 年计划。

（2）累计法。当计划指标为计划期内完成工作总量时，计算计划完成程度相对指标是将计划期内实际完成的累计数与计划规定应完成的工作总量对比。其计算公式为

$$计划完成程度相对指标 = \frac{计划期内实际完成的累计数}{计划规定应完成的工作总量}$$

例如，某地区五年计划（2001—2005 年）规定基本建设投资总额 520 亿元，五年内累计完成 530 亿元，计划完成程度相对指标为 101.9％（530÷520×100％），说明该地区"五年"计划期间基本建设投资额超额 1.9％。

2. 采用相对指标计算的计划完成程度

计算相对指标计划完成程度有两种形式：一种是由两个计划的总量指标对比得到的相对指标，如计划商品流通费用率是计划商品流通费与计划商品销售额对比的结果，计划销售利润率是计划利润额与计划销售额对比的结果。另一种形式是计划规定提高率或降低率，如劳动生产率计划规定 2005 年比 2004 年提高 10％，某种产品单位成本计划规定 2005 年比 2004 年下降 5％。由于计划指标的不同形式，计算其计划完成程度也采用两种不同方法。

（1）两个绝对指标对比的相对指标的计划完成程度。计算两个绝对指标对比的相对指标的计划完成程度可将实际完成的相对指标数值与计划规定的相对指标数值直接对比。

例如，某公司 2005 年第一季度计划商品流通费用率为 5％，实际流通费用率为 5.3％，流通费用率计划完成程度相对指标为 106％（5.3％÷5.0％），说明该公司商品流通费用率差 6％没完成计划。

（2）提高率或降低率相对指标的计划完成程度。计算提高率或降低率计划完成程度相对指标应采用的公式为

$$计划完成程度相对指标 = \frac{1 \pm 实际提高（降低）百分数}{1 \pm 计划提高（降低）百分数}$$

例如，某企业劳动生产率计划规定 2005 年比 2004 年提高 5％，实际提高 8.5％，则

$$计划完成程度相对指标 = \frac{100\% + 8.5\%}{100\% + 5\%} = 103.3\%$$

计算结果说明，该企业劳动生产率超额完成计划 3.3％。

如果计划规定的任务是降低率，计算结果应该越小越好。例如，某种产品单位成本计划规定 2005 年比 2004 年下降 5％，实际下降 7.5％，则

$$计划完成程度相对指标 = \frac{100\% - 7.5\%}{100\% - 5\%} = \frac{92.5\%}{95\%} = 97.4\%$$

计算结果表明，实际单位成本比计划规定的单位成本降低了 2.6％。

在实际工作中也采用实际提高（或降低）率与计划提高（或降低）率相减的方法，相减的结果说明实际比计划多提高（或多降低）的百分数，用百分点表示。如上例劳动生产率完成计划情况可用 $8.5\% - 5\% = 3.5\%$，说明实际比计划多提高 3.5 个百分点；单位成本完成计划情况用 $7.5\% - 5\% = 2.5\%$，说明实际比计划多降低 2.5 个百分点。

3. 采用平均指标计算的计划完成程度

平均指标计划完成程度相对指标的计算直接采用基本公式，用实际指标数值与计划指标数值对比求得，这里不再多述。

三、计算和运用相对指标应注意的问题

统计相对数是一种抽象化的指标数值，是对现象进行对比分析的一种重要手段。要使对比分析准确、深刻地反映出现象之间的联系，充分发挥统计相对数的作用，在计算和应用统计相对数时必须注意下面一些重要问题。

1. 必须注意指标的可比性

统计相对数既然是两个有联系的指标之比，就必须具有可比性，这是计算统计相对数的前提。因此，在计算相对数时，必须检查两个对比指标所包括的内容、口径、范围和计算方法等是否一致。在进行国际对比时，尤其要注意指标的可比性。

2. 必须把相对数与绝对数结合起来运用

在计算和应用统计相对数时，不能忘记其背后所代表的绝对数。在进行各种统计分析和经济分析时，只有将两者结合起来，才能得出正确的结论。马克思在《工资、价格和利润》中有过精辟的论述："如果一个人每星期的工资是 2 先令，后来他的工资提高到 4 先令，那么工资水平就提高了 100%。若从工资水平提高的观点来看工资的这种提高，那么这种提高可以说是很大的，但工资的实际数额——每星期 4 先令——仍然是极其微小而不能糊口的一种施舍。所以不应当为工资水平提高的动听的百分比所迷惑。我们必须经常这样问：原来的工资数是多少？"

如果用以对比的绝对数太小时，不宜计算相对数，更不能用百分数表示，因为这样会夸大和歪曲实际情况。例如，某科室两名女同志中有一名得了肝炎，切不可说该科室女同志肝炎发病率为 50%。

3. 要把各种相对数结合起来

一种相对数只能反映一个方面的问题，为了从各个方面分析和研究问题，需要把各种相对数结合起来。例如，为分析某企业的生产情况，要计算计划完成程度相对数，要和上年同期及历史最高水平对比计算动态相对数，要和同行业的先进水平对比计算比较相对数，要计算有关的强度相对数，还要结合其内部构成计算结构相对数等。利用各种相对数进行综合分析和综合评价，才能深刻、全面地把情况和问题反映出来，才能得出正确的结论。

4. 要把指标数值与反映的实际经济内容结合起来

例如,比较不同国家或地区居民的粮食消费水平和生活水平,不能仅仅看人均粮食产量的多少,还要结合人民的生活习惯、历史条件等进行判断。又如,一个工业企业或地区工业总产量增长了 15%,是不是标志着其工业生产有了较大的发展? 这要考虑产品的需求情况,需要与经济效益联系起来。倘若产品大量地积压在仓库里,生产得越多,其损失也越大。

5. 计算相对数的平均数应采用加权平均法

计算相对数的平均数,一般不能采用简单平均法,而应采用加权平均法。

第三节　分布的集中趋势

一、平均指标的含义、作用及种类

（一）平均指标的含义

平均指标是反映社会经济现象总体单位数量标志一般水平的综合指标,又称统计平均数。

由于总体各单位的数量标志客观上存在着差异,所以需要找出一个将数量差异抽象化、代表各单位一般数量水平的指标。同时,由于总体各单位又具有同质性,而各单位的标志在数量上的差异总是有一定范围的,所以可以找到一个能够代表一般水平的指标反映总体的数量特征。平均指标就是将总体各单位某一数量标志差异抽象化,反映现象在一定时间、地点条件下所达到的一般水平。

平均指标是总体分布的特征值之一,它反映了总体分布的集中趋势。平均指标具有两个特点:第一,它是对数量标志在总体单位之间数值差异的抽象化;第二,它反映了总体综合数量特征的典型水平或者是一个代表值。

（二）平均指标的作用

（1）平均指标可以消除因总体范围不同而带来的总体数量差异,从而使不同的总体具有可比性。例如,由于播种面积不同,不同地区粮食总产量不便直接对比,若计算平均单位面积产量,则可比较判断不同地区粮食生产水平的高低。

（2）同一总体在不同时间的平均指标可以反映现象总体的发展变化趋势。例如,研究职工工资水平的变化,用工资总额往往说明不了问题,因为不同时期的职工人数不同,若用职工平均工资进行动态对比分析,则可正确反映职工工资水平的变动趋势和规律。

（3）利用平均指标可以分析现象之间的依存关系。例如,将耕地按施肥量等标志分组,在此基础上计算各组的农作物收获率,就可以反映出施肥量与收获率之间的依存关系。

（4）平均指标是统计推断的一个重要参数。例如,利用样本平均指标推算总体平均指标,利用平均指标推算总量指标等。

（三）平均指标的种类

1. 按反映的时间状况不同分类

平均指标按其反映的时间状况不同可分为静态平均数和动态平均数。

静态平均数反映在同一时间范围内总体各单位某一数量标志的一般水平。

动态平均数反映不同时期内相同空间的总体某一指标的一般水平,也称序时平均数。动态平均数的内容将在时间数列中作详细介绍。

2. 按计算方法不同分类

平均指标按计算方法不同分为算术平均数、调和平均数、几何平均数、众数和中位数。

前三种平均数是根据总体各单位的标志值计算得到的平均值,称作数值平均数。众数和中位数是根据标志值在分配数列中的位置确定的,称作位置平均数。

二、算术平均数

（一）算术平均数的基本形式

算术平均数的基本形式是总体单位某一数量标志值之和除以总体单位数,其计算公式为

$$算术平均数 = \frac{总体单位数量标志值之和}{总体单位数}$$

例如,某企业 2005 年 5 月份职工平均人数为 820 人,其工资总额为 196 800 元,该企业职工月平均工资为 240 元（196 800÷820）。

在计算算术平均数时,分子与分母必须同属一个总体,两者具有一一对应的关系,即有一个总体单位必有一个标志值与之对应。只有这样,计算出的平均指标才能表明总体的一般水平。正是在这点上,平均指标与强度相对指标表现出性质上的差异。强度相对指标是两个有联系的不同总体的总量指标对比,这两个总量指标没有依附关系,而只是在经济内容上存在客观联系。

算术平均数有两种计算方法:简单算术平均法和加权算术平均法。

（二）简单算术平均法

依据未分组的原始数据,将总体单位标志值简单加总求和,除以总体单位数所得结果为简单算术平均数,这种计算方法称为简单算术平均法。其计算公式为

$$\overline{X} = \frac{X_1 + X_2 + \cdots + X_n}{n} = \frac{\sum X}{n}$$

式中　$\bar{X}$ 表示算术平均数；

　　　　X 表示各单位的标志值；

　　　　n 表示总体单位数；

　　　　$\sum X$ 表示总和。

例如，某班级 5 名学生某科期末考试成绩分别为 75 分、61 分、82 分、85 分、94 分，则平均成绩为

$$\bar{X} = \frac{\sum X}{n} = \frac{75+61+82+85+94}{5} = 79.4(\text{分})$$

（三）加权算术平均法

原始资料按数量标志分组，编成为变量数列，将各组的标志值乘以相应的次数，然后加总求和，再除以总次数（总体单位数）所得的结果为加权算术平均数。所乘以的各组次数的大小，对计算出来的算术平均数起到了一种权衡轻重的作用，因此次数也称为权数。这种计算方法称为加权算术平均法。其计算公式为

$$\bar{X} = \frac{X_1 f_1 + X_2 f_2 + \cdots + X_n f_n}{f_1 + f_2 + \cdots + f_n} = \frac{\sum Xf}{\sum f}$$

式中　f 表示各组标志值出现的次数。

例如，已知某单位职工月工资及各组的人数，见表 4-1，求该单位平均月工资额。

表 4-1

某单位月工资分配情况

按月工资分组（元） X	人　数（人） f	各组工资总额（元） Xf
400	10	4 000
500	20	10 000
600	45	27 000
700	26	18 200
800	15	12 000
900	5	4 500
合　　计	121	75 700

该单位平均月工资额为

$$\bar{X} = \frac{\sum Xf}{\sum f} = \frac{400 \times 10 + 500 \times 20 + 600 \times 45 + 700 \times 26 + 800 \times 15 + 900 \times 5}{10 + 20 + 45 + 26 + 15 + 5}$$

$$= \frac{75\ 700}{121} = 625.6(\text{元})$$

上例是根据单项式数列计算加权算术平均数,如果已知资料为组距数列,可用组中值代替各组标志值计算平均数。

例如,已知某单位月工资分布及各组的人数,见表4-2,求该单位职工月平均工资。

表 4-2

某单位职工月工资情况

按月工资分组	人 数(人)	组中值(元)	各组工资总额(元)
500 元以下	10	450	4 500
500~600 元	20	550	11 000
600~700 元	45	650	29 250
700~800 元	26	750	19 500
800~900 元	15	850	12 750
900 元以上	5	950	4 750
合　计	121	—	81 750

该单位职工月平均工资为

$$\overline{X}=\frac{\sum Xf}{\sum f}=\frac{450\times10+550\times20+650\times45+750\times26+850\times15+950\times5}{10+20+45+26+15+5}$$

$$=\frac{81\ 750}{121}=675.6(元)$$

这里需要说明的是,用组中值代替各组标志值具有假定性,即假定各组内部的标志值变动是均匀的,因此计算的平均数只是近似值。

加权算术平均数受两个因素影响:一个是变量数列中的各组标志值(变量值);另一个是各组标志值出现的次数。当各组标志值确定不变时,则各组次数起到决定作用。出现次数多的变量值对平均数的影响作用大些,使平均数向其靠拢。出现次数少的标志值对平均数的影响作用小些,使平均数远离该标志值。从而可以看出,各组标志值出现次数的多少,在计算平均数的过程中起着权衡轻重的作用,故常称其为权数,这在前面已讲过。

权数也可以用各组单位占总体单位数的比重表示。将各组标志乘以相应的比重然后求和即得加权算术平均数。其计算公式为

$$\overline{X}=X_1\cdot\frac{f_1}{\sum f}+X_2\cdot\frac{f_2}{\sum f}+\cdots+X_n\cdot\frac{f_n}{\sum f}=\sum\left(X\cdot\frac{f}{\sum f}\right)$$

例如,已知某单位职工月工资及各组人数占总人数的比重,见表4-3,求该单位职工平均工资。

表 4-3

某单位职工月工资情况

按月工资分组(元)	各组人数占总人数比重	各组工资额与比重乘积(元)
400	10.0%	40
500	20.0%	100
600	40.0%	240
700	20.0%	140
800	10.0%	80
合　计	100%	600

该单位职工平均工资为

$$\overline{X}=\sum\left(X\cdot\frac{f}{\sum f}\right)=400\times10\%+500\times20\%+600\times40\%+700\times20\%+800\times10\%$$

$$=\frac{600}{1}=600(元)$$

计算结果显示,每个职工的平均工资靠近人数占 40% 的第二组的标志值。这里,比重对计算平均数起着权衡轻重的作用。

但是,若各组单位数(次数)相等,即 $f_1=f_2=\cdots=f_n$ 时,则各组的次数对平均数大小就失去了权衡轻重的作用,这时,加权算术平均数就和简单算术平均数一样了,两者的关系式为

$$\overline{X}=\frac{\sum Xf}{\sum f}=\frac{f\sum X}{nf}=\frac{\sum X}{n}$$

从这个意义上讲,简单算术平均数是加权算术平均数的特例,是权数相等条件下的加权算术平均数。

(四) 算术平均数的两个重要数学性质

为了加深理解和正确运用算术平均数,简化计算过程,需要掌握算术平均数的一些重要性质。

(1) 所有变量值与算术平均数的离差之和永远等于零。即

$$\sum(X-\overline{X})f=0$$

因为　　　　　　　　$\sum(X-\overline{X})f=\sum Xf-\overline{X}\sum f=\overline{X}\sum f-\overline{X}\sum f=0$

所以　　　　　　　　$\sum(X-\overline{X})f=0$

这个性质说明,在算术平均数中,变量值与平均数的正偏差与负偏差可以相互抵消。

(2) 所有变量值与算术平均数的离差平方和为最小值。即在资料没有分组的条件

下有

$$\sum(X-\overline{X})^2=\min$$

设 A 为任意值,且 $A\neq\overline{X},\overline{X}-A=C,A=\overline{X}-C$,则以 A 为中心的离差平方和为

$$\begin{aligned}\sum(X-A)^2 &=\sum[X-(\overline{X}-C)]^2=\sum[(X-\overline{X})+C]^2\\&=\sum(X-\overline{X})^2+\sum C^2+2C\sum(X-\overline{X})\\&=\sum(X-\overline{X})^2+NC^2\end{aligned}$$

因为 $NC^2>0$,所以

$$\sum(X-A)^2>\sum(X-\overline{X})^2$$

故 $\sum(X-\overline{X})^2$ 为最小值。

在资料分组的条件下 $\sum(X-\overline{X})^2f=\min$,证明略。

三、调和平均数

调和平均数是标志值倒数的算术平均数的倒数,也称倒数平均数。它的计算形式也分简单调和平均数和加权调和平均数两种。

1. 简单调和平均数

简单调和平均数是各单位标志值倒数的简单算术平均数的倒数,以 $\overline{X}_H$ 表示调和平均数,其计算公式为

$$\overline{X}_H=\frac{n}{\dfrac{1}{X_1}+\dfrac{1}{X_2}+\cdots+\dfrac{1}{X_n}}=\frac{n}{\sum\dfrac{1}{X}}$$

2. 加权调和平均数

加权调和平均数是各单位标志值倒数的加权算术平均数的倒数,以 m 表示各项权数,其计算公式为

$$\overline{X}_H=\frac{m_1+m_2+\cdots+m_n}{\dfrac{1}{X_1}m_1+\dfrac{1}{X_2}m_2+\cdots+\dfrac{1}{X_n}m_n}=\frac{\sum m}{\sum\dfrac{m}{X}}$$

当权数都等于 1 时,加权调和平均数就等于简单调和平均数,简单调和平均数是加权调和平均数的特例。

在社会经济生活中,符合严格意义上的调和平均数所表现的数量关系并不多见。加权调和平均数一般作为加权算术平均数的变形形式使用。

当 $m=Xf$ 时,加权调和平均数与加权算术平均数的关系为

$$\overline{X}_H = \frac{\sum m}{\sum \dfrac{m}{X}} = \frac{\sum Xf}{\sum \dfrac{Xf}{X}} = \frac{\sum Xf}{\sum f} = \overline{X}$$

即根据资料情况,当掌握各单位标志值和相应次数资料时,采用加权算术平均数公式;当掌握各单位标志值和各组标志总量时,采用加权调和平均数公式。

例如,根据表4-4中的资料,计算三种苹果的平均价格。

表4-4

某水果商店三种苹果销售情况

等　　级	价格(元)	销售额(元)	销售量(千克)
一　等	2.0	1 250	625
二　等	1.7	1 500	882
三　等	1.5	1 370	913
合　　计	—	4 120	2 420

如果本资料仅给出了各等苹果的价格(标志值)和各等苹果的销售额(标志总量),则需要用加权调和平均数公式计算三种苹果的平均价格。

$$平均价格\ \overline{X}_H = \frac{\sum m}{\sum \dfrac{1}{X}m} = \frac{4\ 120}{\dfrac{1\ 250}{2} + \dfrac{1\ 500}{1.7} + \dfrac{1\ 370}{1.5}} = 1.70(元)$$

如果本资料仅给出各等苹果的价格(标志数值)和各等苹果的销售量(次数),则计算三等苹果的平均价格应用加权算术平均数公式计算,两者计算结果是一致的。

在社会经济现象的许多场合,需要对相对指标计算平均数,例如计算平均利润率、平均合格率、平均计划完成程度等。计算相对指标的平均数应根据被研究标志的性质及其权数资料选用不同的方法。

例如,根据表4-5中的资料,计算三个车间平均计划完成百分比。

表4-5

某企业三个车间生产计划完成情况

	完成计划	计划产量(吨)	实际产量(吨)
一车间	130.0%	1 000	1 300
二车间	95.8%	1 200	1 150
三车间	125.0%	800	1 000
合　　计	—	3 000	3 450

如果表中资料直接给了各组的计划完成百分比(变量值)又给了计划产量(次数),即可用加权算术平均数公式计算平均计划完成百分比。

平均计划完成程度为

$$\bar{X} = \frac{\sum Xf}{\sum f} = \frac{3\,450}{3\,000} \times 100\% = 115\%$$

但是如果表中资料给的是实际产量（标志总量）和计划完成程度（变量值）而缺少计划产量（次数），这时计算三个车间平均计划完成程度就需要用加权调和平均数公式计算。

平均计划完成程度为

$$\bar{X}_H = \frac{\sum m}{\sum \frac{1}{X}m} = \frac{3\,450}{\dfrac{1\,300}{130\%} + \dfrac{1\,150}{95.8\%} + \dfrac{1\,000}{125\%}} \times 100\% = 115\%$$

从以上例子中可以看出，计算相对指标的平均数的一般方法可概括如下：已知相对指标的分母资料，可将其作为权数，采用加权算术平均法；已知相对指标的分子资料，可将其作为权数，采用加权调和平均法。

四、几何平均数

几何平均数是用若干项标志值的连乘积开项数次方来计算的一种平均数。因为几何平均数的特征与社会经济现象发展的平均速度与平均比率的客观过程相一致，因而它适合于计算平均速度和平均比率。几何平均数也分为简单几何平均数和加权几何平均数两种。

1. 简单几何平均数

简单几何平均数是 n 个标志值乘积的 n 次方根。设 $\bar{X}_G$ 代表几何平均数，其计算公式为

$$\bar{X}_G = \sqrt[n]{X_1 \cdot X_2 \cdot X_3 \cdot \cdots \cdot X_n} = \sqrt[n]{\prod X}$$

例如，某流水生产线有前后衔接的五道工序。某日各工序的合格品率分别为 95%、92%、90%、85%、80%。整个流水生产线的平均合格品率应是多少？

$$\bar{X}_G = \sqrt[5]{0.95 \times 0.92 \times 0.90 \times 0.85 \times 0.80}$$

$$= 88.24\%$$

2. 加权几何平均数

对于分组资料，若每个标志值的次数不同，应采用加权几何平均数来计算，其计算公式为

$$\bar{X}_G = \sqrt[f_1 + f_2 + \cdots + f_n]{X_1^f \cdot X_2^f \cdot \cdots \cdot X_n^f} = \sqrt[\Sigma f]{\prod X^f}$$

例如，某银行去年实行保值储蓄，各月的利率分配为：4 个月为 3%，2 个月为 5%，2 个月为 8%，3 个月为 10%，1 个月为 15%。则月平均利率是多少？

$$\overline{X}_G = \sqrt[\Sigma f]{\prod X^f} = \sqrt[(4+2+2+3+1)]{1.03^4 \times 1.05^2 \times 1.08^2 \times 1.10^3 \times 1.15^1}$$

$$= \sqrt[12]{2.2154} = 1.0685$$

月平均利率为

$$\overline{X}_G - 1 = 106.85\% - 100\% = 6.85\%$$

在社会经济统计中,几何平均数比较适合于具有等比或近似等比的数列。被平均的标志值若出现零和负数,所计算的几何平均数就会出现零、负数或虚数,在此情况下,不能使用几何平均数。

五、众数和中位数

前面介绍的算术平均数、调和平均数、几何平均数,都是根据总体全部单位的标志值计算的。除此之外,在一些特殊情况下,也可以用众数和中位数来反映社会经济现象的一般水平。众数和中位数是根据标志值在总体中所处的特殊位置确定的。众数和中位数本身不是平均值,而只是总体一般水平的代表值。

（一）众数

众数是总体中出现次数最多的标志值（变量值）。例如,某车间 25 名工人中日产某种零件能生产 46 件的有 14 人,人数最多,则 46 件这个标志值为众数,可用来表示该车间工人日产零件的一般水平。

众数根据变量数列的种类不同,确定的方法也不同。

1. 单项式数列确定众数

单项式数列确定众数比较简单,次数最多的标志值即为众数,如表 4-6 所示。

表 4-6

某商店五种香皂的价格

价　　　格（元）	销　售　数　量（块）
2.5	150
3.4	210
4.0	342
5.0	185
5.2	111
合　　计	998

从表 4-6 中可以看出,价格为每块 4.0 元的香皂销售量最多,即出现的次数最多,则众数为 4 元。

2. 组距数列确定众数

组距数列确定众数稍复杂一些,首先根据定义确定众数所在组,然后利用公式计算出众数的近似值。组距数列计算众数的公式有两个:一个是下限公式;一个是上限公式。我们在计算时可任选其一。

（1）下限公式。

$$M_0 = L + \frac{\Delta_1}{\Delta_1 + \Delta_2} \times d$$

（2）上限公式。

$$M_0 = U - \frac{\Delta_2}{\Delta_1 + \Delta_2} \times d$$

式中　M_0 表示众数;

　　　L 表示众数所在组的下限;

　　　U 表示众数所在组的上限;

　　　Δ_1 表示众数组次数与前一组次数的差数;

　　　Δ_2 表示众数组次数与后一组次数的差数;

　　　d 表示众数组的组距。

例如,根据表 4-7 中的资料计算众数。

表 4-7

某校某年级某科期末考试成绩

成　　　绩(分)	人　　数(人)
30～40	7
40～50	9
50～60	20
60～70	35
70～80	16
80～90	9
90～100	4

根据表 4-7 中资料可以看出,由于 60～70 分组的次数最多,因而知道众数在 60～70 分组内,但不知该组内哪个标志值是众数,还要利用公式计算。

下限公式 $M_0 = 60 + \dfrac{35-20}{(35-20)+(35-16)} \times 10 = 64.41$(分)

或

$$上限公式\ M_0 = 70 - \frac{35-16}{(35-20)+(35-16)} \times 10 = 64.41(分)$$

　　利用下限与上限公式计算结果相同。众数也可以根据各组占总体比重来确定。变量数列中比重最大的标志值为众数。其确定方法与绝对数表示的次数相同,这里不再叙述。

　　众数是由标志值出现的次数多少决定的,不受资料中极端数值的影响,这样增强了众数对总体一般水平的代表性。但当各组的次数相同即总体分布趋于均匀分布时,则没有众数。如果变量数列有两个标志值出现次数最多(相同),则称它们为双众数。

　　(二)中位数

　　将被研究的总体各单位的标志值按大小顺序排列起来以后,处于数列正中间位置的标志值为中位数。可见,中位数是将数列分为相等的两部分,一部分的标志值小于中位数,另一部分的标志值大于中位数。在一些情况下,不易计算平均值,可用中位数代表总体的一般水平。例如,某种商品价格的中位数可代表该种商品的价格。

　　中位数的确定方法有以下三种情况。

　　1. 根据未分组资料确定中位数

　　这种情况首先将要研究的标志值按大小顺序排列起来,然后利用公式 $\frac{n+1}{2}$ 确定中位数的位次,再根据中位数的位次找出相对应的中位数。

　　例如,某单位 10 名职工的月工资分别为 410 元,415 元,380 元,408 元,450 元,480 元,475 元,500 元,510 元,550 元,求中位数。这个资料是未分组资料,要确定中位数,首先把 10 名职工的月工资按由小到大的顺序排列成 380,408,410,415,450,475,480,500,510,550,然后利用公式 $\frac{n+1}{2}$ 确定中位数的位次,中位数位次 $= \frac{10+1}{2} = 5.5$,中位数的位次在第 5 个和第 6 个位次中间,取第 5 个和第 6 个位次的两个标志值的算术平均数即为中位数。

　　即中位数为　　　　　　　　$\frac{450+475}{2} = 462.5(元)$

　　如果上述的标志值个数为奇数,月工资分别为 415,450,475,480,500,510,550。

　　则中位数的位次为 $\frac{7+1}{2} = 4$,第 4 个位次对应的数值 480 元为中位数。

　　2. 单项式分组资料确定中位数

　　这种情况下确立中位数,因资料经过整理已编制成变量数列,所以可以用公式 $\frac{\sum f}{2}$ 确定中位数位置。中位数的位置确定以后,再根据位次用向上累计次数或向下累计次数的方法将累计次数刚超过中位数位次的组确定为中位数组,该组的标志值即为中位数,见表4-8。

表 4-8

某年级某科期末考试成绩

成 绩(分)	人 数(人)	向上累计人数(人)	向下累计人数(人)
40	4	4	100
50	7	11	96
60	9	20	89
70	20	40	80
80	35	75	60
90	16	91	25
100	9	100	9
合 计	100		

中位数的位置为 $\dfrac{\sum f}{2}=\dfrac{100}{2}=50$

表 4-8 中,向上累计次数中,到第 4 组累计次数为 40,小于 50,到第 5 组累计次数为 75,大于 50,因此,中位数必然在第 5 组,该组对应的标志值 80 分为中位数。向下累计法与向上累计法道理相同,不再加以论述。

3. 组距分组资料确定中位数

组距分组资料确定中位数与单项式分组资料相似,不同的是,根据中位数位次及累计法确定中位数组后,无法得到中位数的准确值,而要用公式计算中位数的近似值。其公式有两个:一个是下限公式,一个是上限公式。其计算公式为

$$下限公式 \quad M_e=L+\frac{\dfrac{\sum f}{2}-S_{m-1}}{f_m}\times d$$

$$上限公式 \quad M_e=U-\frac{\dfrac{\sum f}{2}-S_{m+1}}{f_m}\times d$$

式中 M_e 表示中位数;

　　　　L 表示中位数所在组的下限;

　　　　U 表示中位数所在组的上限;

　　　　S_{m-1} 表示中位数所在组以前各组的累计次数;

　　　　S_{m+1} 表示中位数所在组以后各组的累计次数;

　　　　$\sum f$ 表示总次数;

　　　　d 表示中位数所在组的组距;

　　　　f_m 表示中位数所在的次数。

例如,根据表 4-9 中的资料,计算成绩的中位数。

表 4-9

某年级期末考试成绩

成　绩(分)	人　数(人)	向上累计人数(人)	向下累计人数(人)
30～40	11	11	100
40～50	9	20	89
50～60	20	40	80
60～70	35	75	60
70～80	16	91	25
80～90	9	100	9
合　　计	100		

首先确定中位数的位置 $\dfrac{\sum f}{2}=\dfrac{100}{2}=50$，从向上累计与向下累计表来看，中位数均在 60～70 组内。

然后利用公式计算中位数。

$$下限公式\ M_e=60+\frac{\frac{100}{2}-40}{35}\times10=62.9(分)$$

$$上限公式\ M_e=70-\frac{\frac{100}{2}-25}{35}\times10=62.9(分)$$

上述两个公式计算结果相同，在计算时可任选其一。如果利用下限公式计算，累计次数只涉及向上累计次数；如果利用上限公式计算，只涉及向下累计次数。

六、其他分位数

上面的中位数作为分布数列中处于中等水平的代表值，能够将全部总体单位按标志值的大小等分为两个部分，因此，中位数也称为"1/2 分位数"或"二分位数"。类似地，我们还可以定义出其他的分位数，如四分位数、八分位数、十分位数和百分位数，等等。

一般地，称能够将全部总体单位按标志值大小等分为 k 个部分的数值为"k 分位数"。显然，这样的 k 分位数共有 $k-1$ 个。确定各种分位数旨在进一步把握总体的分布范围和内部结构。与中位数和众数一样，这些分位数也反映了总体分布的位置特征。尽管它们一般并不表明分布的集中趋势（即本身不属于位置平均数），但却可以作为考察分布的集中趋势和变异状况的有效工具，尤其是在强调"稳健性"和"耐抗性"的现代探索性数据分析中，分位数这一工具获得了许多重要的运用。较为常用的分位数有以下几种。

（一）四分位数

四分位数（Q）是能够将全部总体单位按标志值大小等分为四部分的三个数值，分别记为 Q_1、Q_2 和 Q_3。第一个四分位数 Q_1 也叫作"1/4 分位数"或"下四分位数"；第二个四分位数 Q_2 就是中位数；第三个四分位数 Q_3 也叫作"3/4 分位数"或"上四分位数"。

在总体所有 n 个单位的标志值都已经按大小顺序排列的情况下，三个四分位数的位次分别为

$$Q_1 \text{的位次} = \frac{n+1}{4}$$

$$Q_2 \text{的位次} = \frac{2(n+1)}{4} = \frac{n+1}{2}$$

$$Q_3 \text{的位次} = \frac{3(n+1)}{4}$$

如果 $(n+1)$ 恰好为 4 的倍数，则按上面公式计算出来的位次都是整数，这时，各个位次上的标志值就是相应的四分位数，即有

$$Q_1 = X_{\frac{n+1}{4}}$$

$$Q_2 = X_{\frac{n+1}{2}} = M_e$$

$$Q_3 = X_{\frac{3(n+1)}{4}}$$

如果 $(n+1)$ 不是 4 的倍数，按上面公式计算出来的四分位数位次就可能带有小数（也即是一个带分数），这时，有关的四分位数就应该是与该带分数相邻的两个整数位次上的标志值的加权算术平均数，权数的大小则取决于两个整数位次与四分位数位次（带分数）距离的远近，距离越近权数越大，距离越远权数越小。

例如，当给定总体单位数 $n = 50$ 时，容易确定

$$Q_1 \text{的位次} = 51 \div 4 = 12.75$$

$$Q_2 \text{的位次} = 51 \div 2 = 25.5$$

$$Q_3 \text{的位次} = 3 \times 51 \div 4 = 38.25$$

这时，三个四分位数就应该分别为

$$Q_1 = 0.25X_{12} + 0.75X_{13} = X_{12} + 0.75 \times (X_{13} - X_{12})$$

$$Q_2 = 0.5X_{25} + 0.5X_{26} = X_{25} + 0.5(X_{26} - X_{25})$$

$$Q_3 = 0.75X_{38} + 0.25X_{39} = X_{38} + 0.25(X_{39} - X_{38})$$

在实际运用中，由于标志值序列中的相邻变量值常常相同，因而并非一定要通过计算才能得到有关的四分位数。

以上的方法适用于总体未分组的资料和单项式变量数列。对于组距式变量数列，计算四分位数的基本原理与中位数相类似，这里也需要分两步进行：

（1）从变量数列的累计频数栏中找出第 $\dfrac{\sum f}{4}$、$\dfrac{\sum f}{2}$ 和 $\dfrac{3\sum f}{4}$ 个单位所在的组，即三个四分位数所在的组，这些组的上、下限分别规定了三个四分位数的可能取值范围。

（2）假定在三个四分位数所在组中，有关各单位是均匀分布的，则可利用下面的公式计算四分位数的近似值（为简便计算，这里仅给出下限公式）：

$$Q_1 = L_{Q_1} + \frac{\dfrac{\sum f}{4} - S_{Q_{1-1}}}{f_{Q_1}} \cdot d_{Q_1}$$

$$Q_2 = L_{Q_2} + \frac{\dfrac{\sum f}{2} - S_{Q_{2-1}}}{f_{Q_2}} \cdot d_{Q_2} = M_e$$

$$Q_3 = L_{Q_3} + \frac{\dfrac{3\sum f}{4} - S_{Q_{3-1}}}{f_{Q_3}} \cdot d_{Q_3}$$

上式中，$S_{Q_{i-1}}$（$i=1,2,3$）是到第 i 个四分位数所在组的前面一组为止的向上累计频数，d_{Q_i} 是第 i 个四分位数所在组的组距。

（二）十分位数

十分位数（D）是能够将全部总体单位按标志值大小等分为十个部分的九个数值，分别为 $D_1, D_2, \cdots, D_9$。第一个十分位数 D_1 也叫作"1/10 分位数"或"下十分位数"；第二个十分位数 D_2 也叫作"2/10 分位数"；第五个十分位数 D_5 就是中位数；第九个十分位数 D_9 也叫作"9/10 分位数"或"上十分位数"。

在掌握了四分位数的确定方法后，十分位数的确定方法可以以此类推。显然，当总体所有 n 个单位的标志值都已经按大小顺序排列的情况下，九个十分位数的位次应该分别为

$$D_1 \text{ 的位次} = \frac{n+1}{10}$$

$$D_2 \text{ 的位次} = \frac{2(n+1)}{10} = \frac{n+1}{5}$$

$$D_3 \text{ 的位次} = \frac{3(n+1)}{10}$$

$$\vdots$$

$$D_9 \text{ 的位次} = \frac{9(n+1)}{10}$$

如果（$n+1$）恰好为 10 的倍数，则按上面公式计算出来的位次都是整数，这时，各个位次上的标志值就是相应的十分位数；如果（$n+1$）不是 10 的倍数，按上面公式计算出来的位次就可能是带分数，这时，有关的十分位数同样应该是与该带分数相邻的两个整数位次上的标志值的加权算术平均数。

　　至于组距式变量数列的十分位数计算方法,基本原理与四分位数相同,可以仿照上面的有关程序进行,故此处从略。

　　在十分位数的基础上,逐次地对半等分总体的各个部分,还可以得到二十分位数、四十分位数、八十分位数,等等。除此之外,统计上有时还用到百分位数等,其计算原理是相同的。

　　应该注意的是,在实际运用分位数时,分位的程度越高、分位数的个数越多,它所要求的资料项数(总体单位数)也越多。对于少数几项资料运用较高程度的分位数是没有什么实际分析意义的。例如,当总体只有十来个单位时,计算四分位数、八分位数甚至十分位数,这显然作用不大;而当总体单位数很多时,这种计算的必要性才会适当体现出来。

七、各种平均数的比较

(一)数值平均数与位置平均数的比较

　　如上所述,数值平均数和位置平均数在统计上都是用来表明总体的一般水平或分布的集中趋势的,都属于抽象化的代表值。但是,它们的代表意义却有所不同:数值平均数是按所有变量值来计算的平均数,它们能够概括反映整个数列中所有各项标志值的平均水平;位置平均数则是根据总体中处于特殊位置上的个别单位或部分单位的标志值来确定的代表值。从这一点说,数值平均数对于数据的概括能力比位置平均数显然来得更强一些。在实际应用中,即便是对于同一个总体,它们常常也会给出不同的计算结果。这是两类平均数的第一个区别。

　　第二个区别是,由于数值平均数的数据概括能力极强,因而数列中任何一项数据的变动都将在一定程度上影响到数值平均数的计算结果。这就是说,数值平均数对于数据变化的"灵敏度"很高。但是,这也使得数值平均数极容易受到个别或少数极端值的影响,就是说,它们对极端值的"耐抗性"较低。位置平均数则相反,数列中某些数据的变动不一定会影响到它们的水平,尤其是个别或少数极端值对于它们几乎没有影响,因而,尽管位置平均数的"灵敏度"较低,但"耐抗性"却很强。平均数的灵敏度与耐抗性是一对矛盾。我们不可能要求一种指标形式同时具备两方面的优点,但却可以在实际应用中根据这些特点和分析的要求,审慎地选择有关指标,或者对指标及其分析方法加以改进。

　　数值平均数与位置平均数的第三个区别是它们各自适用的数据(或资料)类型不同。一般来说,各种数值平均数对于数据的量化尺度要求较高,它们只适用于定距尺度和定比尺度的数据;位置平均数则不同,它们还适用于各种定序尺度的数据,众数甚至还适用于各种定类尺度的数据。这表明,在一些无法适当运用数值平均数的场合,位置平均数不失为一种独特且有用的分析工具。

(二)各种数值平均数的比较

　　在统计应用中,各种数值平均数的区别主要表现在:

　　首先,它们各自的适用场合不同。在纯数学的意义上,我们可以对同样的数据资料施行不同的数值平均计算,但在统计应用中,这种计算通常是没有意义的。在实际问题的研究中,各种数值平均数都是用来计算分析指标的,对于不同的指标或不同的资料,就需要运用不同的数值平均数。在计算动态比率的平均数时,可以采用几何平均数或其他特殊的数值平均数;而在计算离差变量的平均数时,则需要采用平方平均数等。

其次,各种数值平均数在计算上的繁简程度也不同。显然,算术平均数的计算过程最简单,其他数值平均数的计算相对复杂一些。当然,在现代计算工具日益便利快捷的条件下,这种计算上的复杂已经不是什么难以解决的问题了。

最后,某些数值平均数的运用受被平均变量的取值的限制。例如,当被平均变量出现一个零值时,就会使得几何平均数为零,还会使得调和平均数无法计算(不存在);而当被平均变量出现一个负值时,又有可能使得几何平均数失去意义。

八、众数、中位数与算术平均数之间的关系

由于众数和中位数不是根据全部变量值计算出来的,而是根据它们在变量数列中所在的特殊位置确定的,因此,众数和中位数又称为位置平均数。

在变量数列中,如果有极大值或极小值存在,则调和平均数无代表性,算术平均数和几何平均数作为代表性数值也很勉强,最好采用众数或中位数。因为位置平均数只受其位置影响,而丝毫不受极端变量值的影响。

众数、中位数与算术平均数之间的关系,取决于变量的次数分配情况。次数分配所形成的通常为钟形曲线,越靠近两端次数越少,越靠近中间次数越多,其形状是中央凸起,两边低垂,渐近横轴。这种钟形分配可分为对称和非对称两种类型,在不同类型的次数分配中,众数、中位数与算术平均数的关系也不同。

(1)在对称分配中,钟形曲线是以算术平均数为对称轴的,两边的次数一一对应相等,见图 4-1。因此,在这种分配中,算术平均数与众数、中位数三者合而为一,即 $\overline{X} = M_0 = M_e$。

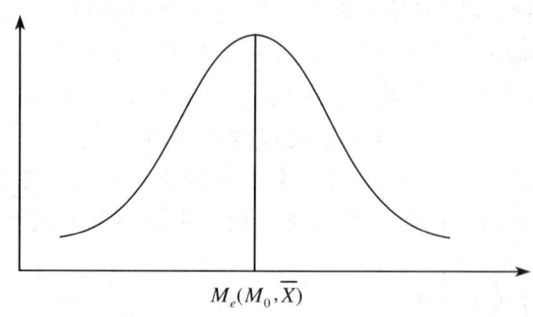

$$M_e(M_0, \overline{X})$$

图 4-1　对称分配曲线图

根据上述关系式,如有对称的变量数列,算术平均数则不必进行计算,可由众数(或中位数)直接来代替。众数也不必用公式计算,如为非组距数列,经观察可直接得到。

(2) 在非对称分配中,可分为钟形曲线左偏和钟形曲线右偏两种情形(见图 4-2 和图 4-3)。

如为左偏时:在图 4-2 中,众数最大,中位数居中,算术平均数在左边,为最小。即 $\overline{X} < M_e < M_0$。

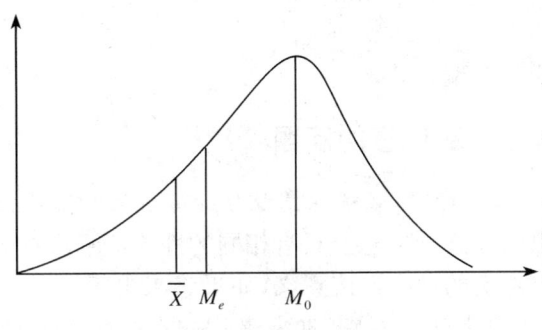

图 4-2　左偏曲线图

如为右偏时:在图 4-3 中,算术平均数在右边为最大,中位数居中,众数在最左边,为最小,即 $M_0 < M_e < \overline{X}$。

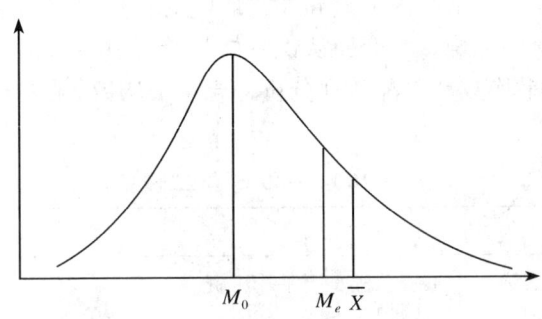

图 4-3　右偏曲线图

在对称分配中,算术平均数、众数和中位数完全重合。在非对称分配中,三者分离为三点,随着不对称程度的加重,三者相离越远,差距越大。在不对称程度比较适度时,不论是左偏还是右偏,算术平均数、众数和中位数之间的距离,构成一种固定关系:中位数与算术平均数的距离,约等于众数与算术平均数距离的 1/3;中位数与众数的距离,约等于众数与算术平均数距离的 2/3。根据这种关系,可以得到以下三个关系式

$$M_0 = 3M_e - 2\overline{X}$$

$$\overline{X}=\frac{3M_e-M_0}{2}$$

$$M_e=\frac{M_0+2\overline{X}}{3}$$

例如,某单位职工月平均工资资料中,已知众数为 450 元,中位数为 440 元,则该单位职工月工资的算术平均数为

$$\overline{X}=\frac{3M_e-M_0}{2}=\frac{3\times440-450}{2}=435(元)$$

可知次数分布曲线为左偏。

九、应用平均指标时应注意的问题

(一)计算和应用平均指标时,必须注意社会经济现象的同质性

同质总体的各个单位在某种标志上具有相同的性质。只有在同质总体的基础上计算和应用平均指标才具有真实的社会经济意义,如果将来自不同总体的资料混在一起计算平均数,就会掩盖不同性质之间的差别,抽象事物的本质区别,只能得到虚构的平均数。例如,研究居民的生活水平,计算其平均收入和平均生活费支出,应把城镇居民和农村居民分开研究,因为城镇居民和农村居民在收入来源和消费构成等方面具有不同特点。

(二)平均指标反映总体标志值一般水平,但却掩盖了总体各组的差异

总体内部各组之间及各组之内的差异往往影响总体的特征和分布规律,各组结构的变动也会对总体变动产生影响。为全面认识总体的特征和规律性,需要将平均指标与统计分组结合起来,用组平均数和分配数列分析补充总平均数,见表 4-10。

表 4-10

某企业 2004—2005 年工资情况

年份　工资分布 工人分类	2004			2005		
	工人人数（人）	工资总额（元）	平均工资（元）	工人人数（人）	工资总额（元）	平均工资（元）
技术工人	450	180 000	400	300	135 000	450
非技术工人	550	132 000	240	700	175 000	250
合　计	1 000	312 000	312	1 000	310 000	310

从表 4-10 中全部工人的平均工资来看,2004 年为 312 元,2005 年为 310 元,2005 年低于 2004 年,这能否说明工人的平均工资下降了呢?从各组工人的工资水平来看,技术工人的平均工资和非技术工人的平均工资都有所提高,那么为什么总平均工资却下降了呢?这是因为 2005 年工人的构成发生了变化,工资水平较高的技术工人所占比重从

45％下降到 30％,而工资水平较低的非技术工人所占比重从 55％上升到 70％,总平均工资将这两年工人的构成差异掩盖了。因此运用平均指标进行分析时,不仅要看到总平均数的差异,还要看到各组水平的差别,用组平均数来补充说明总平均数。

（三）计算和运用平均指标时,要注意极端值的影响

算术平均数受总体内极端数值的影响较大。为了正确反映总体的一般水平,当总体存在过大或过小的极端数值时,应予以剔除,然后用其余数值计算平均数。例如,研究农民生活,大多数农户年收入在 5 000～10 000 元之间,而个别农户收入达到几万元或不足千元,这就可以剔除收入极高或极低的农户后再计算剩下农户的平均收入。这种去除极端数值再平均的方法称为切尾平均法。目前这种方法在文艺、体育比赛评分中有较多应用。在评分时,为了避免个别评委由于某种原因给分过高或过低而影响评价的科学性,往往用在评委所给分数中去掉一个最高分、一个最低分然后再平均的方法决定参赛者的最后得分。

此外,在运用平均指标分析时还注意用分配数列补充说明平均指标,把平均指标与典型事例相结合,既看到总体的一般水平,又看到总体各单位存在的差异,使我们的认识更加全面。

（四）平均指标与标志变异指标相结合

平均指标与标志变异指标是反映总体分布的两个重要特征值。平均指标反映了总体各单位标志值的集中趋势,标志变异指标反映了总体各单位标志值的离中趋势。为全面描述总体分布的特征,必须将平均指标与标志变异指标结合使用,用标志变异指标衡量平均指标的代表性,说明平均指标反映总体一般水平的有效程度,使分析结论更全面、更可靠。关于这个问题我们在后文中还要论述。

第四节　分布的离中趋势

一、标志变异指标的意义和作用

（一）标志变异指标的意义

标志变异指标是反映总体各单位标志值差异程度的综合指标。它反映分配数列中各标志值的变动范围或离差程度,因此,标志变异指标也称标志变动度指标。

对于社会经济现象总体,我们可以运用绝对指标和平均指标来概括表明其总的规模、总的平均水平,但不能反映总体各单位之间的差异程度,它们把各单位的差异抽象化了。即使是同质总体,其内部各单位的差异也有可能很大,为了使我们的认识更全面,从另一方面说明总体的特征,往往需要计算标志变异指标,用以说明总体内各单位标志值之间的差异程度或标志值分布的差异情况,从而补充平均数的不足。

平均指标说明总体各单位标志值的集中趋势,而变异指标则说明标志值的分散程度

或离中趋势。

（二）标志变异指标的作用

（1）标志变异指标是衡量平均指标代表性大小的尺度。平均指标反映了总体各单位标志值的一般水平，其代表性的高低取决于总体各单位标志值的差异程度。一般地说，标志值的分布越分散，变异指标值越大，平均指标的代表性越小；标志值的分布越集中，变异指标值越小，平均指标的代表性越大。

（2）变异指标是反映社会经济活动过程的均衡性、稳定性的一个重要指标。一般说来，变异指标值越小，则说明社会经济活动过程越均衡，越稳定；变异指标值越大，则说明社会经济活动过程存在着陡起陡落的现象，需要加以调控。

常用的标志变异指标有全距、平均差、平均差系数、标准差和标志差系数。

二、全距

全距也称极差，它是总体各单位标志值中最大值与最小值之差，即

$$R = X_{max} - X_{min}$$

式中　　R 表示全距；

　　　　X_{max} 表示最大值；

　　　　X_{min} 表示最小值。

全距可以说明总体中标志值变动的范围。全距越大，说明总体中标志值变动范围越大，从而说明总体各单位标志值差异越大；反之，则越小。

例如，两个商店营业员某日销售额（元）如下：

甲商店：　　100　　　105　　　124　　　160　　　175

乙商店：　　110　　　114　　　120　　　125　　　130

比较两商店营业员某日销售额的全距，甲商店为 75 元，乙商店为 20 元，这说明甲商店营业员销售额的差距比乙商店营业员销售额的差距大。

若根据组距数列计算全距，可用数列中最高一组的上限减去最低一组的下限求得全距的近似值。

全距测定标志变异程度的优点是计算简单，但由于它取决于总体中两个极端值的大小，没有反映出其他数值的差别，当极端数值差异较大而中间数值分布又比较均匀时，便不能作出确切的反映。因此，在实际工作中应用较少。

三、平均差及平均差系数

（一）平均差的意义

平均差是各个标志值对其算术平均数离差绝对值的平均数。由于各标志值与其算术

平均数离差总和等于零,为防止正负离差相互抵消要取其绝对值计算。平均差和全距比较起来,有其优点。它反映的是各标志值对其算术平均数的平均离差,在计算时,每个标志值都参与,而全距在计算时,只考虑两端标志值,而中间各个标志没参与计算。因此,平均差更能综合反映全部单位标志值对标志变异程度的影响。

（二）平均差的计算方法

根据掌握的资料是否经过分组整理,平均差可分为简单平均差和加权平均差两种。

1. 简单平均差

简单平均差是根据没有分组的原始资料计算的平均差,其计算公式为

$$A.\,D. = \frac{\sum |X - \overline{X}|}{n}$$

式中　$A.\,D.$ 表示平均差。

例如,某车间甲乙两班组 5 名工人日产零件如下（件）：

甲班：　　35　　38　　40　　45　　52

乙班：　　28　　34　　42　　48　　58

试计算甲、乙两班组工人日产零件的平均差。

初步计算如表 4-11 所示。

表 4-11

甲、乙两班组工人日产量平均差计算表

甲　　班　　组			乙　　班　　组		
日产量（件）X	离差 $X-\overline{X}$	绝对离差 $|X-\overline{X}|$	日产量（件）X	离差 $X-\overline{X}$	绝对离差 $|X-\overline{X}|$
35	−7	7	28	−14	14
38	−4	4	34	−8	8
40	−2	2	42	0	0
45	3	3	48	6	6
52	10	10	58	16	16
合　　计	0	26	合　　计	0	44

甲班组平均日产零件

$$\overline{X} = \frac{\sum X}{n} = \frac{208}{5} = 42（件）$$

乙班组平均日产零件

$$\overline{X} = \frac{\sum X}{n} = \frac{210}{5} = 42 \text{(件)}$$

甲班组平均差

$$A.D. = \frac{\sum |X - \overline{X}|}{n} = \frac{26}{5} = 5.2 \text{(件)}$$

乙班组平均差

$$A.D. = \frac{\sum |X - \overline{X}|}{n} = \frac{44}{5} = 8.8 \text{(件)}$$

从计算得知,乙班组平均差大,说明乙班组平均日产零件的代表性小,乙班组日产零件水平的差异大于甲班组日产零件水平的差异。

2. 加权平均法

对于分组资料,应以各组的次数为权数计算平均差。其计算公式为

$$A.D. = \frac{\sum |X - \overline{X}| f}{\sum f}$$

例如,某车间工人按日产零件分组见表 4-12,计算该车间工人日产零件的平均差。

表 4-12

某车间工人日产零件平均差计算表

日产量(件) X	工人人数(人) f	Xf	$X - \overline{X}$	$|X - \overline{X}|$	$|X - \overline{X}| f$
8	20	160	−1.4	1.4	28
9	35	315	−0.4	0.4	14
10	30	300	0.6	0.6	18
11	15	165	1.6	1.6	24
合　计	100	940	—	—	84

$$\overline{X} = \frac{\sum Xf}{\sum f} = \frac{940}{100} = 9.4 \text{(件)}$$

$$A.D. = \frac{\sum |X - \overline{X}| f}{\sum f} = \frac{84}{100} = 0.84 \text{(件)}$$

计算结果表明,该车间 100 名工人日产零件水平差异程度平均为 0.84 件。

平均差越大,说明总体单位标志变动程度越大,平均数的代表性越小。

如果给出的资料是组距数列,则要以组中值代替各组的标志值,其他计算方法与上例相同。

平均差反映了标志值对平均数离差的平均水平,但用绝对值计算给它的应用带来一定局限性。

（三）平均差系数

平均差只能反映同一总体内各个标志值之间的平均差异,而不便于不同总体现象进行直接对比。因此,当数列具有不同水平和性质时,平均差并不具有可比性,这就需要把平均差转化成平均差系数,以排除数列水平和性质的影响,用来比较不同数列标志的变异程度。平均差系数的计算公式为

$$V_{A.D.} = \frac{A.D.}{\overline{X}} \times 100\%$$

例如,某学校两个班级统计学原理考试成绩经计算如下:

甲班平均成绩为 74 分,平均差为 9 分。

乙班平均成绩为 79 分,平均差为 6 分。

从平均差（绝对水平）看,乙班成绩的差异小于甲班,但从两班成绩来看,乙班的平均成绩又高于甲班。那么,要想知道两个班组平均成绩的代表性究竟哪个大,就需要通过计算平均差系数来反映。

$$甲班\ V_{A.D.} = \frac{9}{74} \times 100\% = 12.2\%$$

$$乙班\ V_{A.D.} = \frac{6}{79} \times 100\% = 7.6\%$$

计算结果说明,乙班平均成绩的代表性比甲班要大。

四、标准差及标准差系数

（一）标准差的意义

标准差的涵义与平均差基本相同,也表示各标志值对算术平均数的平均离差,只不过在数学处理上与平均差有所区别。平均差是用绝对值消除各标志值与平均数离差的负值,而标准差是用平方的方法消除各标志值与平均数离差的负值,这在数学处理上更合理一些。

（二）标准差的计算方法

根据掌握的资料是否经过分组整理,标准差可分为简单标准差与加权标准差两种形式。

1. 简单标准差

该标准差是根据没有分组的原始数据计算的。它是将每个标志值与平均数的离差平方和除以总体单位数后再开平方求得的。

其计算公式为

$$\sigma=\sqrt{\frac{\sum(X-\overline{X})^2}{n}}$$

式中　σ表示标准差。

按照标准差的计算公式,它的计算大体可分以下几步:

第一步,计算总体平均数 $\overline{X}$。

第二步,计算出各单位标志值与算术平均数的离差 $(X-\overline{X})$。

第三步,计算出各单位标志值与算术平均数离差平方之和 $\sum(X-\overline{X})^2$。

第四步,计算出离差平方的算术平均数 $\frac{\sum(X-\overline{X})^2}{n}$。

第五步,将第四步计算结果开平方,得标准差。

例如,某车间两个班组日产零件情况及初步计算见表 4-13,计算两个班组日产零件的标准差。

表 4-13

某车间两个班组日产零件标准差计算表

第 一 组			第 二 组		
日产零件 X	离 差 $X-\overline{X}$	离差平方 $(X-\overline{X})^2$	日产零件 X	离 差 $X-\overline{X}$	离差平方 $(X-\overline{X})^2$
20	−37	1 369	50	−9	81
25	−32	1 024	51	−8	64
30	−27	729	52	−7	49
35	−22	484	53	−6	36
50	−7	49	56	−3	9
70	13	169	60	1	1
75	18	324	62	3	9
85	28	784	72	13	169
120	63	3 969	73	14	196
合　计	—	8 901	合　计	—	614

第一班组日产零件的标准差

$$\sigma=\sqrt{\frac{\sum(X-\overline{X})^2}{n}}=\sqrt{\frac{8\ 901}{9}}=31.4(件)$$

第二班组日产零件的标准差

$$\sigma=\sqrt{\frac{\sum(X-\overline{X})^2}{n}}=\sqrt{\frac{614}{9}}=8.3(件)$$

计算结果表明,第一班组日产零件的标准差大于第二班组日产零件的标准差,因此,第一班组平均日产零件的代表性小于第二班组平均日产零件的代表性。

2. 加权标准差

在原始资料已编制成变量数列的情况下,计算标准差则采用加权法,其计算公式为

$$\sigma=\sqrt{\frac{\sum(X-\overline{X})^2 f}{\sum f}}$$

现以某地抽查的 1 000 户农民月家庭收入情况为例,说明其计算方法,见表 4-14。

表 4-14

农户人均收入标准差计算表

按人均收入分组	农户数	组中值	总收入额（元）	离　　差	离差平方	离差平方加权值
—	f	X	Xf	$X-\overline{X}$	$(X-\overline{X})^2$	$(X-\overline{X})^2 f$
100 元以下	10	75	750	−279	77 841	778 410
100~150 元	34	125	4 250	−229	52 441	1 782 994
150~200 元	79	175	13 825	−179	32 041	2 531 239
200~300 元	256	250	64 000	−104	10 816	2 768 896
300~400 元	240	350	84 000	−4	16	3 840
400~500 元	223	450	100 350	96	9 216	2 055 168
500 元以上	158	550	86 900	196	38 416	6 069 768
合　　计	1 000	—	354 075	—	—	15 990 315

农户人均收入 $\overline{X}=\dfrac{\sum Xf}{\sum f}=\dfrac{354\,075}{1\,000}=354(元)$

农户人均收入标准差 $\sigma=\sqrt{\dfrac{\sum(X-\overline{X})^2 f}{\sum f}}=\sqrt{\dfrac{15\,990\,315}{1\,000}}=126.45(元)$

这里需要说明的是,加权标准差的计算方法与简单标准差的计算方法基本相同,只是多了一步,即将各组标志值与算术平均数的离差平方乘以各组次数,然后除以总次数,再开平方。如果是根据组距数列计算标准差,应以组中值代替各组标志值。

（三）标准差系数

标准差反映了数列中所有标志值与平均数之间离差的大小,也就反映了平均数的代

表性。但是标准差的大小,一方面受标志变异大小的影响,另一方面也受变量水平高低的影响。因此,对于不同的变量数列,不能直接用标准差来比较其变异程度,需要把标准差转化成标准差系数来比较。标准差系数与平均差系数的意义相同,是反映总体中各标志离散程度的相对指标。它经常用于比较不同水平的同类现象或不同类现象平均数的代表性大小。

标准差系数的计算公式为

$$V_\sigma = \frac{\sigma}{\overline{X}} \times 100\%$$

式中　V_σ 表示标准差系数。

例如,甲、乙两班学生数学考试成绩,甲班平均 80 分,标准差为 8 分,乙班平均成绩 74 分,标准差为 6 分,则标准差系数为

甲班:　　　　　　　　$V_\sigma = \frac{8}{80} \times 100\% = 10\%$

乙班:　　　　　　　　$V_\sigma = \frac{6}{74} \times 100\% = 8.1\%$

计算结果显示乙班标准差系数较小,这说明甲班平均成绩的代表性较小,乙班平均成绩的代表性较大。

前面已分别讲述了全距、平均差、平均差系数、标准差和标准差系数等五种标志变异指标,它们的作用是一样的,主要是用来衡量平均数代表性大小的。结论是,这五个标志变异指标的大小都和平均数代表性大小成反比。

五、是非标志的标准差

在社会经济活动中,有些社会经济现象的特征,只表现为两种性质上的差异,如在全部产品中,分为合格品和不合格品;在全部人口中,分为男性和女性两组;对一电视节目,观众表现为收看或不看;在全部农作物播种面积中,分为受灾与非受灾面积。这种只表现为用"是"、"否"或"有"、"无"来表示的标志,叫做是非标志,也称为交替标志,在进行抽样估计时,是非标志的标准差或方差有着重要意义。

是非标志既然用"是"、"否"或"有"、"无"来回答,为分析简化起见,也可以把它视为变量(可变数量标志),用符号 X 表示,又因为是非标志只有两个标志值,故可用 1 表示具有所研究的标志值,用 0 表示不具有所研究的标志值,即具有某种标志值 $X=1$,不具有某种标志值 $X=0$。全部单位数用 N 表示,具有所研究的标志值的单位数用 N_1 表示,不具有所研究标志值的单位数用 N_0 表示,则 $N=N_1+N_0$,$N_0=N-N_1$,这两部分单位数(N_1 或 N_0)占全部单位数 N 的比重,也称成数,可表示如下:

全部单位中具有所研究标志值的单位数所占比重(成数)用 P 表示,即

$$P = \frac{N_1}{N}$$

全部单位中不具有所研究标志值的单位数所占的比重(成数)用 q 表示,即

$$q = \frac{N_0}{N}$$

两个成数之和等于 1,即

$$\frac{N_1}{N} + \frac{N_0}{N} = \frac{N_1 + (N - N_1)}{N} = 1$$

即

$$p + q = 1, \quad q = 1 - p$$

例如,一批产品共 1 000 件,合格品 950 件,不合格品为 50 件,合格品占全部产品的 $95\% \left(\frac{950}{1\,000} \times 100\% \right)$,不合格品占全部产品的 $5\% \left(\frac{50}{1\,000} \times 100\% \right)$,这里的 95% 和 5% 均为比重(成数)。

现用是非标志值及比重(成数)来说明是非标志平均数和标准差的计算方法,见表 4-15。

表 4-15

是非标志平均数和标准差计算表

是非标志值 (变量值) X	总体单位数 (成数) f	变量值乘 总体单位数 Xf	离 差 $X - \overline{X}$	离差平方 $(X - \overline{X})^2$	离差平方 加权值 $(X - \overline{X})^2 f$
1	P	P	$1 - P$	$(1 - P)^2$	$(1 - P)^2 P$
0	q	0	$0 - P$	$(0 - P)^2$	$(0 - P)^2 q$
合　　计	1	P	—	—	$(1 - P)^2 P + (0 - P)^2 q$

是非标志的算术平均数为

$$\overline{X} = \frac{\sum Xf}{\sum f} = \frac{1 \times P + 0 \times q}{P + q} = \frac{P}{1} = P$$

是非标志的标准差为

$$\sigma = \sqrt{\frac{\sum (X - \overline{X})^2 f}{\sum f}} = \sqrt{\frac{(1 - p)^2 P + (0 - p)^2 q}{P + q}}$$

$$= \sqrt{\frac{q^2 P + P^2 q}{1}} = \sqrt{Pq(P + q)} = \sqrt{Pq} = \sqrt{P(1 - P)}$$

例如,某电子元件厂一车间生产 6 000 支电子元件。合格品为 5 400 支,不合格品为 600 支,电子元件合格率为 90%,其是非标志的平均数和标准差计算如下(见表 4-16)。

表 4-16

某电子元件厂一车间生产电子元件平均合格率及标准差计算表

是非标志值 （变量值）	总体单位数 （成数）	变量值乘 总体单位数	离　　差 （$\overline{X}=0.9$）	离差平方	离差平方 加权值
X	f	Xf	$X-\overline{X}$	$(X-\overline{X})^2$	$(X-\overline{X})^2f$
1	0.9	0.9	0.1	0.01	0.009
0	0.1	0	-0.9	0.81	0.081
合　　计	1	0.9	—	—	0.09

$$\overline{X}=\frac{\sum Xf}{\sum f}=\frac{0.9}{1}=0.9 \text{ 或 } 90\% \text{（即 } P\text{）}$$

$$\sigma=\sqrt{\frac{\sum(X-\overline{X})^2 f}{\sum f}}=\sqrt{\frac{0.09}{1}}=0.3 \text{ 或 } 30\%$$

计算结果表明，该车间这批电子元件平均合格率为 90%，标准差为 30%。

上述计算结果也可以直接利用公式得出。

六、标准差的数学性质及简捷计算方法

标准差的数学性质一般通过方差来表述，方差 σ^2 为标准差 σ 的平方。

（1）变量的方差等于变量平方的平均数减变量平均数的平方，即 $\sigma^2=\overline{X^2}-(\overline{X})^2$。

推导过程如下：

$$\sigma^2=\frac{\sum(X-\overline{X})^2}{n}=\frac{\sum\left[X^2-2X\overline{X}+(\overline{X})^2\right]}{n}$$

$$=\frac{\sum X^2}{n}-2\overline{X}\frac{\sum X}{n}+(\overline{X})^2$$

$$=\overline{X^2}-2(\overline{X})^2+(\overline{X})^2=\overline{X^2}-(\overline{X})^2$$

（2）变量对算术平均数的方差，小于变量对任意常数的方差。

设 A 为任意常数，S^2 为变量对 A 的方差，则有

$$S^2=\frac{\sum(X-A)^2}{n}=\frac{1}{n}\left(\sum X^2-2A\sum X+nA^2\right)$$

$$=\overline{X^2}-2A\overline{X}+A^2$$

同时加减一个 $(\overline{X})^2$，上式变为

$$S^2=\overline{X^2}-2A\overline{X}+A^2+(\overline{X})^2-(\overline{X})^2$$

$$=(\overline{X})^2-2A\overline{X}+A^2-(\overline{X})^2+\overline{X^2}$$

$$=(\overline{X}-A)^2+\sigma^2$$

只有当 $A=\overline{X}$ 时，$S^2=\sigma^2$，否则无论 A 取何值，$(\overline{X}-A)^2$ 为一正值，S^2 都大于 σ^2，因此说，变量对算术平均数的方差是最小值。

利用数学性质(1)，可以得到计算标准差的另一种方法，即

$$\sigma=\sqrt{\overline{X^2}-(\overline{X})^2}$$

其中，$\overline{X^2}=\dfrac{\sum X^2 f}{\sum f}$，$(\overline{X})^2=\left(\dfrac{\sum X f}{\sum f}\right)^2$，中间计算项不是 $X-\overline{X}$、$(X-\overline{X})^2$ 和 $(X-\overline{X})^2 f$，而是 Xf、X^2 和 $X^2 f$，在一定程度上此方法具有简化计算的作用，以表 4-17 中资料为例来介绍计算标准差的一般方法和简捷法。

表 4-17

某车间工人日产零件情况及其标准差一般方法计算表

按日产零件分组(件) X	工人数(人) f	日产零件总数(件) Xf	离差 ($\overline{X}=25$) $X-\overline{X}$	离差平方 $(X-\overline{X})^2$	离差平方加权值 $(X-\overline{X})^2 f$	X^2	$X^2 f$
20	2	40	−5	25	50	400	800
21	4	84	−4	16	64	441	1 764
22	15	330	−3	9	135	484	7 260
23	17	391	−2	4	68	529	8 993
24	19	456	−1	1	19	576	10 944
25	22	550	0	0	0	625	13 750
26	43	1 118	1	1	43	676	29 068
27	21	567	2	4	84	729	15 309
28	9	252	3	9	81	784	7 056
29	6	174	4	16	96	841	5 046
30	3	90	5	25	75	900	2 700
31	1	31	6	36	36	961	961
合　计	162	4 083	—	—	751	7 946	103 651

根据表 4-17 所示资料，用一般方法计算标准差

$$\overline{X}=\frac{\sum X f}{\sum f}=\frac{4\,083}{162}=25（件）$$

$$\sigma=\sqrt{\frac{\sum(X-\overline{X})^2 f}{\sum f}}=\sqrt{\frac{751}{162}}=2.15（件）$$

用简捷法计算标准差

$$\overline{X^2}=\frac{\sum X^2 f}{\sum f}=\frac{103\ 651}{162}=639.82$$

$$(\overline{X})^2=\left(\frac{\sum Xf}{\sum f}\right)^2=\left(\frac{4\ 083}{162}\right)^2=635.23$$

$$\sigma=\sqrt{639.82-635.23}=\sqrt{4.59}=2.14(件)$$

两种方法计算结果一致。

利用数学性质(2),可以实现标准差的简捷计算,其一般公式为

$$\sigma^2=S^2-C^2$$

其中,S^2 为变量 X 对任意数 A 的方差;C 为 $\overline{X}$ 与 A 的离差,它可以改写为 $C=\overline{X}-A$ $=\dfrac{\sum(X-A)}{n}$ 的形式。其计算公式为

$$\sigma=\sqrt{\frac{\sum(X-A)^2 f}{\sum f}-\left[\frac{\sum(X-A)f}{\sum f}\right]^2}$$

显然,如果 A 选取合格,就会大大减少计算工作量。沿用表 4-17 中资料,说明计算过程,见表 4-18。

表 4-18

某车间工人日产零件情况及其标准差简捷法计算表

按日产零件分级(件) X	工人数(人) f	$X-A$ $(A=25)$	$(X-A)^2$	$(X-A)f$	$(X-A)^2 f$
20	2	−5	25	−10	50
21	4	−4	16	−16	64
22	15	−3	9	−45	135
23	17	−2	4	−34	68
24	19	−1	1	−19	19
25	22	0	0	0	0
26	43	1	1	43	43
27	21	2	4	42	84
28	9	3	9	27	81
29	6	4	16	24	96
30	3	5	25	15	75
31	1	6	36	6	36
合　计	162	6	146	33	751

$$\sigma = \sqrt{\frac{\sum (X-A)^2 f}{\sum f} - \left[\frac{\sum (X-A)f}{\sum f}\right]^2}$$

$$= \sqrt{\frac{751}{162} - \left(\frac{33}{162}\right)^2}$$

$$= \sqrt{4.59} = 2.14 （件）$$

七、总方差、组内方差和组间方差

用组距分组数列计算标准差时,可以按总体各单位标志值来计算,也可以按组距分组的组平均数代表各组平均水平来计算,其结果是不同的。前者是整个总体的总离差,它是各单位标志值与总平均数计算的标准差。前者称为总方差,后者称为组间方差。总方差除了包括组间方差外还包括组内方差。组内方差是各组内各单位标志值与组平均数计算的方差。它们的关系为

总方差＝组间方差＋组内方差的算术平均数

即

$$\sigma_{总}^2 = \sigma_{组间}^2 + \overline{\sigma_{组内}^2}$$

上面各个方差的计算公式为

（一）组内方差

$$\sigma_{组内}^2 = \frac{\sum (X_i - \overline{X_i})^2}{n_i} \quad (i=1,2,3,\cdots)$$

式中　$\sigma_{组内}^2$ 表示组内方差;

　　　X_i 表示各组内单位的标志值;

　　　$\overline{X_i}$ 表示各组的平均数;

　　　n_i 表示各组的单位数。

组内方差的算术平均数为

$$\overline{\sigma_{组内}^2} = \frac{\sum \sigma_{组内}^2 \cdot n_i}{\sum n_i}$$

（二）组间方差

$$\sigma_{组间}^2 = \frac{\sum (\overline{X_i} - M)^2 \cdot n_i}{\sum n_i}$$

式中　$\sigma_{组间}^2$ 表示组间方差;

　　　M 表示总体平均数。

（三）总方差

$$\sigma_{总}^2 = \sigma_{组间}^2 + \overline{\sigma_{组内}^2}$$

或

$$\sigma_{总}^2 = \frac{\sum (X_i - M)^2}{n_i} \quad (i=1,2,3,\cdots)$$

式中　X_i 表示总体的每个单位的标志值；

　　　　M 表示总体平均数；

　　　　n_i 表示总体单位总数。

　　下面举例说明各种方差的计算。

　　例如，某工业局下属 7 个企业某月产值(单位：万元)如下：

88　　90　　96　　98　　110　　140　　200

按产值分为两组。

第一组：88，90，96，98。

第二组：110，140，200。

根据上面资料可以计算得

$$总平均产值 M = 117.43$$

$$产值的总方差 \sigma_{总}^2 = 1\,405.38$$

$$第一组平均产值 \overline{X_1} = 93$$

$$组内方差 \sigma_1^2 = 17$$

$$第二组平均产值 \overline{X_2} = 150$$

$$组内方差 \sigma_2^2 = 1\,400$$

组内方差的算术平均数

$$\overline{\sigma_{组内}^2} = \frac{17 \times 4 + 1\,400 \times 3}{7} = 609.71$$

$$\sigma_{组间}^2 = \frac{(93 - 117.43)^2 \times 4 + (150 - 117.43)^2 \times 3}{7}$$

$$= \frac{2\,387.3 + 3\,182.41}{7} = 795.67$$

$$\sigma_{总}^2 = 609.71 + 795.67 = 1\,405.38$$

　　计算结果与前面直接用各单位标志值与总平均数的离差计算的总方差完全一致。组内方差、组间方差的应用我们在抽样调查一章中还要讲到。

本 章 要 点

　　重点掌握算术平均数的计算形式和应用条件，即资料未分组用简单平均法计算，分组后形成变量数列(次数不等时)，则用加权算术平均法计算。如是组距数列时，各组的变量值应以组中值代替。

　　本章所讲的调和平均数是以算术平均数的变形形式出现的。应重点掌握调和平均数的应用条件。

　　众数和中位数是一种位置平均数，当数列里出现极端数值时，不宜用算术平均数表明现象的一般水平,可用众数和中位数表明现象的一般水平。

简单掌握全距和四分位数,两者在实际中应用较少。

标准差和方差是测定平均数代表性大小的一个重要指标,也是抽样估计的一个重要指标,应重点掌握。

变异系数一般应用在判定两个总体在平均数不等时哪个总体的平均数代表性较大或较小。

本 章 习 题

1. 在计算平均指标时,算术平均数和几何平均数分别适用于哪种场合?

2. 简单算术平均数和加权算术平均数各受哪几个因素影响?

3. 在什么条件下应该用众数和中位数表明现象的一般水平?

4. 算术平均数、众数、中位数三者的关系是什么?

5. 变量数列的构成要素是什么? 它分哪几种?

6. 几何平均数适用于哪种场合? 它有什么特点?

7. 标志变异指标的作用是什么?

8. 变异系数与全距、平均差、标准差等变异指标相比,在数值表现形式上有何特点? 在分析意义上又有何差异?

9. 在判断两个总体计算出的两个平均数代表性大小时,什么情况下用标准差系数和平均差系数来判断?

10. 中位数也是一种分位数,它与其他分位数(四分位数、八分位数等)在分析作用上有何不同?

11. 某单位职工按月工资额分组情况见表4-19。

表4-19

某单位职工按月工资额分组情况表

工　　资	人数(人)	工　　资	人数(人)
2 000 元以下	70	3 000~3 500 元	91
2 000~2 500 元	95	3 500~4 000 元	62
2 500~3 000 元	124	4 000 元以上	33

试根据上述资料计算该单位职工的月平均工资、工资的中位数和众数以及工资的标准差。

12. 甲、乙两个班级某科考试成绩如下:甲班的平均分数为 75 分,标准差为 7 分。乙班按考试成绩分组情况见表 4-20。

表 4-20　　　　　　　　　　乙班按考试成绩分组情况表

分　数	人数(人)	分　数	人数(人)
60 分以下	4	80～90 分	7
60～70 分	8	90 分以上	5
70～80 分	13		

试比较甲、乙两个班级该科平均成绩的代表性哪个大？

13. 某企业计划完成情况见表 4-21。

表 4-21　　　　　　　　　　某企业计划完成情况表

按计划完成百分比分组	实际产值(万元)	按计划完成百分比分组	实际产值(万元)
80%～90%	68	100%～110%	126
90%～100%	57	110%～120%	184

试计算该企业平均计划完成百分比。

14. 某厂三个车间一季度生产情况如表 4-22 所示。

表 4-22

某厂三车间一季度生产情况

车　间	计划完成百分比	实际产量(件)	单位产品成本(元/件)
第一车间	90%	198	15
第二车间	105%	315	10
第三车间	110%	220	8

根据以上资料计算：

(1) 一季度三个车间产量平均计划完成百分比。

(2) 一季度三个车间平均单位产品成本。

第五章　概率与概率分布

学习目标　概率论是研究随机现象统计规律性的科学。对随机事件的概率进行讨论。可以测度我们关心的某一随机事件发生的可能性;对随机变量及其分布进行研究,能使我们对随机变量的统计规律性有一个全面的、深入的了解;若实际中不需要掌握随机变量的全面情况或求随机变量的分布有困难,可计算一些能足以说明分布性质的主要数字特征;大数定律和中心的极限定理可对统计推断中的某些问题提供理论依据。

关键概念　概率(probability)　随机事件(random event)　必然事件(certain event)中心极限定理(central limit theorem)

第一节　随机事件与概率

一、随机事件及其运算

(一) 基本概念

在现实生活、生产和科学研究中除了确定性现象(在一定条件下,必然会发生或必然不会发生的现象)外,还普遍存在着另一类现象,如从一箱零件(其中有 2% 的次品)中任意取出一个,可能是正品,也可能是次品,在抽出零件之前不知道会出现哪一种结果。我们称这类在一定条件下可能发生,也可能不发生的现象为随机现象(又称偶然现象或不确定性现象)。从一次观察来看随机现象似乎没有什么规律,但通过大量观察发现其有明显的规律性,这种规律性通常被称为统计规律性。例如,将一枚骰子投掷一次,出现 5 点的情况可能发生,也可能不发生,在相同条件下多次重复抛这枚骰子,就会发现出现 5 点的可能性愈来愈接近 1/6。

为了掌握随机现象的统计规律性,需对随机现象进行试验。广义上的试验是指从某一研究目的出发对随机现象的观察(或实验)。严格意义上的试验须满足以下三个条件:试验可以在相同条件下重复进行;试验的所有可能结果是明确可知的;每次试验之前不能肯定哪一个结果会出现。然而,多数情况下的试验不一定能同时满足上述三个条件。因此,实际应用中常从广义角度上理解试验。

随机试验(或随机现象)的每一个可能结果称为随机事件,简称事件,常用 A、B、C 等表示;若一个随机事件不可能再分成两个或更多个事件,就称为基本事件(样本点);基本事件的全体(全集)称为样本空间或基本空间,记为 Ω;由某些基本事件组合而成的事件(子集)称为复合事件;一定条件下,每次试验必然发生的事件称为必然事件,仍记为 Ω(样本空间 Ω 本身就是一个必然事件);一定条件下,每次试验必然不会发生的事件(空集)称为不可能事件,常用 Φ 表示。必然事件和不可能事件不是随机事件,但为了今后研究的方便,仍将其作为随机事件的两个极端情形来处理。

例如,有编号为 1、2、3 的三本书(其中 1、2 号为英语书;3 号为数学书),从中随机抽出 2 本,$\omega_1=\{1,3\}$、$\omega_2=\{2,3\}$、$\omega_3=\{1,2\}$ 为基本事件;样本空间 $\Omega=\{\omega_1,\omega_2,\omega_3\}$;$B=\{\omega_1,\omega_2\}$("抽到 1 本英语书,1 本数学书")为复合事件;"抽到的 2 本书都是数学书"为不可能事件;"抽到的 2 本书中至少有一本是英语书"为必然事件。

(二) 随机事件的关系和运算

要计算随机事件的概率,须了解随机事件的关系和运算。

(1) 事件的包含($B \supset A$ 或 $A \subset B$),事件 B 包含事件 A(或事件 A 含于事件 B)是指事件 A 发生,必然导致事件 B 发生。

(2) 事件的并(和)($A \cup B$ 或 $A+B$),是指事件 A 与事件 B 至少有一个发生。

(3) 事件的交(积)($A \cap B$ 或 AB),是指事件 A 与事件 B 同时发生。

(4) 事件的差($A-B$)是指事件 A 发生,而事件 B 不发生。

(5) 互不相容(互斥)事件($AB=\Phi$),是指事件 A 与事件 B 不能同时发生。

(6) 事件 A 的逆(对立)事件($\overline{A}$),是指样本空间中所有不属于事件 A 的样本点(即 $A\overline{A}=\Phi,A+\overline{A}=\Omega$)组成的事件。

例如,从编了号的 5 件产品任抽 1 件,A 表示"抽的是奇数号产品",B 表示"抽的号数小于 5",C 表示"小于 5 的偶数号"。

则 $A+B=\{1,2,3,4,5\}$;$AB=\{1,3\}$;$AC=\Phi$;$C-A=C\overline{A}=\{2,4\}$。

(三) 概率的定义

随机事件的概率简称概率,是指随机事件发生可能性大小的数量。概率有多种定义,各适用于不同的场合。

1. 概率的古典定义

具有以下两个共同特点的试验,称为古典(或等可能)概型。

第一,每次试验只有有限种可能结果,即样本空间中基本事件总数有限。

第二,各个试验结果出现的可能性相同。

概率的古典定义　在古典概型中,某一事件 A 发生的概率为该事件所包含的基本事件个数 m,其与样本空间中基本事件总数 n 的比值,记为

$$P(A)=\frac{m}{n}$$

例如，从 100 件产品(其中有 5 件次品)中任抽 50 件,求恰有 2 件次品的概率。

解:设 $A=$ "抽出的 50 件产品恰有 2 件次品";样本空间基本事件总数 $n=C_{100}^{50}$;使 A 事件发生的基本事件数 $m=C_{95}^{48}C_5^2$。则 A 事件发生的概率为

$$P(A)=\frac{m}{n}=\frac{C_{95}^{48}C_5^2}{C_{100}^{50}}=0.32$$

2. 概率的统计定义

概率的古典定义有一定的局限性,这是因为客观实际中有许多随机现象并不能满足古典概型的两个特点。例如,某一年龄组的人口死亡率、不同的英文字母出现的概率等显然不能用古典概率来计算。对这类问题我们可以通过大量的重复试验来找出它们的统计规律性(概率的近似值)。

概率的统计定义　在相同条件下重复进行 n 次试验,事件 A 发生 m 次($m\leqslant n$),随着试验次数 n 的增大,事件 A 发生的频率 m/n 围绕某一常数 p 上下波动的幅度越来越小,且逐步趋于稳定,则称 p 为事件 A 的概率,记作

$$P(A)=\frac{m}{n}=P$$

例如,某工厂大批量生产某种产品,其使用寿命大于 1 000 小时为合格品,分别抽取 60、150、600、900、1 200、1 800 件产品进行检验,其合格品率分别为 0.882、0.873、0.915、0.911、0.909、0.904。随着抽检件数 n 的增多,合格品的频率稳定在 0.9 附近,用频率近似代替概率,即认为某种产品的合格品率 $p=0.9$。

3. 概率的主观定义

有些随机现象既没有古典概率的特点,也不能在相同条件下进行大量重复试验。例如,讨论一种新产品在未来市场上畅销的概率、某次卫星发射成功的概率、公安机关破获某件案子的概率等问题,这时可根据人们的经验,以个人信念为基础去估计概率。

概率的主观定义　人们根据自己的经验和所掌握的有关信息,对事件发生的可能性大小给以主观的估计,这样确定的概率称为主观概率。

例如:专家估计某企业投资一项新项目能获得成功的概率为 0.8,投资失败的概率为 0.2。这是专家在综合分析多方面信息的基础上主观给出的估计。

二、概率的性质与运算法则

(一)概率的性质

以上三种定义(即确定概率的方法)各有其局限性。在概率论的理论研究中,为了数学理论上的严密和完备性,数学家抽象地概括了上述各种概率定义的共性,提出了概率的

公理化定义,指出概率具有如下三条公理(基本性质):

(1) 对任一随机事件 A,有 $P(A) \geqslant 0$。

(2) 必然事件的概率为 1,即 $P(\Omega) = 1$。

(3) 对于两两互斥的随机事件 $A_i(i=1,2,\cdots)$,有 $P(A_1 + A_2 + \cdots) = P(A_1) + P(A_2) + \cdots$

(二)概率的运算法则

由概率的三条公理(基本性质)还可以推出概率的若干性质(这些性质同时又是概率的运算法则)。

1. 概率的加法公式(定理)

加法公式(定理)1 两个互斥事件 A、B 之和的概率,等于两个事件的概率之和,即

$$P(A+B) = P(A) + P(B)$$

一般地,有限多个两两互斥($A_i A_j = \Phi, i \neq j$)的随机事件之和的概率为

$$P(A_1 + A_2 + \cdots + A_n) = P(A_1) + P(A_2) + \cdots + P(A_n)$$

任一随机事件 A 的概率,恒等于 1 减去其逆事件 $\overline{A}$ 的概率,即

$$P(A) = 1 - P(\overline{A})$$

加法公式(定理)2 对任意两个随机事件 A、B,有

$$P(A+B) = P(A) + P(B) - P(AB)$$

特别地,若 A、B 互斥$[P(AB)=0]$,该公式即变为加法公式 1。

例如,某企业的 10 个管理人员中有 3 个女同志,现从中任抽 4 人,求至少有 2 个女同志的概率。

解:设 A="抽出的 4 人中至少有 2 个女同志";A_i="抽出的 4 人中恰好有 $i(i=1,2,3)$ 个女同志"。显然 A_2 和 A_3 互斥,则 $A = A_2 + A_3$ 的概率为

$$P(A) = P(A_2 + A_3) = P(A_2) + P(A_3) = \frac{C_3^2 C_7^2}{C_{10}^4} + \frac{C_3^3 C_7^1}{C_{10}^4} = \frac{3}{10} + \frac{1}{30} = \frac{1}{3}$$

2. 概率的乘法公式(定理)

求随机事件积(交)的概率,要涉及条件概率的概念。

事件 A 已经发生的条件下事件 B 发生的概率,称为事件 A 发生条件下 B 发生的条件概率,记为 $P(B/A)$;同样,将事件 B 发生条件下 A 发生的条件概率用 $P(A/B)$ 表示,且

$$P(B/A) = \frac{P(AB)}{P(A)} \quad [P(A) > 0]$$

$$P(A/B) = \frac{P(AB)}{P(B)} \quad [P(B) > 0]$$

由条件概率的定义,易得概率乘法公式的一般形式。

乘法公式(定理)1　两个事件 A、B 同时发生的概率,等于一个事件的概率乘以该事件发生条件下另一事件发生的条件概率,即

$$P(AB) = P(A)P(B/A) = P(B)P(A/B)$$

一般地,有限多个事件同时发生的概率为

$$P(A_1 A_2 \cdots A_n) = P(A_1)P(A_2/A_1) \cdots P(A_n/A_1 A_2 \cdots A_{n-1})$$

例如,某人有五把钥匙,但忘记了开房门的是哪一把,现逐把试开,求第三次时打开房门的概率。

解:设 $A =$ "第三次打开房门";$A_i =$ "第 $i(i = 1,2,3)$ 次打开房门";$\overline{A_i} =$ "第 $i(i = 1,2,3)$ 次打不开房门"。

依题意有

$$P(\overline{A_i}) = \frac{4}{5} \qquad P(\overline{A_2}/\overline{A_1}) = \frac{3}{4} \qquad P(A_3/\overline{A_1}\,\overline{A_2}) = \frac{1}{3}$$

则
$$P(A) = P(\overline{A_1}\,\overline{A_2} A_3) = P(\overline{A_1})P(\overline{A_2}/\overline{A_1})P(\overline{A_3}/\overline{A_1}\,\overline{A_2})$$
$$= \frac{4}{5} \times \frac{3}{4} \times \frac{1}{3} = \frac{1}{5}$$

求随机事件积(交)的概率,还要涉及随机事件独立性的概念。

对任意两事件 A、B,若 $P(AB) = P(A)P(B)$,即 $P(B/A) = P(B)$ 或 $P(A/B) = P(A)$ 成立,则称 A、B 相互独立。

乘法公式(定理)2　两独立事件乘积的概率等于两事件概率的乘积,即

$$P(AB) = P(A)P(B)$$

一般地,随机事件 $A_1, A_2, \cdots, A_n$ 相互独立,则

$$P(A_1 A_2 \cdots A_n) = P(A_1)P(A_2) \cdots P(A_n)$$

例如,某工人同时看管 3 台独立工作的自动机床,在每单位时间(20 分钟)内,各台机床不需要看管的概率分别为 0.9、0.8、0.85,求三台机床在 20 分钟内都不需要看管的概率。

解:设 $A_i =$ "第 $i(i = 1,2,3)$ 台机床在 20 分钟内不需要看管",且 A_1、A_2、A_3 之间相互独立,则三台机床在 20 分钟内都不需要看管的概率为

$$P(A_1A_2A_3)=P(A_1)P(A_2)P(A_3)=0.9\times0.8\times0.85=0.612$$

（三）全概率公式与贝叶斯公式

1. 全概率公式

在计算某些较复杂事件的概率时，有时还需要将加法公式与乘法公式结合应用，全概率公式是由概率的加法公式和条件概率的定义导出的。它可使问题化繁就简，得以解决。

全概率公式　若事件 $A_1,A_2,\cdots,A_n$ 两两互斥（$A_iA_j=\Phi,i\neq j$），且 $P(A_i)>0(i=1,2,\cdots,n)$；事件 B 仅当事件 $A_1,A_2,\cdots,A_n$ 中任一事件发生时才能发生（即 $A_1+A_2+\cdots+A_n=\Omega,B=A_1B+A_2B+\cdots+A_nB$）。则对任一事件 B，皆有

$$P(B)=\sum_{i=1}^{n}P(A_i)P(B/A_i)$$

2. 贝叶斯公式

贝叶斯公式又称逆概率公式，它是一个计算条件概率的公式。贝叶斯公式与全概率公式所解决的问题相反，它可以帮助我们确定引起某种结果（事件 B）发生的最可能原因 A_i。

贝叶斯公式　设事件 $A_1,A_2,\cdots,A_n$ 两两互斥（$A_iA_j=\Phi,i\neq j$）；事件 B 仅当事件 $A_1,A_2,\cdots,A_n$ 中任一事件发生时才能发生（即 $A_1+A_2+\cdots+A_n=\Omega,B=A_1B+A_2B+\cdots+A_nB$），且 $P(A_i)>0(i=1,2,\cdots,n)$，$P(B)>0$，则

$$P(A_i/B)=\frac{P(A_iB)}{P(B)}=\frac{P(A_i)P(B/A_i)}{\sum_{i=1}^{n}P(A_i)P(B/A_i)}$$

式中　$P(A_i)$、$P(A_i/B)$ 分别称为事件 A_i 的先验概率、后验概率。

例如，某厂有四条流水线生产同一种产品，四条流水线的产量分别占总产量的 15%、20%、30%、35%；这四条流水线的次品率依次为 0.05、0.04、0.03、0.02。现从出厂产品中任取一件，求恰好抽到第一条流水线生产的次品的概率。

解：由题设可得

$P(A_1)=15\%$　　　　　　　　$P(A_2)=20\%$

$P(A_3)=30\%$　　　　　　　　$P(A_4)=35\%$

$P(B/A_1)=0.05$　　　　　　　$P(B/A_2)=0.04$

$P(B/A_3)=0.03$　　　　　　　$P(B/A_4)=0.02$

由全概率公式得恰好抽到次品的概率为

$$P(B)=\sum_{i=1}^{4}P(A_i)P(B/A_i)=0.15\times0.05+0.20\times0.04+0.30\times0.03+0.35\times0.02$$

$$=0.0315\times100\%=3.15\%$$

由贝叶斯公式得

$$P(A_1/B) = \frac{P(A_i)P(B/A_i)}{\sum\limits_{i=1}^{n} P(A_i)P(B/A_i)} = \frac{0.15 \times 0.05}{0.0315} \times 100\% = 23.81\%$$

即任取一件为次品,该次品是由第一条流水线生产的可能性为 23.81%。

第二节 随机变量及其分布

为了全面地研究随机试验的结果,提示其客观存在的统计规律性,我们将引入随机变量的概念。

一、随机变量的概念

随机试验的结果(事件)是多种多样的。有些可以直接用数量表示,例如质量检验时出现次品的件数、产品的寿命等。有些可以间接用数量来表示,例如对某项提案的态度可能为"反对"或"赞成",我们可以用"0"、"1"分别表示"反对"、"赞成"。可见,我们总可以将随机事件(空间中的每个样本点)用数轴上的一个点来表示。试验结果的出现是随机的,其对应的数量也是随机的。

随机变量 设随机试验的样本空间为 Ω,对于每个属于 Ω 的样本点 ω(事件)总有一个实数 $X(\omega)$ 和它对应,则称实值函数 $X(\omega)$ 为随机变量,简记为 X、Y、Z 等。

随机变量有离散型和连续型之分。离散型随机变量的取值可以一一列举;连续型随机变量的取值不能一一列举,而是充满某一区间。

二、随机变量的概率分布

(一)离散型随机变量的概率分布

如果随机变量所有可能的取值是有限的,或可排成一列的,这种变量称为离散型随机变量。

将离散型随机变量 X 的所有可能取值 $x_1, x_2, \cdots, x_k, \cdots$ 及其相应的概率 $P(x_1)$,$P(x_2), \cdots, P(x_k), \cdots$ 用函数式、表格或图形表示出来,就称为离散型随机变量的概率分布。

离散型随机变量概率分布的函数表达式为

$$P(X = x_i) = P(x_i) \quad (i = 1, 2, \cdots, k, \cdots)$$

离散型随机变量概率分布的表格形式见表 5-1。

表 5-1

离散型随机变量概率分布表

X	x_1	x_2	$\cdots$	x_k	$\cdots$
$P(x_i)$	$P(x_1)$	$P(x_2)$	$\cdots$	$P(x_k)$	$\cdots$

离散型随机变量的概率分布具有下列性质：

(1) $P(x_i) \geqslant 0$;　　$(i=1,2,\cdots,k,\cdots)$

(2) $\sum P(x_i) = 1$。

(二) 连续型随机变量的概率密度

随机变量的取值范围是一个区间或整个数轴，这种随机变量称为连续型随机变量。

由于连续型随机变量的取值不能一一列举，其概率分布无法像离散型随机变量那样用点的概率来表示，故需用数字的函数形式来表示。

对于连续型随机变量 $X(-\infty < X < +\infty)$，如果存在非负可积函数 $f(x)$，对任意的 $x_1, x_2(x_1 < x_2)$，都有

$$P(x_1 < X \leqslant x_2) = P(x_1 \leqslant X < x_2) = \cdots = \int_{x_1}^{x_2} f(x)\mathrm{d}x$$

则称 $f(x)$ 为 X 的概率分布密度函数，简称概率密度。

连续型随机变量的概率密度具有如下性质：

(1) $f(x) \geqslant 0$;

(2) $\int_{-\infty}^{+\infty} f(x)\mathrm{d}x = 1$。

(三) 随机变量的分布函数

分布函数也可以作为随机变量的概率分布。它是离散型随机变量、连续型随机变量概率分布的统一形式，它能使我们更好地运用数学工具。

设 X 为随机变量，x 为任意实数，称函数

$$F(x) = P(X \leqslant x)$$

为 X 的累计分布函数，简称分布函数。

对任意实数 x_1、$x_2(x_1 < x_2)$ 有

$$P(x_1 < X \leqslant x_2) = P(X \leqslant x_2) - P(X \leqslant x_1)$$
$$= F(x_2) - F(x_1)$$

即已知 X 的分布函数，就能知道 X 落在任意区间上的概率。可见，分布函数能完整地描述随机变量的统计规律性。

离散型随机变量的分布函数为

$$F(x) = P(X \leqslant x) = \sum_{x_i \leqslant x} P(x_i) \quad -\infty < x < +\infty$$

连续型随机变量的分布函数为

$$F(x) = P(X \leqslant x) = \int_{-\infty}^{x} f(x)\mathrm{d}x \quad -\infty < x < +\infty$$

连续型随机变量的概率密度是其分布函数的导数,即

$$f(x) = F'(x)$$

三、随机变量的数字特征

随机变量的概率分布能完整地描述随机变量的统计特征,但要找到一切随机变量的概率分布或分布函数则是一件十分困难的事情。而事实上,有时我们并不需要了解随机变量的全面情况,而更关心随机变量的一些主要特征。

常用的随机变量的数字特征有数学期望、方差或均方差。

(一)随机变量的数学期望

随机变量的数学期望,又称随机变量的均值。它是随机变量所有可能取值的平均水平,记为 $E(X)$ 或 μ。它度量的是随机变量的集中趋势。

离散型随机变量、连续型随机变量的数学期望分别为

$$E(X) = \mu = \sum x_i p_i$$
$$E(X) = \mu = \int_{-\infty}^{+\infty} x f(x) \mathrm{d}x$$

(二)随机变量的方差或均方差

随机变量的方差是随机变量的各可能取值偏离其均值的离差平方的均值,记为 $D(X)$ 或 σ^2。方差的平方根称为均方差或标准差,记为 σ。方差和均方差度量的是随机变量的离中趋势。

离散型随机变量、连续型随机变量的方差分别为

$$D(X) = \sigma^2 = E[x_i - E(X_i)]^2$$
$$D(X) = \sigma^2 = \int_{-\infty}^{+\infty} [x - E(X)]^2 f(x) \mathrm{d}x$$

四、常用的随机变量分布

(一)常用的离散型随机变量的概率分布

1. 二项分布

如果 n 次试验都具有以下特点:第一,每次试验只有"成功"或"失败"两种可能结果。例如,任抽一件产品(合格、不合格),新生婴儿的性别(男性、女性),对某种产品的喜好(喜欢、不喜欢)等。将其中一种结果视为"成功",另一种结果即为"失败"。第二,每次试验"成功"的概率都为 $p(0 < p < 1)$,"失败"的概率为 $(1-p) = q$,且 $(p+q) = 1$。第三,试验是相互独立的,即每次试验结果的概率不受其他各次试验结果的影响。则称这 n 次独立重复试验为"n 重贝努里试验"。

在 n 重贝努里试验中,"成功"(事件 A 发生)的次数 X 是一个随机变量,其概率分布为

$$P(X=k)=C_n^k p^k q^{n-k} \quad (k=0,1,\cdots,n)$$

此概率分布是二项式 $(p+q)^n$ 展开式的第 $(k+1)$ 项,故称 X 服从二项分布(其中:n,p 为参数),记为 $X\sim B(n,p)$。

二项分布的数学期望、方差或均方差分别为

$$E(X)=\mu=np$$
$$D(X)=\sigma^2=npq$$

或

$$\sigma=\sqrt{npq}$$

二项分布最可能"成功"的次数(或称众数)为:

当 $(n+1)p=k$ 为整数时,最可能成功的次数有两个,即 k 或 $(k-1)$;

当 $(n+1)p=k$ 不为整数时,最可能成功的次数是 $k=[(n+1)p]$。

特别:二项分布的 $n=1$,那么 k 只能取值 0 或 1,这时显然有

$$P(X=k)=p^k q^{1-k} \quad (k=0,1)$$

其中,$0<p<1$,$q=1-p$,则称 X 服从 $(0,-1)$ 分布(或两点分布)。

$(0,-1)$ 分布的数学期望、方差或均方差分别为

$$E(X)=\mu=p$$
$$D(X)=\sigma^2=pq$$

或

$$\sigma=\sqrt{pq}$$

例如,一大楼装有 5 个同类型的供水设备,调查表明在任一时刻 t 每个设备被使用的概率为 0.1,计算在同一时刻:①恰有 2 个设备被使用的概率;②至少有 3 个设备被使用的概率;③最大可能有多少个设备被同时使用。

解:设在同一时刻设备被使用的个数为 X,则 X 服从参数为 $n=5$,$p=0.1$ 的二项分布,故有

(1) $P(X=2)=C_5^2 p^2 q^{5-2}=C_5^2 (0.1)^2 (0.9)^3=0.0729$

(2) $P(X\geqslant 3)=\sum_{k=3}^{5} C_5^k (0.1)^k (0.9)^{5-k}=C_5^3 (0.1)^3 (0.9)^2+C_5^4 (0.1)^4 (0.9)^1+C_5^5 (0.1)^5 (0.9)^0$
$$=0.0086$$

(3) 因 $(n+1)p=(5+1)\times 0.1=0.6$,最大可能次数 $k=[0.6]=0$,即在任一时刻 5 个供水设备都没有被使用的概率最大。

2. 泊松分布

如果离散型随机变量 X 的概率分布为

$$P(X=k)=\frac{\lambda^k e^{-\lambda}}{k!} \quad (k=0,1,2,\cdots)$$

其中，$\lambda > 0$（λ 是常数），$e = 2.71828\cdots$ 是自然对数的底，则称 X 服从参数为 λ 的泊松分布，记作 $P(\lambda)$。

在一定时间（或长度）、区域（或面积）、体积（或容积）内，小概率事件（稀有事件）发生的次数 X 常用泊松分布来描述。例如，单位时间内在某一超市结账柜台等待服务的顾客人数，一周内送货车队汽车轮胎的爆胎次数，单位时间内飞机失事数，一段布上的疵点个数，每平方米土地上的害虫数，一张普查卡片上的错误个数，一定体积铸件中的气孔或沙眼个数等。

泊松分布的数学期望、方差或均方差分别为

$$E(X) = \mu = \lambda$$
$$D(X) = \sigma^2 = \lambda$$

或

$$\sigma = \sqrt{\lambda}$$

当 λ 为整数时，泊松分布的最可能值点（次数）有两个，$X = \lambda$ 或 $X = (\lambda - 1)$；

当 λ 不是整数时，泊松分布的最可能极值点为 $X = [\lambda]$，即 λ 的最大整数部分。特别是当 $\lambda < 1$ 时，分布的最可能极值点为 $X = 0$。

例如，纺织女工负责看管的一批纱锭，在一段时间内的断纱次数服从 $\lambda = 2.5$ 的泊松分布。求：（1）纱锭在这段时间内没有断纱的概率。（2）最可能出现的断纱次数是多少？其概率为多少？

解：设一段时间内，纱锭断纱的次数为 $X(X = 0, 1, 2\cdots)$，则

（1）$P(X=0) = \dfrac{2.5^0 e^{-2.5}}{0!} = 0.0821$

（2）由于 $\lambda = 2.5$，非整数，最可能断纱的次数为 $[2.5]$ 即 2 次。其概率为

$$P(X=2) = \frac{2.5^2 e^{-2.5}}{2!} = 0.2565$$

当二项分布的 n 大、p 小时，二项分布趋近于参数为 $\lambda(\lambda = np)$ 的泊松分布。实际应用中，当 $n \geqslant 20$、$p \leqslant 0.25$ 时即可用泊松分布近似代替二项分布，以避免繁琐的计算。

（二）常用的连续型随机变量的概率分布

1. 正态分布

如果连续型随机变量 X 的概率密度为

$$f(x) = \frac{1}{\sqrt{2\pi}\,\sigma} e^{-\frac{(x-\mu)^2}{2\sigma^2}} \quad -\infty < x < +\infty$$

则称 X 服从参数为 μ、σ^2（$-\infty < \mu < +\infty$，$\sigma > 0$）的正态分布，记为 $X \sim N(\mu, \sigma^2)$。

正态分布的分布函数为

$$F(x) = P(X \leqslant x) = \frac{1}{\sqrt{2\pi}\,\sigma} \int_{-\infty}^{x} e^{-\frac{(y-\mu)^2}{2\sigma^2}} \mathrm{d}y \quad -\infty < x < +\infty$$

正态分布是最重要、最常用的连续型随机变量分布。正态分布之所以重要的原因之一，是因为许多随机变量服从或近似地服从正态分布。例如，同龄人的身高、体重、智商、肺活量，一批产品或某类设备的平均寿命，测量误差等。这些随机变量的共同点是与均值接近的数值出现的次数较多，离均值远的数值出现的次数较少，即属于"中间大，两头小"的分布形态。正态分布之所以重要的另一个原因是由于它有特有的数学性质，许多分布可以用正态分布近似计算（如二项分布可以用正态分布近似计算），平均数的分布服从或渐近服从正态分布，由正态分布可导出许多有用的分布（如 χ^2 分布、t 分布、F 分布）。

正态分布 X 的参数 μ、σ^2 就是随机变量 X 的数学期望、方差，即

$$E(X) = \mu$$
$$D(X) = \sigma^2$$

正态分布的概率密度所对应的图形简称正态曲线。正态曲线具有如下特征：正态曲线呈钟形，以 $X = \mu$ 为对称轴，其中心位置由 μ 决定；曲线在 $x = \mu$ 处达到极大值 $f(\mu) = 1/\sqrt{2\pi}\,\sigma$，当 x 趋于无穷大时，曲线以 x 轴为渐近线；曲线在 $x = \mu \pm \sigma$ 处有拐点；曲线的陡缓程度取决于 σ，对同样的 μ，σ 愈大，曲线愈平缓，σ 愈小，曲线愈陡峭。

当正态分布 $\mu = 0$，$\sigma = 1$ 时，称 X 服从标准正态分布，常用 $\varphi(x)$、$\Phi(x)$ 分别表示其概率密度、分布函数，即

$$\varphi(x) = \frac{1}{\sqrt{2\pi}} \mathrm{e}^{-\frac{x^2}{2}} \qquad\qquad -\infty < x < +\infty$$

$$\Phi(x) = P(X \leqslant x) = \frac{1}{\sqrt{2\pi}} \int_{-\infty}^{x} \mathrm{e}^{-\frac{y^2}{2}} \, \mathrm{d}y \qquad -\infty < x < +\infty$$

对任意的 x，查 $\Phi(x)$ 的函数值表即可求标准正态分布的函数值。

例如，$\Phi(1) = 0.8413$；$\Phi(1.64) = 0.9495$。

由于标准正态分布曲线同横轴所包围的面积是常数 1，故 $\Phi(x)$ 有以下性质：

$$\Phi(-x) = 1 - \Phi(x)$$

若 $X \sim N(0,1)$，还可得以下结论：

$$P(a \leqslant X \leqslant b) = \Phi(b) - \Phi(a)$$
$$P(|X| \leqslant a) = P(-a \leqslant X \leqslant a) = \Phi(a) - [1 - \Phi(a)]$$
$$= 2\Phi(a) - 1$$

例如，$\Phi(-1) = 1 - \Phi(1) = 1 - 0.84135 = 0.15865$

$P(-1 \leqslant X \leqslant 1) = 2\Phi(1) - 1 = 2 \times 0.84135 - 1 = 0.6827 \times 100\% = 68.27\%$

$P(-2 \leqslant X \leqslant 2) = 2\Phi(2) - 1 = 2 \times 0.97725 - 1 = 0.9545 \times 100\% = 95.45\%$

$P(-3 \leqslant X \leqslant 3) = 2\Phi(3) - 1 = 2 \times 0.99865 - 1 = 0.9973 \times 100\% = 99.73\%$

对于一般正态分布 $N(\mu,\sigma^2)$，只需对 X 进行线性变换，即设 $Z=\dfrac{X-\mu}{\sigma}$，则随机变量 Z 服从标准正态分布，即 $Z\sim N(0,1)$。因而求一般正态分布在某区间上的概率，就转化为求标准正态分布在相应区间上的概率。

若 $X\sim N(\mu,\sigma^2)$，有以下结论：

$$P(X\leqslant x)=P\left(\frac{X-\mu}{\sigma}\leqslant\frac{x-\mu}{\sigma}\right)=P\left(Z\leqslant\frac{x-\mu}{\sigma}\right)=\Phi\left(\frac{x-\mu}{\sigma}\right)$$

$$P(X>x)=1-P(X\leqslant x)=1-\Phi\left(\frac{x-\mu}{\sigma}\right)$$

$$P(a\leqslant X\leqslant b)=\Phi\left(\frac{b-\mu}{\sigma}\right)-\Phi\left(\frac{a-\mu}{\sigma}\right)$$

易得
$$P(\,|\,X-\mu\,|\leqslant\sigma)=68.27\%$$
$$P(\,|\,X-\mu\,|\leqslant2\sigma)=95.45\%$$
$$P(\,|\,X-\mu\,|\leqslant3\sigma)=99.73\%$$

显然 $|\,X-\mu\,|>3\sigma$ 的概率很小，因而可以认为 X 的值几乎一定会落在 $(\mu-3\sigma,\mu+3\sigma)$ 内，这就是重要的 3σ 准则（或小概率原理），以后常会用到。

2. χ^2 分布

如果随机变量 X 的概率密度为

$$f(x)=\begin{cases}\dfrac{1}{2^{\frac{n}{2}}\Gamma\left(\dfrac{n}{2}\right)}x^{\frac{n}{2}-1}e^{-\frac{x}{2}} & x>0\\[2mm]0 & x\leqslant0\end{cases}$$

则称 X 服从自由度为 n 的 χ^2（卡方）分布，记作 $X\sim\chi^2(n)$。

χ^2 分布的数学期望、方差分别为

$$E(X)=n$$
$$D(X)=2n$$

χ^2 分布适用于对总体方差的统计推断、拟合优度检验、独立性检验等。它是一个以自由度 n 为参数的分布，自由度 n 决定了其分布的形状，对于不同的 n，χ^2 分布的密度曲线亦不同，它是一个不对称分布，随着自由度 n 的增大，χ^2 分布逐渐趋于正态分布。

χ^2 分布有如下重要结论：

（1）若 X,Y 相互独立，且分别服从自由度为 n_1,n_2 的 χ^2 分布，则 $X+Y$ 服从自由度为 n_1+n_2 的 χ^2 分布，即

$$X+Y\sim\chi^2(n_1+n_2)$$

（2）若随机变量 $X_1,X_2,\cdots,X_n$ 相互独立，且都服从 $N(0,1)$，它们的平方和 $\sum X_i^2$ 服从

从自由度为 n 的 χ^2 分布，记作 $\sum X_i^2 \sim \chi^2(n)$。

（3）若随机变量 $X_1, X_2, \cdots, X_n$ 相互独立，且都服从 $N(\mu, \sigma^2)$，则

$$\frac{\sum\limits_{i=1}^{n}(X_i-\overline{X})^2}{\sigma^2}=\frac{(n-1)S^2}{\sigma^2}\sim\chi^2(n-1)$$

其中，$\overline{X}=\dfrac{1}{n}\sum X_i$ 与 $S^2=\dfrac{1}{n-1}\sum(X_i-\overline{X})^2$ 相互独立。

最后简要说明自由度的含义。

由线性代数知，对于变量 $X_1, X_2, \cdots, X_n$，如果存在一组不全为零的常数 $c_1, c_2, \cdots, c_n$，使得

$$c_1 X_1 + c_2 X_2 + \cdots + c_n X_n = 0$$

成立，则称变量 $X_1, X_2, \cdots, X_n$ 之间存在一个线性约束条件。如果存在 k 个独立的线性约束条件，则 $X_i(i=1,2,\cdots,n)$ 中独立变量的个数为 $(n-k)$，称它为自由度。自由度也可粗略解释为可以自由选择数值的变量个数。

例如，$\sum\limits_{i=1}^{n}X_i^2$ 是由 n 个独立的随机变量 X_i^2 构成，由于它们之间没有线性约束条件（即 $k=0$），所以它的自由度为 n。

$\sum\limits_{i=1}^{n}(X_i-\mu)^2$ 的自由度为 n。

$\sum\limits_{i=1}^{n}(X_i-\overline{X})^2=(n-1)S^2$ 的自由度为 $(n-1)$，这是因为计算 S^2 时要用 $\overline{X}$，它有一个限制条件 $\sum\limits_{i=1}^{n}(X_i-\overline{X})=0$，即相对于 $\overline{X}$ 的 n 个离差变量 $(X_1-\overline{X}), (X_2-\overline{X}), \cdots, (X_n-\overline{X})$，只有 $(n-1)$ 个可以任意确定，所以其自由度为 $(n-1)$。

3. t 分布

如果随机变量 X 的概率密度为

$$f(x)=\frac{\Gamma\left(\dfrac{n+1}{2}\right)}{\Gamma\left(\dfrac{n}{2}\right)\sqrt{n\pi}}\left(1+\frac{x^2}{n}\right)^{-\frac{n+1}{2}}\qquad -\infty<x<\infty$$

则称 X 服从自由度为 n 的 t 分布，记着 $X \sim t(n)$。

t 分布密度曲线的形状取决于自由度 n。t 分布与标准正态分布的密度曲线相类似，都为对称分布，且取值范围都是从 $-\infty \sim \infty$。但 t 分布曲线的顶部低于标准正态分布，而两尾部又高于标准正态分布，自由度越小这种区别就越明显，随着自由度的增大，t 分布趋于标准正态分布 $N(0,1)$。

t 分布的均值、方差分别为

$$E(X)=0$$

$$D(X)=n/(n-2) \qquad (n>2)$$

t 分布有如下重要结论:

(1) 若随机变量 $X \sim N(0,1)$,$Y \sim \chi^2(n)$,且 X、Y 相互独立,则 $t=\dfrac{X}{\sqrt{Y/n}} \sim t(n)$。

(2) 若随机变量 X_1,X_2,$\cdots$,X_n 相互独立,且都服从 $N(\mu,\sigma^2)$,则 $t=\dfrac{\overline{X}-\mu}{S/\sqrt{n}} \sim t(n-1)$。

(3) 若随机变量 X_1,X_2,$\cdots$,X_{n1} 相互独立,且都服从 $N(\mu_1,\sigma_1^2)$;Y_1,Y_2,$\cdots$,Y_{n2} 相互独立,且都服从 $N(\mu_2,\sigma_2^2)$,则

$$t=\frac{(\overline{X}-\overline{Y})-(\mu_1-\mu_2)}{S_W\sqrt{\dfrac{1}{n_1}+\dfrac{1}{n_2}}} \sim t(n_1+n_2-2)$$

其中,$S_W=\sqrt{\dfrac{(n_1-1)S_1^2+(n_2-1)S_2^2}{n_1+n_2-2}}$。

4. F 分布

如果随机变量 X 的概率密度为

$$f(x)=\begin{cases} \dfrac{\Gamma\left(\dfrac{n_1+n_2}{2}\right)}{\Gamma\left(\dfrac{n_1}{2}\right)\Gamma\left(\dfrac{n_2}{2}\right)}\left(\dfrac{n_1}{n_2}\right)^{\frac{n_1}{2}}x^{\frac{n_1}{2}-1}\left(1+\dfrac{n_1}{n_2}x\right)^{\frac{n_1+n_2}{2}} & x>0 \\ 0 & x \leqslant 0 \end{cases}$$

则称 X 服从第一自由度为 n_1、第二自由度为 n_2 的 F 分布,记作 $X \sim F(n_1,n_2)$。

F 分布的数学期望、方差分别为

$$E(X)=\frac{n_2}{n_2-2} \qquad (n_2>2)$$

$$D(X)=\frac{2n_2^2(n_1+n_2-2)}{n_1(n_2-2)^2(n_2-4)} \qquad (n_2>4)$$

F 分布有如下结论:

(1) 若 X,Y 分别服从自由度为 n_1、n_2 的 χ^2 分布,且 X,Y 相互独立,则

$$F=\frac{X/n_1}{Y/n_2} \sim F(n_1,n_2)$$

(2) 若 X_1,X_2,$\cdots$,X_{n_1} 相互独立,且服从 $N(\mu_1,\sigma_1^2)$;Y_1,Y_2,$\cdots$,Y_{n_2} 相互独立,且服从 $N(\mu_2,\sigma_2^2)$,则

$$F = \frac{S_1^2/\sigma_1^2}{S_2^2/\sigma_2^2} \sim F(n_1-1, n_2-1)$$

特别是：$\sigma_1^2 = \sigma_2^2$时，有

$$F = \frac{S_1^2}{S_2^2} \sim F(n_1-1, n_2-1)$$

F分布还有一个重要性质：如果F变量服从$F(n_1, n_2)$分布，则

$$\frac{1}{F} \sim F(n_2, n_1)$$

第三节　大数定律与中心极限定理

大数定律是阐述大量随机变量的平均结果具有稳定性的一系列定律；中心极限定理是阐述大量随机变量之和的极限分布是正态分布的一系列定理。一般说来，如果一个随机变量是众多影响因素作用的总和，对于总作用而言，每个因素的作用又是很微小的，那么这一随机变量趋于正态分布。下面仅介绍最常用的大数定律与中心极限定理。

一、大数定律

独立同分布大数定律　独立随机变量$x_1, x_2, \cdots$具有相同分布，且存在有限的数学期望$E(x_i) = \mu$和方差$D(x_i) = \sigma^2$，则对任意小的正数ε，有

$$\lim_{n \to \infty} P\left\{ \left| \frac{1}{n} \sum_{i=1}^{n} x_1 - \mu \right| < \varepsilon \right\} = 1$$

该定律表明，当n足够大时，独立同分布的一系列随机变量的算术平均数接近（依概率收敛于）数学期望，即平均数具有稳定性。该定律提供了用样本平均数估计总体平均数的理论依据。

贝努里大数定律　设m是n次独立随机试验中事件A发生（"成功"）的次数，p是事件A在每次试验中发生的概率，则对于任意小的正数ε，有

$$\lim_{n \to \infty} P\left\{ \left| \frac{m}{n} - p \right| < \varepsilon \right\} = 1$$

该定律表明，当n足够大时，事件A发生的频率接近（依概率收敛于）事件A发生的概率，即频率具有稳定性。该定律提供了用频率代替概率的理论依据。

二、中心极限定理

独立同分布中心极限定理　随机变量$x_1, x_2, \cdots$独立且服从同一分布，若存在有限的

数学期望 $E(x_i)=\mu$ 和方差 $D(x_i)=\sigma^2$，当 $n\to\infty$ 时，随机变量的总和 $\sum x_i$ 趋于均值为 $n\mu$，方差为 $n\sigma^2$ 的正态分布（或算术平均数 $\frac{1}{n}\sum x_i=\bar{x}$ 趋于均值为 μ，方差为 $\frac{\sigma^2}{n}$ 的正态分布）。

即 $n\to\infty$ 时

$$\sum x_i \sim N(n\mu,n\sigma^2)$$

或

$$\bar{x}\sim N\left(\mu,\frac{\sigma^2}{n}\right)$$

　　由上述定理可以得到如下结论：不论总体服从何种分布，只要它的数学期望和方差存在，从中抽取容量为 n 的样本，则这个样本的总和或平均数（$\sum x_i$ 或 $\bar{x}$）是个随机变量，当 n 充分大时，$\sum x_i$ 或 $\bar{x}$ 趋于正态分布。

　　德莫佛—拉普拉斯中心极限定理　　如果用 X 表示 n 次独立试验中事件 A 发生（"成功"）的次数，p 是事件 A 在每次试验中发生的概率，则 X 服从二项分布 $B(n、p)$，当 $n\to\infty$ 时，X 趋于均值为 np，方差为 npq 的正态分布，即

$$X\sim N(np,npq)$$

　　上述定理提供了近似计算二项分布概率的另一种简便方法。正态分布和泊松分布都是二项分布的极限分布。当 n 足够大时可用正态分布近似计算；当 n 足够大且 p 较小时用泊松分布近似计算。

本 章 要 点

　　本章重点应掌握随机事件的概念，随机事件的关系和运算以及事件的概率；概率的性质与运算法则，全概率公式与贝叶斯公式的应用；随机变量及其分布，包括随机变量的概念及概率分布；随机变量的数字特征；常用的随机变量分布，包括常用的离散型随机变量的概率分布及常用的连续型随机变量的概率分布；特别要掌握大数定律与中心极限定理。

本 章 习 题

　　1. 一大批产品的次品率为 0.05，从中任抽 100 件，其中一定有 5 件次品，此话是否有问题，为什么？ 如果把问题中的"一定"两字改为"可能"，这样的说法对不对？ 为什么？

　　2. 某小组有成员 3 人，每人在某星期的 7 天中参加劳动 1 天。如果劳动日期可随机安排，求 3 人在不同的 3 天参加劳动的概率。

　　3. 一批产品共 100 件，对其进行抽样检验。如果抽取的 5 件产品中有 1 件是废品，则整批产品被拒收。若该批产品的废品率为 5%，求这批产品被拒收的概率。

4. 某厂有三条流水线生产同一种产品,其产量分别占总产量的 45%、35%、20%。若三条流水线的次品率分别为 4%、2%、5%,现从生产的产品中任取 1 件,求:① 取到不合格品的概率;② 取到的不合格品为第一条流水线生产的概率。

5. 某人花 2 元钱买彩票,他抽中 100 元奖的概率是 1‰,抽中 10 元奖的概率是 1%,抽中 1 元奖的概率是 20%。假设各种奖不能同时抽中,求:① 此人收益的概率分布;② 此人收益的期望值。

6. 某种纺织品每米的疵点数服从 $\lambda = 0.08$ 的泊松分布,如要抽取 1 米这种纺织品进行检验,求:① 没有疵点的概率;② 至少有 1 个疵点的概率;③ 有 2 个疵点的概率。

7. 一批灯泡的使用寿命服从均值为 1 000 小时,均方差为 200 的正态分布,求:① 灯泡的使用寿命在 800~1 200 小时的概率;② 使用寿命小于 950 小时的概率。

第六章 抽 样 推 断

学习目标　本章主要阐述推断的理论与方法。通过本章学习,要求掌握利用样本资料来推断总体数量特征的基本原理;掌握抽样推断的概念及特点;了解抽样误差产生的原因;熟练掌握点估计与区间估计的方法,并进行假设检验。

关键概念　抽样推断(sampling deduction)　抽样误差(sampling error)　参数估计(parameter estimation)　　假设检验(hypothesis test)

第一节　抽样推断概述

一、抽样推断的含义及特点

抽样推断是指按照随机的原则从全部对象(总体)中抽取一部分单位(样本)进行观察,并依据获得的数据对全部研究对象的数量特征作出具有一定可靠性的估计判断,从而达到通过样本的信息对总体的数量特征进行科学估计与推断的一种方法(这里主要是指随机抽样调查)。抽样推断包括抽样调查与统计推断两个部分。抽样调查是一个非全面调查,它是按照随机的原则从总体中抽出部分单位进行调查,目的是为了推断总体;统计推断是根据抽样调查所获得的样本信息,对总体的数量特征作出具有一定可靠程度的估计和推断。抽样推断所产生的误差是可以计算并可以加以控制的。

例如,想了解市民对公共交通的满意程度,理论上应对每一个市民都进行调查,询问他们的满意度,这样的调查可得到准确的结论。但一个城市居民人数有几十万或几百万,做全面调查成本太高,所以通常的做法是,随机抽取一部分市民,对部分市民进行调查,然后根据这些调查数据,对所有市民对公共交通的满意情况进行合理的推断。

抽样调查的主要特点如下:

(1) 按随机原则抽取调查单位。随机原则也称等可能性原则,随机抽样的目的是为了排除人的主观影响,使每个样本都有相同的可能性被抽中,要求调查单位既不受调查者主观愿望的影响,也不决定于被调查者是否愿意合作,从而使样本对总体具有充分的代表性。哪个单位选中与不选中,完全是偶然因素的事件,这一点和其他非全面调查,如典型调查、重点调查是不同的。典型调查与重点调查一般是根据统计研究的任务和调查对象的性质,有意识地确定调查单位。

随机原则与抽样调查的目的是密切联系在一起的,抽样调查的目的在于推断总体,在抽样的时候保证每个单位有同等的机会被选取,这样就有较大的可能性使所选的样本保持和总体相同的结构,或者说使样本和总体同分布,样本对总体的代表性就大,此外,遵守随机原则才有可能计算抽样误差,这也是抽样推断的先决条件。

(2) 根据部分实际资料对全部总体的数量特征作出估计。抽样推断就是从总体中随机抽出部分样本,来推断总体的数量规律。因此,抽样调查既能收到非全面调查的好处,又可以达到对总体数量特征的认识,是唯一的一种非全面调查但能起到全面调查作用的调查方法。如可以根据百分之几的职工家庭收入调查,来推断全国上亿职工家庭的消费水平;根据百分之几的农作物收获面积的实际产量调查,来推断全省、全国的农产量水平。

抽样调查的科学原理很早就产生了。17 世纪至 19 世纪中叶,大数定律、概率论逐步发展形成一门数学分支,当时的统计学家把大数定律、概率论的原理引到统计的研究领域,从而产生抽样调查的研究方法,使抽样调查获得了充分的数学理论依据,为抽样调查的精确计算和抽样方法的实际运用提供了现实的可能性,并将其广泛应用于社会经济统计的领域中,具有经济性、准确性和灵活性等特点。

(3) 抽样误差是可以估计的,推断结果具有一定的可靠性和准确性。由于推断是用部分来推断总体,用样本的信息推断总体信息,必然会存在误差。但这种误差可以在一定统计假设下估计出来,也可以采取一定的调查设计来控制误差的范围,以满足调查的误差要求,保证抽样推断的结论达到指定的可靠程度。

二、抽样调查的作用

(1) 抽样调查与全面调查相比,能节省人力、物力和财力,并能提高资料的时效性。另外,由于抽样调查需要调查的单位少,可以减少登记性误差,提高调查结果的准确性。

(2) 抽样调查能够对无法用全面调查方法进行调查的事物进行调查,以取得总体数量特征。例如,对有些产品的质量检查具有破坏性,如对炮弹的质量检查、电视机使用寿命的检验、轮胎的里程试验等,这些调查所用的测试手段对产品具有破坏性,不可能进行全面调查,只能采用抽样调查。

(3) 从理论上讲,有些现象可以进行全面调查,但实际上没有必要或很难办到,也要采用抽样调查。例如,要了解全国城乡人民的家庭生活状况,从理论上讲可以挨门逐户进行全面调查,但实际上不太容易办到,也没有必要,采用抽样调查既可以节省人力、物力、财力和时间,提高调查结果的实效性,又能达到和采用全面调查同样的目的和效果。

(4) 抽样调查的结果可以对全面调查的结果进行检查和修正。全面调查涉及面广,工作量大,参加人员多,调查结果容易出现差错率,并以此为依据检查和修正全面调查的结果,可以提高全面调查的质量。

（5）抽样调查可用于工业生产过程的质量控制。在工业产品成批或大量的连续生产过程中，利用抽样调查可以检验生产过程是否正常，及时提供信息，进行质量控制，保证生产质量稳定。

（6）利用抽样调查原理可以对某些总体的假设进行检验，来判断这种假设的真伪，以决定取舍。例如，某地区上一年职工家庭收入为 8 000 元，本年抽样调查结果表明，职工家庭收入为 7 900 元，这是否意味着职工生活水平下降了呢？ 我们还不能下这个结论，最好通过假设检验，检验这两年职工家庭收入是否存在显著性统计差异，才能判断该地区今年职工年收入是否低于去年水平。具体的假设检验方法将在后面予以介绍。

第二节　抽样调查中的几个基本概念

一、全及总体和样本总体

全及总体简称总体，是指被研究事物或现象的全体，它由调查对象所有单位组成，全及总体单位数用 N 表示。

样本总体简称样本，是指在全及总体中按照随机原则抽出来的那部分单位数所组成的小总体，用 n 表示。由于样本总体是按随机原则抽取的，因而它本身也是一种随机变量。

例如，要调查某种产品的质量，从生产的所有该种产品 10 万件中随机抽取 5 000 件进行检验，则 10 万件产品构成全及总体，$N=10$（万件），5 000 件产品为样本总体，$n=5 000$（件）。

按照样本单位数的多少，样本可分为大样本和小样本。一般来说，$n \geqslant 30$ 为大样本，$n < 30$ 为小样本。在抽样调查中，多采用大样本。

二、全及指标和样本指标

（一）全及指标

它是指根据全及总体各单位标志数值计算的综合指标，又称总体参数。常用的全及指标有全及平均数、全及成数、总体数量标志的标准差和方差、总体是非标志的标准差和方差。

（1）全及平均数，又称总体平均数，它是根据全及总体各个标志值所计算出来的平均数，本章用 $\bar{X}$ 表示。它的计算公式为

在总体未分组情况下

$$\bar{X} = \frac{\sum X}{N}$$

在总体分组情况下

$$\overline{X} = \frac{\sum Xf}{\sum f}$$

式中　f 表示总体各组单位数,即权数。

(2) 全及成数,又称总体成数。它是指全及总体中具有某一种研究标志的单位数占全及总体单位数的比重,本章用 P 表示。全及总体中,具有某种研究标志的单位数用 N_1 表示,则 $P = \frac{N_1}{N}$。例如,某工厂某月生产 1 000 台电冰箱,其中,合格品为 990 台,即合格品率 $P = \frac{990}{1\,000} \times 100\% = 99\%$,这里 99% 即为全及成数。

(3) 总体数量标志的标准差和方差。总体数量标志的标准差是根据全及总体中各单位标志值计算的标准差,本章用 σ 表示。其计算公式为

在总体未分组情况下

$$\sigma = \sqrt{\frac{\sum (X - \overline{X})^2}{N}}$$

在总体分组情况下

$$\sigma = \sqrt{\frac{\sum (X - \overline{X})^2 f}{\sum f}}$$

总体标准差的平方叫总体方差,用 σ^2 表示。

(4) 总体是非标志的标准差和方差。总体是非标志的标准差是指全及总体中根据是非标志计算的标准差。根据前面介绍的是非标志标准差与方差的计算,总体是非标志的标准差为 $\sqrt{P(1-P)}$,方差为 $P(1-P)$。

(二) 样本指标

它是根据样本总体各单位标志值计算的综合指标,也称统计量。由于样本指标数值随样本总体的不同而变化,因而它本身也是随机变量。和全及总体一样,抽样总体也有四个对应指标:抽样平均数、抽样成数、样本数量标志的标准差及方差、样本是非标志的标准差和方差。

(1) 抽样平均数,又称样本平均数。它是根据样本总体各单位标志值计算的平均数,用符号 $\overline{x}$ 表示。其计算公式为

在样本总体未分组情况下

$$\overline{x} = \frac{\sum x}{n}$$

在样本总体分组情况下

$$\overline{x} = \frac{\sum xf}{\sum f}$$

式中　f 表示样本总体各组的单位数，即权数。

（2）抽样成数。它是指在抽样总体中，具有某种研究标志的单位数占抽样总体的比重，用 p 表示。样本总体中，具有研究标志的单位数用 n_1 表示，则 $p=\dfrac{n_1}{n}$。例如，从生产的 1 000 件产品中，随机抽取 100 件进行质量检验，发现有 95 件合格，则被抽取的 100 件产品中，合格品率为 $p=\dfrac{95}{100}\times100\%=95\%$，95% 即为抽样成数。

（3）样本数量标志的标准差和方差。样本数量标志的标准差是指样本中根据各单位标志值计算的标准差，用符号 S 表示。其计算公式为

在样本总体未分组情况下

$$S=\sqrt{\frac{\sum(x-\overline{x})^2}{n}}$$

在样本总体分组情况下

$$S=\sqrt{\frac{\sum(x-\overline{x})^2 f}{\sum f}}$$

样本标准差的平方叫方差，用符号 S^2 表示。

（4）样本是非标志的标准差和方差。样本是非标志的标准差是指样本中根据是非标志计算的标准差。样本是非标志的标准差为 $\sqrt{p(1-p)}$，方差为 $p(1-p)$。

在以上介绍过的基本概念中，需要说明的是：全及平均数和全及成数是客观存在的数值，但在抽样调查中，它们是未知的，是需要推断的数值；而抽样平均数和抽样成数在抽样调查中是能够计算出来的。抽样调查的目的之一，就是用计算出来的样本指标（样本平均数和样本成数）去推断未知的全及指标（全及平均数和全及成数）。

第三节　抽样调查的理论基础、组织形式及调查方法

一、抽样调查的理论基础

抽样调查就是以样本的实际资料为依据，计算出一定的样本指标，并用以对总体的有关指标作出数量上的估计和判断。如何通过样本对总体作出正确的推断，这就有必要对抽样调查的理论基础有一定的理解。

抽样调查是建立在概率论大数定律基础上的。大数定律中的一系列定理为抽样调查

提供了数学依据。

大数定律是阐明大量随机现象平均结果的稳定性的一系列定理的总称。它说明如果被研究的总体由大量的相互独立的随机因素所构成，而且每个因素对总体的影响都相对的小，那么对这些大量因素加以综合平均后，因素的个别影响将互相抵消，而呈现出共同作用的影响，使总体具有稳定的性质。这种规律可通俗地从下面几个方面加以描述：

（1）只有在掌握足够多的单位数目的情况时，大量现象的规律性及大量过程的倾向性才能充分显示出来。因此，只有从大量现象的总体中，才能研究出这些现象的规律性。

（2）现象总体的规律性，通常是以平均数的形式表现出来。

（3）所研究的现象总体包含的单位越多，平均数也就越能够正确地反映出这些现象的规律性。

（4）各单位的共同倾向（它表现为主要的、基本的因素）决定着平均数的水平。各单位对平均数的离差（它表现为次要的、偶然的因素）会由于综合汇总的结果而相互抵消，并趋于消失。

联系到抽样调查来看，大数定律证明，随着样本容量 n 的增加，抽样平均数 $\bar{x}$ 有接近总体平均数 $\bar{X}$ 的趋势。

大数定律论证了抽样平均数趋于总体平均数的趋势，这为抽样调查提供了重要的理论依据。但是，抽样平均数和总体平均数离差究竟有多大？离差不超过一定范围的概率（把握程度或可靠程度）有多大？这个问题要用概率论的中心极限定理来研究。通俗地说，中心极限定理论证：如果总体变量存在有限的平均数和方差，那么，不论这个总体的分布如何，随着样本容量 n 的增加，抽样平均数的分布便趋于正态分布。在现实生活中，一个随机变量服从正态分布的未必很多，但是多个随机变量和的分布趋于正态分布则是普遍存在的。抽样平均数也是一种随机变量和的分布，因此，在样本容量 n 充分大的条件下，抽样平均数也趋于正态分布，这为抽样误差的概率估计提供了理论基础。

二、抽样调查的组织形式及调查方法

随着抽样技术的发展，抽样调查的组织形式也越来越多样化。在实际工作中，为了提高抽样效果，需要根据调查任务及调查对象的具体情况，采用不同的抽样方式及调查方法。比较常用的抽样调查组织形式有简单随机抽样、等距抽样、分层随机抽样、整群随机抽样和多阶段随机抽样等。上述几种抽样调查组织形式我们将在后面几节中介绍。

在组织简单随机抽样、等距抽样、分层抽样和整群抽样时，根据样本单位是否能反复抽取,可分为重复抽样和不重复抽样两种方法。

(1)重复抽样。重复抽样是从全及总体中抽取样本时,随机抽取一个样本单位,记录该单位有关标志表现以后,把它放回到全及总体中去,再从全及总体中随机抽取第二个样本单位,记录它的有关标志表现以后,也把它放回全及总体中去,以此类推,直到抽选出 n 个样本单位。

可见,重复抽样时全及总体单位数在抽选过程中始终未减少,总体各单位被抽中的可能性前后相同,而且各单位有被重复抽中的可能。

(2)不重复抽样。不重复抽样是从全及总体中抽取第一个样本单位,记录该单位有关标志表现后,这个样本单位不再放回全及总体参加下一次抽选。然后,从总体 $N-1$ 个单位中随机抽选第二个样本单位,记录了该单位有关标志表现以后,该单位也不放回全及总体中去。接着,从总体 $N-2$ 个单位中抽选第三个样本单位,依此类推,直到抽选出 n 个样本单位。

可见,不重复抽样时,总体单位数在抽选过程中是逐渐减少的,各单位被抽中的可能性前后不断变化,而且各单位没有被重复抽中的可能。

这两种抽样方法会产生三个差别:① 抽取的样本数目不同。② 抽样误差的计算公式不同。③ 抽样误差的大小不同。

三、抽样调查的设计

完整的抽样调查是一项复杂的工作,这就要求在抽样调查之前,周密细致地做好抽样调查前的设计工作,使工作能有条不紊地按预定时间、精度和费用进行。

1. 抽样设计的主要内容

抽样设计的任务,就是要依据调查的目的,在给定的人力、物力、经费、时间要求等条件下,设计一个精度高,能够由样本正确推断总体的良好抽样调查方案。一般地说,抽样设计的主要内容有:

(1)明确规定调查目的及抽取目标的总体。任何抽样调查都是在一定目的下进行的,并且能够获得一个规模有限、代表总体、再现总体数量特征的样本。不同的研究目的,会有不同的总体,而不同的总体,又决定着不同的样本。明确调查目的总体是进行任何调查工作的先决条件,抽样调查也不例外。

(2)搜集和编制抽样框。所谓抽样框就是抽样调查前在可能条件下作出的抽样单位一览表。抽样单位是指在抽取样本前总体所分成的若干部分中的每一部分。各个抽样单位必须互不交叉,所有抽样单位加总起来正好构成一个统计总体。抽样单位是总体中的每个个体;用整群抽样方式时,抽样单位则是总体中的每个群。搜集和编制抽样框是实际工作中重要的一环,调查人员必须持严格态度,因为抽样框一旦有遗漏、重复将直接影响样本的选取以及整个抽样工作质量。

（3）确定要搜集的资料。大范围的抽样调查往往涉及许多方面，需要搜集大量的有关信息和资料，这要求在调查前周密细致地确定调查项目和调查表，制定资料搜集细则，否则，在复杂的调查中，容易忘记、遗漏某些资料的搜集。

（4）规定要达到的精度。抽样调查都存在抽样误差，不同条件的抽样调查，对其要求也不一样。因此要在抽样调查前根据所采取的抽样组织形式、经费和对研究指标准确程度的要求，规定抽样调查所要达到的精确度及抽样误差的最大限度，以保证完成调查任务。

（5）规定调查方法及计量方法。抽样调查要根据调查对象的性质特点及所要求的工作时间，正确选择调查组织形式，制定汇总方案，还要规定具体的计量方法。在社会经济调查中，常采用调查表的方式，有时也采用采访法和直接观察法。

（6）确定样本容量。样本规模的大小涉及人力、物力、财力的消耗问题，所以抽样调查要根据条件用抽样理论来估计样本容量，使调查工作即符合调查质量要求，又不浪费。

（7）经费核算。经费问题贯穿于抽样工作的始终，经费的充足与否关系到整个调查工作的成败，所以要预先核定整个抽样调查工作各个阶段、各个环节所用的费用限额，以避免因经费不足中途停顿或降低调查质量。

2. 抽样设计效果的评价

在抽样调查中，选择哪种抽样组织形式和抽样方法，都涉及抽样效果的评价问题。在给定调查总体的条件下，采用什么样的组织方式才能获得优良的抽样效果，取决于评价抽样设计方案的原则。

（1）在核定费用范围内最小抽样误差的原则。在统计推断中，用某一统计量作为总体参数的估计量是否有效可行，取决于抽样误差的大小。在核定费用范围内，为缩小抽样误差，一方面可以从扩大样本容量的角度考虑，另一方面可以从抽样组织形式的角度考虑。在相同的样本容量条件下，调查费用大致是相同的，但是不同的抽样组织形式的抽样误差却不同，这时在抽样设计中需要以抽样误差为标准，比较不同抽样方案的效果，以确定最佳的抽样组织形式。

（2）以最少的费用达到要求精度的原则。抽样调查需要一定的费用开支。抽样调查的组织和实施在很大程度上受经费的制约。如果单纯为了节约经费而缩小抽取的样本单位数，就会扩大抽样误差，影响调查的质量，所以必须兼顾两者，不得偏废。因此在保证调查精度的条件下费用最少的抽样可以认为是最佳方案。费用可以分为两类：一类是固定费用，如培训费、材料费、咨询费、宣传费和办公费等，它与调查单位的数量无关；另一类是可变费用，是由调查单位直接负担的费用，而且与地理区域、交通条件以及调查的难易程度等有关。所以应选择一个抽样误差相同而样本容量较小的抽样形式，以达到经费最少的目的。

第四节　抽样误差和抽样估计

一、抽样误差的概念

一般来说,抽样误差是指样本指标与被它估计的总体相应指标的差数,具体指样本平均数 $\bar{x}$ 与总体平均数 $\bar{X}$ 的差数,样本成数 p 与全及成数 P 的差数。要弄清楚抽样误差究竟是什么性质的误差,我们必须从统计误差的种类说起。

统计误差是指统计数据与客观实际数量之间的差异。根据造成误差的原因不同,统计误差分为登记性误差和代表性误差两种。登记性误差是指在调查、整理工作中,由于各种主客观原因引起的误差;代表性误差是指用部分代表总体推算总体数据时所产生的误差。

代表性误差有两种:系统误差和随机误差。系统误差也称偏差,是指破坏了抽样的随机原则而产生的误差。随机误差是指遵守了随机原则,但可能抽到不同样本而产生的误差。随机误差也分两种:绝对误差和平均误差。

绝对误差也称实际误差,是指某一样本指标数值与总体指标数值之间的差异。对于确定的全及总体来说,总体指标数值是确定的值,由于样本是按随机原则抽选的,从同一总体抽取样本容量相同的样本可以有多种不同的抽取法,每个样本都有自己的样本指标,因此抽样实际误差不是一个确定值。

平均误差是指所有可能出现的样本指标数值与总体指标数值的平均离差,也可以说是所有样本指标的标准差。

在同一总体中,可能抽出许多相同或不同的样本。在重复抽样情况下,可能抽出 N^n 个样本;在不重复抽样情况下,可能抽出 $N!/(N-n)!$ 个样本。每次抽出的样本都可以计算出相应的样本指标,每一个样本指标与总体指标之间都有可能出现离差。抽样平均误差就是这些随机出现的所有可能出现的离差的平均数,它反映了误差的一般水平。抽样平均误差用符号 μ 表示。

由于抽样的具体方法有重复抽样和不重复抽样两种,下面我们以重复抽样方法来研究抽样平均误差的计算。

1. 重复抽样的抽样平均误差

在重复抽样条件下,如果从 4 个单位抽选 2 个单位为样本($N=4$, $n=2$),根据排列方法一共可以组成 $N^n=4^2=16$(个样本)。每个样本都可以计算一个样本平均数 $\bar{x}$,这些样本平均数与总体平均数一般都有离差。

例如,有 4 个工人,日产某种零件情况如下:A:40 件,B:45 件,C:55 件,D:60 件。通过计算得知,平均日产零件为 $\bar{X}=50$ 件。如果我们用抽样调查,从 4 个工人中随机抽出 2

个工人来推断 4 个工人平均日产零件,见表 6-1。

表 6-1

样本平均数与抽样平均误差初步计算表

样本序号	样本单位名称	样本单位标志值 x	样本平均数 $\bar{x}_i$	离 差 $\bar{x}_i - \bar{X}$	离差平方 $(\bar{x}_i - \bar{X})^2$
1	A,A	40,40	40.0	−10	100.0
2	A,B	40,45	42.5	−7.5	56.25
3	A,C	40,55	47.5	−2.5	6.25
4	A,D	40,60	50.0	0	0
5	B,A	45,40	42.5	−7.5	56.25
6	B,B	45,45	45.0	−5	25.0
7	B,C	45,55	50.0	0	0
8	B,D	45,60	52.5	2.5	6.25
9	C,A	55,40	47.5	−2.5	6.25
10	C,B	55,45	50.0	0	0
11	C,C	55,55	55.0	5	25.0
12	C,D	55,60	57.5	7.5	56.25
13	D,A	60,40	50.0	0	0
14	D,B	60,45	52.5	2.5	6.25
15	D,C	60,55	57.5	7.5	56.25
16	D,D	60,60	60.0	10	100.0

因为抽样平均误差是所有可能样本指标的标准差,所以,有如下公式:

$$\mu_{\bar{x}} = \sqrt{\frac{\sum\limits_{i=1}^{K}(\bar{x}_i - \bar{\bar{x}})^2}{K}}$$

式中 $\mu_{\bar{x}}$ 表示抽样平均数的平均误差;

K 表示样本配合总数;

$\bar{x}_i(i=1,2,3,\cdots,k)$ 表示样本平均数;

$\bar{\bar{x}}_i$ 表示样本平均数的平均数。

可以证明,样本平均数的平均数等于总体平均数,即 $\bar{\bar{x}}_i = \bar{X}$,所以本例的抽样平均误差为

$$\mu_{\bar{x}} = \sqrt{\frac{500}{16}} = 5.59(件)$$

5.59 件的含义是：对于 16 个样本，无论抽到哪个样本，平均来说，误差为 5.59 件。

应当指出，上面计算抽样平均误差的公式只是一个理论公式，在实际应用中会存在两个困难：一是运用这个公式要求把所有样本都抽选出来，计算它们的指标数值，这是不可能的。每次抽样调查一般只抽选一个样本，计算其样本指标值。二是运用上面公式要求总体平均数和总体成数的数值是已知的，但实际上，总体平均数和成数是未知的，正是抽样调查要推算的。

2. 不重复抽样的抽样平均误差

不重复抽样方法和重复抽样方法在计算抽样平均误差的理论公式上是一样的，在此不再介绍。

二、影响抽样平均误差的因素

抽样误差是抽样调查所固有的、不可避免的，但可以想办法把它减少、控制在允许的范围内。

为了减少抽样误差，提高抽样推断的准确性，就需要了解影响抽样平均误差的因素。

影响抽样平均误差的因素主要有三个：一是总体被研究的标志值之间的差异程度，通常用总体方差来表示；二是样本容量的大小；三是抽样调查的组织方式和抽样方法。

(1) 在第二个因素和其他条件（如抽样方案等）不变的情况下，被研究总体标志值非常集中，则总体方差必然小，抽样平均误差也小。

(2) 在第一个因素和其他条件不变的情况下，抽样平均误差大小与样本容量的大小成反比关系。样本容量越大，抽样平均误差越小。

(3) 抽样组织方式不同，抽样平均误差也不相同。采用等距抽样和分层抽样，抽样平均误差较小；采用简单随机抽样和整群抽样，抽样平均误差较大。

抽样方法不同，抽样平均误差也不相同。采用重复抽样方法，抽样平均误差较大；采用不重复抽样方法，抽样平均误差较小。

三、抽样平均误差的计算

根据抽样平均误差的定义，抽样平均误差是无法计算的，因为无法掌握所有可能出现的样本指标以及与全及总体指标之间离差的资料。但根据数理统计的理论与方法，可以导出计算抽样平均误差的公式。

（一）样本平均数的抽样平均误差

1. 重复抽样计算公式

$$\mu_{\bar{x}} = \sqrt{\frac{\sigma^2}{n}} = \frac{\sigma}{\sqrt{n}}$$

2. 不重复抽样方法的计算公式

$$\mu_{\bar{x}} = \sqrt{\frac{\sigma^2}{n}\left(\frac{N-n}{N-1}\right)}$$

式中　$\frac{N-n}{N-1}$表示修正系数。

当 N 很大时,可采用 N 代替 $N-1$,此时不重复抽样方法计算公式简化为

$$\mu_{\bar{x}} = \sqrt{\frac{\sigma^2}{n}\left(1-\frac{n}{N}\right)}$$

式中　$\mu_{\bar{x}}$表示样本平均数的抽样平均误差。

（二）样本成数的抽样平均误差

1. 重复抽样方法的计算公式

$$\mu_p = \sqrt{\frac{P(1-P)}{n}}$$

2. 不重复抽样方法计算公式

$$\mu_p = \sqrt{\frac{P(1-P)}{n}\left(\frac{N-n}{N-1}\right)}$$

当 N 很大时,简化公式为

$$\mu_p = \sqrt{\frac{P(1-P)}{n}\left(1-\frac{n}{N}\right)}$$

式中　μ_p 表示抽样成数的抽样平均误差。

需要说明的是,计算抽样平均误差时,要使用全及总体方差 σ^2 和 $P(1-P)$,但这个资料在抽样调查时是不掌握的。通常有以下几种解决办法:第一,用样本方差 S^2 和 $p(1-p)$ 代替;第二,用过去调查资料代替;第三,用估计资料代替;第四,用小规模试验性调查资料代替。

例如,某企业生产一批灯泡共 10 000 只,随机抽取 500 只做耐用时间试验。测算结果显示,平均寿命为 5 000 小时,样本标准差为 300 小时,500 只中不合格品有 10 只,求平均数和成数的抽样平均误差。

由于不掌握总体标准差,所以用样本资料代替。样本平均数的抽样平均误差可以用重复和不重复抽样两种方法来计算。

假设采用重复抽样方法,则抽样平均误差为

$$\mu_{\bar{x}} = \frac{S}{\sqrt{n}} = \frac{300}{\sqrt{500}} = 13.42(小时)$$

假设采用不重复抽样方法,则抽样平均误差为

$$\mu_{\bar{x}} = \sqrt{\frac{S^2}{n}\left(1 - \frac{n}{N}\right)} = \sqrt{\frac{300^2}{500} \times \left(1 - \frac{500}{10\,000}\right)} = 13.08(小时)$$

计算样本成数的抽样平均误差

$$P = \frac{500 - 10}{500} = 0.98$$

假设采用重复抽样方法,则抽样平均误差为

$$\mu_p = \sqrt{\frac{p(1-p)}{n}} = \sqrt{\frac{0.98 \times (1 - 0.98)}{500}} = 0.0063 \text{ 或 } 0.63\%$$

假设采用不重复抽样方法,则抽样平均误差为

$$\mu_p = \sqrt{\frac{p(1-p)}{n}\left(1 - \frac{n}{N}\right)} = \sqrt{\frac{0.98 \times (1 - 0.98)}{500} \times \left(1 - \frac{500}{10\,000}\right)} = 0.0061 \text{ 或 } 0.61\%$$

从以上计算抽样平均误差的公式和例子中都可以看出,抽样平均误差公式中不重复抽样和重复抽样相比,多了一个修正系数 $1 - \frac{n}{N}$,所以,在其他条件相同的情况下,不重复抽样的抽样误差要小于重复抽样的抽样误差。这点可以作如下解释:前文曾指出,样本容量影响抽样误差大小,样本容量越大,抽样误差越小。不重复抽样和重复抽样相比,一个显著的不同是,全及总体单位数在抽样过程中是逐渐减少的,从相对意义上说,等于扩大了样本容量,因此,在其他条件相同的情况下,不重复抽样的抽样平均误差要小于重复抽样的抽样误差。

还应该指出,当 N 很大时,不论是用重复抽样还是用不重复抽样公式计算抽样误差,其结果相差无几。因为,当 N 很大时,$\frac{n}{N}$ 就很小,$1 - \frac{n}{N}$ 近似等于1。因此,实际进行抽样调查时,尽管采用不重复抽样方法,但仍可采用重复抽样公式计算抽样误差。

四、抽样极限误差

前面我们介绍了抽样平均误差的概念。它可以说明某一抽样方案总的误差情况。但是在进行抽样调查时,实际上只抽取了一个样本。因此实际的抽样误差可能大于抽样平均误差,也可能小于抽样平均误差。但对于某一项调查来说,根据客观要求一般应有一个允许的误差限,也就是说若抽样误差在这个限度之内就认为是可允许的,这一允许的误差

限度就称作极限误差。抽样结果的估计值与总体指标之间的差别可能是正的(大于总体指标)也可能是负的(小于总体指标),因此允许误差采取绝对值的形式,通常用 △ 表示

$$\Delta_{\bar{x}} = |\bar{x} - \bar{X}|$$

或

$$\Delta_p = |p - P|$$

例如,农产量调查中若总体平均单位面积产量为 500 千克,允许的极限误差为 25 千克,则必须要求样本的估计值在 500±25 千克的范围之内,也即 475～525 千克之间才是符合要求的。又如,工业生产中某种产品的合格率为 92%,如果确定允许的极限误差为 5%,则样本的估计值必须在 87%～97% 之间才是符合要求的。

基于理论上的要求,抽样极限误差通常需要以抽样平均误差 $\mu_{\bar{x}}$ 或 μ_p 为标准单位来衡量,即 $\Delta_{\bar{x}} = t\mu_{\bar{x}}$ 及 $\Delta_p = t\mu_p$,这种形式表示允许的极限误差为抽样平均误差的若干倍,如果前面的例子中农产量的抽样平均误差为 12.5 千克,则 $t = \dfrac{\Delta_{\bar{x}}}{\mu_{\bar{x}}} = \dfrac{25}{12.5} = 2$;如果产品合格率的抽样平均误差为 3%,则 $t = \dfrac{\Delta_p}{\mu_p} = \dfrac{0.05}{0.03} = 1.67$。这一 t 值与样本估计值落入该允许误差范围内的概率有关,因此 t 也称为概率度。

在抽样实践中,允许的抽样误差有时也用相对的允许误差限来表示,即将抽样的极限误差除以估计的均值或成数。相对的极限误差用 $\Delta'_{\bar{x}}$ 和 Δ'_p 表示,则

$$\Delta'_{\bar{x}} = \frac{\Delta_{\bar{x}}}{\bar{x}}, \quad \Delta'_p = \frac{\Delta_p}{p}$$

在上述例子中,农产量的相对极限误差为

$$\Delta'_{\bar{x}} = \frac{\Delta_{\bar{x}}}{\bar{x}} = \frac{25}{500} \times 100\% = 5\%$$

产品合格率的相对极限误差为

$$\Delta'_p = \frac{\Delta_p}{p} = \frac{0.05}{0.92} \times 100\% = 5.43\%$$

用 1 减去相对的极限误差称为估计的精度,在上述例子中农产量的估计精度为 1−5%=95%,产品合格率的估计精度为 1−5.43%=94.57%。

五、抽样估计的可靠程度

样本估计值是一个随机变量,虽然抽样调查中规定了允许的误差范围,但样本估计值并不一定落入上述区间范围,它落入该区间的概率(可能性)是由该估计量的抽样的分布决定的。在抽样估计中样本估计值落入允许误差范围内的概率也就是估计的可靠性。下面,我们举例说明允许的误差和可靠性之间的关系。假设有 5 块棉花试验田,单位面积产量分别为 40、50、60、70 和 80 千克,总体平均单位面积产量为 60 千克。如果随机抽取两

块做样本,样本容量 $n=2$,采用重复抽样方法,以样本平均数对总体平均数进行估计,一共有 $N^n=5^2=25$ 个可能样本,其样本平均数见图 6-1。

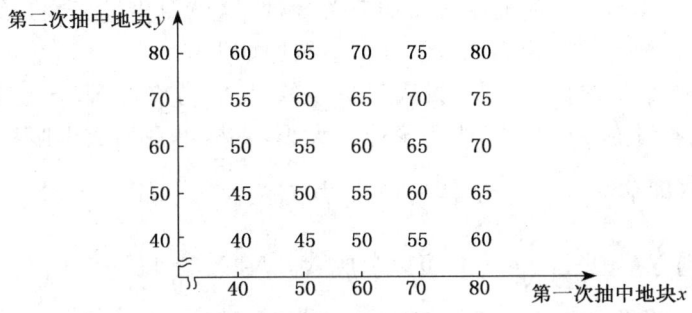

图 6-1 样本单位面积产量平均数分布图

将上述资料经过整理,样本平均数及抽样误差的抽样分布情况如表 6-2 所示。

表 6-2

当 $N=5, n=2$ 时的所有可能样本及其单位面积产量

$\overline{x}$	$\|\overline{x}-\overline{X}\|$	次 数	一定允许误差范围的概率
40	20	1	
45	15	2	
50	10	3	
55	5	4	
60	0	5	5/25 13/25 19/25 23/25
65	5	4	
70	10	3	
75	15	2	
80	20	1	

由于总体平均数(60 千克)事先并不知道,需要用样本平均数来进行估计。如果允许误差为 0,即样本平均数和总体平均数相一致,都为 60 千克,从样本平均数的抽样分布中可以看到,25 个可能样本中有 5 个样本是符合要求的。由于每个样本都是等概率的,所以其出现的概率为 5/25,也就是有 20%的可靠性能使抽样误差为 0;若允许误差为 5 千克,则从图 6-2 可以看出 25 个样本中有 13 个符合要求,即概率为 13/25,也可以说可靠性为 52%;若允许误差为 10 千克,则其可靠性为 76%(19÷25×100%);若允许误差为 15 千克,则可靠性可达 92%(23÷25×100%);当允许误差为 20 千克时,则有 100%的可靠性,因为抽到最大或最小的样本,其误差也不会超过 20 千克。从这一例子可以看出,可靠性是和允许误差联系在一起的,在一定抽样分布下,规定了允许误差就有一个相应的可靠

性。允许误差越大,可靠性也越大;允许误差越小,可靠性也相应减少。当然在实际抽样调查中,不可能按上面的例子那样计算出所有可能样本,然后列出抽样分布,而是要研究作出估计量的各种样本指标的概率分布和有关参数,这就要借助于数理统计的理论。现将抽样调查中用到的有关结论不加数学证明地叙述如下:

(1) 如果总体单位的标志值 X 服从正态分布,其平均数为 $\bar{X}$,方差为 σ^2。若从这个总体中独立抽取容量为 n 的样本,则不论样本大小,其样本平均数也服从正态分布,这一分布的数学期望(即平均数)等于总体平均数,其方差为 $\dfrac{\sigma^2}{n}$,可以写成 $\bar{X} \sim N(\bar{X}, \sigma^2/n)$;若为不重复抽样,则方差为 $\dfrac{\sigma^2}{n}\left(\dfrac{N-n}{N-1}\right)$,可以写成 $\bar{X} \sim N\left[\bar{X}, \dfrac{\sigma^2}{n}\left(\dfrac{N-n}{N-1}\right)\right]$。

(2) 如果总体单位的标志值 X 不服从正态分布,其平均数为 $\bar{X}$,方差为 σ^2,从中独立地抽取容量为 n 的样本,计算所有可能样本的平均数,其分布的平均数也等于总体平均数,即 $\bar{\bar{x}} = \bar{X}$,方差为 $\dfrac{\sigma^2}{n}$。且随着样本容量的增大,它也会越来越接近正态分布。这就是著名的中心极限定理。若为不重复抽样时,其方差为 $\dfrac{\sigma^2}{n}\left(\dfrac{N-n}{N-1}\right)$。

由上述结论可知,在对客观现象进行抽样调查,如果已知总体服从正态分布时,我们可以用小样本,也可以用大样本,利用样本平均数服从正态分布去作估计推断。如果未知总体分布形成或已知总体并不服从正态分布,就必须用使用容量较大的样本,其样本平均数才服从正态分布,从而可按正态分布来作估计推断。

正态分布是以其平均数为中心左右对称的,像一只钟形的分布图形,中间大两头小,表示样本的估计值在总体指标的周围,并且比较集中。特大特小的样本出现的机会比较少,见图 6-2。

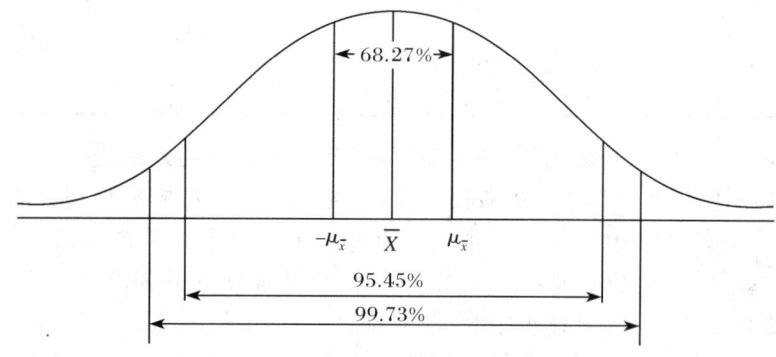

图 6-2　正态分布及其曲线下的面积

图 6-2 表示,在大样本情况下样本平均数的抽样分布,曲线下的面积表示样本平均数落入该区间的概率大小。如果总体方差为 σ^2,样本容量为 n,则样本平均数的抽样平均误

差为 $\mu_{\bar{x}}=\sigma/\sqrt{n}$（重复抽样）。根据正态分布的性质就可以估计样本平均数在允许误差范围内的可靠性，即样本平均数在总体平均数 ±1 个抽样平均误差范围内的概率为 68.27%，在 ±2 个抽样平均误差范围内的概率为 95.45%，在 ±3 个抽样平均误差范围内的概率为 99.73% 等。上述可简称为一个抽样平均误差范围内，二个抽样平均误差范围内，三个抽样平均误差范围内。

六、抽样估计的方法

抽样估计的方法有两种：点估计和区间估计。

（一）点估计

点估计又称定值估计，它是用实际样本指标数值代替总体指标数值，即总体平均数的点估计值就是样本平均数，总体成数的点估计值就是样本成数。但是，并不是所有的统计量都可以作为合适的估计量，为此要研究选择估计量的标准。

作为优良的估计量应符合以下三个标准：

（1）无偏性。即样本统计量作为总体参数的估计量要求样本统计量的平均数等于被估计的总体参数。数理统计已证明，样本平均数作为总体平均数的估计量是符合无偏性要求的。

（2）一致性。以样本统计量估计总体参数，要求当样本的单位数充分大时，样本统计量也充分靠近总体参数。可以证明，以样本平均数估计总体平均数，也符合一致性的要求。

（3）有效性。以样本统计量估计总体参数，要求作为优良估计量的方差应比其他估计量的方差小。例如，用样本平均数 $\bar{x}$ 或以总体任意一个单位的标志值 x 估计总体平均数，虽然两者都是无偏的，但可以证明：$\sigma_{\bar{x}}^2 < \sigma_x^2$。所以，用样本平均数作为总体平均数的估计量更为有效。

样本成数是 $(0,1)$ 分布平均数的表现形式，所以也符合优良估计标准的要求。

点估计的方法主要有矩估计法和极大似然估计法两种。根据两种方法的结论和估计量的选择标准，点估计的具体方法是：总体平均数的点估计值是样本平均数，总体成数的点估计值是样本成数，总体方差的点估计值是样本方差。即

$$\bar{X}=\bar{x}, P=p, \sigma^2=S_{n-1}^2$$

其中，$\bar{x}$、p、S_{n-1}^2 分别是样本平均数、样本成数和样本平均数方差，它们是总体平均数 $\bar{X}$、总体成数 P 和总体平均数方差 σ^2 的估计值。可以证明，$S_n^2=\dfrac{\sum(x-\bar{x})^2}{n}$ 不是 σ^2 的无偏估计量，$S_{n-1}^2=\dfrac{\sum(x-\bar{x})^2}{n-1}$ 才是 σ^2 的无偏估计量，因而上式将 S_{n-1}^2 作为 σ^2 的点估计值。当 n 较大时也可以用 S_n^2 作为 σ^2 的估计值。

点估计方法简便易行，一般适用于对估计的准确程度和可靠程度要求不高的情况。

(二) 区间估计

区间估计是在一定概率保证下,用以点估计值为中心的一个区间范围估计总体指标数值的估计方法。事实上,样本平均数的分布总在总体平均数的上下波动,恰好相等的可能性很小。为了使推算结果可信,可以设计一个区间,使推断的结果包括在这个范围内。这一区间称置信区间。在区间估计中,有三个基本要素:概率度、点估计值、误差范围。根据前面介绍的极限误差的内容可知

$$\bar{x}-\Delta_{\bar{x}}\leqslant \bar{X}\leqslant \bar{x}+\Delta_{\bar{x}}$$

$$p-\Delta_p\leqslant P\leqslant p+\Delta_p$$

区间估计使被估计参数 $\bar{X}$、P 落在区间 $[\bar{x}-t\mu_{\bar{x}},\ \bar{x}+t\mu_{\bar{x}}]$ 和 $[p-t\mu_p,\ p+t\mu_p]$ 内的概率为 $1-\alpha$,即

$$P(\bar{x}-t\mu_{\bar{x}}\leqslant \bar{X}\leqslant \bar{x}+t\mu_{\bar{x}})=1-\alpha$$

$$P(p-t\mu_p\leqslant P\leqslant p+\Delta_p)=1-\alpha$$

称区间 $[\bar{x}-t\mu_{\bar{x}},\bar{x}+t\mu_{\bar{x}}]$ 和 $[p-t\mu_p,p+t\mu_p]$ 为置信区间,$1-\alpha$ 为置信度或概率,表示区间估计的可靠程度,α 为显著水平,t 为概率度,t 与 $1-\alpha$ 的关系见表6-3。

表 6-3

概率度与概率关系示意表

概率度 t	概率 $F(t)$
1	0.6827
1.96	0.9500
2	0.9545
3	0.9973
4	0.9999

例如,仍用某企业生产的灯泡的平均寿命和合格率的抽样调查资料,根据抽样调查结果已知灯泡的平均寿命 $\bar{x}=5\,000$(小时),合格率 $P=98\%$,重复抽样条件下,样本平均数的抽样平均误差 $\mu_{\bar{x}}=13.42$(小时),样本成数的抽样平均误差 $\mu_p=0.63\%$,求 $t=1.96$ 时灯泡平均寿命和合格率的置信区间。

解:　　　　$t=1.96$ 时,$1-\alpha=0.95$

$$\bar{x}-t\mu_{\bar{x}}\leqslant \bar{X}\leqslant \bar{x}+t\mu_{\bar{x}}$$

$$5\,000-1.96\times13.42\leqslant \bar{X}\leqslant 5\,000+1.96\times13.42$$

$$4\,973.70\leqslant \bar{X}\leqslant 5\,026.30$$

计算结果表明,在 95％的概率保证下,该厂灯泡平均寿命约在 4 973.7 小时至 5 026.3小时之间。

$$p - t\mu_p \leqslant P \leqslant p + t\mu_p$$

$$98\% - 1.96 \times 0.63\% \leqslant P \leqslant 98\% + 1.96 \times 0.63\%$$

$$96.77\% \leqslant P \leqslant 99.23\%$$

计算结果表明,在 95％概率保证下,该厂灯泡的合格率在 96.77％～99.23％之间。

七、对全及总量指标的推算

用样本指标推算全及总量指标的方法有直接换算法和修正系数法两种,本节只作简单介绍。

1. 直接换算法

它是用样本平均数或成数,乘以全及总体单位数,直接推算出总体的总量指标的方法。直接换算法也分为点估计和区间估计两种。

点估计推算法不考虑抽样误差和推断的可靠程度,直接用样本平均数或样本成数乘以总体单位数,推算出全及总量指标。

例如,某地区种植水稻 2 800 公顷,抽取 10％进行抽样调查,测得平均公顷产量为 400 千克,按点估计法推算,可求得该地区水稻总产量为

$$400 \times 2\,800 = 1\,120\,000 (千克)$$

区间估计法是用样本平均数或成数,结合极限误差并以一定概率保证来推断全及总量指标所在的范围,计算公式为

$$N(\bar{x} - \Delta_{\bar{x}}) \leqslant N\bar{X} \leqslant N(\bar{x} + \Delta_{\bar{x}})$$

$$N(p - \Delta_p) \leqslant NP \leqslant N(p + \Delta_p)$$

例如,在上例中,若极限误差为 15 千克,以 95.45％的概率保证,该地区的水稻总产量的范围为

$$2\,800 \times (400 - 15) \leqslant N\bar{X} \leqslant 2\,800 \times (400 + 15)$$

$$1\,078\,000 \leqslant N\bar{X} \leqslant 1\,162\,000$$

即在 95.45％的概率保证下,该地区水稻总产量在 1 078 000～1 162 000 千克范围内。

2. 修正系数法

它是用样本指标去修正全面统计资料的一种方法。在全面调查后,再从全及总体中抽取一部分单位进行复查,将抽样调查资料与全面调查资料对比,求出差错比率,用此对全面调查的数学进行修正。

例如,根据全面调查资料,已知某地区全部职工人数为 842 562 人。为核实这一数据,随机抽取部分单位进行调查,抽样结果为 55 902 人,而这部分单位全面调查结果为 56 438 人,由此可计算出差错比率为 $\frac{55\ 902-56\ 438}{56\ 438}\times100\%=-0.95\%$。根据这个差错比率可以去修正该地区全部职工人数的全面调查结果。修正后的该地区全部职工人数为 834 558 人[842 562×(1-0.95%)]。

这种方法应用较广,在人口普查中,日常统计工作中都可以用这种方法去核实和修订全面统计资料。

八、样本容量的确定

抽样调查的关键问题是计算抽样平均误差,但抽样调查首先要解决的问题是样本容量问题。样本容量过大,会增加调查费用,花费更多的人力,从而不能充分发挥抽样调查的优越性。样本容量过小,样本没有足够的代表性,抽样误差也会增大,对总体指标的推断会不准确,从而也失去了实际价值。为了能节省人力、物力、财力,体现出抽样调查的优越性,又能使抽样推断的准确性高一些,也就是说,为了避免样本容量过大或过小,必须确定最佳的样本容量。

1. 影响必要样本容量的因素

为了确定最佳的样本容量,首先分析一下影响样本容量的因素。

(1) 总体各单位标志变异程度,即总体方差 σ^2 或 $P(1-P)$ 的大小。总体标志变异程度大,要求样本容量大一些;反之,则少一些。

(2) 允许的极限误差 Δ_x 或 Δ_p 的大小。允许的极限误差越大,要求的样本容量越小;反之越大。

(3) 抽样方法。在其他条件相同的情况下,重复抽样比不重复抽样要多抽取一些样本单位。

(4) 抽样方式。采用分层抽样、等距抽样的样本容量要小于简单随机抽样的样本容量。

(5) 抽样推断的可靠程度。概率 $F(t)$ 越大,要求的样本容量越大;反之,要求的样本容量越小。

以上影响样本容量的因素,也可从样本容量计算公式的推导结果加以印证。

2. 样本容量的计算公式

这里只介绍简单随机抽样组织方式的样本容量计算公式。

1) 重复抽样的样本容量

(1) 平均数的样本容量。公式推导如下:

对 $\Delta_x=t\mu_x=t\cdot\sqrt{\dfrac{\sigma^2}{n}}$ 进行恒等变换,得

$$n_{\bar{x}} = \frac{t^2 \sigma^2}{\Delta_{\bar{x}}^2}$$

（2）成数的样本容量。公式推导如下：

对 $\Delta_p = t\mu_p = t \cdot \sqrt{\dfrac{P(1-P)}{n}}$ 进行恒等变换，得

$$n_p = \frac{t^2 P(1-P)}{\Delta_p^2}$$

2）不重复抽样的样本容量

（1）平均数的样本容量。公式推导如下：

对 $\Delta_{\bar{x}} = t \cdot \sqrt{\dfrac{\sigma^2}{n}\left(1 - \dfrac{n}{N}\right)}$ 进行恒等变换，得

$$n_{\bar{x}} = \frac{Nt^2 \sigma^2}{N\Delta_{\bar{x}}^2 + t^2 \sigma^2}$$

（2）成数的样本容量。公式推导如下：

对 $\Delta_p = t \cdot \sqrt{\dfrac{P(1-P)}{n}\left(1 - \dfrac{n}{N}\right)}$ 进行恒等变换，得

$$n_p = \frac{Nt^2 P(1-P)}{N\Delta_p^2 + t^2 P(1-P)}$$

3）计算样本容量应注意的问题

（1）应用上面公式计算的样本容量是最低的、也是最必要的样本容量。

（2）用上面公式计算样本容量时，一般来说，总体方差 σ^2 和 $P(1-P)$ 是未知的。在实际计算时往往利用有关资料代替：① 如果在本次调查之前，曾经搞过同类问题的全面调查，用全面调查的有关资料代替。② 组织试验抽样。在进行正式抽样调查之前，组织两次或两次以上试验性抽样，用试验样本的方差代替。应当注意的是，该试验样本的方差是从几个试验样本方差中选中的。同样，利用过去全面调查资料，也要注意从方差中选大的。③成数方差在完全缺乏资料的情况下，可用成数方差极大值 $0.25(P=0.5)$ 来代替。

（3）如果进行一次抽样调查，同时对总体平均数和成数进行区间估计，运用上面公式计算两个样本容量 $n_{\bar{x}}$ 和 n_p，一般情况下 $n_{\bar{x}} \neq n_p$，为了同时满足两个推断的要求，一般在两个样本容量中选择较大的一个。

例如，某冷库对储存的一批鸡蛋的变质率进行抽样调查，根据以前的资料，鸡蛋储存期变质率为 53%，49%，48%，现在要求允许误差不超过 5%，推算概率保证程度为 95%，问至少要抽取多少鸡蛋进行检查？

已知，$t = 1.96$，$\Delta_p = 0.05$，选择 $P = 0.49$，则

$$n_p = \frac{1.96^2 \times 0.49 \times 0.51}{(0.05)^2} = 384.006(\text{个})$$

应抽取 385 个鸡蛋进行检查。

第五节　抽样调查的组织方式及其误差的计算

一、抽样调查的程序

（1）立项。立项由用户或各级组织统计调查的单位提出，包括确定调查目的、要求、调查完成的时间。

（2）搜集总体的有关资料，编制抽样框。所谓抽样框就是总体单位的名单。抽样框可以分为两类：一类是总体单位的名称表；另一类是地段抽样框，一般是依据地图，划分成若干个明确边界的地段即单位。如何编制抽样框，根据对总体单位了解的程度而定，如果对总体单位不甚了解，往往只能编制总体单位清单或地段抽样框；如果对总体单位的情况比较了解，甚至掌握与调查内容有关的标志表现的资料，可以按有关标志值的高低进行有序排队。例如，进行农产品抽样调查，可以把地块按过去平均单位面积产量的高低排队。

（3）设计抽样调查方案。抽样调查方案是统计调查方案的一种，应包括统计调查方案的一般内容。根据抽样调查的特点，还要解决好以下问题：① 如何贯彻随机原则，保证总体每个单位有同等机会被抽中。② 根据极限误差，确定必要的样本容量。根据对总体的了解情况及抽样框的编制情况，确定抽样方式。③ 在一定误差的要求下，选择费用最少的方案设计。

（4）组织调查，搜集样本单位的数据，对样本进行准确性和代表性检查。

（5）进行数据处理。

（6）推断总体，并予以论证。

（7）提供抽样调查结果及对结果的可靠性作出说明。

二、抽样调查的组织方式及其抽样误差的计算

设计抽样调查方案，其中正确选择调查方式是十分重要的，常用的调查组织方式有简单随机抽样、分层抽样、等距抽样、整群抽样和多阶段抽样。这在前面已经提到。本节将比较详细地介绍这几种抽样方法及其误差计算方法。

（一）简单随机抽样

简单随机抽样也称纯随机抽样，即在总体单位均匀混合的情况下，随机逐个抽出样本

的抽样形式。

在抽选过程中,总体单位都有可能被抽中,前一次抽到的单位与后一次抽到的单位无必然联系。通常所说的抽签就是随机抽样的方式。具体做法是先将总体各单位编号,然后再随机抽取。抽取方法有手工抽取、机械摇号抽取和用随机数字表抽取。

随机数字表是包含许多随机数字的表格,它是从 0~9 的十个数码随机组合的数字表格。在这个表格里 0~9 的每个数码出现的概率是相同的,为了方便使用,可以编为 2 个数码一组、4 个数码一组,甚至 10 个数码一组。表 6-4 是 4 个数码一组的一种随机数字表(一部分)。

表 6-4

四个数码一组的随机数字表

0347	4373	8636	9647	3661	4698	6371	6233
9774	2467	6242	8114	5720	4253	3237	3227
1676	6227	6656	5026	7107	3290	7978	5313
1256	8599	3696	9668	2731	0503	7293	1557
5559	5635	6438	5482	4622	3162	4309	9006
1622	7794	6949	5443	5482	1737	9323	7887
8442	1753	3157	2455	0688	7704	7447	6721
6301	6378	6916	9555	6749	9810	5071	7512
3321	1234	2978	6456	0782	5242	0744	3815
5760	8632	4409	4727	9654	4917	4609	6290

表中数字的出现和排列是随机产生的,在使用时也要遵循随机原则。抽取样本单位之前,先将总体所有单位编号,根据编号的位数,确定使用表中若干位数字。然后,从表中任一列、任一行、任一方向开始数,遇到属于编号范围内的数字就作为样本单位。不在编号范围内的数字就跳过去,直到抽够样本容量为止。留下的数字中若有重复,在不重置抽样的条件下,第二次出现的数字不能保留,若重置抽样,则可保留。例如,从 500 个总体单位中抽取 25 个样本单位,先将总体各单位按 001~500 编号,编号是三位数,我们选后三位,假设从第三行第四列 5026 为起点数取后三位,然后顺查,结果是 026,688,482,443,455,555,456,727,661,720,107,731,622,482,688,749,782,654,698,253,290,503,162,737,704,810,242,917,371,237,978,293,309…最先出现 500 以内数字为 026,482,443,455,456,107,482,253,290,162,242,371,237,293,309…

上节介绍的区间估计的公式,在简单随机抽样条件下完全适用,或者说前面所有公式都是在简单随机抽样条件下产生的。

虽然简单随机抽样从理论上说最符合随机原则,是其他抽样方式的基础,但是,它在统计实践中受到很大限制,首先,当总体很大时,编号工作就很困难,对于连续生产的企业产品编号也不了解,另外,当总体各单位标志值之间差异很大时,采用这种抽样方式并不能保证样本的代表性。

（二）分层抽样

1. 分层抽样的概念和特点

分层抽样又称类型抽样,它是先将总体按某一标志分成若干个类型组,使各组组内标志值比较接近,然后分别在各组组内按随机原则抽取样本单位。

分层抽样将分组法与抽样原理结合运用。通过分组,将全及总体标志值比较接近的单位归为一组,这样可以避免标志值比较接近的单位同时被抽中,使样本单位的分布更接近总体分布,从而提高样本的代表性。分层抽样对每个组都要抽取样本单位,因此对于所有组来说,实际上都是全面调查,所以,各组之间的方差已不再影响抽样平均误差。影响抽样平均误差的只是各组之内的方差。又由于分组的结果可以降低组内方差,所以分层抽样可以减少抽样平均误差。

2. 分层抽样的方法

分层抽样具体分为两种方法:等比例分层抽样和不等比例分层抽样。等比例分层抽样是各类型组按同比例抽取样本单位的抽样形式。不等比例分层抽样是各类型组不按同一比例抽取样本单位的抽样形式。等比例分层抽样比较简便易行,计算也方便。但有时候,采用不等比例分层抽样更好。例如,各组的总体单位标志值相差很大,若按全及总体同一比例分配样本单位数,对那些包含总体单位数少的组就会抽得太少,这样会影响样本的代表性。此时,需要具体分析情况,可适当多抽一些样本单位数,以提高样本代表性。有的组虽然包含的总体单位数很多,但该组各单位标志值差异却很小,就可以少抽一些样本单位数,这样做并不减少样本的代表性。总之,各组单位的分配应以取得最小的抽样平均误差为准。

3. 分层抽样的抽样误差的计算

这里只介绍等比例分层抽样的误差计算。

（1）抽样平均数的抽样平均误差。

重复抽样

$$\mu_{\bar{x}} = \sqrt{\frac{\overline{\sigma^2}}{n}}$$

式中　$\overline{\sigma^2}$ 表示平均组内方差,它是各个组的方差的平均数。

$\overline{\sigma^2}$ 的计算公式为

$$\overline{\sigma^2} = \frac{\sum \sigma_i^2 N_i}{N}$$

在 $\overline{\sigma^2}$ 未知情况下,可用样本各组数量标志平均组内方差 $\overline{S^2}$ 代替。

$$\overline{S^2} = \frac{\sum S_i^2 n_i}{\sum n_i}$$

式中　S_i^2 表示样本各组数量标志组内方差;

$\quad\quad n_i$ 表示样本各组单位数。

在等比例抽样的条件下,N_i 和 N 可以用各组的样本单位数 n_i 和样本单位总数 n 代替。

不重复抽样

$$\mu_{\bar{x}} = \sqrt{\frac{\sigma^2}{n}\left(1 - \frac{n}{N}\right)}$$

(2) 抽样成数的抽样平均误差。

重复抽样

$$\mu_p = \sqrt{\frac{P(1-P)}{n}}$$

不重复抽样

$$\mu_p = \sqrt{\frac{P(1-P)}{n}\left(1 - \frac{n}{N}\right)}$$

式中　$\overline{P(1-P)}$ 表示总体各组是非标志平均组内方差。

在 $\overline{P(1-P)}$ 未知情况下,可用样本各组是非标志平均组内方差 $\overline{p(1-p)}$ 代替。

$$\overline{p(1-p)} = \frac{\sum p_i(1-p_i)n_i}{\sum n_i}$$

式中　$p_i(1-p_i)$ 表示样本各组是非标志组内方差。

例如,某县所属 200 个村庄,按粮食单位面积产量分为 4 个组,用比例分层抽样抽选 20 个村为样本,估计全县粮食平均单位面积产量和播种面积中优良品种所占比重及抽样平均误差,具体资料见表 6-5。

表 6-5

按比例分层抽样计算估计量

按单位面积产量分组(千克)	村数 N_i(个)	$\dfrac{N_i}{N}$	样本村数 n_i(个)	样本单位面积产量 $\bar{x}_i$(千克)	样本标准差(千克)	优良品种占播种面积比重 P_i(%)
320~420	20	0.10	2	385	20.2	38
420~520	80	0.40	8	465	8.3	47
520~620	70	0.35	7	572	16.4	55
620~720	30	0.15	3	680	49.1	59
合　计	200	1.00	20	—	—	—

注:单位面积指 0.067 公顷。

解：全县平均单位面积产量估计值为

$$\overline{X}=\frac{\sum N_i \overline{x}_i}{N}=\frac{0.1\times385+0.4\times465+0.35\times572+0.15\times680}{1}=526.7(千克)$$

样本平均组内方差

$$\overline{S^2}=\frac{\sum S_i^2 n_i}{\sum n_i}=\frac{20.2^2\times2+8.3^2\times8+16.4^2\times7+49.1^2\times3}{20}=524.12(千克)$$

抽样平均误差

$$\mu_{\overline{x}}=\sqrt{\frac{\overline{S^2}}{n}}=\sqrt{\frac{524.12}{20}}=5.12(千克)$$

全县优良品种占播种面积比重的估计值为

$$P=\frac{\sum N_i P_i}{N}=\frac{0.1\times0.38+0.4\times0.47+0.35\times0.55+0.15\times0.59}{1}\times100\%=50.7\%$$

样本平均组内方差

$$\overline{P(1-P)}=\frac{\sum P_i(1-P_i)n_i}{\sum n_i}$$

$$=\frac{0.38\times(1-0.38)\times2+0.47\times(1-0.47)\times8+0.55\times(1-0.55)\times7+0.59\times(1-0.59)\times3}{20}$$

$$=0.2461$$

抽样平均误差

$$\mu_p=\sqrt{\frac{\overline{P(1-P)}}{n}}=\sqrt{\frac{0.2461}{20}}=0.1109\ 或\ 11.09\%$$

（三）等距抽样

1. 等距抽样的概念和特点

等距抽样又称机械抽样或系统抽样，它是先将全及总体各单位按某一标志排队，然后按相等的距离或等间隔来抽取样本单位的抽样形式。

等距抽样是不重复抽样，通常可以保证被抽取的单位在总体中分布均匀，缩小各单位的差异程度，提高样本代表性。等距抽样误差的大小与总体各单位的排列顺序有关，因此需要对总体结构有一定的了解，利用已有的信息对总体单位排列后再进行抽样，就能提高抽样效率。

2. 等距抽样的方法

因为排队依据的标志不同，所以有两种等距抽样方法。

（1）无关标志排队法。即排队的顺序与所研究的标志是无关的。例如，调查职工收入水平时,按姓氏笔画排队抽样。显然,职工收入水平与姓氏笔画之间没有必然联系。

(2)有关标志排队法。即排队时,采用与调查项目有关的标志作为排队依据。例如,调查职工收入水平按职工收入高低排队等。

排队后,需要计算出抽样距离,计算公式为

$$K=\frac{N}{n}$$

式中 K 表示抽样距离或抽样间隔。

计算出抽样距离后,随机确定第一样本单位作为起点,根据抽样距离每隔一个距离抽取一个样本单位,直到抽到最后一个样本单位为止。

3. 等距抽样抽样误差的计算

等距抽样是不重复抽样,但为简化计算,也可采用重复抽样的平均误差公式计算误差。

无关标志排队法等距抽样近似于简单随机抽样。因此,可以按照简单随机抽样的方式计算抽样平均误差。有关标志排队法等距抽样实质上可以看作一种特殊的分层抽样,不同的是分组更细,组数更多,而且在每组内只取一个样本单位。因此,可以采用分层抽样的误差公式计算抽样平均误差。

平均数的抽样平均误差公式为

重复抽样 $\qquad \mu_{\bar{x}}=\sqrt{\dfrac{\sigma^2}{n}}$

不重复抽样 $\qquad \mu_{\bar{x}}=\sqrt{\dfrac{\sigma^2}{n}\left(1-\dfrac{n}{N}\right)}$

成数的抽样平均误差公式为

重复抽样 $\qquad \mu_{p}=\sqrt{\dfrac{P(1-P)}{n}}$

不重复抽样 $\qquad \mu_{p}=\sqrt{\dfrac{P(1-P)}{n}\left(1-\dfrac{n}{N}\right)}$

例如,有 12 块小麦地,从中选出 4 块进行调查,抽样距离 $K=\dfrac{N}{n}=\dfrac{12}{4}=3$,即每隔 3 块抽一块,或理解为 3 块地为一组,每组抽一块,各组抽中的地块距离相等。根据过去资料,12 块地分为 4 组,每组的组内方差:$\sigma_1^2=200,\sigma_2^2=200,\sigma_3^2=200,\sigma_4^2=600$。

则平均组内方差

$$\overline{\sigma^2}=\frac{\sum \sigma_i^2 N_i}{N}=\frac{(200+200+200+600)\times 3}{12}=300$$

按重复抽样计算的抽样平均误差

$$\mu_{\bar{x}} = \sqrt{\frac{\sigma^2}{n}} = \sqrt{\frac{300}{4}} = 8.66(千克)$$

按不重复抽样计算的抽样平均误差

$$\mu_{\bar{x}} = \sqrt{\frac{\sigma^2}{n}\left(1-\frac{n}{N}\right)} = \sqrt{\frac{300}{4}\times\left(1-\frac{4}{12}\right)} = 7.07(千克)$$

(四) 整群抽样

1. 整群抽样的概念和特点

整群抽样是将总体先分为若干群,然后按随机原则抽取若干群,对抽中的群内所有单位都进行调查的一种抽样组织形式。

前面讲述的简单随机抽样、分层抽样和等距抽样,都是从全及总体中抽取样本单位,整群抽样则是抽取由若干样本单位组成的群。在缺乏总体抽样框的情况下,宜采用整群抽样方式。整群抽样的组织工作比较简单,节约费用,一般都采用不重复抽样,但抽样误差往往较大。

2. 整群抽样的方法

整群抽样首先要对全及总体根据需要划分成若干群,分群的基本原则是,在可能情况下,使群内方差尽可能大,群间方差尽可能小,其次将各群按时间顺序或空间顺序排列,再根据随机原则抽取样本群。

3. 整群抽样的抽样误差的计算

(1) 平均数的抽样平均误差。计算公式为

$$\mu_{\bar{x}} = \sqrt{\frac{\delta_{\bar{x}}^2}{r}\left(\frac{R-r}{R-1}\right)}$$

式中　R 表示总体群数;

　　　r 表示样本群数;

　　　$\delta_{\bar{x}}^2$ 表示平均数的群间方差。

$$\delta_{\bar{x}}^2 = \frac{\sum(\bar{X}_i-\bar{X})^2}{R}$$

式中　$\bar{X}_i$ 表示全及总体各群平均数。

缺乏全及总体资料时,可用样本数据计算 $\delta_{\bar{x}}^2$。

(2) 成数的抽样平均误差。计算公式为

$$\mu_p = \sqrt{\frac{\delta_p^2}{r}\left(\frac{R-r}{R-1}\right)}$$

式中　δ_p^2 表示成数的群间方差。

$$\delta_p^2 = \frac{\sum(P_i - P)^2}{R}$$

式中　P_i 表示全及总体各群成数。

缺乏全及总体资料时,可用样本资料计算 δ_p^2。

公式中,当 R 的数目较大时,$\left(\dfrac{R-r}{R-1}\right)$ 可用 $1 - \dfrac{r}{R}$ 代替。

例如,某地区有 300 个村,根据历史资料估算,各村平均单位面积产量的方差为 12,现抽取 30 个村,进行农产量调查,根据整群抽样计算抽样平均误差为

$$\mu_{\bar{x}} = \sqrt{\frac{\delta_{\bar{x}}^2}{r}\left(\frac{R-r}{R-1}\right)} = \sqrt{\frac{12}{30}\times\left(\frac{300-30}{300-1}\right)} = 0.60(\text{千克})$$

又如,某企业大量连续生产,即 24 个小时连续生产,为掌握某月份某产品一级品率,采用整群抽样方法。在全月连续生产的 720 小时中,每隔 24 小时抽取 1 小时的产品进行检验。调查结果为,一级品率为 85%,群间方差为 6%,抽样平均误差为

$$r = 720 \div 24 = 30(\text{小时})$$

$$\mu_p = \sqrt{\frac{\delta_p^2}{r}\left(\frac{R-r}{R-1}\right)} = \sqrt{\frac{0.06}{30}\times\left(\frac{720-30}{720-1}\right)} = 0.044(\text{小时})$$

（五）多阶段抽样

前面介绍的四种抽样方式都属于单阶段抽样。所谓单阶段抽样是指经过一次抽选就可以直接确定样本单位的抽选方法。在调查范围小,调查单位比较集中时通常采用这种方法。

在社会经济调查中,一般调查对象中调查单位很多,分布面很广,直接抽选样本单位是很困难的,这种状况要采用多阶段抽样。

多阶段抽样就是把抽取样本单位的过程分为两个或更多个阶段进行。先从总体中抽选若干大的样本单位,即第一阶段单位,然后从被抽中若干大的单位中抽选较小的样本单位,即第二阶段单位。依此类推,直到最后抽出最终样本单位。如果第二阶段单位是最终样本单位,则这种抽样就是两阶段抽样,如果第三阶段单位是最终单位,则这种抽样就是三阶段抽样。

下面我们以两阶段抽样为例说明多阶段抽样的误差计算。两阶段抽样有两种情况,这里只介绍比较简单的一种。

假设全及总体有 R 个小组,各组单位数如下:

组别:$1,2,3,\cdots,R$

各组单位数:$M_1,M_2,M_3,\cdots,M_R$

各组单位数可能相等也可能不相等,这里假设是相等的,即 $M_1 = M_2 = M_3 = \cdots =$

$M_R = M_0$，显然，$RM_0 = N$。

第一阶段抽样，是从总体 R 个组中随机抽取 r 个组即 r 个第一阶段单位，各组单位数如下：

被抽中各组编号：$1, 2, 3, \cdots, r$

各组单位数：$M_1, M_2, M_3, \cdots, M_r$

第二阶段抽样，从被抽中的各组即第一阶段单位中随机抽选第二阶段单位，各组单位数分别是 $m_1, m_2, m_3, \cdots, m_r$，共计 n 个。各第一阶段单位中第二阶段单位数可能相等也可能不相等，这里假设是相等的，即 $m_1 = m_2 = m_3 = \cdots = m_r = m_0$，显然 $rm_0 = n$。

各第一阶段单位的第二阶段单位的平均数是 $\bar{x}_1, \bar{x}_2, \bar{x}_3, \cdots, \bar{x}_r$ 或 $P_1, P_2, P_3, \cdots, P_r$。

影响两个阶段抽样平均误差的方差是由两部分组成的。

第一部分为：由总体 R 组中抽取 r 组产生的组（群）间方差 $\delta_{\bar{x}}^2 (\delta_p^2)$。

第二部分为：由抽中的 r 组中，从每组的 M 个单位中抽取 m 个单位产生的组内方差为 δ_i^2 或 $P_i(1-P_i)$，以及平均组内方差为 $\overline{\delta_i^2}$ 或 $\overline{P_i(1-P_i)}$。

1. 重复抽样的抽样平均误差

（1）抽样平均数平均误差。计算公式为

$$\mu_{\bar{x}} = \sqrt{\frac{\overline{\delta_i^2}}{rm} + \frac{\delta_{\bar{x}}^2}{r}}$$

式中　　r 表示第一阶段单位数；

　　　　m 表示第二阶段单位数；

　　　　$\delta_{\bar{x}}^2$ 表示总体或样本平均数群间方差；

　　　　$\overline{\delta_i^2}$ 表示总体或样本各组数量标志平均组内方差。

其中，
$$\delta_i^2 = \frac{\sum (x_i - \bar{x}_i)^2}{m}$$

$$\overline{\delta_i^2} = \frac{\sum \delta_i^2}{r}$$

（2）抽样成数平均误差。计算公式为

$$\mu_p = \sqrt{\frac{\overline{P_i(1-P_i)}}{rm} + \frac{\delta_p^2}{r}}$$

式中　　δ_p^2 表示总体或样本成数群间方差；

　　　　$\overline{P_i(1-P_i)}$ 表示总体或样本是非标志平均组内方差。

其中，
$$\delta_p^2 = \frac{\sum (P_i - P)^2}{m}$$

$$\overline{P_i(1-P_i)} = \frac{\sum P_i(1-P_i)}{r}$$

$$P = \frac{\sum P_i}{r}$$

2. 不重复抽样的抽样平均误差

（1）抽样平均数的平均误差。计算公式为

$$\mu_{\bar{x}} = \sqrt{\frac{\delta_i^2}{rm}\left(\frac{M-m}{M-1}\right) + \frac{\delta_{\bar{x}}^2}{r}\left(\frac{R-r}{R-1}\right)}$$

（2）抽样成数的平均误差。计算公式为

$$\mu_p = \sqrt{\frac{P_i(1-P_i)}{rm}\left(\frac{M-m}{M-1}\right) + \frac{\delta_p^2}{r}\left(\frac{R-r}{R-1}\right)}$$

例如，对某学院学生每周文体活动时间进行抽样调查，该学院有 30 个班，每班 40 名学生，现采用二阶段抽样方法，从 30 个班中随机抽选 6 个班，并从中选的班中各抽选 5 人组成样本，样本单位资料见表 6-6。

表 6-6

样 本 资 料 表

中选班序号	中选学生编号	每周文体活动时间（小时）	中选班序号	中选学生编号	每周文体活动时间（小时）
1	1	9	4	1	6
	2	8		2	8
	3	11.5		3	9
	4	13		4	10
	5	6		5	7
2	1	9	5	1	11
	2	10		2	13
	3	13		3	10
	4	8		4	9
	5	5		5	12
3	1	15	6	1	10.5
	2	12		2	12
	3	9		3	10
	4	10		4	8
	5	14		5	12

试以 95％的概率保证推断该院学生每周文体活动时间的可能范围。

已知 $R=30, r=6, M=40, m=5, t=1.96$，则各第一阶段单位的第二阶段单位的平均数及样本平均数

$$\bar{x}_1 = \frac{9+8+11.5+13+6}{5} = 9.5(\text{小时})$$

$$\bar{x}_2 = \frac{9+10+13+8+5}{5} = 9(\text{小时})$$

$$\bar{x}_3 = \frac{15+12+9+10+14}{5} = 12(\text{小时})$$

$$\bar{x}_4 = \frac{6+8+9+10+7}{5} = 8(\text{小时})$$

$$\bar{x}_5 = \frac{11+13+10+9+12}{5} = 11(\text{小时})$$

$$\bar{x}_6 = \frac{10.5+12+10+8+12}{5} = 10.5(\text{小时})$$

$$\bar{x} = \frac{9.5+9.0+12.0+8.0+11.0+10.5}{6} = 10(\text{小时})$$

第一阶段各单位的组内方差及平均组内方差

$$\delta_1^2 = \frac{(9-9.5)^2+(8-9.5)^2+(11.5-9.5)^2+(13-9.5)^2+(6-9.5)^2}{5} = 6.2$$

$$\delta_2^2 = \frac{(9-9)^2+(10-9)^2+(13-9)^2+(8-9)^2+(5-9)^2}{5} = 6.8$$

$$\delta_3^2 = \frac{(15-12)^2+(12-12)^2+(9-12)^2+(10-12)^2+(14-12)^2}{5} = 5.2$$

$$\delta_4^2 = \frac{(6-8)^2+(8-8)^2+(9-8)^2+(10-8)^2+(7-8)^2}{5} = 2.0$$

$$\delta_5^2 = \frac{(11-11)^2+(13-11)^2+(10-11)^2+(9-11)^2+(12-11)^2}{5} = 2.0$$

$$\delta_6^2 = \frac{(10.5-10.5)^2+(12-10.5)^2+(10-10.5)^2+(8-10.5)^2+(12-10.5)^2}{5} = 2.2$$

$$\overline{\delta_i^2} = \frac{6.2+6.8+5.2+2.0+2.0+2.2}{6} = 4.0667$$

第一阶段单位的组间方差

$$\delta_{\bar{x}}^2 = \frac{(9.5-10)^2 + (9-10)^2 + (12-10)^2 + (8-10)^2 + (11-10)^2 + (10.5-10)^2}{6}$$

$$= 1.75$$

$$\mu_{\bar{x}} = \sqrt{\frac{\delta_i^2}{rm}\left(\frac{M-m}{M-1}\right) + \frac{\delta_{\bar{x}}^2}{r}\left(\frac{R-r}{R-1}\right)} = \sqrt{\frac{4.0667}{6\times5} \times \frac{40-5}{40-1} + \frac{1.75}{6} \times \frac{30-6}{30-1}}$$

$$= 0.60(小时)$$

$$\Delta_{\bar{x}} = 1.96 \times 0.60 = 1.18(小时)$$

$$10.0 - 1.18 \leqslant \overline{X} \leqslant 10.0 + 1.18$$

$$8.82 \leqslant \overline{X} \leqslant 11.18$$

在 95% 的概率保证下,推断该院学生每周文体活动时间在 8.82～11.18 小时之间。

本 章 要 点

抽样调查是按照随机原则从调查的总体中抽取一部分单位进行观察,并以样本指标对总体相应指标作出具有一定可靠性的估计和推断,从而达到认识调查总体的一种统计调查方法。遵守随机原则是抽样调查最主要的特点。

抽样调查常用的概念有:全及总体和样本总体、全及指标和样本指标、重置抽样和不重置抽样、抽样平均误差和抽样极限误差、概率和概率度,其中抽样平均误差是最重要的概念。影响抽样平均误差的因素是:① 总体标志变异程度。② 样本容量。③ 抽样方式和抽样方法。

抽样调查的目的是为了抽样估计,抽样估计有两种方法:点估计和区间估计。进行区间估计要解决两个问题:① 估计总体指标所在的范围。② 总体指标在这个范围的可靠程度即概率。区间估计的三个要点解决了区间估计的两个问题。

抽样调查的组织方式有:简单随机抽样、分层抽样、等距抽样、整群抽样和多阶段抽样。

虽然简单随机抽样在实际应用上受到很大限制,但是它是其他抽样方式的基础,也是衡量其他抽样方式抽样效果的标准。

分层抽样的特点是它把分组法和抽样原理结合运用。提高分层抽样的效果的关键是分组后尽量缩小组内方差,增大组间方差。

等距抽样,按总体单位排队依据的标志不同,分为按无关标志排队的等距抽样和按有关标志排队的等距抽样。按有关标志排队的等距抽样具有分层抽样的性质,按分层抽样方式计算抽样误差。按无关标志排队的等距抽样,一般以不重置简单随机抽样方式计算抽样误差。

当总体规模很大时,可以采用整群抽样和多阶段抽样。整群抽样是将总体先分为若干群,然后按照随机原则抽取若干群,对被抽中群内所有单位都进行调查的一种抽样组织形式。提高整群抽样效果的关键是在分群时尽量增大群内方差,降低群间方差。

本 章 习 题

1. 某电池厂对某天生产的 10 万支 $2^{\#}$ 电池的电流强度进行检查,随机抽取 1‰,结果见表 6-7。

表 6-7

电池随机抽查表

电流强度(安培)	电池数(个)
4.0～4.5	1
4.5～5.0	4
5.0～5.5	50
5.5～6.0	32
6.0～6.5	10
6.5～7.0	3
合　　计	100

根据规定 $2^{\#}$ 电池的电流强度低于 5 安培为不合格,根据以上资料计算电流强度的抽样平均误差和合格率的抽样平均误差。

2. 某电扇厂对其生产的 1 500 台电扇进行使用寿命检查,随机抽取 30 台,平均使用寿命为 4.5 万小时,使用寿命的标准差为 240 小时,若以 95％的概率进行推断,试求极限误差和使用寿命的置信区间。

3. 对一批水果罐头进行质量检查,随机抽取 100 瓶检查,发现有 6 瓶不合格,若以 95.45％的概率推断,可否认为这批水果罐头的不合格率不会超过 10％?

4. 某教育局为了掌握学龄儿童的发育情况,对入学新生随机抽取 30 名进行身高测量,结果如下(单位:米):

　　0.9　1.2　1.0　1.1　1.4　1.1　0.8　1.3　1.1　1.2

　　1.2　0.9　1.0　1.2　0.9　1.2　1.3　1.0　1.0　0.9

　　1.2　1.3　1.1　1.3　1.2　1.1　1.2　1.1　1.3　1.1

试以 95％的概率推断入学新生平均身高的可能范围。

5. 某鞋厂为了检查某天生产的 4 万双鞋的耐穿时间,决定按产品入库顺序每 100 双抽取 1 双进行检查,结果见表 6-8。

表 6-8

鞋的耐穿时间抽查表

耐穿时间(天)	280～300	300～320	320～340	340～360	360～380	合　计
鞋数(双)	20	30	260	80	10	400

根据规定,300 天以上为合格,试根据以上资料在 $F(t)=95\%$ 的保证下,推断该天生产的全部鞋的平均耐穿时间和合格率的可能范围。

6. 某地区育龄妇女分组资料以及各组随机抽选 5％,调查结果见表 6-9。

表 6-9

高龄妇女分组抽查表

育龄妇女按文化程度分组	妇女人数(人)	抽样人数(人)	平均子女数(人)	子女数标准差(人)
高等教育	2 000	100	1.5	0.2
中等教育	10 000	500	2.4	0.4
初等教育	28 000	1 400	3.6	0.8
文盲和半文盲	16 000	800	4.3	0.5
合　计	56 000	2 800		

试以 95.45％的置信概率对该地区育龄妇女平均子女数进行区间估计。

7. 某储蓄所年末按定期存款单账号的顺序每 10 户抽取 1 户的等距抽样,有关分组资料见表 6-10。

表 6-10

某储蓄所定期存款抽查表

存款额	1 000 元以下	1 000～2 000 元	2 000～4 000 元	4 000～5 000 元	5 000 元以上	合　计
户数	10	50	100	260	80	500

试以 95.45％的概率推断:

(1) 储户平均定期存款额。

(2) 定期存款总额。

（3）存款额在 5 000 元以上的储户比重。

8. 某学院调查学生每人每周参加文体活动时间,首先把学生按学习成绩分为三个组,再各抽选 10% 进行调查。结果见表 6-11。

表 6-11

学生每周参加文体活动时间调查表

按学习成绩分组	学生人数（人）	样　本　资　料		
		抽样人数（人）	每人每周平均文体活动时间(小时)	每人每周活动时间的方差
甲	300	30	12	15.0
乙	400	40	17	8.8
丙	200	20	13	27.2

试以 95.45% 的置信概率对该校学生每人每周参加文体活动时间进行区间估计。

9. 为了调查农民生活水平,在某地 5 000 户农民中按不重置抽样方法抽取 400 户进行调查,得知其中有 87 户有彩色电视机,要求拥有彩色电视机户数比重估计的允许误差不超过 3.88%,试估计该地农民拥有彩色户数比重的范围,并说明这一估计的可靠程度。

10. 从某县 50 个村中随机抽取 5 个村,对 5 个村所有养猪专业户进行全面调查,结果见表 6-12。

表 6-12

养猪专业户调查表

中选村编号	1	2	3	4	5
每户平均存栏生猪数(头)	50	70	80	85	90
优良品种率(%)	90	80	50	70	55

试以 95% 的概率推断,该县养猪专业户每户平均存栏生猪数和优良品种率的可能范围($t=1.96$)。

11. 某药厂为了检查瓶装药片数量,从成品库随机抽检 100 瓶,结果平均每瓶 101.5 片,标准差为 3 片。试以 $F(t)=99.73\%$ 的把握程度推断成品库该种药平均每瓶数量的置信区间,如果允许误差减少到原来的 1/2,其他条件不变,问需要抽取多少瓶?

12. 某厂日产某种电子元件 2 000 只,最近几次抽样调查所得的产品不合格率分别为 4.6%、3.5%、5%,现为了调查产品不合格率,问至少应抽查多少只产品,才能以 95.45% 的概率保证抽样误差不超过 2%?

13. 某企业对职工个人全年用于文化娱乐的支出进行了等比例分层抽样,调查结果见表 6-13。

表 6-13

职工个人平均支出调查表

职工分类	职工人数(人)	调查人数(人)	平均支出(元)	标准差(元)
青年职工	2 400	120	230	60
中老年职工	1 600	80	140	47

试以 95.45% 的概率估计该企业职工全年用于文化娱乐的平均支出的区间。

14. 某公司购进某种商品 600 箱,每箱内装 5 只。随机抽取 30 箱,并对这 30 箱内的商品全部进行了检查。根据抽样资料计算出合格率为 95%,各箱合格率之间的方差为 4%。试求合格率的抽样平均误差,并以 68.27% 的把握程度对这批产品的合格率作出区间估计。

15. 已知某种电子管的使用寿命服从正态分布,从一批电子管中随机抽取了 16 个进行检验后得知,平均使用寿命为 1 950 小时,标准差为 300 小时。试求这批电子管的平均使用寿命的置信区间(置信度为 95%)。

第七章　假设检验与方差分析

学习目标　在实际问题中我们所遇到的总体,其分布函数或数字特征常常是未知的,因此对总体的分布函数或数字特征进行推断非常重要。假设检验是一种常用的统计推断方法,具体做法是首先对总体分布函数或数字特征作出某种假设,然后根据样本资料所提供的信息,在一定的概率保证下,判断假设是否合格,从而作出接受或拒绝假设的结论,达到推断总体分布函数和数字特征的目的。

关键概念　假设检验(hypothesis test)　方差分析(analysis of variance)

第一节　假设检验的基本思想和步骤

一、假设检验的基本思想

首先我们通过两个例子来阐明假设检验的基本思想。

例如,某工厂质检部门规定该厂产品次品率不超过 4% 方能出厂。今从 1 000 件产品中抽出 10 件,经检验有 4 件次品,问这批产品是否能出厂?

如果假设这批产品的次品率 $P \leqslant 0.4$,则可计算事件"抽 10 件产品有 4 件次品"的概率为

$$P_{10}^4 = C_{10}^4 (0.04)^4 \times (1-0.04)^6 < 0.001$$

可见,如果次品率 $P \leqslant 0.04$,则"抽 10 件产品有 4 件次品"的概率是相当小的,1 000 次可能出现 1 次。然而概率如此小的事件,在一次试验中居然发生了,这是不合理的。而不合理的根源在于假设 $P \leqslant 0.04$ 是不可能成立的,故按质检部门的规定,这批产品不能出厂。

又如,某企业生产一种零件,大量的历史资料表明,零件的平均长度为 4 厘米,标准差为 0.02 厘米。该企业改革生产工艺后,抽查了 100 件零件,其样本的平均长度为 3.948 厘米,改革生产工艺前后零件的长度是否发生了显著的变化?

根据题意我们要讨论改革生产工艺后,零件的平均长度是否等于 4 厘米。首先假设零件的平均长度 $\bar{x} = 4$(厘米)。在此假设下,若给定显著性水平 $\alpha = 0.01$,查标准正态分布

表可得 $Z_{\alpha/2}=2.58$，有"$\dfrac{|\bar{x}-4|}{\sigma/\sqrt{n}}>2.58$"为概率是 1% 的小概率事件。

由样本平均值 $\bar{x}=3.948$ 厘米，$\sigma=0.02$ 厘米，$n=100$ 件，计算得

$$|Z|=\frac{|\bar{x}-4|}{\sigma/\sqrt{n}}=\frac{|3.948-4|}{0.02/\sqrt{100}}=2\sigma>Z_{\alpha/2}=2.58$$

在一次抽样检验中，小概率事件居然发生了，这是不合理的，其根源在于假设零件的平均长度 $\bar{x}=4$（厘米）。因此，应拒绝原假设，即该企业改革生产工艺前后，零件的长度有显著性差异。

前面两例的分析，都采用了小概率事件几乎不可能发生原则，即小概率事件在一次观察中基本不发生。当我们提出某种统计假设之后，若小概率事件发生了，根据这一原则，有理由拒绝该假设；反之，若小概率事件没有发生，则只有接受假设。基于这一原则，假设检验有两个特点：

第一，假设检验用了反证法，为了检验一个假设是否成立，人们首先假设它是真的，观察其会产生什么后果。如果导致了一个不合理的现象出现，则认为假设是不合理的，拒绝假设；反之，如果没有导致不合理的现象出现，则认为假设是合理的，接受假设。

第二，假设检验采用的反证法区别于一般的反证法。假设检验中所采用的反证法是带有概率性质的反证法。所谓假设的不合理，不是绝对的矛盾，而是基于人们在实践中广泛采用的小概率事件的几乎不可能原则。人们自然会问，概率小到什么程度才算是小概率事件，是否有一个统一的标准来界定，回答是否定的。这必须根据具体的问题来界定。小概率通常用 α 表示，又称为检验的显著性水平。

在假设检验中，我们称正在被检验的假设为零假设或原假设，用 H_0 表示。拒绝零假设而打算要接受的假设称为备择假设，用 H_1 表示。如上例中原假设是 $H_0:\bar{x}=4$，备择假设是 $H_1:\bar{x}\neq4$。

二、两类错误

由于假设检验采用了具有概率性质的反证法，所以当拒绝原假设时，是因为我们认为小概率事件发生了，这是不合理的。当接受原假设时，是因为我们还不能从概率的意义上找到拒绝的依据。无论是拒绝原假设还是接受原假设，都是按一定的概率标准作出判断。拒绝原假设，并不意味着原假设是假的，接受原假设，也不意味着原假设是真的，所以假设检验会犯错误。错误分为两种类型。

（一）第一类错误

拒绝了一个本来是真实的原假设称为犯第一类错误，简称"弃真"或"拒真"错误。例如，在销售产品时，厂方承诺产品的次品率小于 2%，这是真的。在卖方的保证下，买方进行了检验，结果小概率事件发生了，买方拒绝了这批产品。这时买方作了错误的决策，犯

了第一类错误。实际上样本导致原假设被拒绝的概率,就是假设检验的显著性水平,所以犯第一类错误的概率就是假设检验的显著性水平,即 P(拒绝 H_0/H_0 为真)$=\alpha$。

(二)第二类错误

接受了一个本来不是真实的原假设称为犯第二类错误,简称"采伪"或"取伪"错误。例如,产品在销售时,厂家承诺产品的次品率小于 2%,这是不真的。但买方在检验中,小概率事件没有发生,于是买方接受了这批本不该接受的产品,这就犯了第二类错误。若记犯第二类错误的概率为 β,则有 P(接受 H_0/H_0 不真)$=\beta$。

两类错误可以用表 7-1 明确表示。

表 7-1

两类错误示意表

	H_0 为真	H_0 为不真
拒绝 H_0	第一类错误(拒真)(概率为 α)	正确决策
接受 H_0	正确决策	第二类错误(采伪)(概率为 β)

在检验中人们总希望犯两类错误的可能性都很小,然而,实际上很难做到。在其他条件不变的情况下,犯第一类错误可能性小,犯第二类错误的可能性就会变大;反之,犯第二类错误的可能性小,犯第一类错误的可能性就会变大。就像交易中买卖双方各自承担风险一样。

三、假设检验的步骤

(一)根据研究问题提出假设,包括原假设 H_0 和备择假设 H_1

原假设不是随意提出的,应该本着"保守"或"不轻易拒绝原假设"的原则。例如,某商店经常从某工厂购进某种商品,反映该商品质量的指标为 μ,μ 愈大,商品质量愈好。商店提出的条件是按批验收,只有通过原假设"$\mu \geqslant \mu_0$"的批次才能接受。有两种可能情况:一是根据过去较长时间购货的记录,商店相信该厂产品质量是好的,于是同意把原假设定为 $\mu \geqslant \mu_0$,而且选择了一较低的显著性水平 α。实际上,这样做对工厂是有利的,真正优质的产品以很小的概率被拒收。当然,这并不意味着对商店不利,因为该厂的产品质量一贯很好,这保证了真正优质的产品有很大的机会通过检验;反之,如果过去一段时期的记录表明该工厂的产品质量并不理想,这时商店会坚持以 $\mu \geqslant \mu_0$ 为原假设,并选定较低的显著性水平 α。这对商店是有利的,商店不愿意轻易地拒绝原假设,这样可能把 $100(1-\alpha)\%$ 的劣质产品拒之门外。由此可见,由于背景不同,同样的问题($\mu \geqslant \mu_0$ 是否成立)却采用不同的原假设。

(二)构造检验统计量,并给出在原假设成立的条件下,统计量所服从的分布

假设确定后,根据相应的统计量出现的数值,从概率的意义作出判断。许多因素决定了如何构造统计量,如被检验的参数是什么,是大样本还是小样本,总体的方差是否已知等。

(三)给定显著水平 α,确定临界值

如何固定 α 和 β,目前假设检验理论中一种流行的做法是固定第一类错误概率的原则,即在控制犯第一类错误的概率不超过 α 的条件下,寻求犯第二类错误的概率 β 尽量小的检验方法。在检验中是 α 取大,还是 β 取大,要看犯两种错误所付的代价,若采伪所付代价更大,则不得不容忍较大的 α,以求较小的 β;反之,若弃真所付代价更大,则不得不选择较小的 α,只有容忍较大的 β。若要将 α 和 β 同时控制在较低水平,唯一的方法是扩大样本容量。

根据检验统计量的分布和显著性水平 α,可以得到接受区域和拒绝区域的临界值。如果检验的拒绝区域在两侧,称为双侧检验;拒绝区域在单侧,称为单侧检验。

(四)根据样本数据计算统计量的值或 P 值

P 值也称为观察到的显著性水平,设检验的统计量为 ξ,c 是检验统计量的值。在原假设为真的条件下,左侧检验的 P 值为 ξ 落在小于或等于样本统计值的区域的概率,$P=p\{\xi\leqslant c\}$;右侧检验的 P 值为检验统计量落在大于或等于样本统计值的区域的概率,$P=p\{\xi\geqslant c\}$;双侧检验的 P 值是 $P=2\times p\{\xi\geqslant c\}$。几乎所有的统计软件做检验时,都输出 P 值。我们有时可以用分布函数表查 P 值,但当统计量的值超过了表中所给的范围,就无法得到 P 值了。

(五)根据样本数据计算的统计量的值或 P 值作出结论

如果统计量的值落在拒绝区域内,说明样本描述的情况与原假设有显著性差异,应该拒绝原假设;反之,接受原假设。P 值是在原假设为真的条件下计算的所得,故 P 值太小是不合理的,P 值愈小,拒绝原假设的证据愈强。所以,如果 P 值比规定的显著性水平 α 还小,则拒绝原假设,否则接受原假设。

第二节 正态总体参数的检验

正态总体有两个重要的参数,均值 $\bar{x}$ 和方差 σ^2,一旦这两个参数确定之后,正态总体就完全确定了。因此,对服从正态分布总体的检验问题,就是检验这两个参数的问题。我们首先讨论方差已知时,对正态总体均值的检验。

一、方差已知时对一个正态总体均值的检验

当正态总体的方差 σ^2 已知,要检验总体的均值,其原假设为 $H_0:\bar{x}=\bar{x}_0$,而与之相应的备择假设可能有三种,分别是 $\bar{x}\neq\bar{x}_0$、$\bar{x}>\bar{x}_0$、$\bar{x}<\bar{x}_0$。在检验中备择假设选择哪一种,应根据具体的问题而定。

（一）$H_0 : \bar{x} = \bar{x}_0$；$H_1 : \bar{x} \neq \bar{x}_0$

为了检验此假设，首先从总体中抽出一个容量为 n 的样本，可得样本均值 $\bar{x}$，若原假设是真的，则统计量 $Z = \dfrac{\bar{x} - \bar{x}_0}{\sigma / \sqrt{n}}$ 服从标准正态分布，查标准正态分布表，可得临界值 $Z_{\alpha/2}$，使"$|Z| > Z_{\alpha/2}$"是概率为 α 的小概率事件。这时检验的拒绝区间置于分布的两侧。这是因为当原假设为真时，样本平均数是总体平均数 $\bar{x}_0$ 的估计量，两者近似，则统计量 $Z = \dfrac{\bar{x} - \bar{x}_0}{\sigma / \sqrt{n}}$ 很可能在 0 附近取值。若某一次抽样的样本统计量值 z 落在区间 $[-Z_{\alpha/2}, Z_{\alpha/2}]$ 中，显然其概率为 $1 - \alpha$，即小概率事件没有发生，故接受原假设。区间 $[-Z_{\alpha/2}, Z_{\alpha/2}]$ 为接受区间；反之，如样本平均数与 $\bar{x}_0$ 相差很大，统计量 $Z = \dfrac{\bar{x} - \bar{x}_0}{\sigma / \sqrt{n}}$ 的值会落在分布的两侧阴影区间的某一边，而统计量的值 z 落在 $(-\infty, -Z_{\alpha/2})$ 和 $(Z_{\alpha/2}, +\infty)$ 的概率为 α，小概率事件发生了，则拒绝原假设。$(-\infty, -Z_{\alpha/2})$ 和 $(Z_{\alpha/2}, +\infty)$ 为检验的拒绝区间。

当总体方差已知时，检验总体均值所用统计量 $Z = \dfrac{\bar{x} - \bar{x}_0}{\sigma / \sqrt{n}}$ 服从标准正态分布，故这种检验法称为 Z 检验法。具体检验步骤为

（1）提出零假设和备择假设：$H_0 : \bar{x} = \bar{x}_0$；$H_1 : \bar{x} \neq \bar{x}_0$。

（2）选择统计量 $Z = \dfrac{\bar{x} - \bar{x}_0}{\sigma / \sqrt{n}}$，当原假设为真时，$Z$ 服从标准正态分布。

（3）对于给定的显著水平 α，查标准正态分布表确定临界值 $Z_{\alpha/2}$。

（4）计算统计量的值 $Z = \dfrac{\bar{x} - \bar{x}_0}{\sigma / \sqrt{n}}$ 的值 z，进而计算 P 值 $= 2 \times p\{Z \geqslant z\}$。

（5）作结论。若 $|z| \leqslant Z_{\alpha/2}$，接受原假设；否则，拒绝原假设。若 P 值大于显著性水平 α，接受原假设；否则，拒绝原假设。

（二）$H_0 : \bar{x} = \bar{x}_0$；$H_1 : \bar{x} > \bar{x}_0$ 或 $H_0 : \bar{x} \leqslant \bar{x}_0$；$H_1 : \bar{x} > \bar{x}_0$

在另一些假设检验中，我们仅关心总体的平均数是否有显著的提高。如用新的工艺生产某种产品，产品的使用寿命是否有所提高；当增加了良种比例，某种农作物的平均产量是否有所提高等。这种检验的假设为 $H_0 : \bar{x} = \bar{x}_0$；$H_1 : \bar{x} > \bar{x}_0$。

当原假设 H_0 为真时，统计量 $Z = \dfrac{\bar{x} - \bar{x}_0}{\sigma / \sqrt{n}}$ 服从标准正态分布，查标准正态分布表可得临界值 Z_α，使 $P\{Z \geqslant Z_\alpha\} = \alpha$。这种检验的拒绝区间置于分布的右侧，见图 7-1。实际上，当原假设为真的条件下，样本平均数 $\bar{x}$ 很可能小于总体平均数 $\bar{x}_0$，从而使统计量 $Z = \dfrac{\bar{x} - \bar{x}_0}{\sigma / \sqrt{n}}$ 的值较小，落入区间 $(-\infty, Z_\alpha]$，z 值落入该区间的概率为 $1 - \alpha$，故小概率事件没有

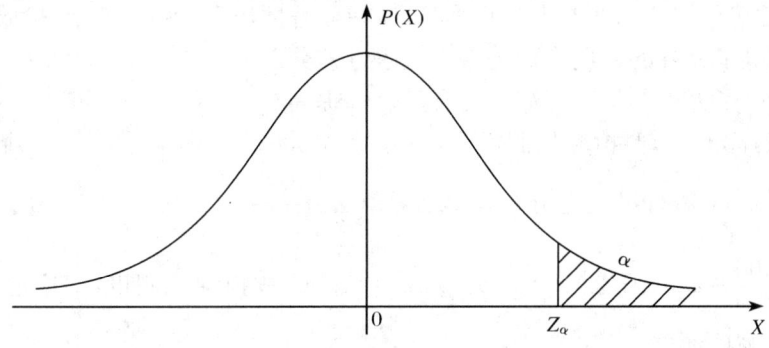

图 7-1　假设检验情况一

发生,没有理由拒绝原假设,$(-\infty, Z_\alpha]$ 为接受区间;反之,若样本均值 $\bar{x}$ 大 $\bar{x}_0$ 很多,使统计量 $Z = \dfrac{\bar{x} - \bar{x}_0}{\sigma/\sqrt{n}}$ 的值相对较大,大到了 $z > Z_\alpha$,即 z 落入区间 $(Z_\alpha, +\infty)$,而 z 落入区间 $(Z_\alpha, +\infty)$ 的概率为 α,小概率事件发生了,故拒绝原假设,$(Z_\alpha, +\infty)$ 为拒绝区间。右侧检验的 P 值 $= p\{Z \geqslant z\}$。

　　（三）$H_0: \bar{x} = \bar{x}_0$;$H_1: \bar{x} < \bar{x}_0$ 或 $H_0: \bar{x} \geqslant \bar{x}_0$;$H_1: \bar{x} < \bar{x}_0$

　　除了上述的右侧检验,检验总体的平均数是否有显著的降低也是常常会遇到的。例如,改革生产工艺后,某种化工产品中有害物质的含量是否有显著性降低,这就需要检验假设 $H_0: \bar{x} = \bar{x}_0$;$H_1: \bar{x} < \bar{x}_0$。其检验的统计量与前面的两种检验的统计量相同,即 $\dfrac{\bar{x} - \bar{x}_0}{\sigma/\sqrt{n}}$,所不同的是这种检验的拒绝区间位于分布的左侧,如图 7-2 所示。查正态标准分布表可得临界值 $-Z_\alpha$,$[-Z_\alpha, +\infty)$ 为接受区间,$(-\infty, -Z_\alpha)$ 为拒绝区间。左侧检验的 P 值 $= p\{Z \leqslant z\}$。

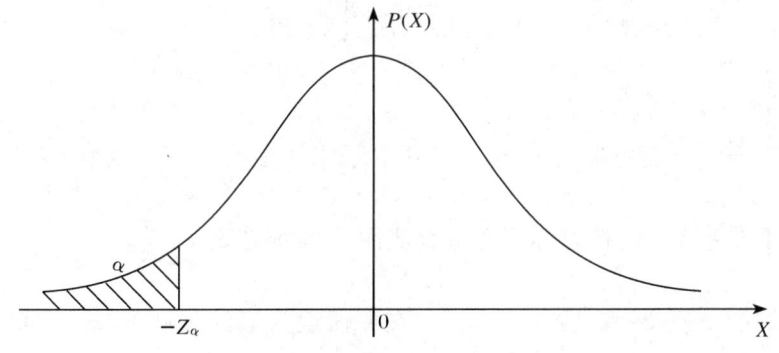

图 7-2　假设检验情况二

　　例如,某厂生产的电子元件,根据以前的资料,其平均使用寿命为 1 000 小时。现从一批采用新工艺生产的该种电子元件中随机抽出 25 件,测得其样本平均使用寿命为

1 050 小时。已知总体的标准差为 100 小时,试在显著性水平 $\alpha=0.05$ 下,检验如下:

(1) 这批电子元件的使用寿命是否有显著性差异?

(2) 这批电子元件的使用寿命是否有显著性提高?

根据题意,问题(1)要检验的假设是:$H_0:\bar{x}=1\,000$;$H_0:\bar{x}\neq1\,000$。选择统计量 $z=\dfrac{\bar{x}-\bar{x}_0}{\sigma/\sqrt{n}}$,由 $\alpha=0.05$,查标准正态分布表得临界值 $Z_{\alpha/2}=Z_{0.05/2}=Z_{0.025}=1.96$。计算统计量 $z=\dfrac{1\,050-1\,000}{100/\sqrt{25}}=2.5$,因为 $|z|=2.5>Z_{0.025}=1.96$,故拒绝原假设,即这批电子元件的使用寿命有显著性差异。

检验的 P 值 $=p\{|Z|\geqslant|2.5|\}=2\times0.0062=0.0124$,因为 $P=0.0124<\alpha=0.05$,所以应该拒绝原假设。

又根据题意,问题(2)要检验的假设是:$H_0:\bar{x}\leqslant1\,000$;$H_1:\bar{x}>1\,000$。选择统计量 $Z=\dfrac{\bar{x}-\bar{x}_0}{\sigma/\sqrt{n}}$,由 $\alpha=0.05$,查标准正态分布表得临界值 $Z_\alpha=Z_{0.05}=1.645$,则有 $z=2.5>Z_{0.05}=1.645$,故拒绝原假设,接受备择假设,即这批电子元件的使用寿命有显著性提高。相应的 $P=p\{Z\geqslant2.5\}=0.0062<\alpha=0.05$,我们有充分的证据拒绝原假设。

二、方差未知时对一个正态总体均值的检验

Z 检验法仅适用于方差已知的正态总体,其检验的统计量为 $Z=\dfrac{\bar{x}-\bar{x}_0}{\sigma/\sqrt{n}}$,当正态总体的方差未知时,若需检验如下假设

$$H_0:\bar{x}=\bar{x}_0;\quad H_1:\begin{cases}\bar{X}\neq\bar{X}_0\\[4pt]\bar{X}>\bar{X}_0\\[4pt]\bar{X}<\bar{X}_0\end{cases}$$

统计量 $Z=\dfrac{\bar{x}-\bar{x}_0}{\sigma/\sqrt{n}}$ 就不适用了,因为 Z 中含了未知参数 σ。于是我们考虑用样本方差 S^2 或样本修正方差 S^{*2} 代替总体方差 σ^2,从而构成统计量 $t=\dfrac{\bar{x}-\bar{X}_0}{S^*/\sqrt{n}}=\dfrac{\bar{x}-\bar{X}_0}{S/\sqrt{n-1}}$,其中 $S^{*2}=\dfrac{1}{n-1}\sum(x-\bar{x})^2$,$S^2=\dfrac{1}{n}\sum(x-\bar{x})^2$。在原假设为真的条件下,统计量 $t=\dfrac{\bar{x}-\bar{X}_0}{S^*/\sqrt{n}}=\dfrac{\bar{x}-\bar{X}_0}{S/\sqrt{n-1}}$ 服从自由度为 $(n-1)$ 的 t 分布。用服从 t 分布的统计量检验总体均值的方法称为 t 检验法,此种检验方法仅用于正态总体为小样本的情形。

对于三种不同的备择假设,其拒绝域分别是:

(1) 若 $H_1:\bar{x}\neq\bar{x}_0$,查 t 分布表可得临界值 $t_{\alpha/2}$,其拒绝区域为 $(-\infty,-t_{\alpha/2})$ 和 $(t_{\alpha/2},+\infty)$。

(2) 若 $H_1:\bar{x}>\bar{x}_0$,查 t 分布表可得临界值 t_α,其拒绝区域为 $(t_\alpha,+\infty)$。

(3) 若 $H_1:\bar{x}<\bar{x}_0$,查 t 分布表可得临界值 $-t_\alpha$,其拒绝区域为 $(-\infty,-t_\alpha)$。

例如,某化工厂生产一种化学试剂。据经验这种化学试剂中杂质的含量服从均值为 2.3% 的正态分布,某日开工后,抽检 5 瓶,其杂质含量(单位:%)分别为

2.23　　2.15　　2.2　　2.18　　2.14

试问该日产品质量在显著性水平 $\alpha=1\%$ 下是否有显著性提高?

由题意可知,此问题是方差未知的情况,检验的假设是:$H_0:\bar{x}=2.3$;$H_1:\bar{x}<2.3$,若 H_0 为真,则统计量 $t=\dfrac{\bar{x}-2.3}{S^*/\sqrt{n}}=\dfrac{\bar{x}-2.3}{S/\sqrt{n-1}}$ 服从自由度为 4 的 t 分布。对于给定的显著性水平 $\alpha=1\%$,查 t 分布表得临界值 $-t_{0.01}(4)=-3.7469$。

由样本资料计算得

$$\bar{x}=\frac{\sum x}{n}=\frac{1}{5}\times(2.23+2.15+2.2+2.18+2.14)=2.18$$

$$S^{*2}=\frac{1}{5-1}\sum(x-\bar{x})^2$$

$$=\frac{1}{5-1}\times[(2.23-2.18)^2+(2.15-2.18)^2+(2.2-2.18)^2+(2.18-2.18)^2+(2.14-2.18)^2]$$

$$=1.35\times10^{-3}$$

则 $S^*=0.0367$,得 $t=\dfrac{\bar{x}-2.3}{S^*/\sqrt{n}}=\dfrac{2.18-2.3}{0.0367/\sqrt{5}}=-7.311$,由于 $t=-7.311<-t_{0.01}(4)=-3.7469$,故拒绝原假设,接受备择假设,即该日开工后,产品质量有显著性提高。P 值 $=p\{t\leqslant-7.303\}=0.000935$,小于 0.05 很多,所以拒绝原假设有非常充分的理由。

三、一个正态总体方差的检验

方差是正态总体的非常重要的参数,它是研究产品质量波动程度,生产状况稳定与否的重要标志,所以对总体方差的推断也具有其实用价值。

这时所要检验的假设为

$$H_0:\sigma^2=\sigma_0^2;\quad H_1:\begin{cases}\sigma^2\neq\sigma_0^2\\\sigma^2>\sigma_0^2\\\sigma^2<\sigma_0^2\end{cases}$$

我们用 χ^2 统计量进行检验。考虑到样本的修正方差 $S^{*2}=\dfrac{1}{n-1}\sum(x-\bar{x})^2$ 是总体方差的无偏估计量,若原假设为真,$\dfrac{S^{*2}}{\sigma_0^2}$ 很可能在 1 的附近取值,则统计量 $\chi^2=\dfrac{(n-1)S^{*2}}{\sigma_0^2}$ 的值大小适中,可接受原假设;反之,若 $\chi^2=\dfrac{(n-1)S^{*2}}{\sigma_0^2}$ 相当大或相当小,说明原假设可能不真,则拒绝原假设。因此我们根据统计量 $\chi^2=\dfrac{(n-1)S^{*2}}{\sigma_0^2}$ 对方差进行检验,当原假设为真时,统计量服从自由度为 $(n-1)$ 的 χ^2 分布,此种检验称为 χ^2 检验法(卡方检验法)。对给定的显著性水平 α,可查 χ^2 分布表确定临界值,并给出拒绝区域:

(1) 当 $H_1:\sigma^2\neq\sigma_0^2$,拒绝区域为 $(0,\chi_{1-\alpha/2}^2(n-1))$ 和 $(\chi_{\alpha/2}^2(n-1),+\infty)$。

(2) 当 $H_1:\sigma^2>\sigma_0^2$,拒绝区域为 $(\chi_\alpha^2(n-1),+\infty)$。

(3) 当 $H_1:\sigma^2<\sigma_0^2$,拒绝区域为 $(0,\chi_{1-\alpha}^2(n-1))$。

例如,某产品按要求其长度的方差不能超过 0.16,现从一批产品随机抽出 25 件,得样本修正方差 $S^{*2}=0.25$,试以 1% 的显著水平检验其长度的方差是否有显著的降低?

我们要检验的假设为:$H_0:\sigma^2\geq0.16$;$H_1:\sigma^2<0.16$,当原假设为真时,检验统计量 $\chi^2=\dfrac{(25-1)S^{*2}}{0.16}$ 服从自由度为 24 的 χ^2 分布。查 χ^2 分布表得临界值 $\chi_{0.99}^2(24)=10.856$。

$$计算统计量的值\ \chi^2=\frac{(25-1)S^{*2}}{0.16}=\frac{(25-1)\times0.25}{0.16}=37.5$$

$$P=p\{\chi^2(24)\leq37.5\}=0.0389$$

因为 $\chi_{0.99}^2(24)=10.856<37.5$,且 $P=0.0389>\alpha=0.01$,故接受原假设。在 1% 的显著性下该产品长度的方差没有显著性降低。

χ^2 检验法仅用于小样本情形下检验总体的方差。当为大样本时,可用 Z 检验法,其检验的统计量 $Z=\dfrac{S^*-\sigma_0}{\sigma_0/\sqrt{n}}$ 近似地服从标准正态分布。

第三节　总体成数的假设检验

对总体成数的假设检验实际上是对两点分布总体均值的检验,所以必须在大样本条件下进行检验,其检验步骤与 Z 检验法相同,只是统计量不相同。

当我们要检验总体的成数是否等于某一个常数时,其相应的假设为

$$H_0:P=P_0;\ H_1:\begin{cases}P\neq P_0\\P>P_0\\P<P_0\end{cases}$$

检验的统计量为 $Z=\dfrac{p-P_0}{\sqrt{p(1-p)/n}}$（其中 p 为样本成数），在原假设为真时，Z 渐近服从标准正态分布，用显著性水平 α，查标准正态分布表得临界值。

若 $H_1:P\neq P_0$，当 $|z|>Z_{\alpha/2}$，拒绝原假设，否则接受原假设。

若 $H_1:P>P_0$，当 $z>Z_\alpha$，拒绝原假设，否则接受原假设。

若 $H_1:P<P_0$，当 $z<-Z_\alpha$，拒绝原假设，否则接受原假设。

例如，某县统计局认为，该县农村中的专业农户数占全县农户总数的比例为 8%，但地区统计局认为，县统计局公布的这个数字太低，不符合实际情况。因此，地区统计局随机抽查了 300 户的情况，发现符合专业户标准的农户有 40 户，根据这些情况，在 5% 的显著性水平下，地区统计局会得到什么结论？

地区统计局要检验的假设为：$H_0:P=8\%$；$H_1:P>8\%$，从备择假设可知，这是一个右侧检验，拒绝域在分布的右侧。

由样本资料可得：$p=\dfrac{40}{300}=0.13333$，$n=300$，则

$$z=\frac{p-P_0}{\sqrt{p(1-p)/n}}=\frac{0.1333-0.08}{\sqrt{0.1333(1-0.1333)/300}}=2.716$$

由 $\alpha=0.05$，查表得临界值 $Z_\alpha=1.645$。因为 $z=2.716>Z_\alpha=1.645$，故拒绝原假设，即通过检验，在 5% 的显著性水平下，该县农村专业户的比例大于 8%。

第四节　单因素试验的方差分析

工农业生产中，常常需要观察一种或多种因素发生变化时，是否对生产有显著性的影响。例如，不同的施肥量对某一种农作物的产量是否有显著的影响，不同班次工人的劳动效率是否有显著性差异，不同的生产流程对产品质量有无显著性影响。分析这类问题的一个重要方法是方差分析。方差分析是鉴别各因素效应的一种有效的统计方法，它是 20 世纪 20 年代由英国的大统计学家费雪创立的。

具体的做法是，在试验中固定其他因素，观察所研究因素的变异对试验的结果是否产生影响，以及影响的程度。试验因素的变化所引起的试验结果的数量差异称为“条件误差”或“系统误差”。在试验中，许许多多不能控制的“偶然因素”也会引起试验结果的差异，这种差异称为“试验误差”或随机误差”。

在观测数值的差异中，如何判断有无条件误差存在，是方差分析所要解决的中心问题。条件误差和试验误差在性质上是不同的。条件误差是系统性的，如果存在，就会使试验结果的观测值产生一贯的显著性差异；试验误差是随机的，是由许多偶然因素引起的微小差异，是服从正态分析的随机变量。分析实验结果所得数据的差异特征，就可以判断有

无条件误差存在,说明所考察的变异因素对试验结果是否产生显著作用或效应。

如果一项试验中只有一个因素在改变,而其他因素保持不变,称为单因素试验。设试验中涉及一个影响因素 A,有 k 个不同的水平,用 Y_{ij} 表示第 i 个水平的第 j 个观察值。例如讨论 k 种不同的施肥量对农作物产量的影响,施肥量是影响因素,k 种不同的施肥量是 k 个不同的水平,y_{ij} 记第 i 种施肥量的第 j 小块地上的单位面积产量。y_{ij} 的模型为

$$y_{ij} = \alpha_i + \varepsilon_{ij} \ (i = 1, 2, \cdots, k; \ j = 1, 2, \cdots, n_i)$$

α_i 表示水平 i 下的理论平均值,因素 A 各水平的高低优劣,取决于理论水平 α_i 的大小。ε_{ij} 是试验中无法控制的偶然因素引起的随机误差,假定诸 ε_{ij} 是零均值的,方差存在且相同,一切 ε_{ij} 独立同正态分布。

我们最关心的是水平的改变是否影响总体,即诸 α_i 是否全相同。如果是,则表示因素 A 对所考察的指标无影响,因素 A 的效应不显著,否则因素 A 的效应显著。正如通常的假设检验一样,方差分析的任务是寻找适当的统计量,对参数做假设检验。这里需要检验的是 k 个水平下总体的理论均值是否相等,亦即检验

$H_0 : \alpha_1 = \alpha_2 = \cdots = \alpha_k$;备择假设 H_1 :诸 α_i 不全相等,$i = 1, 2, \cdots, k$。

为了检验这个假设,作如下的分析:观察值 y_{ij} 各不相同,不仅不同水平下的观察值不同,而且相同水平下的观察值也不尽相同。为什么各 y_{ij} 的值会有差异?可能的原因有两个:一是各水平下的 α_i 可能有差异,从而导致了不同水平下的观察值之间差异,即存在条件误差;二是随机误差的存在。如何衡量两种原因所引起的观察值的差异,我们自然会考虑到总离差平方和。

$$SS = \sum_{i=1}^{k} \sum_{j=1}^{n_i} (y_{ij} - \bar{y})^2,\ \text{其中} \ \bar{y} = \left(\sum_{i=1}^{k} \sum_{j=1}^{n_i} y_{ij} \right) \Big/ n$$

总离差平方和 SS 反映了全部观察值相对于总平均数的离散程度。如果能将总离差平方和中纯粹由随机波动所引起的误差和各水平的效应不同引起的误差分解,然后相互比较,问题就可以解决了。

由随机波动所引起的离差平方和 $SS_e = \sum_{i=1}^{k} \sum_{j=1}^{n_i} (y_{ij} - \bar{y_i})^2$,其中 $\bar{y_i} = \left(\sum_{j=1}^{n_i} y_{ij} \right) \Big/ n_i$ 是各水平的内部观察值与其相应的平均数的离差平方和,反映了各相同水平下观察值之间的分散程度,与诸 α_i 不等无关,称为误差平方和或组内平方和。

由各水平的效应不同引起的离差平方和为 $SS_A = \sum_{i=1}^{k} n_i (\bar{y_i} - \bar{y})^2$,它是各组内平均数 $\bar{y_i}$ 与总平均数 $\bar{y}$ 之间的离差平方和,反映了各水平下理论平均值之间的差异程度,称为组间离差平方和。

可以证明 $SS = SS_A + SS_e$。事实上

$$SS = \sum_{i=1}^{k}\sum_{j=1}^{n_i}(y_{ij}-\overline{y})^2 = \sum_{i=1}^{k}\sum_{j=1}^{n_i}\left[(y_{ij}-\overline{y}_i)+(\overline{y}_i-\overline{y})\right]^2$$

$$= \sum_{i=1}^{k}\sum_{j=1}^{n_i}(y_{ij}-\overline{y}_i)^2 + \sum_{i=1}^{k}\sum_{j=1}^{n_i}(\overline{y}_i-\overline{y})^2 + \sum_{i=1}^{k}\sum_{j=1}^{n_i}2(y_{ij}-\overline{y}_i)(\overline{y}_i-\overline{y})$$

$$= \sum_{i=1}^{k}\sum_{j=1}^{n_i}(y_{ij}-\overline{y}_i)^2 + \sum_{i=1}^{k}\sum_{j=1}^{n_i}(\overline{y}_i-\overline{y})^2 + 2\sum_{i=1}^{k}(\overline{y}_i-\overline{y})\sum_{j=1}^{n_i}(y_{ij}-\overline{y}_i)$$

$$= \sum_{i=1}^{k}\sum_{j=1}^{n_i}(y_{ij}-\overline{y}_i)^2 + \sum_{i=1}^{k}n_i(\overline{y}_i-\overline{y})^2 = SS_A + SS_e$$

从离差平方和的分解,我们得到了检验假设 $H_0:\alpha_1=\alpha_2=\cdots=\alpha_k$ 的方法:如果组间离差平方和 SS_A 与组内离差平方和 SS_e 的比值大于某一给定的界限时,则说明不同水平间的效应有明显的差异,即应拒绝原假设;反之,如果这个比值小于给定的界限,说明各水平的效应差异不显著,即应接受原假设。为此选择统计量 F

$$F = \frac{\dfrac{1}{k-1}\sum_{i=1}^{k}n_i(\overline{y}_i-\overline{y})^2}{\dfrac{1}{n-k}\sum_{i=1}^{k}\sum_{j=1}^{n_i}(y_{ij}-\overline{y}_i)^2} = \frac{SS_A}{k-1}\bigg/\frac{SS_e}{n-k}$$

在原假设成立的条件下,统计量 F 服从第一自由度为 $k-1$,第二自由度为 $n-k$ 的 F 分布,对于给定的显著性水平 α,可以查表确定临界值 $F_\alpha(k-1,n-k)$,满足

$$P\left[\frac{SS_A}{k-1}\bigg/\frac{SS_e}{n-k} > F_\alpha(k-1,n-k)\right] = \alpha$$

把计算的 F 值与临界值比较,当 $F \geqslant F_\alpha$ 时,拒绝原假设,不同水平间的效应有显著性差异;反之,当 $F < F_\alpha$ 时,接受原假设。

在统计应用中把上述的分析计算结果列成表格,称为方差分析表,如表 7-2 所示。

表 7-2

单因素试验方差分析表

方差来源	离 差 平 方 和	自由度	方 差	F 值
组间	$SS_A = \sum_{i=1}^{k}(\overline{y}_i-\overline{y})^2$	$k-1$	$\dfrac{SS_A}{k-1}$	$\dfrac{SS_A}{k-1}\bigg/\dfrac{SS_e}{n-k}$
组内	$SS_e = \sum_{i=1}^{k}\sum_{j=1}^{n_i}(y_{ij}-\overline{y}_i)^2$	$n-k$	$\dfrac{SS_e}{n-k}$	—
总和	$SS = \sum_{i=1}^{k}\sum_{j=1}^{n_i}(y_{ij}-\overline{y})^2$	$n-1$	—	—

大多数的统计软件都可以做方差分析。其输出的运算结果除了方差分析表中的 5 项之外,还有 P 值或临界值 F_α,P 等于服从 F 分布的随机变量 F 大于或等于所计算出的 f 值的概率,即 $P\{F \geqslant f\} = P$。如果 P 值小于给定的显著性水平 α,拒绝原假设;否则接受原假设。

例如,某工厂实行早、中、晚三班工作制。工厂管理部门想了解不同班次工人劳动效

率是否存在明显的差异。每个班次随机抽出了 7 个工人,得工人的劳动效率(件／班)资料如表 7-3。试分析不同班次工人的劳动效率是否有显著性差异。($\alpha=0.05,0.01$)

表 7-3　　　　　　　　　　　不同班次劳动效率表

早　班	中　班	晚　班
34	49	39
37	47	40
35	51	42
33	48	39
33	50	41
35	51	42
36	51	40

$$总平均数\ \bar{y}=\left(\sum_{i=1}^{k}\sum_{j=1}^{n_i}y_{ij}\right)\Big/ n=\frac{34+37+\cdots+42+40}{21}=41.571$$

三个班次工人的平均劳动效率分别为

$$\bar{y}_1=34.714,\ \bar{y}_2=49.571,\ \bar{y}_3=40.429$$

$$SS=\sum_{i=1}^{k}\sum_{j=1}^{n_i}(y_{ij}-\bar{y})^2=(34-41.571)^2+(37-41.571)^2+\cdots+(40-41.571)^2=825.1429$$

自由度$=n-1=21-1=20$

$$SS_A=\sum_{i=1}^{k}n_i(\bar{y}_i-\bar{y})^2=7\times(34.714-41.571)^2+7\times(49.571-41.571)^2+7\times(40.429-41.571)^2$$
$$=786.286$$

自由度$=k-1=3-1=2$

$$SS_e=\sum_{i=1}^{k}\sum_{j=1}^{n_i}(y_{ij}-\bar{y}_i)^2=(34-34.714)^2+\cdots+(36-34.714)^2+(49-49.571)^2+\cdots$$
$$+(51-49.571)^2+(39-40.429)^2+\cdots+(40-40.429)^2$$
$$=38.857$$

自由度$=n-k=21-3=18$

统计量 $F=\dfrac{SS_A}{k-1}\Big/\dfrac{SS_e}{n-k}=\dfrac{786.286}{2}\Big/\dfrac{38.857}{18}=182.118$

查 F 分布表得临界值 $F_{0.05}(2,18)=3.554$ 和 $F_{0.01}(2,18)=6.013$。因为 $F=182.118>F_{0.01}(2,18)=6.013$,故应拒绝原假设,即不同班次工人的劳动效率有显著的

差异。

方差分析表如表 7-4 所示。

表 7-4

方差来源	离差平方和	自 由 度	方　差	F　值
组　间	786.286	2	393.143	182.118
组　内	38.857	18	2.158	—
总　和	825.143	20	—	—

用 Excel 的统计分析工具,输出结果的 P 值为 1.14×10^{-12},可见拒绝原假设的理由是充分的。

从理论上说,如果检验的结果不显著,则原假设被接受,各水平的效应视为相同。但在实际工作中,还应该进一步考察,观察各水平的理论平均值的点估计 $\overline{y}_1, \overline{y}_2, \cdots, \overline{y}_k$ 之间的差异如何。若这个差异没有达到实际意义的程度,则进一步支持了接受原假设的结论;反之,从应用的角度看,若 $\overline{y}_1, \overline{y}_2, \cdots, \overline{y}_k$ 之间的差异达到了比较严重的程度,则可以认为原假设被接受是由于随机误差的影响太大,可能试验在精度上不够理想,应该考虑扩大试验规模,以缩小随机误差的影响。

如果检验的结果显著,说明有理由认为各水平的效应是不完全相同的,这并不是说它们中完全没有相同的。方差分析没有告诉我们哪些相同,哪些存在差异。为了对诸水平下的效应进行分类,找出最佳的方案,还必须对两个或多个水平下的效应进行比较。在水平不多的情况下,可以通过求两均值差 $\alpha_u - \alpha_v (u \neq v)$ 的区间估计,其方法与方差未知且相等的两个总体均值差的区间估计方法基本相同,所不同的是用误差方差 $\dfrac{SS_e}{n-k}$ 代替总体的方差 σ^2。一般的情况下,$\alpha_u - \alpha_v (u \neq v)$ 的估计区间包含零,则可认为 $\alpha_u - \alpha_v (u \neq v)$ 的差异不显著。

本 章 要 点

了解假设检验的基本思想和假设检验的两类错误,并掌握假设检验步骤和方法。正确给出原假设和备择假设以及拒绝区间。学会一个总体参数的检验和两个总体参数的检验。理解方差分析的统计思想,掌握其具体方法。

本 章 习 题

1. 什么是假设检验的思想?

2. 什么是假设检验的两类错误？它们有什么关系？

3. 假设检验有哪些步骤？

4. 从长期的资料可知,某厂生产的某种电子元件服从均值为 200 小时,标准差未知的正态分布。通过改变部分生产工艺后,抽得 10 件做样本数据(小时):

202　209　213　198　206　210　195　208　200　207

在新工艺下,这种电子元件的平均值是否有所提高？($\alpha = 0.05$)

5. 某企业的推销员称该企业的某种产品的正品率占 98%,该公司产品的质量一直很好。某采购员随机抽取了 240 件产品作为样本,结果发现有 5 件次品。

(1) 给出原假设,并说明理由。

(2) 以显著性水平 $\alpha = 0.05$,检验推销员的话真否？

(3) 若采购员犯了第一类型错误,其所属企业将损失 20 万元。若采购员犯了第二类型错误,其所属企业将损失 100 万元。请问显著性水平 α 这时应该小还是大？为什么？

第八章　时间数列分析

学习目标　时间数列是对经济现象进行动态分析的主要方法。通过本章学习，应掌握以时间数列为基础分析经济现象发展变化特点及其规律的方法；了解时间数列的一般概念、种类及编制的原因；掌握并能够运用时间数列的各种分析指标；掌握长期趋势分析、季节性变动的常用分析方法。

关键概念　时间数列(time series)　动态分析指标(index of dynamic analysis)　长期趋势分析(trend analysis)　季节性变动(seasonal fluctuation)

第一节　时间序列的对比分析

一、时间序列及其分类

对于社会经济现象，不仅要从静态上研究它的数量方面的特征与相互关系，而且要从事物运动中研究其发展变化的过程和规律性。

所谓时间序列就是把同一现象在不同时间上的观察值相继排列而组成的序列。

时间序列也可以称为时间数列，见表 8-1。

表 8-1

某企业历年产值情况

年　　份	1999	2000	2001	2002	2003	2004	2005
产值(万元)	1 250	1 310	1 375	1 412	1 460	1 507	1 614

从表 8-1 可以看出，时间序列是由两部分组成：一是现象所属的时间；二是现象在不同时间上的观察值，即现象的发展水平。

根据研究的目的和任务的不同，时间序列可以分为绝对数时间序列、相对数时间序列、平均数时间序列三种，其中，绝对数时间序列是基本数列，其余两种是派生序列。

（一）绝对数时间序列

将一系列统计绝对数按时间顺序排列起来而组成的时间序列称为绝对数时间序列。

它反映社会经济现象在各个时期达到的绝对水平及其发展变化情况。绝对数时间序列又分为时期数列和时点数列两种。

1. 时期数列

时期数列是由时期指标组成的数列,它反映的是现象在各个时期内发展过程的总量,见表8-2。

表8-2

某商店 2005 年下半年销售额情况

日　　期	7 月	8 月	9 月	10 月	11 月	12 月
销售额(万元)	1 950	2 016	2 125	2 200	2 294	2 318

由于时期数列是由时期指标组成的,因此时期数列具有时期指标的特点:① 时期数列中的每个指标数值具有可加性。② 时期数列中的每个指标数值是连续登记取得的。③ 其数值大小与其所属时间长短有直接联系。

2. 时点数列

时点数列是由时点指标组成的数列。它的每个指标数值都是反映现象在某一时点上所达到水平,见表8-3。

表8-3

某单位历年职工人数

年　　份	1999	2000	2001	2002	2003	2004
人数(人)	1 210	1 225	1 190	1 100	1 086	1 753

由于时点数列是由时点指标组成的,所以时点数列具有时点指标的特点:① 时点数列中的每个指标数值不能直接相加,相加起来没有意义。② 时点数列中的每个指标数值是一次登记取得的。③ 其数值大小与时期长短没有直接联系。正确区分时期数列与时点数列具有重要的意义,因为用这两种数列计算其他各种指标时,其计算方法是不同的。

(二)相对数时间序列

相对数时间序列是将一系列的相对数按照时间先后顺序排列而组成的时间数列,它可以反映社会经济现象的联系和发展变化过程,见表8-4。

表8-4

某商场历年销售额计划完成情况

年　　份	2001	2002	2003	2004	2005
销售额计划完成(%)	103	107	101	106	110

相对数时间序列中的各个指标数值都是相对数,其计算基础不同,因此不能相加,如表8-4 中的指标数值是历年的计划完成程度,是由本年的实际产值与计划产值相比得到的。由于各年的实际产值(绝对值)不同,即对比基础不同,所以各年的计划完成程度不能相加。

(三)平均数时间序列

平均数时间序列是将一系列平均指标按照时间先后顺序排列而组成的时间序列。它反映现象在一段时间内一般水平发展变化的过程或趋势。例如,职工历年平均工资排列的时间序列就属于平均数时间数列,见表8-5。

表 8-5

某单位历年职工平均工资

年　　份	1999	2000	2001	2002	2003	2004	2005
平均工资(元)	925	1 076	1 180	1 345	1 436	1 574	1 597

平均数时间序列中的每个指标都是平均数,相加起来没有意义。

在对时间序列有了基本认识之后,接下来就是着手对时间序列作进一步的统计分析。本节主要讨论从时间序列的观察值本身出发,进行统计对比分析,包括水平分析和速度分析。

二、时间序列的水平分析

时间序列水平指标分析主要有:发展水平和平均发展水平,增减量和平均增减量。

(一)发展水平和平均发展水平

在时间序列中,用 t_i 表示现象所属的时间,a_i 表示现象在不同时间上的观察值。a_i 也叫发展水平,其中,a_1 称为最初发展水平,a_n 称为最末发展水平。若将整个观察时期内的各观察值与某个特定时期 t_0 作比较时,时间 t 可以表示为 $t_0, t_1, \cdots, t_n$,相应的观察值表示为 $a_0, a_1, \cdots, a_n$,其中,a_0 为基期水平,a_n 为报告期水平。

平均发展水平是把各个时期或时点上的观察值加以平均而得到的平均数,又称序时平均数。在证券市场上,对股票价格或股票价格指数的分析经常用到序时平均数。序时平均数是从动态上表明现象一般水平的。

(二)序时平均数的计算方法

序时平均数是根据时间序列计算的,由于时间序列的种类不同,序时平均数的计算方法也不同,下面分别予以介绍。

1. 绝对数时间序列的序时平均数

由于绝对数时间序列有时期数列与时点数列之分,所以对它的序时平均数的计算方法也就有所区别。

(1)根据时期数列计算序时平均数。由于时期数列的每个指标数值可以直接相加,

所以可采用简单算术平均数计算,其计算公式为

$$\bar{a}=\frac{a_1+a_2+a_3+\cdots+a_n}{n}=\frac{\sum a}{n}$$

式中 $\bar{a}$ 表示序时平均数;

  n 表示时期项数。

(2)根据时点数列计算序时平均数。时点数列都是瞬间资料,在两个时点之间都有一定的间隔。严格地说,时点数列都是不连续的。但是在经济统计中,由于资料所属时间的最小计算单位一般是"日",所以如果时点数列的资料是逐日记录的,就视为连续时点数列,否则,就视为间断时点数列。连续时点数列与间断时点数列在计算序时平均数的方法上有所不同。

连续时点数列的序时平均数采用简单算术平均法计算,其计算公式为

$$\bar{a}=\frac{\sum a}{n}$$

例如,如果掌握了某单位一个月中每天的职工数,就可以将每天职工人数相加,除以该月的日历日数,即得该月份的每日职工平均人数。

间隔不等的连续时点数列,如果资料每隔一段时期才有变动时,形成一个间隔不等的连续时点数列,则可用加权算术平均法计算,其计算公式为

$$\bar{a}=\frac{\sum af}{\sum f}$$

式中 f 表示时间长度(日期)。

例如,某单位2005年12月份职工人数如下:1~6日为110人,7~15日为109人,16~28日为112人,29~31日为113人,则该单位12月份平均职工人数为

$$\bar{a}=\frac{110\times6+109\times9+112\times13+113\times3}{6+9+13+3}=111(人)$$

间断时点数列分为间隔期相等的数列和间隔期不等的数列。

根据间隔期相等的间隔时点数列计算序时平均数时,一般是采用假设的方法,即假设每两个相邻时点之间的指标数值变化是均匀的,然后分别计算出每两个相邻时点之间的序时平均数,再根据这些平均数,采用简单算术平均数,求出整个研究时期内的序时平均数。

例如,根据表8-6所示的资料,计算该种商品一季度平均库存量。

表8-6

某商店仓库某种商品一季度库存情况

月　份	1月1日	2月1日	3月1日	4月1日
库存量(台)	165	174	158	150

首先计算出各月份该商品平均库存量,再将其简单平均,就可以求出一季度平均库存量。其计算过程为

$$\bar{a}=\frac{\frac{165+174}{2}+\frac{174+158}{2}+\frac{158+150}{2}}{3}=\frac{\frac{165}{2}+174+158+\frac{150}{2}}{3}=163(台)$$

如果用符号表示,其计算公式为

$$\bar{a}=\frac{\frac{a_1}{2}+a_2+a_3+\cdots+\frac{a_n}{2}}{n-1}$$

根据间隔期不等的间断时点数列计算序时平均数则要采用加权算术平均数,权数为每两个相邻时点指标数值之间的间隔长度,其计算公式为

$$\bar{a}=\frac{\left(\frac{a_1+a_2}{2}\right)f_1+\left(\frac{a_2+a_3}{2}\right)f_2+\cdots+\left(\frac{a_{n-1}+a_n}{2}\right)f_{n-1}}{f_1+f_2+\cdots+f_{n-1}}$$

例如,根据表 8-7 中的资料,计算该城市每月人口数。设 2004 年 12 月 31 日人口数为 44 万人。

表 8-7

某城市 2005 年人口情况

月　　份	1 月 31 日	3 月 31 日	7 月 31 日	11 月 30 日	12 月 31 日
人口数(万人)	45	46	44	45	43

$$\bar{a}=\frac{\left(\frac{44+45}{2}\right)\times1+\left(\frac{45+46}{2}\right)\times2+\left(\frac{46+44}{2}\right)\times4+\left(\frac{44+45}{2}\right)\times4+\left(\frac{45+43}{2}\right)\times1}{1+2+4+4+1}$$

$$=45(万人)$$

必须指出,根据间断时点数列计算序时平均数,是假定所研究的现象在相邻时点之间的变动是均匀的。实际上现象的变动并不是完全如此,所以其计算结果难免有一定的误差。为了使计算结果尽可能接近实际,时点数列的间隔期应适当缩短。

2. 相对数时间序列的序时平均数

相对数可以分为静态相对数(如结构相对数、计划完成程度相对数等)和动态相对数(如发展速度、增长速度),这里只讲根据静态相对数时间数列计算序时平均数的方法。相对数时间数列属于派生数列,它是由两个具有联系的绝对数时间数列相应项对比而得的一种数列。因此,一般不适宜直接将数列中的相对数简单加总求平均,而应分别计算出构成相对数时间数列的分子数列和分母数列的序时平均数 $\bar{a}$ 和 $\bar{b}$,然后按下列公式才能求出相对数列的序时平均数。即

$$\bar{c}=\frac{\bar{a}}{\bar{b}}$$

这里需要注意,求 $\bar{a}$、$\bar{b}$ 时,首先应判明分子数列和分母数列分别属于哪一种绝对数时间数列,是时期数列还是时点数列,如果是时点数列,是连续的还是间断的时点数列;然后选择相应的绝对数时间数列序时平均数的计算公式,以便准确计算 $\bar{a}$ 和 $\bar{b}$,这样 $\bar{c}$ 才能正确。

由于掌握资料的关系,有时需要利用相对时间数列各期水平 a_i 和 b_i,当只知道 c_i 和 a_i 时,可以由 $b_i=\frac{a_i}{c_i}$ 求出相应分母数列的各期水平,若仅知道 c_i 和 b_i,也可以由 $a_i=b_i \cdot c_i$ 求出相应分子数列的各期水平,然后再通过计算 $\bar{a}$ 或 $\bar{b}$ 来求 $\bar{c}$。有时,也可以直接用 a_i、b_i 和 c_i 三者的关系式代入简化公式求 $\bar{c}$。

例如,根据表8-8中的资料求2002—2005年某乡镇企业中轻工业产值占工业总产值的平均比重。

表8-8

某乡镇企业历年产值

年　　份	2002	2003	2004	2005
工业总产值(亿元)	86.7	94.3	103.2	103.5
轻工产值占工业总产值比重(%)	48.3	47.6	47.1	46.5

因为轻工业产值占工业总产值比重的分子、分母均为绝对数,故有

$$\bar{c}=\frac{\bar{a}}{\bar{b}}=\frac{\frac{\sum a}{n}}{\frac{\sum b}{n}}=\frac{\sum a}{\sum b}$$

又由于表8-8只列出了 c_i 与 b_i 的数值,因此需要利用 $c_i=\frac{a_i}{b_i}$ 的关系式,用 $\bar{c}=\frac{\sum cb}{\sum b}$ 计算 $\bar{c}$。于是按要求,由表8-8资料计算的结果为

2002～2005年某地区乡镇企业轻工业产值占工业总产值的平均比重

$$\bar{c}=\frac{48.3\%\times86.7+47.6\%\times94.3+47.1\%\times103.2+46.5\%\times103.5}{86.7+94.3+103.2+103.5}$$

$$=47.3\%$$

3. 平均数时间序列的序时平均数

平均数时间数列可以由静态平均数或序时平均数组成。由于静态平均数的分子多属于标志总量,其分母多属于总体单位总量,故其时间数列实际上也是由两个绝对数

时间数列相应项对比形成的。因此,要计算静态平均数时间数列的序时平均数,与由相对数时间数列求序时平均数的方法一样,也需要分别求出分子、分母两个数列的序时平均数,然后对比计算。由序时平均数时间数列求序时平均数方法比较简单,在时期相等时,可采用简单算术平均法计算;时期不等时,可用时期数作权数,采用加权算术平均法计算。

（三）增长量与平均增长量

1. 增长量

增长量是时间序列中两个发展水平之差,它反映某种现象在一定时期内数量增长的绝对水平,其计算公式为

$$增长量＝报告期水平－基期水平$$

增长量的数值可正（＋）可负（－）,正数表示增加的绝对量,负数表示减少或降低的绝对量。

由于计算增长量时采用的基期不同,故增长量有逐期增长量与累积增长量之分。逐期增长量是报告期水平与前一期水平之差,表明现象逐期增加的数量;累计增长量是报告期水平与某一固定期水平之差,表明现象在一定时期内总的增长量,见表8-9。

表 8-9

逐期增长量与累积增长量计算表

年　　份	2000	2001	2002	2003	2004	2005
销售额（万元）	100	109	113	119	126	130
逐期增长量（万元）	—	9	4	6	7	4
累积增长量（万元）	—	9	13	19	26	30

逐期增长量公式为

$$a_1 － a_0, a_2 － a_1, \cdots, a_n － a_{n-1}$$

累计增长量公式为

$$a_1 － a_0, a_2 － a_0, \cdots, a_n － a_0$$

逐期增长量与累积增长量的关系是:逐期增长量之和等于累积增长量,即

$$(a_1 － a_0) ＋ (a_2 － a_1) ＋ \cdots ＋ (a_n － a_{n-1}) ＝ a_n － a_0$$

2. 平均增长量

平均增长量是时间数列中逐期增长量的平均数,它表明现象在一段时间内各个发展

时期的一般增减量水平。其计算公式为

$$平均增长量=\frac{逐期增长量之和}{逐期增长量个数}=\frac{累计增长量}{时间数列项数-1}$$

三、时间序列的速度指标

根据时间序列可以计算的速度指标主要有发展速度、增长速度、平均发展速度和平均增长速度。

（一）发展速度与增长速度

1. 发展速度

发展速度是反映社会经济现象发展变化情况的动态相对数，它是根据两个不同时期发展水平对比求得的。其计算结果一般用倍数或百分数表示。其计算公式为

$$发展速度=\frac{报告期水平}{基期水平}$$

发展速度由于采用的基期不同，又可分为定基发展速度和环比发展速度两种。

环比发展速度，就是报告期发展水平与前一时期水平对比所得的动态相对数。它说明报告期水平对其前期水平来说已发展到（或增加到）若干倍（或百分之几），表明这种现象逐期的发展速度。其计算公式为

$$环比发展速度=\frac{报告期水平}{前一期水平}$$

或

$$\frac{a_1}{a_0},\frac{a_2}{a_1},\cdots,\frac{a_n}{a_{n-1}}$$

定基发展速度，是用报告期水平与某一固定基期水平对比所得的动态相对数。它说明报告期水平对某一固定基期水平的变动程度，表明这种社会经济现象在较长时期内总的发展速度，因此有时也叫"总速度"。其计算公式为

$$定基发展速度=\frac{报告期水平}{某一固定基期水平}$$

或

$$\frac{a_1}{a_0},\frac{a_2}{a_0},\cdots,\frac{a_n}{a_0}$$

仍以表 8-9 资料为例，说明发展速度的计算，见表 8-10。

定基发展速度与环比发展速度既有区别，又有联系，即存在着一定数量关系。这一数量关系可以从两个角度来反映。

表 8-10

发展速度和增长速度计算表

年　　份	2000	2001	2002	2003	2004	2005
销售额(万元)	100	109	113	119	126	130
定基发展速度(%)	100	109	113	119	126	130
环比发展速度(%)	—	109	103.67	105.30	105.88	103.17
定基增长速度(%)	—	9	13	19	26	30
环比增长速度(%)	—	9	3.67	5.30	5.88	3.17

(1) 定基发展速度等于相应各个环比发展速度的连乘积。其计算公式为

$$\frac{a_1}{a_0} \times \frac{a_2}{a_1} \times \frac{a_3}{a_2} \times \cdots \times \frac{a_n}{a_{n-1}} = \frac{a_n}{a_0}$$

在本例中(见表 8-10),即

$$109\% \times 103.67\% \times 105.30\% \times 105.88\% \times 103.17\% = 130\%$$

(2) 两个相邻时期的定基发展速度之商,等于相应的环比发展速度。其计算公式为

$$\frac{a_n}{a_0} \div \frac{a_{n-1}}{a_0} = \frac{a_n}{a_{n-1}}$$

在本例中,即

$$130\% \div 126\% = 103.17\%$$

根据以上的数量关系,定基发展速度和环比发展速度之间可以互相推算。

2. 增长速度

增长速度是反映社会经济现象增长程度的动态相对数,它可以根据增长量与基期水平对比求得,用以说明报告期水平比基期水平增加了若干倍(或百分之几),其计算公式为

$$增长速度 = \frac{增长量}{基期水平}$$

增长速度由于所采用的基期不同,可分为环比增长速度和定基增长速度两种。

环比增长速度,是报告期的逐期增长量与前一期水平对比所求得的动态相对数,表明逐期的增长程度。其计算公式为

$$环比增长速度 = \frac{逐期增长量}{前一期水平}$$

在本例中(见表 8-9 和表 8-10),即

$$2002 \text{ 年销售额环比增长速度} = \frac{4}{109} = 0.0367 \text{ 或 } 3.67\%$$

定基增长速度由报告期累计增长量与某一固定基期水平相比求得,它表明某种现象在较长时间内总的增长速度。其计算公式为

$$\text{定基增长速度} = \frac{\text{累计增长量}}{\text{固定基期水平}}$$

在本例中,即

$$2002 \text{ 年销售额环比增长速度} = \frac{13}{100} = 0.13 \text{ 或 } 13\%$$

定基增长速度和环比增长速度,两者不能换算。发展速度和增长速度是有区别的,但两者之间也存在一定联系。即

$$\text{增长速度} = \text{发展速度} - 1 (\text{或 } 100\%)$$

其中

$$\text{环比增长速度} = \text{环比发展速度} - 1$$
$$\text{定基增长速度} = \text{定基发展速度} - 1$$

(二)平均发展速度与平均增长速度

平均发展速度与平均增长速度统称平均速度指标。平均发展速度是各个环比发展速度的动态平均数,说明某种现象在一个较长时期中逐年平均发展变化的程度;平均增长速度是各个环比增长速度的动态平均数,说明某种现象在一个较长时期中逐年平均增长变化的程度。

1. 平均发展速度的计算方法

平均发展速度虽然是一种动态平均数,但它不能应用序时平均数的方法计算。在实际统计工作中,计算平均发展速度有几何平均法和方程法两种方法。它们的数理论据、计算方法和应用场合都不相同。

(1)几何平均法。几何平均法又称水平法,平均发展速度一般是各期环比发展速度的平均数,而各期环比发展速度形成的总发展速度不能相加,所以不能用算术平均法,而要用几何平均法,其计算公式为

$$\bar{x} = \sqrt[n]{x_1 \cdot x_2 \cdot x_3 \cdot \cdots \cdot x_n} = \sqrt[n]{\prod x} \tag{1}$$

式中　$\bar{x}$ 表示平均发展速度;

x 表示各个环比发展速度;

n 表示环比发展速度的个数;

$\prod$ 表示连乘符号。

由于各个环比发展速度的连乘积等于最后一年的定基发展速度,所以上式可以简

化为

$$\bar{x}=\sqrt[n]{\frac{a_1}{a_0}\cdot\frac{a_2}{a_2}\cdot\cdots\cdot\frac{a_n}{a_{n-1}}}=\sqrt[n]{\frac{a_n}{a_0}} \tag{2}$$

又因为定基发展速度称为总速度,用 R 表示,因此,上式公式也可用下式表示

$$\bar{x}=\sqrt[n]{\frac{a_n}{a_0}}=\sqrt[n]{R} \tag{3}$$

上述三个公式的应用条件是:如果资料中只掌握了各期环比发展速度,可用公式(1)计算平均发展速度。如果资料中掌握了最初水平 a_0、最末水平 a_n 和计算年限 n,可用公式(2)计算。如果资料中掌握了总速度 R,即 a_n/a_0 的商数,又掌握了计算年限,可用公式(3)计算。

需要说明的是,公式(2)计算方法的实质是要求从最初水平(a_0)出发,按所求的平均发展速度,计算出的最末水平应等于实际末期水平,即 $a_0\cdot\bar{x}\cdot\bar{x}\cdot\bar{x}\cdot\cdots\cdot\bar{x}=a_0\bar{x}^n=a_n$。平均增长速度的计算很简单,它和平均发展速度有密切联系,两值仅相差一个基数。

平均增长速度=平均发展速度-1(或 100%)

上式可以看出,只要计算出平均发展速度,就可计算出平均增长速度。

上述用几何法计算平均发展速度的三个公式中,不论用哪个公式计算,都需要求出各次方根,这是很麻烦的。在实际工作中解决这个问题的方法有三种:一是用电子计算器直接开 n 方;二是查"平均增长速度查对表";三是采用对数方法求解。

采用对数方法求解,可将上面的三个公式两边各取对数。

公式(1)$\bar{x}=\sqrt[n]{x_1\cdot x_2\cdot x_3\cdot\cdots\cdot x_n}$ 两边取对数

$$\lg\bar{x}=\frac{1}{n}(\lg x_1+\lg x_2+\lg x_3+\cdots+\lg x_n)=\frac{\sum\lg x}{n}$$

公式(2)$\bar{x}=\sqrt[n]{\frac{a_n}{a_0}}$ 两边取对数

$$\lg\bar{x}=\frac{1}{n}(\lg a_n-\lg a_0)$$

公式(3)$\bar{x}=\sqrt[n]{R}$ 两边取对数

$$\lg\bar{x}=\frac{1}{n}\lg R$$

下面举例说明第三种方法的运用。

例如,某企业 2006 年工业产值为 500 万元,2012 年产值为 750 万元。试计算该企业此期间工业产值的年平均增长速度。

根据已知条件,可用公式(2)或公式(3)计算,现利用公式(3)计算

$$\bar{x}=\sqrt[n]{\frac{a_n}{a_0}}=\sqrt[n]{R}$$

$$\bar{x}=\sqrt[6]{\frac{750}{500}}=\sqrt[6]{1.5}$$

两边取对数

$$\lg \bar{x}=\frac{1}{6}\lg 1.5=0.0293$$

查反对数表得

$$\bar{x}=1.0699 \text{ 或 } 106.99\%$$

$$平均增长速度=106.99\%-100\%=6.99\%$$

该企业 1997—2003 年期间工业产值平均每年增长速度为 6.99%。

例如,某商店 2003 年销售额为 400 万元,如果从 2004 年起,该商店销售额平均每年递增 8%,问经过多少年该商店销售额可达到 750 万元。

根据已知条件可用公式(2)计算

$$\bar{x}=\sqrt[n]{\frac{a_n}{a_0}}$$

$$1.08=\sqrt[n]{\frac{750}{400}}=\sqrt[n]{1.875}$$

两边取对数

$$\lg 1.08=\frac{1}{n}\lg 1.875$$

$$n=\frac{\lg 1.875}{\lg 1.08}=\frac{0.273}{0.0334}=8.17(年)$$

根据计算结果得知,大约经过 8 年,该商店销售额可达到 750 万元。

例如,某商店 2005 年销售额为 400 万元,如果从 2006 年开始,销售额预计平均每年递增 8%,问到 2009 年时,该商店销售额能达到多少万元。

根据题中资料,可用前面的公式(2)计算

$$\bar{x}=\sqrt[n]{\frac{a_n}{a_0}}$$

$$1.08=\sqrt[4]{\frac{a_n}{400}}$$

利用对数计算

$$\lg 1.08=\frac{1}{4}\times(\lg a_n-\lg 400)$$

$$4\lg 1.08=\lg a_n-\lg 400$$

$$\lg a_n=0.13369+2.6020=2.7357$$

查反对数表,得 $\alpha_n=544.19$(万元)。

经过计算,该商店 2009 年时销售额预计能达到 544.19 万元。该题也用另一个公式计算,即

$$\alpha_n=a_0\overline{x}^n=400\times1.08^4=544.19(\text{万元})$$

(2) 方程法(累计法)。方程法是用一个方程式来表达从最初水平出发,按平均发展速度($\overline{x}$)计算的各期水平的累计总和与相应的各期实际水平的总和一致,故这个方法又叫累计法,建立的方程式为

$$a_0\overline{x}+a_0\overline{x}^2+a_0\overline{x}^3+\cdots+a_0\overline{x}^n=\sum\alpha$$

即

$$\overline{x}+\overline{x}^2+\overline{x}^3+\cdots+\overline{x}^n=\frac{\sum\alpha}{\alpha_0}=0$$

解这个方程,所得正根,即为所求的平均发展速度。

由于解上述高次方程比较麻烦,所以在实际工作中都是根据事先编好的"平均增长速度查对表",通过查表取得结果。步骤是:首先,计算各期实际发展水平和总和,即 $a_1+a_2+\cdots+a_n=\sum a$;其次,计算各期定期发展速度之和,即 $\frac{\sum\alpha}{\alpha_0}$;再次,判断是平均增长速度还是平均降低速度,即 $\frac{\sum\alpha}{\alpha_0}$ 除以 n(自 $a_1\sim a_n$ 的期数),若结果大于 1,为递增速度,应查增长速度表,若结果小于 1,为递减速度,应查下降速度表;最后,根据 $\frac{\sum\alpha}{\alpha_0}$ 和 n 的数值表(略),查得平均增(减)速度。

(3) 几何平均法与方程法的比较。用几何平均法和方程法计算平均发展速度,不论在数理论据,还是在计算方法和应用条件方面均不相同。

几何平均法的实质是要求从最初水平出发,按所求的平均发展速度,计算出的最末水平应等于实际末期水平,即 $a_0\cdot\overline{x}\cdot\overline{x}\cdot\overline{x}\cdots\overline{x}=a_0\overline{x}^n=a_n$,所以这个方法又叫水平法。这种方法可以只根据最初水平与最末水平计算[如水平法公式(2)],而不考虑中间水平的变化,其侧重点在于考察最末一期发展水平。

方程法的实质是要求从最初水平出发,按所求的平均发展速度计算的各期水平之和,应等于全期实际发展水平的总和。这种方法必须依据全面的发展水平才能计算,只有最初和最末水平不行。其侧重点在于考察全期发展水平的累计总和。

2. 计算和应用平均速度应注意的问题

(1) 应结合具体的研究目的,适当地选择基期。

（2）要注意环比发展速度的同质性,不宜在速度出现大起大落、发展方向变化无常的情况下计算平均速度。

（3）可以计算分段的平均速度或特殊时期的速度,用以补充说明总平均速度。

（4）应将平均速度与时间数列的其他分析指标结合分析研究,以便比较准确和完整地说明问题。

（三）年度化增长率

当增长率以年来表示时,则称为年度化增长率或年率。例如,可以将月份数据或季度数据年度化,从而使月增长率或季增长率可直接与年增长率进行比较。年度化增长率的计算公式为

$$G_A = \left(\frac{\alpha_i}{\alpha_{i-1}}\right)^{\frac{m}{n}} - 1$$

式中　G_A 表示年度化增长率;

m 表示一年中的时期个数;

n 表示所跨的时期总数。

如果是月份数据被年度化,则 $m=12$（1 年有 12 个月）,如果是季度数据被年度化,则 $m=4$,其余类推。显然,当 $m=n$ 时,即为年增长率。

例如,某城市 2004 年 1 月份商品零售额为 25 亿元,2005 年 1 月份商品零售额为 30 亿元,计算年度化增长率。

解:由于是月份数据,所以 $m=12$,从 2003 年 1 月到 2004 年 1 月所跨的月份总数为 12,所以 $n=12$。根据上面公式,得

$$G_A = \left(\frac{30}{25}\right)^{\frac{12}{12}} - 1 = 20\%$$

例如,某地区 2012 年 1 季度完成工业增加值为 500 亿元,第 2 季度完成的工业增加值为 510 亿元,计算年度化增长率。

由于是季度数据,所以 $m=4$,从 1 季度到 2 季度所跨的时期总数为 1,所以 $n=1$。年度化增长率为

$$G_A = \left(\frac{510}{500}\right)^{\frac{4}{1}} - 1 = 8.24\%$$

即根据第 1 季度和第 2 季度数据计算的工业增加值年增长率为 8.24%。

四、速度的分析与应用

对于大多数时间序列,经常用速度来描述其发展的数量特征。尽管速度的计算与分

析较简单,但实际应用中,也会出现误用或滥用速度的现象。因此,在应用速度分析实际问题时,应注意以下几个方面的问题。

（1）当时间序列中的观察值出现 0 或负数时,不宜计算速度。例如,假定某商店连续 5 年的利润分别为 6 万元、3 万元、0、－2 万元、2 万元,对这一序列计算速度,要么不符合数学原理,要么无法解决其实际意义。在这种情况下,适宜直接用绝对数进行分析。

（2）有些情况下,不能单纯就速度论速度,还要注意将其与绝对水平结合起来进行分析,这样就要计算增长 1‰的绝对值,用来弥补速度分析中的局限性。

增长 1‰的绝对值表示速度每增长一个百分点而增加的绝对数量,其计算公式为

$$增长 1‰的绝对值 = \frac{逐期增长量}{环比增长速度 \times 100}$$

或

$$= \frac{前期水平}{100}$$

例如,有两个经营条件基本相同的商店两年的利润及速度资料见表 8-11。

表 8-11

两个商店利润及速度情况

年　　份	甲　商　店		乙　商　店	
	利润（万元）	增长率（%）	利润（万元）	增长率（%）
2011	200	—	1 000	—
2012	300	50	1 200	12

从上述资料看,如果仅从增长率来看,甲商店的利润增长速度比乙商店高出许多,即 38 个百分点。如果由此就认为甲商店的经营就比乙商店好,这样的结论不一定切合实际。

第二节　长期趋势的测定

一、时间序列形成的因素

时间序列的形成是各种不同的影响事物发展变化的因素共同作用的结果。为了深入地认识事物发展的规律,有必要对形成时间数列的各种因素作进一步分析。而影响事物变化的因素很多,有起决定性作用的基本因素,也有起临时的、局部作用的偶然因素。上述情况可归纳为四类,即长期趋势、季节变动、循环波动和不规则变动。

（一）长期趋势

长期趋势是指现象在一段较长时期内,持续呈现为同一方向发展变化的趋势,它是受某种起决定作用的因素的影响而形成的。分析长期趋势,可以掌握事物发展变化的基本特点。关于现象的长期趋势如何进行分析,我们将在本章后面阐述。

（二）季节变动

季节变动是指现象受自然条件或社会因素的影响,在 1 年或更短的时间内,随时序变化而引起的有规律的周期性变动。一般以 1 年为周期,如某些季节性商品的销售出现季节波动;也有以月、周、日为变动周期的,如节假日市场购货人数出现高峰等。关于季节变动如何测定,我们将在后面阐述。

（三）循环波动

循环波动是指周期在 1 年以上,近乎规律的从高到低,再从低到高的周而复始的一种循环变动。如自然界中果树结果有大小年之分,经济周期也属于循环波动。循环波动周期 1 年以上,且不固定,规律不明显,故不同于季节变动。

（四）不规则变动

不规则变动是指由意外的自然或社会的偶然因素引起的无周期的波动。

二、时间序列的分解模型

将形成时期序列的因素与时间数列的关系按照一定的假设,用一定的数学关系式表示,就形成了时间数列的分解模型。通常主要有两种假设,所以也就有两种基本分解模型,即加法模型与乘法模型。

设时间序列为 Y,长期趋势为 T,季节变动为 S,循环波动为 C,不规则变动为 I,则两种模型可表达如下。

（一）加法模型

假设四个因素是相互独立的,则时间序列各期水平的数值可视为是四个因素相加的总和,其分解模型为

$$Y=T+S+C+I$$

根据上述关系式,为了测定某种因素的影响,只需从时间数列数值中减去其余因素即可。

（二）乘法模型

假设四个因素变动之间存在着某些相互影响的关系,则时间数列各期水平的数值就是四种因素相乘的乘积,其分解模型为

$$Y=T\times S\times C\times I$$

根据上式关系式,为了测定某种因素的影响,用其余因素的乘积去除时间数列的数值即可。

在实际工作中应采用哪一种模型进行分析为宜,需视研究对象的性质、研究的目的和所掌握的资料等情况进行确定。

三、长期趋势的测定

影响社会现象发展变化的因素很多,有些因素是长期起作用,有些因素只是短期或偶然起作用,这在前面中已提到过。排除这些短期、偶然因素的影响,研究现象变动的总趋势,是现象发展长期趋势变动分析中的很重要的工作。为此,在进行现象发展长期趋势的测定之前,有必要对原来的时间数列进行科学的整理和加工(在统计中叫做时间数列的修匀)。

测定长期趋势的目的,首先,是体现长期趋势的形状和走向,以便进一步研究其发展变化的规律。统计所描述的规律性不一定就是规律,它可能只是一种现象,只有经历从现象到本质的认识过程,才能认识规律。其次,为统计预测提供有一定价值的参考资料。再次,为研究季节变动时消除长期趋势的影响提供依据。

长期趋势的表现形式有直线趋势和曲线趋势两种。这里所讲的直线趋势,是从长期上看,现象发展变动基本上是呈一条直线或近似一条直线。事物发展的波浪式前进决定了大多数现象的发展呈曲线形式,可以把现象发展的曲线趋势近似地描绘成某种数学曲线,如抛物线、指数曲线等。但是,在现象曲线发展的过程中,如果仅取其中一段时间加以研究,曲线形式又往往表现为直线形式。曲线可以认为由不同直线联结而成的,直线也可以认为是曲线的特殊表现形式。显然,直线趋势是简单的,也是基本的趋势。

长期趋势测定的方法很多,常用的有时距扩大法、移动平均法、分段平均法、最小平方法等。在本章中只讲两种长期趋势的测定方法:一是移动平均法,二是最小平方法。

(一)移动平均法

移动平均法是将时间序列的各项数值,按照一定时距(项数)进行逐期移动,计算出一系列平均数,从而形成一个派生的平均数时间数列的测定方法。在新的数列中,可以大大削弱不规则变动,特别是周期性变动,显示出数列的长期趋势。每一移动平均数是每次移动期间(时间长度)的算术平均数,对应于移动期间中点位置,时距5年的移动平均,第一个数应在第3年的位置,第二个数应在第4年的位置……但若移动的项数为偶数,则计算出的平均数不能恰与原数列的时期对应,这时应再进行第二次两项移动平均,以移正平均数的位置。

以某地区商品销售额资料,分别以5年和6年为移动时距,说明用移动平均法测定长期趋势的具体做法,见表8-12。

表 8-12

某地区商品销售额移动平均计算表

年份	销售额	5 年移动平均		6 年 移 动 平 均			
		移动总量	平均值	移动总量	平均值	二次移动总量	二次平均值
1993	10	—	—	—	—	—	—
1994	12	—	—	—	—	—	—
1995	14	73	14.6	91	15.2	—	—
1996	17	81	16.2	97	16.2	94.0	15.7
1997	20	85	17.0	103	17.2	100.0	16.7
1998	18	89	17.8	109	18.2	106.0	17.7
1999	16	92	18.4	115	19.2	112.0	18.7
2000	18	95	19.0	119	19.8	117.0	19.5
2001	20	101	20.2	128	21.3	123.5	20.6
2002	23	112	22.4	136	22.7	132.0	22.0
2003	24	118	23.6	143	23.8	139.5	23.3
2004	27	123	24.6	145	24.2	144.0	24.0
2005	24	122	24.4	147	24.5	146.0	24.4
2006	25	123	24.6	150	25.0	148.5	24.8
2007	22	123	24.6	153	25.5	151.5	25.3
2008	25	129	25.8	160	26.7	156.5	26.1
2009	27	135	27.0	164	27.3	162.0	27.0
2010	30	142	28.4	—	—	—	—
2011	31						
2012	29						

　　由原数列可以看到,该地区商品销售额虽然是某些年份有所下降,但总的发展趋势是上升的。从 5 年和 6 年移动平均所得到的两个平均数时间数列中,能够清楚地看出该地区商品销售额向上发展的长期趋势。将表 8-12 计算的时间数列各趋势值(移动平均数)绘成图(略),可以明显看到移动平均法具有修匀时间数列,显示现象发展长期趋势的作用。

　　应用移动平均法测定长期趋势,应注意以下问题:

　　第一,要选择适当的移动时距(项数)。一般应选择奇数项进行移动平均,因为奇数项移动平均较偶数项移动计算简捷,当遇到原数列呈周期变动时,应选择现象的变动周期作为移动的时距长度。例如,若现象的变动以 4 年为周期时,则应采用 4 年移动平均;若现象的变动以 5 年为周期时,则应采用 5 年移动平均。另外,n 期移动平均的数值不一定必须放在时期的中间,也可以放在最末期。

第二,移动平均法不能完整地反映原数列的长期趋势。由移动平均数组成的趋势值数列,较原数列的项数为少,两者的关系是:趋势值项数＝原数列项数－移动项数＋1。因此,移动的时距越大,所得的趋势值数列项数越少,也就越不能完整地反映原数列的长期趋势。

（二）最小平方法

这是建立趋势方程,分析长期趋势较为常用的方法。用这种方法拟合出来的长期趋势线将比其他方法配合的趋势线更为理想,用最小平方法建立趋势方程必须满足以下两个条件:

第一,原时间数列中各期的指标数值（y）与配合出来的趋势方程求得的各期对应的趋势值（y_c）的离差平方和为最小。即

$$\sum(y-y_c)^2 = 最小值$$

第二,原时间数列中各期的指标数值（y）与求出的趋势值（y_c）的离差之和等于零。即

$$\sum(y-y_c) = 0$$

最小平方法既可以配合直线,也可以配合曲线。用最小平方法测定长期趋势时,可根据时间数列中各期对应的 t 与 y 值,在直角坐标系上绘出散点图,由图形可以直观地判断应拟合哪种趋势线。若原数列的散点图大体呈直线变动,就配合直线;大体呈曲线变动,就配合曲线。此外,也可以大致按如下原则拟合:若时间数列逐期增长量大体相同,可拟合直线;若时间数列的二级增长量（即增长量的二次差）大体相同时,可拟合指数曲线。

本节主要介绍根据最小平方法建立趋势方程的方法。

1. 直线趋势

当长期趋势表现为直线形式时,直线趋势方程为

$$y_c = a + bt$$

式中 y_c 表示时间数列 y 的长期趋势值;

t 表示时间;

a 表示趋势直线 y 的截距,即当 $t=0$ 时,y_c 的数值;

b 表示趋势直线的斜率,即 t 每变动一个单位时,y_c 平均增加或减少的数量。

式中的 a 和 b 为直线趋势方程中的两个待定参数,需要求解。欲求出参数 a、b 并满足 $\sum(y-y_c)^2$ 为最小值的条件,可将 $y_c = a + bt$ 代入最小平方法的数学方程中,则 $\sum(y-$

$y_c)^2 = \sum(y-a-bt)^2$，对 a 和 b 的偏导数并令其为零，得

$$\sum 2(y-a-bt)(-1)=0$$

$$\sum 2(y-a-bt)(-t)=0$$

将两个方程整理，得到如下两个求参数 a、b 的标准方程

$$\sum y = na + b\sum t$$

$$\sum ty = a\sum t + b\sum t^2$$

将上述方程组经过整理可得直接计算 a、b 的两个公式为

$$b = \frac{n\sum ty - \sum t \cdot \sum y}{n\sum t^2 - (\sum t)^2}$$

$$a = \frac{\sum y}{n} - b\frac{\sum t}{n} = \bar{y} - b\bar{t}$$

计算时，可将已知时间数列的时间 t 编出序号，以时间序号（1，2，3，…）或（0，1，2，3，…）代替时间。计算出 $\sum t$、$\sum y$、$\sum t^2$、$\sum ty$ 和 n（时间数列项数）五个数值，一并代入求 a、b 值（先求 b 值，再求 a 值），再代入直线趋势方程 $y_c = a + bt$，即得所求时间数列的趋势方程。

例如，某企业 2006—2012 年某种产品销售情况见表 8-13。

表 8-13

某企业某种产品销售量趋势直线方程计算表一

年　　份	年序号 t	产品销售量 y（万件）	t^2	ty	y_c
2006	1	12.4	1	12.4	12.24
2007	2	13.8	4	27.6	13.96
2008	3	15.7	9	47.1	15.68
2009	4	17.6	16	70.4	17.40
2010	5	19.0	25	95.0	19.12
2011	6	20.8	36	124.8	20.84
2012	7	22.7	49	158.9	22.56
合　　计	28	122.0	140	536.2	121.80

根据表中资料，配合一条趋势直线。

直线趋势方程

$$y_c = a + bt$$

$$b = \frac{n\sum ty - \sum t \cdot \sum y}{n\sum t^2 - (\sum t)^2} = \frac{7 \times 536.2 - 28 \times 122}{7 \times 140 - 28^2} = 1.72$$

$$a = \bar{y} - b\bar{t} = \frac{\sum y}{n} - b\frac{\sum t}{n} = \frac{122}{7} - 1.72 \times \frac{28}{7}$$

$$= 17.4 - 6.88 = 10.52$$

配合的直线趋势方程为

$$y_c = 10.52 + 1.72t$$

为计算简便,在编制时间序号时,可设法令$\sum t = 0$。若时间数列为奇数项时,可令中间一项的时间为原点,即 t 为 0。原点以前各期的时间序号为负,依次为$-1, -2, -3, \cdots$原点以后各期的时间序号为正,依次为$+1, +2, +3, \cdots$这样可有$\sum t = 0$。计算 a、b 的公式简化为

$$b = \frac{\sum ty}{\sum t^2}, \quad a = \frac{\sum y}{n}$$

现沿用表 8-14 中数据作进一步计算,见表 8-14。

表 8-14

某企业某种产品销售量趋势直线方程计算表二

年　　份	年序号 t	产品销售量 y（万件）	t^2	ty	y_c
2006	-3	12.4	9	-37.2	12.27
2007	-2	13.8	4	-27.6	13.99
2008	-1	15.7	1	-15.7	15.71
2009	0	17.6	0	0	17.43
2010	$+1$	19.0	1	19.0	19.15
2011	$+2$	20.8	4	41.6	20.87
2012	$+3$	22.7	9	68.1	22.59
合　　计	0	122.0	28	48.2	122.01

将表 8-14 中的数据代入化简后的 a、b 计算公式得

$$a = \frac{\sum y}{n} = \frac{122}{7} = 17.43$$

$$b = \frac{\sum ty}{\sum t^2} = \frac{48.2}{28} = 1.72$$

得直线趋势方程为

$$y_c = 17.43 + 1.72t$$

依次将表 8-14 中的年序号 t 值代入上述方程,即可求得各年的趋势值(见表 8-14 最后一栏数字)。

若时间数列为偶数项时,原点可设在 $\frac{n}{2}$ 期与 $\frac{n}{2}+1$ 期的中间(n 为时间数列项数)。例如有 6 年的资料,n 为 6,原点可设在第 3 年和第 4 年的中间,为计算方便,第 3 年的年序号 t 可定为 -1,第 4 年为 $+1$。于是 6 年资料,从第 1 年起,年序号 t 依次可定为 -5,-3,-1,$+1$,$+3$,$+5$。这样 $\sum t$ 也等于零,仍然可用上述化简公式求 a、b 的值。

需要指出,按上述方法移动原点,简化求出 a、b 值,所建立的趋势直线方程,与未移动原点建立的方程比较,对奇数项时间数列来讲,两个方程中的截距 a 必然不同,而斜率 b 不变。对偶数项时间数列来说,按前述方法确定年序号后,两个方程的 a 与 b 的值均不会相同,且移动原点后方程的 b 值为未移动原点的方程中 b 值的 $\frac{1}{2}$。但不管怎样,均不会影响趋势值的计算,就是说,用方程按各自的年序号 t 值计算得出的趋势值一样。

2. 曲线趋势

当数列的长期趋势呈曲线形时,可用最小平方法对时间数列配合一条趋势曲线。曲线的类型多种多样,为确定曲线趋势的具体形式,仍可采用前面介绍的绘制散点图的方法。如果时间数列的二级增长量大体相同,则其发展趋势为抛物线;如果时间数列的各期环比速度大体相同,则其发展趋势为指数曲线。下面以常见的抛物线形和指数型长期趋势为例,说明用最小平方法建立曲线趋势方程的一般方法。

(1)二次曲线。抛物线方程为:$y_c = a + bt + ct^2$。抛物线方程中有三个待定参数 a、b、c。为求出这些参数并满足最小平方法的基本要求为 $\sum (y - a - bt - ct^2)^2 =$ 最小值,仍根据求函数极值的方法,导出如下三个标准方程式

$$\sum y = na + b\sum t + c\sum t^2$$

$$\sum ty = a\sum t + b\sum t^2 + c\sum t^3$$

$$\sum t^2 y = a\sum t^2 + b\sum t^3 + c\sum t^4$$

解上式,可求出 a、b 和 c 值,进而确定抛物线趋势方程。

若采用简捷法计算,同样可以采取移动原点的办法,使有关年序号 t 的总和数值中的 $\sum t = 0$ 及 $\sum t^3 = 0$,上式即可简化为

$$\sum y = na + c\sum t^2$$

$$\sum ty = b\sum t^2$$

$$\sum t^2 y = a\sum t^2 + c\sum t^4$$

于是可简捷地求出 a、b 和 c 的值,下面利用某市 2004—2012 年家电产品销售额资料(见表 8-15),说明用最小平方法配合抛物线方程的具体做法。

表 8-15

家电产品销售额抛物线趋势计算表

年　份	t	y(亿元)	ty	t^2y	t^2	t^4	y_c(趋势值)(亿元)
2004	-4	25	-100	400	16	256	22.9
2005	-3	22	-66	198	9	81	24.6
2006	-2	25	-50	100	4	16	26.0
2007	-1	27	-27	27	1	1	27.3
2008	0	30	0	0	0	0	28.4
2009	1	31	31	31	1	1	29.3
2010	2	29	58	116	4	16	30.0
2011	3	30	90	270	9	81	30.6
2012	4	31	124	496	16	256	30.9
合　计	0	250	60	1 638	60	708	—

首先根据上述三个简化方程计算出有关数据(见表 8-15),然后将表中数据代入上述三个简化方程中,则

$$250 = 9a + 60c$$

$$60 = 60b$$

$$1\,638 = 60a + 708c$$

解得 $a = 28.4$,$b = 1$,$c = -0.093$

即抛物线趋势方程为 $y_c = 28.4 + t - 0.093t^2$。将表中各年 t 值代入趋势方程,得各年产品销售额趋势值(见表 8-15),若预测该市 2012 年的产品销售额,可将 $t = 11$ 代入趋势方程,得

$$28.4 + 11 - 0.093 \times 11^2 = 28.15(亿元)$$

(2) 增长曲线。很多现象在其发展过程中都呈现出以不同的速度增长或下降,或者由逐渐增长到逐渐衰退等各种不同形态。用于描述这类增长过程的曲线称为增长曲线。由于不同现象的增长形态各异,因而需要不同类型的增长曲线来描述,主要有指数曲线、修正指数曲线、龚铂茨曲线等。

A. 指数曲线。指数曲线用于描述以几何级数递增或递减的现象,即时期序列的观

察值 y 按指数的规律变化,或者说时间序列逐期观察值按一定的百分比增长或减少。一般的自然增长及大多数经济序列属于此类。指数曲线的一般形式为

$$y_c = ab^t$$

式中,a、b 为未知常数,若 $b>1$,增长率随着时间 t 的增加而增加;若 $b<1$,增长率随着时间 t 的增加而降低;若 $a>0$,$b<1$,趋势线 y_c 逐渐降低到以 0 为极限。

为确定指数曲线中的常数 a 和 b,可采取"线性化"手段将其化为对数直线形式,即两边取对数,得

$$\lg y_c = \lg a + t \lg b$$

然后根据最小平方法的原理,按直线形式的常数确定方法得到求解 $\lg a$ 和 $\lg b$ 的标准方程为

$$\sum \lg y_c = n \lg a + \lg b \sum t$$

$$\sum t \lg y_c = \lg a \sum t + \lg b \sum t^2$$

当取时间序列的中间时期为原点时,$\sum t = 0$,上式可化简为

$$\sum \lg y_c = n \lg a$$

$$\sum t \lg y_c = \lg b \sum t^2$$

求出 $\lg a$ 和 $\lg b$ 后,再取其反对数,即得常数 a 和 b。

B. 修正指数曲线。在一般指数曲线的基础上增加一个常数 k,即为修正指数曲线。其一般形式为

$$y_c = k + ab^t$$

式中,k,a,b 为未知常数,$k>0$,$a\neq0$,$0<b\neq1$。

修正指数曲线用于描述这样一类现象:初期增长迅速,随后增长率逐渐降低,最终则以 k 为增长极限。即当 $k>0$,$a<0$,$0<b<1$ 时,$t\to\infty$,$y_c\to k$。例如,某种刚刚问世的新产品,初期销售量增长很快,当社会拥有量接近饱和时,销售量逐渐趋于某一稳定的水平上。现实生活中有许多事物的发展过程符合修正指数曲线形式。

修正指数曲线中的未知数可以采用不同方法来求解,如最小平方法、选点法、三和法等。当极限值 k 可以预先测定时,可采用最小平方法;若无法确定时,可采用选点法或三和法。现以三和法为例说明未知常数的求解方法。

三和法是确定修正指数曲线中未知常数的常用方法,其基本思想是,将时间序列观察值分为三个部分,每部分有 m 个时期,从而根据趋势值(y_c)的三个局部总和分别等于原序列观察值(y_c)的三个局部总和来确定三个常数。

设观察值的三个局部总和分别为 S_1,S_2,S_3,即 $S_1 = \sum\limits_{t=1}^{m} y_t$,$S_2 = \sum\limits_{t=m+1}^{2m} y_t$,$S_3 = \sum\limits_{t=2m+1}^{3m} y_t$ 根据

三和法的要求，有

$$S_1 = mk + ab + ab^2 + \cdots + ab^m = mk + ab(1 + b + b^2 + \cdots + b^{m-1})$$

$$S_2 = mk + ab^{m+1} + \cdots + ab^{2m} = mk + ab^{m+1}(1 + b + b^2 + \cdots + b^{m-1})$$

$$S_3 = mk + ab^{2m+1} + \cdots + ab^{3m} = mk + ab^{2m+1}(1 + b + b^2 + \cdots + b^{m-1})$$

将上式右端括号内分别乘以 $\left(\dfrac{b-1}{b-1}\right)$，得

$$S_1 = mk + ab\left(\frac{b^m-1}{b-1}\right)$$

$$S_2 = mk + ab^{m+1}\left(\frac{b^m-1}{b-1}\right)$$

$$S_3 = mk + ab^{2m+1}\left(\frac{b^m-1}{b-1}\right)$$

由上式，解得

$$b = \left(\frac{S_3 - S_2}{S_2 - S_1}\right)^{\frac{1}{m}}$$

$$a = (S_2 - S_1)\frac{b-1}{b(b^m-1)^2}$$

$$k = \frac{1}{m}\left[S_1 - \frac{ab(b^m-1)}{b-1}\right]$$

　　例如，已知1995—2012年某地水稻单位面积产量的数据，见表8-16。试确定水稻单位面积产量的修正指数曲线方程，求出各年单位面积产量的趋势值，并预测2017年的水稻单位面积产量。

表 8-16

1995—2012 年水稻单位面积产量数据

年　份	单位面积产量（千克）	年　份	单位面积产量（千克）
1995	1 845	2004	2 985
1996	2 145	2005	2 970
1997	1 890	2006	3 045
1998	2 115	2007	3 195
1999	2 445	2008	3 105
2000	2 805	2009	3 331
2001	2 970	2010	3 519
2002	2 940	2011	3 426
2003	3 045	2012	3 542

解:初步分组和计算过程见表8-17。

表8-17

水稻单位面积产量修正指数曲线计算表

年　　份	t	产量(Y_t)	趋势值(y_c)
1995	1	1 845	1 699.94
1996	2	2 145	1 938.26
1997	3	1 890	2 147.59
1998	4	2 115	2 331.45
1999	5	2 445	2 492.95
2000	6	2 805	2 634.81
S_1	—	13 245	13 245.00
2001	7	2 970	2 759.41
2002	8	2 940	2 868.85
2003	9	3 045	2 964.99
2004	10	2 985	3 049.42
2005	11	2 970	3 123.59
2006	12	3 045	3 188.74
S_2	—	17 955	17 955.00
2007	13	3 195	3 245.96
2008	14	3 105	3 296.22
2009	15	3 331	3 340.36
2010	16	3 519	3 379.14
2011	17	3 426	3 413.20
2012	18	3 542	3 443.12
S_3	—	20 118	20 118.00

根据公式,得

$$b=\left(\frac{20\ 118-17\ 955}{17\ 955-13\ 245}\right)^{\frac{1}{6}}=0.87836$$

$$a=(17\ 955-13\ 245)\times\frac{0.87836-1}{0.87836\times(0.87836^6-1)^2}=-2\ 230.530(千克)$$

$$k=\frac{1}{6}\times\left[13\ 245-\frac{-2\ 230.530\times0.87836\times(0.87836^6-1)}{0.87836-1}\right]=3\ 659.148(千克)$$

水稻单位面积产量的修正指数曲线方程为

$$y_c=3\ 659.148-2\ 230.530\times(0.87836)^t$$

将 t 代入上述方程即得各年水稻单位面积产量的趋势值,见表 8-17。将 $t=23$ 代入方程,得 2017 年的水稻单位面积产量为：$y_{c(2\ 010)}=3\ 659.148-2\ 230.530(0.87836)^{23}=3\ 546.20(千克)$。

这一方程说明,从 1995—2012 年这一时期的统计数据来看,某地水稻单位面积产量最终将以 3 659.148 千克作为增长极限。

C. 龚铂茨曲线。龚铂茨曲线是以英国统计学家和数学家 B. Gompertz 命名的。曲线方程为

$$\hat{Y}_t=Ka^{b^t}$$

式中　K,a,b 表示未知常数,$K>0,0<a\neq1,0<b\neq1$

龚铂茨曲线所描述的现象的特点是,初期增长缓慢,以后逐渐加快,当达到一定程度后,增长率又逐渐下降,最后接近一条水平线。该曲线的两端都有渐近线,其上渐近线为 $Y=K$,下渐近线为 $Y=0$。龚铂茨曲线通常用于描述事物的发展由萌芽、成长到饱和的周期过程。现实中有许多现象符合龚铂茨曲线,如工业生产的增长、产品的寿命周期、一定时期内的人口增长等,因而该曲线被广泛应用于现象的趋势变动研究。

为确定曲线中的未知常数,可将其改为对数形式

$$\lg\hat{Y}_t=\lg K+(\lg a)b^t$$

然后依照修正指数曲线的常数确定方法,求出 $\lg a,\lg K,b$,取 $\lg a$ 和 $\lg K$ 的反对数求得 a 和 K。令

$$S_1=\sum_{t=1}^{m}\lg Y_t,\quad S_2=\sum_{t=m+1}^{2m}\lg Y_t,\quad S_3=\sum_{t=2m+1}^{3m}\lg Y_t$$

则有

$$b=\left(\frac{S_3-S_2}{S_2-S_1}\right)^{\frac{1}{m}}$$

$$a=(S_2-S_1)\frac{b-1}{b(b^m-1)^2}$$

$$K=\frac{1}{m}\left[S_1-\frac{ab(b^m-1)}{b-1}\right]$$

四、趋势线的选择

上面讨论了对时间序列配合趋势线的一般方法。但在实际应用中，对于一个给定的具体时间序列，应如何选择所要配合的趋势线的类型呢？趋势线的选择是实际应用中十分重要的一个问题，它直接关系到对现象描述及其规律性认识的结论。趋势线选择得不适当，不仅不能正确描述现象的数量规律性，有时还会得出与事实相反的结论。困难的是，许多情况下，我们并不能直接根据时间序列的观察值本身判断出现象的发展形态或趋势。下面我们给出选择趋势线的一些参考依据。

首先，应弄清所观察变量的实际意义及其相关理论知识，根据观察值的变化规律及其散点图的形态确定适当的趋势线类型。这在一定程度上取决于研究者本人的经验及理论知识水平。

其次，可根据所观察的数据本身，按以下标准选择趋势线：若观察值的一次差（逐期增长量）大体相同，可配合指数曲线；若各观察值一次差的环比值大体相同，可配合修正指数曲线；若各观察值对数一次差的环比值大体相同，可配合龚铂茨曲线。

最后，如果对同一时间序列有几种趋势可供选择，以估计标准误差最小为宜。估计标准误差（S_y）的计算公式为

$$S_y = \sqrt{\frac{\sum (y_t - y_c)^2}{n - m}}$$

式中　y_t 表示实际观察值；

y_c 表示趋势值；

n 表示观察值个数；

m 表示趋势方程中未知常数的个数。

第三节　季节变动的测定

季节变动是指在一年内某些社会经济现象随着季节的变化而产生的波动，它基本上是受自然因素的影响。例如，毛皮服装、棉衣、羽绒服一类商品，冬季是销售旺季，到夏季则销售大量减少，随着气候转寒又回到了销售旺季。

啤酒的销售量是夏高冬低，百货公司的销售额是节日居多，平日较少，类似的例子还有很多。不过，与1年期间内生产的季节变动有别的诸如1天气温的变动，1周内超级市场的销售额，等等，也可以作为季节变动来考虑。

在这种变动中，比如气候（这是外部原因）、节假日、政府有关制度上的原因等是系统原因。这种系统原因的大部分若从长期来考虑，即使在季节和日期方面有若干移动的可能性，但无论如何，年年都存在着某种程度的规则性。用时间数列观察季节变动，就是测

定这类系统原因实质性的指标。

季节变动测定的目的是：第一，能够了解 1 年之间各时点变数（如啤酒的销售量 S）的变化和变数的大小。这样，销售啤酒的公司就可以根据对 S 的了解，制定出 1 年内各时点行之有效的库存计划。第二，若从原数列除去 S，就可以了解在没有这种季节变动的情况下变数的大小。例如，从 9 月份啤酒的销售量中除去 8 月份的 S 的情况下，与某 1 年加以比较，发现销售量特别低时，可以分析其原因是 T、C、I 当中的哪一个。由于该年夏季气温偏低，所以可知销售量比某 1 年少的原因，是低温的不规则变动 I 所引起的。

在经济和管理分析中所使用的时间数列，通常是消除了季节变动的。这种时间数列就称"季节调整后"的时间数列。

一、测定季节变动的基本思想

测定季节变动的基本思想是从时间序列中消除非季节变动的组成部分（T，C，I）。这里，以啤酒为例加以说明。

图 8-1 是 3 年内啤酒销售变动情况的图示，虽然销售情况依赖于季节条件（在这种场合尤其是气候条件），可是每年的波峰与波谷略有移动。这可以看作是不能预先估计的偶然因素在起作用。

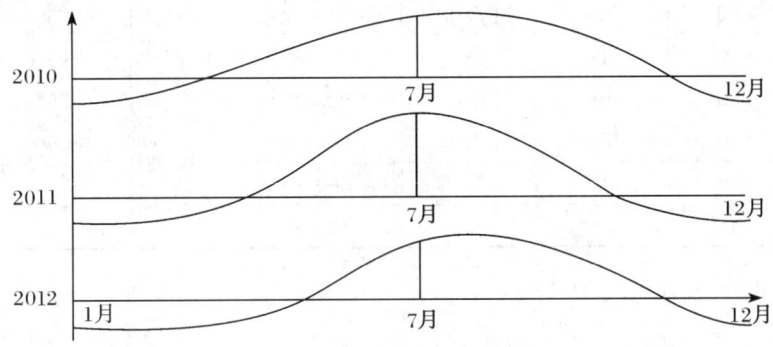

图 8-1 3 年内啤酒销售变动

在这种情况下，各年度偶然因素假定是相互独立的。例如，每一年度 7 月份的偶然因素与第 2 年或其他年度 7 月份的偶然因素，假定它们没有关系，互相不受影响。这一假定意味着，倘若将许多年度的 7 月份变量值加总，则由偶然因素引起的不规则变动，可以相互抵消。因此，将许多年的数值加以合计，找出其平均年度值，其中应当不再含有不规则变动 I。倘若长期趋势变动 T 与循环波动 C 可以消除的话，剩下的只有季节变动 S，那么将用指数形式表示时，就可以得出季节指数。由于消除的方法不同，测定季节变动的方法也各不相同。本节主要介绍两种方法，简单的平均法和长期趋势剔除法。

二、测定季节变动的方法

(一) 简单的平均法

这里,利用假设数字介绍这一方法。表 8-18 列示的是冷冻蔬菜的库存量数据。为简便起见,只用两年内的数据。显然,这一简化的做法,可以很容易地扩展到若干年的情况。

表 8-18

冷冻蔬菜库存量

月　份	(1) 2009 年	(2) 2012 年	(3) (1)+(2)	(4) 算术平均	(5) 趋势(T)	(6) 调整后 算术平均	(7) 季节指数
1	560	780	1 340	670	0	670	97.4
2	500	720	1 220	610	5	605	88.0
3	450	670	1 120	560	10	550	80.0
4	420	660	1 080	540	15	525	76.3
5	420	630	1 050	525	20	505	73.5
6	480	660	1 140	570	25	545	79.3
7	590	730	1 320	660	30	630	91.6
8	750	860	1 610	805	35	770	112.0
9	860	970	1 830	915	40	875	127.3
10	900	980	1 880	940	45	895	130.2
11	900	950	1 850	925	50	875	127.3
12	850	870	1 720	860	55	805	117.1
合　计	7 680	9 480	17 160	8 580	—	—	—
平均数	640	790	1 430	715	—	—	—

假定这一时间数列可用下式表示:

$$Y = T + S + C + I$$

对表中第(4)栏有两种解释:一种是,由于平均化消除了原数列的不规则变动 I;另一种是,若采用若干年的平均,不仅消除了不规则变动 I,就连循环的上升与下降大致相等时,若平均化的期间长度是一个循环的长度,那么这一平均化过程刚好使循环效果相互抵消。也就是假定上升与下降的期间与波动振幅大体相同,而且还假定循环波动的长度是可以识别的。

如果以上假设是可行的,则第(4)栏的平均值,就剔除了不规则变动 I 和循环波动 C。这就是说,时间数列只包含长期趋势变动 T 和季节变动 S。倘若可以将 T 除去,则余下的只是 S 了。由第(4)栏($T+S$)减去第(5)栏(T),结果剩下第(6)栏的 S。

例如,1年平均每月(单位:万千克)冷冻蔬菜的库存量数据见表8-19。

表8-19

冷冻蔬菜库存量(月平均)

年 份	x	y(万千克)	xy	x^2
2008	0	520	0	0
2009	1	580	580	1
2010	2	540	1 080	4
2011	3	640	1 920	9
2012	4	790	3 160	16
合 计	10	3 070	6 740	30

由这些数据确定趋势方程式

$$b=\frac{n\sum xy-\sum x\sum y}{n\sum x^2-(\sum x)^2}=60$$

$$a=\frac{\sum y}{n}-b\frac{\sum x}{n}=494$$

故每年的月平均方程为

$$y=494+60x$$

其中,$b=60$,表示每年的平均增加数。因此每月的增加数为

$$\frac{b}{12}=\frac{60}{12}=5(万千克)$$

即每月增加 5 万千克。1月的趋势值为 0,2 月为 5,3 月为 $5\times2=10$,4 月为 $5\times3=15$,等等。将这些值填入表 8-20 第(5)栏中,从第(4)栏中予以扣除,其结果就是第(6)栏。

第(6)栏就是所求季节变动 S,它通常以 100 为基准来表示的。因此求出第(6)栏的平均值(本例中为 687.5),然后用它来除第(6)栏的各栏的各值即可,其结果在第(7)栏,这就是以 100 为基数的季节指数。

(二)移动平均比率法

假定时间数列各要素之间关系用下列公式表示

$$Y=T\cdot S\cdot C\cdot I \tag{1}$$

$$Y=T\cdot S\cdot I \tag{2}$$

公式(2)中的 T 相当于公式(1)中的 $T\cdot C$。

表 8-20

啤酒销售量计算表

单位：百万桶

(1) 年度	月份	(2) 原数列	(3) 12个月的 移动合计	(4) 12个月的 移动平均	(5) 2个月的 移动合计	(6)=(5) ÷2	(7)=(2) ÷(6)
		$T \cdot S \cdot C \cdot I$				$T \cdot C$	$S \cdot I$
2010	7	8.9					
	8	9.2					
	9	7.3					
	10	6.4					
	11	5.8					
	12	6.2	90.7	7.56			
2011	1	6.4	91.4	7.62	15.18	7.6	84%
	2	6.6	90.9	7.58	15.20	7.6	87%
	3	7.9	90.1	⋮	⋮	⋮	105%
	4	7.9	90.2				105%
	5	8.7	90.3				116%
	6	9.4	90.2				125%
	7	9.6	90.7				127%
	8	8.7	⋮				⋮
	9	6.5					
	10	6.5					
	11	5.9					
	12	6.1					
2012	1	6.9					
	⋮	⋮					

移动平均比率法,基本的假设是令季节变动 S 的期间为 12 个月,而变动的模型每年相同。同时,假定各年度的不规则变动 I 是自动相互独立的。因此,在应用(1)式或(2)式求 12 个月的移动平均时,由于将 $S \cdot I$ 平滑化予以消除了,其结果就得到 $T \cdot C$,即变成 $T \cdot C$ 的移动平均值。使用这一移动平均值 $T \cdot C$ 求 $S \cdot I$ 的方法如下所示

$$\frac{原数列}{移动平均} = \frac{Y}{T \cdot C} = \frac{T \cdot S \cdot C \cdot I}{T \cdot C} = S \cdot I$$

这种求得 $S \cdot I$ 的方法,称为移动平均比率法。

现根据表 8-20 啤酒的销售量数据,通过下例说明计算步骤。

例如,2010 年 12 月与 2004 年 1 月之间所填入的数字 90.7,是从 2010 年 7 月起至 2011 年 6 月止的移动合计数。同时,91.4 是由 2010 年 8 月至 2011 年 7 月的移动合计数。以此类推。第(3)栏的数字除以 12 所得之值填入第(4)栏。这一移动平均值,就是将 $S \cdot I$ 加以平滑化予以消除而得到的 $T \cdot C$。

但 7.56 或 7.62 等移动平均值,是填在月与月之间的数值,为了使移动平均值刚好对应各个月份,必须做出修正。例如,将最初的两个移动平均值 7.56 或 7.62 加以合计,填入对应于 1 月第(5)栏。由于这是两个月的合计,所以将其除以 2,可得到第(6)栏的移动平均值,这就刚好与 1 月份相对应。第(4)栏与第(6)栏同样是 $T \cdot C$,不过第(6)栏的移动平均只是挪动半个月份而已,所以它刚好与各月份相对应了。

最后,求 $S \cdot I$。这可将第(2)栏($T \cdot S \cdot C \cdot I$)除以第(6)栏($T \cdot C$),其结果即以百分率表示的第(7)栏的 $S \cdot I$。

下一步,拟从这个 $S \cdot I$ 尽可能地消除 I。通常是采用 $S \cdot I$ 的平均来进行的。为此,编制如下计算表(见表 8-21)。

表 8-21

季节指数计算表

	1	2	3	4	5	6	7	8	9	10	11	12	合计
2010 年	84%	87%	105%	105%	116%	125%	127%	116%	86%	87%	79%	81%	1 198%
2011 年	92%	79%	102%	108%	120%	121%	91%	91%	70%	81%	70%	81%	1 106%
2012 年	92%	86%	100%	102%	118%	130%	131%	105%	97%	91%	78%	92%	1 222%
合　计	268%	252%	307%	315%	354%	376%	349%	312%	253%	259%	227%	254%	3 526%
计算平均	89%	84%	102%	105%	118%	125%	116%	104%	84%	86%	76%	85%	1 175%
调整后平均	89%	84%	101%	104%	117%	124%	115%	103%	83%	86%	76%	85%	1 167%

该表中的 $S \cdot I$ 数据来自前面计算表,可以用来计算 2010～2012 年各月的平均值。这一平均化,由除去 I 而获得 S,然后将它调整为以 100 为基准的季节指数。这个指数表示调整后的平均值,1 月份为 89,是 1 月季节指数,以此类推。

三、季节指数的应用

季节指数能够反映经济现象在 1 年时间的变化规律,这对进行计划、预测、决策都具有重要意义。

（一）利用季节指数消除变动的影响

在时间数列分析中，有时我们要消除季节变动的影响，以便更清晰地分析数列中的长期趋势或循环变动，这时，就可以用实际值除以相应的季节指数，然后乘以100，从而将长期趋势和循环变动分解出来，这可用下式表示

$$\frac{T \cdot S \cdot C \cdot I}{S} = T \cdot C \cdot I$$

例如，从表8-22未调整的年销售额了解到，12月的销售额很高，1月份又落到最低点，这一季节模型每年反复如此。季节调整后的销售额，去掉了季节变动的成分。

表8-22

零售额数据（2010年）

	1	2	3	4	5	6	7	8	9	10	11	12
未调整的年销售额合计	106	107	125	130	141	137	121	132	145	100	176	261
季节调整后的销售额合计	138	140	138	141	144	144	150	149	143	144	145	149

（二）编制计划

如果没有季节变动，现象在1年期间内各时期的数值变化是均匀的，即季节指数为100%。如果存在季节变动，现象在1年期间内必有波动，即各时期的季节指数是不相同的。所以我们可以根据各时期的季节指数去安排计划。

例如，某企业计划年产值720万元，由于企业产品生产受季节影响，所以各季的计划要考虑相应的季节变动。经测定各季的季节指数如表8-23所示，则应如何调整生产计划？

表8-23

季 节 调 整 表

季度	季节指数 （1）	不含季节变动（万元） （2）	含季节变动（万元） （3）＝（1）×（2）
1	50.8%	180	91.44
2	90.5%	180	162.90
3	196.7%	180	354.06
4	62.0%	180	111.60
合　计	400.0%	720	720.00

这样，企业可根据表8-23第（3）栏安排生产计划。

（三）估计总量

如果季节变动以1年为长度，则可结合某时期的数值和相应的季节指数估计全年的

总量。

例如,某月季节指数是 0.9,实际销售额是 22.5 万元,则全年销售额是多少?

因为 22.5 万元是含季节变动的销售额。这样,我们可以根据实际销售额和季节指数求出不含季节变动的月销售额,然后乘上 12 个月便是全年总的销售额。即

$$\left(\frac{22.5}{0.9}\right) \times 12 = 300(万元)$$

应当指出,这种估计是在销售额季节指数保持不变,并且数列仅受季节变动影响条件下进行的。

(四)用季节指数解释数据

季节指数经常被用来调整数据,这种调整数据经常有利于时间数列的分析和解释。

例如,有某批发商店的销售额和季节指数的资料见表 8-24。

表 8-24

销售额分析表

月份	实际销售额(万元)	季节指数	调整销售额(万元)	环比增长速度	
				实际	调整
	(1)	(2)	(3)	(4)	(5)
1	452.7	113%	400.6	—	—
2	682.4	182%	374.95	50.7%	−6.4%
3	326.8	76%	430.0	−52.1%	14.7%

从表 8-24 中可以看出,1~2 月销售急剧增加,而 2~3 月销售急剧降低。要解释其原因,必须认真分析研究数据以及有关的变动因素。

季节指数提供了第一个线索。2 月的季节指数急剧上升,3 月的季节指数又陡然下降。显然,我们已知道了变动模型,当然也能看出变化的数量是否正常。

要确定销售额变化的数量,需要用季节指数去消除季节变动的影响,计算调整销售额。第(3)栏列出了调整销售额,从中可以看出,2 月份销售额并不令人欣喜,3 月份销售额也不令人担忧。这是因为考虑了季节变动的影响以后,2 月份的销售额实际上在下降,而 3 月份的销售额却在提高。

我们也可以用第(4)栏与第(5)栏,看一下季节变动的影响效果。如果只看第(4)栏未调整销售额的环比发展速度,2 月提高 50.7%,3 月份却降低 52.1%,而从调整的销售额[第(5)栏]则可以看出 2 月份降低 6.4%,3 月份提高了 14.7%。可见,表面上 2 月份销售额剧增实际上是由于时逢春节所造成的。如果去掉季节影响,这个月的销售额就不理想;反之,3 月份销售额虽然降低,但如果去掉季节影响后,实际上是在上升。

第四节　循环变动和不规则变动的测定

一、循环变动分析

测定循环变动最常用的方法是基于乘法模型的剩余法,这是指从时间数列中依次剔除长期趋势和季节性变动因素之后,其剩余部分即为循环变动和不规则变动,再通过移动平均法来剔除不规则变动,最后剩余即为循环变动。具体步骤如下:

(1) 根据时间数列资料计算季节指数 S,并用原数列除以 S,求得无季节变动资料。其计算公式为

$$\text{无季节变动资料} = \frac{T \times S \times C \times I}{S} = T \times C \times I$$

(2) 计算机长期趋势 T(即趋势值 $\hat{y}$),这里长期趋势值是根据模型法模拟的方程估算而获得。以无季节变动资料除以 T,以消除长期趋势,便得到循环变动与不规则变动资料。其计算公式为

$$\text{循环变动与不规则变动资料} = \frac{T \times C \times I}{T} = C \times I$$

(3) 对循环变动与不规则变动资料进行移动平均(如采用 3 个月移动平均等),消除不规则变动,剩余结果便是循环变动指数。

例如,以某地区 2009—2012 年工业总产值资料为例,原动态数列循环变动指数的计算过程及结果如表 8-25 表示。

表 8-25

某地区 2009～2012 年工业总产值的循环变动指数计算

日　期	时间序号 t	工业产值 Y（千万元）	季节指数 S	无季节变动资料 $T \times C \times I = Y/S$	长期趋势 T	循环变动与不规则变动 $C \times I = (T \times C \times I)/T$	循环变动 C
2003.1	1	477.9	98.2%	486.7	467.1	104.2%	—
	2	397.2	83.0%	478.6	474.1	100.9%	102.3%
	3	507.3	103.5%	490.1	481.1	101.9%	101.5%
	4	512.2	103.3%	495.8	488.1	101.6%	101.7%
	5	527.0	104.7%	503.3	495.1	101.7%	101.6%
	6	545.0	106.9%	509.3	502.1	101.4%	101.2%

（续表）

日　期	时间序号 t	工业产值 Y（千万元）	季节指数 S	无季节变动资料 $T \times C \times I = Y/S$	长期趋势 T	循环变动与不规则变动 $C \times I = (T \times C \times I)/T$	循环变动 C
7	7	494.7	96.7%	511.6	509.1	100.5%	100.8%
8	8	502.5	96.9%	518.6	516.1	100.5%	100.7%
9	9	536.5	101.4%	529.1	523.2	101.2%	100.8%
10	10	533.5	99.7%	535.1	530.2	101.0%	100.8%
11	11	553.6	102.6%	539.6	537.2	100.4%	99.4%
12	12	543.9	103.0%	528.1	544.2	97.0%	97.6%
…	…	…	…	…	…	…	…

说明：趋势值 T 根据模拟方程 $\hat{Y} = 460.1 + 7.0069t$ 估算。

将计算得到的循环变动指数 C 绘制成曲线图，可以看出某地区 2009—2012 年工业总产值经历了由下降到上升，再下降、再上升的过程，即存在着两个不完全的短周期循环，如图 8-2 所示。

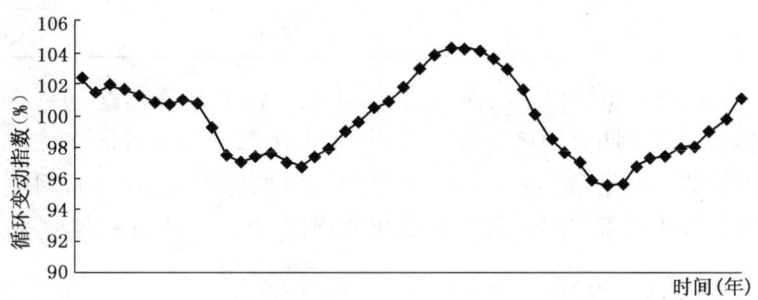

图 8-2　某地区 2009—2012 年工业总产值循环变动指数

二、不规则变动的测定

不规则变动也可采用上述剩余法测定，即根据乘法模型，利用已经计算得到的循环变动与不规则变动资料（$C \times I$），除以循环变动指数 C，即

$$不规则变动\ I = \frac{C \times I}{C}$$

例如，某地区 2009—2012 年工业总产值资料，不规则变动的计算过程及其结果如表 8-26 所示。

表 8-26

某地区 2009—2012 年工业总产值不规则变动计算表

日　期	时间序号 t	循环变动与不规则变动 $C \times I = (T \times C \times I) \div T$	循环变动 C	不规则变动 $I = C \times I \div C$
2004.1	1	104.2%	—	—
2	2	100.9%	102.3%	98.6%
3	3	102.9%	101.5%	100.4%
4	4	101.6%	101.7%	99.9%
5	5	101.7%	101.6%	100.1%
6	6	101.4%	101.2%	100.2%
7	7	100.5%	100.8%	99.7%
8	8	100.5%	100.7%	99.8%
9	9	101.2%	100.8%	100.3%
10	10	101.0%	100.8%	100.1%
11	11	100.4%	99.5%	100.9%
12	12	97.0%	97.6%	99.4%
...	...	...	...	...

　　将表 8-26 不规则变动指数绘成曲线,如图 8-3 所示,可以看出这是一条围绕着 100%作小幅波动的曲线,这表明某地区 2009—2012 年工业总产值的发展变化比较有规律,随机的、偶然性因素的影响是微小的。不规则变动是由偶然因素引起的,因此,在对时间数列进行统计分析时,还应着力揭示其发展变化的规律,并进一步分析各种深层次的原因。

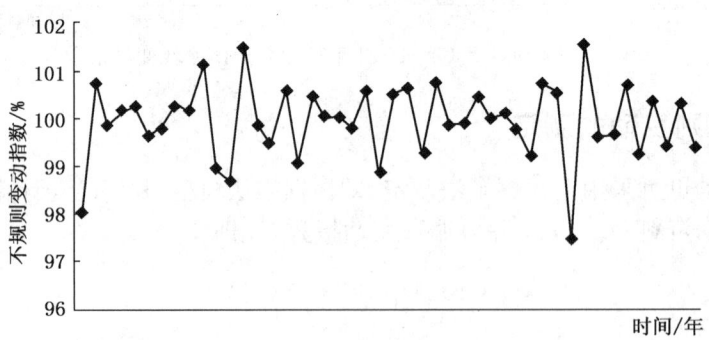

图 8-3　某地区 2009—2012 年工业总产值不规则变动指数

本 章 要 点

本章主要应掌握时间序列的种类和对时间序列进行分析的指标。

利用时间序列对现象发展变化趋势进行预测是学习时间数列的一个主要内容。主要掌握如何用最小平方法建立直线或曲线方程进行预测；季节变动测定的各种方法，主要有简单平均法、移动平均比率法等。

本 章 习 题

1. 什么叫时间序列？其构成要素是什么？

2. 时期序列和时点序列有什么不同？

3. 平均发展速度为什么不能用算术平均数计算？

4. 什么叫逐期增长量？什么叫累计增长量？什么叫年距增长量？它们之间有什么联系和区别？

5. 什么叫发展速度？什么叫增长速度？它们有什么区别和联系？

6. 几何平均法和方程法计算平均发展速度有什么不同？

7. 如何根据具体的时间序列选择适当的趋势线？

8. 某商店销售额资料见表8-27，试分析在剔除季节变动影响因素后2005年1月份销售额与2004年12月份销售额相比的提高或降低情况。

表 8-27

某商店销售额资料表

时　　间	销售额（万元）	环比增长速度	季节指数
2003 年 11 月	488.8	—	102%
2004 年 12 月	680.4	51.6%	180%
2005 年 1 月	332.0	−51.2%	80%

9. 某农行储蓄所现金库存资料见表8-28，计算该所上半年的月平均现金库存额。

表 8-28

某农行储蓄所现金库存资料表

时　　间	1月1日	2月1日	4月1日	7月1日
现金库存额（万元）	400	470	450	490

10. 根据表8-29所示资料计算2013年上半年月平均劳动生产率。

表 8-29

2013 年劳动资料表

月 份	1	2	3	4	5	6
月末工人数(人)	700	710	705	716	720	718
总产值(万元)	200	206	203	218	222	225

注:2012年12月末工人数为197人。

11. 甲、乙两市某种工业产品产量资料见表8-30。

表 8-30

甲、乙两市某种工业产品产量资料表

年 份	甲 市 (吨)	乙 市 (吨)
2008	758	1 350
2009	770	1 376
2010	785	1 385
2011	7 954	1 397
2012	803	1 409

试计算:

(1) 甲、乙两市该产品产量的平均增长速度。

(2) 按这几年的平均增长速度,要经过多少年甲市可以赶上乙市?

12. 某机械产品公司产品销售见表8-31。

表 8-31

某机械产品公司产品销售表

年 份	销售额(万元)	年 份	销售额(万元)
2003	25	2008	40
2004	27	2009	37
2005	33	2010	42
2006	31	2011	45
2007	35	2012	50

试计算：

（1）应用 3 年或 5 年移动平均法计算趋势值。

（2）应用最小平方法配合趋势直线，并预测 2017 年销售额。

（3）根据本题各年数据配合一条指数曲线，并与直线进行比较，说明配合哪一种趋势线更好。

第九章　统　计　指　数

学习目标　本章主要阐述统计指数的理论与方法。通过本章学习,要求了解统计指数的基本概念、统计指数的编制原理;熟悉运用综合指数和平均数指数的编制方法;熟悉掌握指数体系在因素分析中的应用;了解常用的价格指数的编制方法。

关键概念　统计指数(index number)　综合指数(aggregative index number)　平均数指数(average index number)　因素分析(factor analysis)

第一节　指数的概念和种类

一、指数的概念

指数有广义和狭义之分。从广义上讲,凡是表明社会经济现象总体数量变动的相对数,都是指数。因此,前面所述发展速度指标,亦可称为指数。例如,2005 年与 2004 年相比较,某地区粮食总产量和钢产量的发展速度分别为 101.7% 和 112.7%,可以称粮食产量指数和钢产量指数分别为 101.7% 和 112.7%。

从狭义上讲,指数是表明复杂社会经济现象总体数量综合变动的相对数。所谓复杂社会经济现象总体是指那些由于各个部分的不同性质而在研究其数量特征时不能直接进行加总或直接对比的总体。例如,不同的产品或商品构成的总体,由于具有不同的使用价值和不同的计量单位,因而,在统计其实物产量、销售量、单位产品原材料消耗、单位成本、价格等数量方面时,是不能直接进行加总的。我们不能把 5 000 吨钢与 100 台机床直接相加,也不能直接计算钢和机床的平均单位成本、平均价格等。因此,由不同的产品或商品所组成的总体便是一个复杂总体,要反映复杂总体数量的综合变动便不能简单地采用一般相对数的方法,而应当有专门的、特殊的方法。指数就是反映复杂总体数量综合变动的方法。利用指数的原理和方法,通过编制实物产量指数、价格指数等,可以反映不同产品或商品的实物产量、价格等的综合变动情况。

在实际工作方面,指数的广义和狭义两种含义都被广泛地应用。不过,在统计学中,指数理论主要是研究狭义指数的编制方法。阐述狭义指数的基本计算原理、原则和方法以及在分析中的应用,构成本章的主要内容。

二、指数的种类

为了满足理论研究和实际应用的需要,有必要区分指数的不同的种类。指数种类可以从不同的角度加以划分。

（一）个体指数和总指数

指数按其反映对象范围的不同,分为个体指数和总指数。社会经济现象大体分为两类:一类是由单一要素构成的对象,如某一种产品或商品构成的单一现象;另一类是由多种不同的要素构成的对象,如多种不同的产品或商品构成的综合现象。当指数表明单一要素构成现象变动的相对数时,称为个体指数;表明多种要素构成现象的综合变动的相对数时,称为总指数。例如,要研究 100 种不同种类商品的价格变动情况,那么,分别表明每一种商品价格变动的相对数是个体指数,综合反映这 100 种商品价格变动的相对数是总指数。

个体指数和总指数的划分具有重要的意义。从方法论角度看,个体指数的计算可用一般相对数的方法解决,而总指数的计算,则需要用专门的方法。因此,指数方法论,主要是研究总指数的编制问题。

介于个体指数和总指数之间,还有一个组（或类）指数的概念。组指数（或类指数）是指在对象分组的基础上,分别计算各组变动的相对数。例如,前述 100 种商品组成的对象,如果划分为几个商品组（或类）,并分别计算每个商品组（或类）价格变动的相对数,就是组指数（或类指数）。

组指数（或类指数）的性质类似于总指数,因而,在指数分类中未强调组指数独立的意义。后面将要阐明的关于总指数的方法论也适用于组指数。

（二）数量指标指数和质量指标指数

指数按其所表明的经济指标性质的不同,分为数量指标指数和质量指标指数。数量指标指数是根据数量指标计算的,表明总体单位数、规模等数量变动的即为数量指标指数。质量指标指数是根据质量指标计算的,如单位成本指数、劳动生产率指数等即为质量指标指数。数量指标和质量指标的划分具有相对性。例如,单位产品原材料消耗量指标,相对于产品的产量指标,它是质量指标,但对于材料的价格,它又是数量指标了,因而,数量指标指数和质量指标指数的划分,也具有相对性。

在我国社会经济统计指数理论中,将指数划分为数量指标指数和质量指标指数,具有十分重要的方法论意义。这两类指数具有不同的编制方法,这一点,在后面将具体说明。

（三）定基指数和环比指数

在一个指数数列中,指数按对比基期不同,分为定基指数和环比指数。指数反映现象的变动,可以单就两个时期比较,计算单个指数;也可以在动态数列的基础上,就多个时期计算一系列指数,组成指数数列。在指数数列中,计算各个时期的指数时,如果采用某一固定时期作基期,这样计算的一系列指数称为定基指数;如果采用各报告期前一个时期作基期,这样计算的一系列指数,称为环比指数。

第二节　综　合　指　数

综合指数是总指数的一种重要形式。凡是一个复杂因素受两个或两个以上因素影响时,要研究其中一个因素对复杂因素的影响方向和影响程度,就要把影响复杂因素变动的其他因素固定下来,假定它不变,单看其中一个因素对复杂因素的影响,这样计算出来的相对数就称为综合指数。它的特点是:先综合,后对比。

在指数发展过程中,最初产生的是简单综合指数,至今,简单综合指数已被加权集合指数代替,因此,本章内容在提及综合指数时,均指的是加权综合指数。上面讲过,总指数用于反映经济性质相同,但实物形态与使用价值不同的总体动态,其具体内容则是以指标的形式反映出来。

这种反映总体动态的指标又可分为两种:

一种是由总体内部各单位的标志值所构成的指标,如价格、成本、工资、劳动生产率等,这类指标反映总体内涵方面的变动,也称为质量指标,反映这类指标动态的指数,称为质量指标指数。

另一种是由总体的单位数目或结构所形成的指标,这类指标反映总体规模的变动,也通称为数量指标,反映这类指标动态的指数,称为数量指标指数。

这两类指数都可以用综合指数来计算和分析,下面就这两类指数分别予以叙述。

一、质量指标指数

在质量指标指数中,物价指数是比较重要的一种,在各种经济指数中,物价指数也占有重要的地位,统计指数理论最早就是从研究物价变动开始的。物价之中又可以细分成多种不同的价格,其中主要有产品的出厂价格、商品的批发价格、零售价格、居民消费价格、农产品采购价格、进出口贸易价格等。下面我们着重以商品零售价格指数为例,说明综合指数的编制原理与计算方法(见表9-1)。

表9-1中的资料摘自某市2009—2012年间商品零售价格汇编,表中包括12种食品及工业消费品的零售价格。从摘录资料看,12种商品的零售价格,2012年比2009年均有不同程度的上涨,为了反映每种商品零售价格的变动程度,需要计算个体价格指数。

表 9-1

某市 2009—2012 年间主要食品及工业消费品的价格和销售量资料及指数计算表

商品	计量单位	2009 年		2012 年		个体价格指数 $K_p=P_1/P_0$	按不同时期价格计算的销售额（元）			
		价格（元）p_0	销售量 q_0	价格（元）p_1	销售量 q_1		p_0q_0	p_0q_1	p_1q_0	p_1q_1
	—	1	2	3	4	5	6	7	8	9
稻米	百千克	70.6	7 120	280	7 540	3.966	502 672	532 324	1 993 600	2 111 200
豆油	百千克	420.5	920	795	975	1.891	386 860	409 987.5	731 400	775 125
大白菜	百千克	15	15 600	40	18 720	2.667	234 000	280 800	624 000	748 800
黄瓜	百千克	121.2	5 900	220.6	6 120	1.820	715 080	741 744	1 301 540	1 350 072
菠菜	百千克	60.8	6 400	189.8	6 650	3.122	389 120	404 320	1 214 720	1 262 170
豆腐	百千克	68.4	2 500	122.4	2 840	1.790	171 000	194 256	306 000	347 616
猪肉	百千克	518.2	1 200	1 426	1 215	2.752	621 840	629 613	1 711 200	1 732 590
苹果	百千克	250.8	3 400	360.5	3 245	1.437	852 720	813 846	1 225 700	1 169 822.5
白细布	百米	309.6	4 070	620	3 650	2.003	1 260 072	1 130 040	2 523 400	2 263 000
香皂	百块	260.5	1 075	420.2	1 070	1.613	280 037.5	278 735	451 715	449 614
电灯泡	百个	74.5	840	130	760	1.745	62 580	56 620	109 200	98 800
自行车	百辆	32 350	675	42 800	580	1.323	21 836 250	18 763 000	28 890 000	24 824 000
合计	—						27 312 231.5	24 235 285.5	41 082 475	37 132 809.5

（一）个体指数

个体价格指数的计算公式为

$$K_p=\frac{p_1}{p_0}$$

式中　K_p 表示个体价格指数，也有时称为价比；

　　　p_0 表示基期单位商品价格；

　　　p_1 表示报告期单位商品价格。

按上式计算得到的 12 种商品的个体价格指数列于表 9-1 中第 5 栏。从这一栏数值中可以看出，从 2009—2012 年间，12 种商品的价格均有上涨，但上涨程度不同。现在需要进一步研究的是，包括 12 种商品的这个总体的价格的变动程度如何，这就需要计算总指数。

（二）总指数

在计算物价总指数时,首先遇到的困难是如何把各种商品价格进行综合的问题。从表面上看,商品价格是可以合计的,但是简单地把不同商品的价格合计起来是没有什么意义的。在指数计算中,不存在一般价格存在是某种具体商品的价格,如 1 千克稻米的价格、1 米棉布的价格或 1 辆自行车的价格等。价格作为商品的一种标志,是和商品的实物数量首先是和销售量紧密联系在一起的。如果以 p 表示单位商品价格、q 表示销售量,pq 代表销售额,则这种联系可用下式表示

$$p \times q = pq$$

这个等式反映了商品价格与其销售数量之间的客观的经济联系。我们研究的目的是要反映价格的动态。根据上式要求,每种商品的价格需乘以相应的销售量。这时,对价格来说,销售量起着两方面的作用:第一,把价格乘以销售量之后,把不能直接合计的指标转化为可以综合计量的指标——商品销售额;第二,不同商品的销售量的多少对价格起着加权的作用。

由此可见,在以上等式左面的两个因素中,其地位和作用是各不相同的,其中的第一个因素价格(p),是我们要研究其动态的指标,称为指数化指标;第二个因素销售量(q),对指数化指标既起着同度量的作用,又起着加权的作用,在指数中通称为同度量因素,或称为权数。把不能相加的因素乘以一个因素,还原为能相加的因素,这里把乘上的因素称作同度量因素。这样,在计算指数过程中,把指数化指标与有关经济因素联系起来,通过同度量因素转化为可以合计的指标,这就是综合指数的第一个主要特点,即先综合,后对比。

另外,为了反映现象的动态,就需要分别计算两个不同时期的总量指标——基期商品销售额 $\sum p_0 q_0$ 与报告期商品销售额 $\sum p_1 q_1$,并将两者进行对比,于是可得

$$\overline{K}_{pq} = \frac{\sum p_1 q_1}{\sum p_0 q_0}$$

式中　$\overline{K}_{pq}$ 表示商品销售额指数;

　　　p_0 表示基期单位商品价格;

　　　p_1 表示报告期单位商品价格;

　　　q_0 表示基期销售量;

　　　q_1 表示报告期销售量。

上式反映商品销售额的动态。可以看出,构成商品销售额动态的两个因素 p 与 q 都是可变的,因此由此式计算得到的指数仍然同时受到两因素共同变化的影响。我们研究的目的既然是要反映价格的动态,这就需要在研究过程中把销售量固定在某一个时期的水平上,即假定它是不变的,只有这样才能把指数化指标——价格动态反映出来。因此,

在计算指数时,为了反映指数化指标的动态,在计算过程中需要把同度量因素固定在某一个时期水平上,这就是综合指数的第二个主要特点,即将同度量因素固定在什么时期。

那么,对物价指数来说,应把同度量因素固定在哪一个时期呢? 是以基期的销售量作同度量因素,还是以报告期的销售作同度量因素呢? 在指数理论的发展中,为解决这一问题曾先后产生过两种方法、两个公式,其中,第一个公式是把销售量固定在基期,公式形式为

$$\overline{K}_{p(1)} = \frac{\sum p_1 q_0}{\sum p_0 q_0} \tag{1}$$

式中　$\overline{K}_{p(1)}$ 表示按(1)式计算的物价总指数。

第二个公式是把销售量固定在报告期,公式形式为

$$\overline{K}_{p(2)} = \frac{\sum p_1 q_1}{\sum p_0 q_1} \tag{2}$$

式中　$\overline{K}_{p(2)}$ 表示按(2)式计算的物价总指数。

现根据表 9-1 中的资料,分别按(1)式及(2)式计算总指数。计算时,需要先求 $\sum p_0 q_0, \sum p_1 q_0, \sum p_1 q_1, \sum p_0 q_1$ 等各项数据总和,为此需在表中设计 6、7、8、9 各栏,并将乘积列入表中。表 9-1 底下横行合计即计算所需数据。

首先求商品销售额指数,得

$$\overline{K}_{pq} = \frac{\sum p_1 q_1}{\sum p_0 q_0} = \frac{37\ 132\ 809.5}{27\ 312\ 231.5} = 1.36 \text{ 或 } 136\%$$

上式计算结果说明,该市 2012 年的主要食品及工业消费品的销售额比 2009 年增长了 36%,增长的绝对额为 $\sum p_1 q_1 - \sum p_0 q_0 = 37\ 132\ 809.5 - 27\ 312\ 231.5 = 9\ 820\ 578$(元)。

下面分别按(1)式及(2)式计算物价指数。

按(1)式计算

$$\overline{K}_{p(1)} = \frac{\sum p_1 q_0}{\sum p_0 q_0} = \frac{41\ 082\ 475}{27\ 312\ 231.5} = 1.504 \text{ 或 } 150.4\%$$

按(1)式计算的结果表明,该市 2012 年食品及工业消费品物价指数较 2009 年上涨了 50.4%。

按(2)式计算

$$\overline{K}_{p(2)} = \frac{\sum p_1 q_1}{\sum p_0 q_1} = \frac{37\ 132\ 809.5}{24\ 235\ 285.5} = 1.532 \text{ 或 } 153.2\%$$

按(2)式计算的结果表明,该市 2012 年食品及工业消费品物价指数较 2009 年上涨了 53.2%。

　　以上的计算结果说明:按(1)式计算或按(2)式计算,该市食品与工业消费品的物价总指数都是上涨的,但上涨的程度不同。按(1)式计算,2012年比2009年物价上涨了50.4%,而按(2)式计算,则同一时期的物价上涨了53.2%,即按(2)式计算的结果要比按(1)式计算的结果高2.8%。两个公式依据的是同一时间、同一资料,但所得的结果却存在差异,是什么原因造成的,这又分别说明什么问题呢?

　　将(1)式与(2)式进行比较,可以看出,两个公式在形式上的主要区别是所选用的同度量因素的所属时期不同:(1)式是以基期的销售量为同度量因素,而(2)式则是以报告期的销售量为同度量因素。假定每种商品的销售量,在报告期与基期均保持相同的数量与结构,那么两个公式计算的结果将完全相等,但在实际经济生活中,这种情况一般不会发生。表9-1中的资料表明每种商品的销售量与结构,报告期与基期相比都发生了变化,这种变化与价格变化相结合,就是导致两式计算结果出现差异的根本原因。

　　从公式内容来看,(1)式以基期销售量(q_0)为同度量因素,它反映的是居民在基期购买的商品总量。公式分母$\sum p_0 q_0$是基期购买该商品的货币支出总额,公式分子$\sum p_1 q_0$是购买该商品时按报告期价格核算的货币支出总额,两者之比反映的是按基期购买的商品数量与结构,报告期价格与基期价格相比的变动程度,按以上资料计算,报告期比基期提高50.4%,分子与分母指标之差是$\sum p_1 q_0 - \sum p_0 q_0 = 13\,770\,243.5$(元),反映按基期购买的商品数量与结构,由于物价变动对居民货币支出的影响。在本例中,由于物价上涨,居民多支出了13 770 243.5元。(2)式是以报告期销售量(q_1)为同度量因素,它反映的是居民在报告期购买的商品总体。公式分子$\sum p_1 q_1$,是报告期购买该商品的实际货币支出额,公式分母$\sum p_0 q_1$,是购买该商品时按基期价格核算的货币支出额。两者之比反映按报告期购买的商品数量与结构,报告期比基期价格的变动程度,按以上资料计算,报告期比基期提高53.2%,分子指标与分母指标之差是$\sum p_1 q_1 - \sum p_0 q_1 = 12\,897\,524$(元),反映按报告期购买的商品数量与结构,由于物价变动对居民货币支出的影响,在本例中,由于物价上涨,居民多支出了12 897 524元。

　　由此可见,(1)式与(2)式分别是以不同时期的商品总体为研究对象,由于从基期到报告期的期限内,不仅价格发生了变化,商品总体的数量与结构也发生了变化,这就是导致两公式计算结果出现差异的根本原因。从经济内容与资料来源方面看,两公式各有优点与不足,可以根据不同情况与条件,分别选用不同的计算方法。此外也可以根据需要,对实际资料同时按两种方法分别计算指数,将计算结果进行比较分析,本节后面也将就此作简要介绍。

　　(三)组指数

　　根据表9-1中的资料已经计算得出物价总指数,现在我们将求得的总指数与个体价格指数进行比较,并就价格变动的具体情况进行分析。

　　表9-1中包括12种商品,从表内第5栏中可以看出,各种商品价格均是上涨的,但上

涨程度有高有低,总指数综合反映了价格的平均变动程度,因此这是一个十分重要的综合指标。据上文按(1)式、(2)式计算,$\overline{K}_p$ 分别等于 1.504 和 1.532,现在就以(2)式计算结果为依据,将其与个体价格指数进行比较。可以看出,在 12 种商品之中,只有两种商品的个体指数略低于(2)式计算的结果,其余 10 种均超过(2)式计算的结果。若是将 12 种商品区分为食品及工业消费品两类,则可以看出,食品类个体指数的上涨程度高于工业消费品;在食品类之中,稻米、菠菜、大白菜、猪肉等价格的上涨程度远远超过总指数,但在总指数中却未能完全显现出来。由此可见,总指数的计算结果与个体指数之间存在着明显的差异,个体指数的数值很高,而总指数的结果偏低。为什么会产生这样的矛盾呢?

　　总指数是一种平均数,具有平均数的一切性质,它既概括地反映了总体的一般水平,同时也将一些重要的、值得注意的差异掩盖了起来。列宁曾经多次指出过:"笼统"是平均数所存在的弊端。表 9-1 资料中计算得到的总指数,按其性质,就属于这类"笼统"的平均数,它将个体指数的变动完全淹没在总指数中。这种结果并不是因为总指数的计算方法"不科学",而是由总指数自身的性质造成的。

　　如何解决这一矛盾呢? 它可以用组指数来补充说明。现在我们根据这一原理将表 9-1 中 12 种商品分为食品类及工业消费品类两组,而后分别求它们的组指数(类指数),并将组指数与总指数对比。

　　依据表 9-2 中的资料分别按(2)式计算粮食类价格指数及工业消费品类价格指数如下:

　　食品类价格指数

$$\overline{K}_p = \frac{\sum p_1 q_1}{\sum p_0 q_1} = \frac{9\ 497\ 395.5}{4\ 006\ 890.5} = 2.370 \text{ 或 } 237.0\%$$

　　工业消费品类价格指数

$$\overline{K}_p = \frac{\sum p_1 q_1}{\sum p_0 q_1} = \frac{27\ 635\ 414}{20\ 228\ 395} = 1.366 \text{ 或 } 136.6\%$$

表 9-2

某市 2009—2012 年间主要食品及工业消费品组指数计算表

商 品	计量单位	个体指数 K	按基期价格核算的报告期商品销售额(元)$p_0 q_1$	报告期销售额(元)$p_1 q_1$
—	—	1	2	3
稻米	百千克	3.966	532 324	2 111 200
豆油	百千克	1.891	409 987.5	775 125
大白菜	百千克	2.667	280 800	748 800
黄瓜	百千克	1.820	741 744	1 350 072

（续表）

商　品	计量单位	个体指数 K	按基期价格核算的报告期商品销售额(元)$p_0 q_1$	报告期销售额(元)$p_1 q_1$
菠菜	百千克	3.122	404 320	1 262 170
豆腐	百千克	1.79	194 256	347 616
猪肉	百千克	2.752	629 613	1 732 590
苹果	百千克	1.437	813 846	1 169 822.5
合　计	—	—	4 006 890.5	9 497 395.5
白细布	百米	2.003	1 130 040	2 263 000
香皂	百块	1.613	278 735	449 614
电灯泡	百个	1.745	56 620	98 800
自行车	百辆	1.323	18 763 000	24 824 000
合　计	—	—	20 228 395	27 635 414

由以上各类指数的计算可以看出：该市 2012 年的物价总指数，食品类价格比 2009 年上涨了 137.0%，工业消费品价格比 2009 年上涨了 36.6%，食品类价格上涨程度远高于工业消费品。我国近年来对城乡居民生活调查的资料显示，在居民消费支出总额中食品类消费支出占有较大比率，它对居民生活水平的影响最大，因此人们也更关心食品类价格上涨的程度，并因此而对总指数提出疑问，这是很自然的，不宜简单地把这种疑问看成是"个人的主观感受"或"凭个人经验"等。近年来我国统计部门发表的统计公报中，不仅有总指数，而且主要有类指数，这就在一定范围上消除了上述矛盾，人们对物价变动的实际情况也会有比较全面的了解。

以上有关物价指数的编制理论和方法，也适用于成本、劳动生产率、工资等其他质量指标。

二、数量指标指数

在统计中经常需要研究工业品产量、商品销售量、职工人数等各种现象的动态，从性质上看，它们是由总体单位数或结构所形成的指标，反映总体规模的变动，这类指标称为数量指标，反映这类指标动态的指数称为数量指标指数。下面我们以工业产量指数为例说明其研究方法，见表 9-3。

表 9-3

某地区四种主要工业产品的产量及指标计算表

工业产品	计量单位	产量		个体产量指数 $Kq = q_1/q_0$	单位产品基期出厂价格 p_0（元）	基期产值 p_0q_0（千元）	按基期价格核算的报告期产值 p_0q_1（千元）
		基期 q_0	报告期 q_1				
—	—	1	2	3	4	5	6
甲	吨	1 000	1 100	1.10	200	200	220
乙	吨	2 500	2 800	1.12	500	1 250	1 400
丙	台	3 600	4 000	1.11	300	1 080	1 200
丁	件	400	420	1.05	1 200	480	504
合 计	—	—	—	—	—	3 010	3 324

表 9-3 中第 1、第 2 栏反映了某地区四种工业品基期与报告期的产量,从中可见,各种产品报告期比基期均有变动。为了反映每种产品产量的变动程度,需计算个体产量指数。计算公式为

$$K_q = \frac{q_1}{q_0}$$

式中　　K_q 表示个体产量指数;

　　　　q_0 表示基期产量;

　　　　q_1 表示报告期产量。

按上述计算得出的个体产量指数列在表 9-3 中第 3 栏。

从个体指数的数值中可以看出,四种产品的产量在报告期均比基期有所增长,但增长的程度不同,要反映四种产品产量的总动态,就要计算总指数。为了计算总指数,首先就需要把基期产量与报告期产量分别综合起来,而后再进行对比。但是由于各种工业品的实物形态、计算单位与使用价值不同,不可能简单地综合并进行对比,如何解决这一问题呢? 和上面质量指标指数的情形一样,首先需要依据指标之间的客观经济联系,乘以另一个有联系的因素,使之转化为可以综合计量的指标。从工业产量看,它和产品价格、产品价值等指标是紧密联系在一起的。如果以 p 表示单位产品的出厂价格,q 表示产量,qp 表示产品价值,则三者之间的关系可用下式表示:

$$q \times p = qp$$

上式反映了单位产品出厂价格、产量与产品价值之间的客观经济联系。现在我们要研究的是产量的动态,根据上述的经济联系,可以把每种产品的产量分别乘以相应的出厂价格,这样就转化为产品价值,从而也就可以相加了。这时,产量 q 是指数化指标,而单位

产品出厂价格 p 是同度量因素。

如同物价指数的计算一样,为反映指数化指标(产量)的动态,也需要把同度量因素(价格)固定在某一个时期的水平上。这时就可以有两种选择:可以将价格固定在基期水平上,也可以将价格固定在报告期水平上。这样从理论上说也就可以得到两个公式

$$\overline{K}_{q(1)} = \frac{\sum q_1 p_0}{\sum q_0 p_0} \tag{1}$$

式中　$\overline{K}_{q(1)}$ 表示按(1)式计算的产量总指数。

$$\overline{K}_{q(2)} = \frac{\sum q_1 p_1}{\sum q_0 p_1} \tag{2}$$

式中　$\overline{K}_{q(2)}$ 表示按(2)式计算的产量总指数。

(1)式 与(2)式分别是以不同时期的出厂价格作为同度量因素,因此计算结果并不相同。在我们统计实践中,计算工业产量指数较多地选用(1)式,因此在本例题中我们只介绍按(1)式计算工业品产量指数的方法。见表9-3。

计算时需要在表9-3中列入每种产品基期单位产品出厂价格资料,并设计第5、第6两栏,而后通过计算得两个总和:$\sum q_0 p_0 = 3\,010$(千元),$\sum p_1 q_0 = 3\,324$(千元),代入(1)式得

$$\overline{K}_{q(1)} = \frac{\sum q_1 p_0}{\sum q_0 p_0} = \frac{3\,324}{3\,010} = 1.\,104 \text{ 或 } 110.\,4\%$$

计算结果表明:该地区四种主要工业品产量,报告期比基期增加了 10.4%,由于产量增长而增加的产值为

$$\sum q_1 p_0 - \sum q_0 p_0 = 3\,324 - 3\,010 = 314 \text{(千元)}$$

有关工业品产量指数的编制、计算方法,也适用于商品销售量指数、职工人数指数等数量指标指数。

在将各时期的工业品产量指数进行比较时,常用不变价格作同度量因素,其有关内容将在本章后面叙述。

根据以上所计算的质量指标指数和数量指标指数,可以推广一下数量指标指数和质量指标指数的一般编制原则:

原则一,如果编制的是质量指标指数,它的同度量因素是数量指标,固定在报告期上。

原则二,如果编制的是数量指标指数,同度量因素是质量指标,固定在基期上。

以上的综合指数的编制原则,只是一般的原则。综合指标还有其他的编制方法,下面分别予以介绍。

三、综合指数的其他编制方法

（一）拉氏指数

拉氏指数是一种重要的加权综合指数公式。它的编制者是德国经济统计学家拉斯贝雷斯（1864年），有关方法其后被推广到各种质量指标指数和数量指标指数的计算中。该指数公式将同度量因素固定在基期水平上，故又称为"基期加权综合指数"。例如，拉氏的产品产量和产品价格指数分别为

$$产品产量指数\overline{K}_q = \frac{\sum q_1 p_0}{\sum q_0 p_0}$$

$$产品价格指数\overline{K}_p = \frac{\sum p_1 q_0}{\sum p_0 q_0}$$

（二）派氏指数

与拉氏指数一样，派氏指数也是一种重要的加权综合指数。派氏价格指数的编制者是另一位德国经济统计学家派舍（1874年），编制该指数时年仅23岁。有关编制方法其后也被推广到各种质量指标指数和数量指标指数的计算中。与拉氏指数不同，派氏指数公式中的同度量因素固定在计算期（报告期）水平上，故又称为"计算期加权综合指数"。例如，派氏的产品产量和产品价格指数的公式分别为

$$产品产量指数\overline{K}_q = \frac{\sum q_1 p_1}{\sum q_0 p_1}$$

$$产品价格指数\overline{K}_p = \frac{\sum p_1 q_1}{\sum p_0 q_1}$$

我们在前面所讲到的综合指数一般的编制方法都是由拉氏和派氏指数推广而来。

（三）拉氏指数和派氏指数的比较

如果是同一个例题，同一个条件，应用拉氏指数和派氏指数计算的结果是不一样的，它们之间存在着明显的差异。那么如何解释这种差异呢？它们在经济分析上又有什么实际意义呢？这是指数理论中长期存在的一个争议问题。对于这些争议问题我们不作详细介绍，只是将拉氏指数和派氏指数的两个公式作一些比较分析。

仍以物价指数计算为例

$$\overline{K}_{p(1)} = \frac{\sum p_1 q_0}{\sum p_0 q_0} \tag{1}$$

$$\overline{K}_{p(2)} = \frac{\sum p_1 q_1}{\sum p_0 q_1} \tag{2}$$

（1）式是以基期销售量为同度量因素，（2）式是以报告期销售量为同度量因素。两式都反映了价格的动态，但由于采用的是不同时期的销售数量与结构，这就造成了两式计算

结果的不同。为了进一步分析这两个公式之间的关系并进行比较,下面我们不再是单独地进行考察,而是把两个公式结合起来加以考察。这样将不仅会看到价格与销售量两者如何在相互影响中变动以及这种变动与两个指数数值之间的关系,同时也会从中了解这种变动的具体内容以及它们的经济含义是什么。

不论(1)式还是(2)式,都可以变换成为平均指数形式,并可以分别计算个体价格指数与个体数量指数的方差,以及个体价格指数与个体数量指数之间的相关系数。通过推导可以证明,(1)式与(2)式之比,可以写成如下形式:

$$\overline{K}_{p(1)} \div \overline{K}_{p(2)} = \frac{\sum p_1 q_0}{\sum p_0 q_0} \div \frac{\sum p_1 q_1}{\sum p_0 q_1}$$

若令 $B = \overline{K}_{p(1)} \div \overline{K}_{p(2)}$,则

$$B = 1 + V_{pq} V_p V_q$$

式中　　V_{pq} 表示个体价格指数与个体数量指数的相关系数;

V_p 表示个体价格指数的变异系数;

V_q 表示个体数量指数的变异系数。

该式表明,按(1)式计算的物价指数与按(2)式计算的物价指数之比,取决于三个因子,即个体价格指数与个体数量指数之间的相关系数 V_{pq} 以及个体价格指数与个体销售量指数的变异系数 V_p 与 V_q,这三个因子中只要其中一个等于零,则 $B = 1$,即(2)式等于(1)式,但这种情况一般是不会发生的。由于 V_p 和 V_q 永远是正数,而 V_{pq} 的值可以是正的,也可以是负的,因此

若 $V_{pq} > 0$,则 $\overline{K}_{p(1)} > \overline{K}_{p(2)}$;

若 $V_{pq} < 0$,则 $\overline{K}_{p(1)} < \overline{K}_{p(2)}$。

相反,若是已知:

$\overline{K}_{p(1)} > \overline{K}_{p(2)}$,则商品价格与销售量同向变化;

$\overline{K}_{p(1)} < \overline{K}_{p(2)}$,则商品价格与销售量反向变化。

式中,V_p 与 V_q 分别反映价格与销售量的变动程度,若实际计算结果表明 V_p 或 V_q 的值较大,则说明实际经济运行中存在着某些商品的价格或销售量发生了剧烈波动,有关部门可就此查明原因,这对指导经济工作无疑是有重要意义的。

有许多指数理论研究的结论认为,分别按(2)式与按(1)式计算结果产生的差异,是一种偏误,因为从基期到报告期的期限内,不仅价格发生变动,销售量也同时发生变动,人们为了研究的需要而将销售量固定在某一个时期的水平上,这就存在一定的假定性,因此与实际情况发生背离;按(2)式与按(1)式计算结果之不同,就是这种背离表现在数值上的偏误。由于这种偏误是采用不同时期的权数而产生的,所以也称为权偏误。莫杰特(B. D. Mudgett)曾经提出用下列公式检验(2)式与(1)式存在的偏误:

$$E_2 = \frac{\overline{K}_p \cdot \overline{K}_q}{\overline{K}_{pq}} - 1$$

式中　$\overline{K}_p$ 表示价格指数；

$\overline{K}_q$ 表示数量指数；

$\overline{K}_{pq}$ 表示价值指数。

若 $\overline{K}_p \cdot \overline{K}_q > \overline{K}_{pq}$，$E_2$ 为正值，即存在上偏；若 $\overline{K}_p \cdot \overline{K}_q < \overline{K}_{pq}$，$E_2$ 为负值，即存在下偏。现将（2）式与（1）式分别代入 E_2，并分析其偏误的方向与数值。

按（2）式计算

$$E_{2(2)} = \frac{\overline{K}_{p(2)} \cdot \overline{K}_{q(2)}}{\overline{K}_{pq}} - 1 = \frac{\dfrac{\sum p_1 q_1}{\sum p_0 q_1} \times \dfrac{\sum q_1 p_1}{\sum q_0 p_1}}{\dfrac{\sum p_1 q_1}{\sum p_0 q_0}} - 1$$

$$= \overline{K}_{p(2)} \div \overline{K}_{p(1)} - 1 = \frac{1}{B} - 1$$

按（1）式计算

$$E_{2(1)} = \frac{\overline{K}_{p(1)} \cdot \overline{K}_{q(1)}}{\overline{K}_{pq}} - 1 = \frac{\dfrac{\sum p_1 q_0}{\sum p_0 q_0} \times \dfrac{\sum q_1 p_0}{\sum q_0 p_0}}{\dfrac{\sum p_1 q_1}{\sum p_0 q_0}} - 1$$

$$= \overline{K}_{p(1)} \div \overline{K}_{p(2)} - 1 = B - 1$$

根据上面已知的结论，$B = 1 + V_{pq} V_p V_q$，因此

若 $V_{pq} = 0$，则 $E_{2(2)} = E_{2(1)} = 0$。

若 $V_{pq} < 0$，则 $E_{2(2)} > 0$，$E_{2(1)} < 0$，则（2）式上偏，（1）式下偏。

若 $V_{pq} > 0$，则 $E_{2(2)} < 0$，$E_{2(1)} > 0$，即（2）式下偏，（1）式上偏。

用 E_2 式检验结果证明：（2）式与（1）式偏误的方向相反，这与上面所得结果一致，偏误的绝对值并不完全相等。但一般情况下，$V_{pq} V_p V_q$ 的值很小，B 的值接近于 1，因此 $E_{2(2)}$ 与 $E_{2(1)}$ 两式偏误的绝对值也非常接近。

由（1）式、（2）式相比较得出的结果与结论，使许多经济统计学家试图将两公式结合起来，并利用一系列的检验理论与方法，为建立更合理的指数公式开辟道路。

（四）马歇尔-埃奇沃斯指数和理想指数

拉氏指数和派氏指数是两种基本的指数公式。由于同度量因素的固定方法不同，两种指数通常存在差异，这种差异有时还比较显著，这在前面已经论述过。为了调和这种偏差，满足特殊分析的需要，一些经济统计学家试图对已有的这些指数进行改造，由此形成了各种新的综合指数公式。其中，比较主要的有以下几种。

1. 马歇尔-埃奇沃斯指数

该指数公式先后由英国经济学家马歇尔和埃奇沃斯等人于 1887 年间提出来的,称为"马歇尔-埃奇沃斯指数"。它是对拉氏指数和派氏指数的同度量因素(权数)进行平均(权交叉)的结果,公式为

$$价格指数\overline{K}_p = \frac{\sum p_1 \cdot \frac{q_0 + q_1}{2}}{\sum p_0 \cdot \frac{q_0 + q_1}{2}} = \frac{\sum p_1 (q_0 + q_1)}{\sum p_0 (q_0 + q_1)}$$

$$数量指数\overline{K}_q = \frac{\sum q_1 \cdot \frac{p_0 + p_1}{2}}{\sum q_0 \cdot \frac{p_0 + p_1}{2}} = \frac{\sum q_1 (p_0 + p_1)}{\sum q_0 (p_0 + p_1)}$$

2. 理想公式

该指数公式由美国经济学家沃尔什和庇古等人于 1901—1902 年先后提出,后经著名经济学家费雪通过大量比较验证其优良性质,遂将它命名为"理想指数",也称"费雪指数"。它是对拉氏指数和派氏指数直接进行平均的结果,即对拉氏和派氏指数求几何平均数,公式为

$$价格指数\overline{K}_p = \sqrt{L_p \cdot P_p} = \sqrt{\frac{\sum p_1 q_0}{\sum p_0 q_0} \cdot \frac{\sum p_1 q_1}{\sum p_0 q_1}}$$

$$数量指数\overline{K}_q = \sqrt{L_q \cdot P_q} = \sqrt{\frac{\sum q_1 p_0}{\sum q_0 p_0} \cdot \frac{\sum q_1 p_1}{\sum q_0 p_1}}$$

上述公式之所以被费雪称为"理想公式",是因为能满足他提出的对指数公式测验的一些重要要求。这个方法在国际对比中得到应用。例如,不同国家人均国民生产总值,就是借用"理想公式"运用货币购买力平价指数计算的;还有联合国编制的地域差别生活费指数,也采用了"理想公式"。

(五)综合指数的编制要点

根据对综合指数的论述,总结出编制综合指数需要掌握两个要点。

第一个要点,是引进同度量因素。例如,要研究几种不同的产品产量的变化对产值的影响,由于使用价值不同,其产量是不能直接相加的,但不同产品的价值量可以相加,因此,我们可以利用产值、产量与价格之间的联系,将产量乘以各自的价格,得到产值,则不同产品就可以相加了。这里,价格就是同度量因素。

第二个要点,是将同度量因素固定,消除同度量因素的影响。实际应用上,对同度量因素选择固定的时期十分重要,因为同度量因素不仅起到同度量的作用,而且具有加权的作用,用不同时期的同度量因素计算,会得到不同的综合指数结果。

同度量因素所属时期的选择,应当从实际出发,服从研究的任务,根据编制指数的目

的、任务与研究对象的经济内容来确定适当的时期。在我们指数理论和实践中,从指数计算的现实意义和指数体系的要求出发,对数量指标指数和质量指标指数有不同的解决办法,这个问题已在前面论述,在此不再阐述。

第三节　平　均　指　数

在总指数中,除综合指数以外,还经常采用平均指数。平均指数的主要特点是,它是以个体指数为基础,通过将个体指数进行平均得到的总指数,即先对比,后综合。从计算方法上看,平均指数与一般平均数的计算方法相同。不同的是,平均指数是以个体指数为变量求平均数,指数具有平均数的性质,在平均指数中表现得最为清楚。根据平均指数的形式不同,又可以分为算术平均指数、调和平均指数、几何平均指数等各种形式,下面分别予以介绍。

一、简单平均指数

简单平均指数是先求每个单位的个体指数,再用简单平均法计算得到的总指数。在指数发展的初始阶段,曾经应用这种方法计算指数,以后则逐渐被加权平均法代替,但因其方法简便,资料易于取得,所以在某些场合仍被用于计算指数。下面以表9-4中四种主要工业消费品的个数价格指数为例,说明其计算方法。

表 9-4

某市四种主要工业消费品个体价格指数

商　　　品	个体价格指数 $K_p = P_1/P_0$
白细布	2.003
香　皂	1.613
电灯泡	1.745
自行车	1.323

下面分别按简单算术平均数、简单调和平均法、简单几何平均法计算总指数。

1. 简单算术平均指数

简单算术平均指数公式为

$$\overline{K}_p = \frac{\sum K_p}{n}$$

式中　n 表示个体指数数目;

　　　其他符号同前。

将表 9-4 中四种商品个体指数代入上式,得

$$\overline{K_p} = \frac{2.003 + 1.613 + 1.745 + 1.323}{4} = \frac{6.684}{4} = 1.671 \text{ 或 } 167.1\%$$

2. 简单调和平均指数

简单调和平均指数公式为

$$\overline{K_p} = \frac{n}{\sum \dfrac{1}{K_p}}$$

将表 9-4 中四种商品个体指数代入上式,得

$$\overline{K_p} = \frac{4}{\dfrac{1}{2.003} + \dfrac{1}{1.613} + \dfrac{1}{1.745} + \dfrac{1}{1.323}} = \frac{4}{2.4481}$$

$$= 1.634 \text{ 或 } 163.4\%$$

3. 简单几何平均指数

简单几何平均指数公式为

$$\overline{K_p} = \sqrt[n]{\prod K_p}$$

将表 9-4 中四种商品个体指数代入上式,得

$$\overline{K_p} = \sqrt[4]{2.003 \times 1.613 \times 1.745 \times 1.323} = \sqrt[4]{7.4588} = 1.653 \text{ 或 } 165.3\%$$

根据统计平均数的性质,对同一个资料,分别按以上三种不同的平均法计算,有算术平均数＞几何平均数＞调和平均数。

从以上计算结果也可以看出:其中,简单算术平均指数偏高,简单调和平均指数偏低,简单几何平均指数居中,以上结论对加权平均指数也完全适用。费雪认为在指数计算中,几何平均指数不偏高,亦不偏低,且通过时间的互相检验,不存在型偏误,是在建立更合理的指数公式中应被采用的良好公式形式。在实践中,某些指数计算也仍然采用几何平均指数。例如,在国际比较项目(ICP)中,将各种规格品的价格比率汇总为细类的购买力平价(PPP)时,即采用简单几何平均指数。

二、加权平均指数

加权平均指数是以个体指数为基础,通过加权平均计算得到的总指数。它与综合指数之间存在内在联系,但在计算原理与方法以及应用资料等方面,都与综合指数根本不同,是独立的指数,即它既可用于计算质量指标指数,也可用于计算数量指标指数。根据采用方法之不同,也可以分成多种形式。本节中将着重介绍加权算术平均指数、加权调和平均指数,以及将不同指数相互交叉得到的交叉平均指数。

(一)加权算术平均指数

加权算术平均指数是以个体指数为基础按加权算术平均法计算的总指数。在综合指数中,权数(同度量因素)是依据指数之间的客观经济联系确定的,它可以是数量指标,也

可以是质量指标。在平均指数中要寻求并保持这种关系，就不能以单纯的数量或价格为权数，而需要以价值指标 V 为权数，或者将价值指标转化为比率作为指数的权数。后者称为相对权数（或比率权数）。相对权数一旦确定，通常在一定时间之内保持不变，也有时称之为固定权数，并以 W 表示。由于所有的价值指标都是价格 p 与数量 q 两个因素的乘积，因此根据两个因素所属时期不同，共可组合成四种：p_0q_0，p_0q_1，p_1q_0，p_1q_1，每种指标均可作为平均指数的权数。但在实际应用时，要依据所研究指数的性质及具体条件的不同，有选择地使用。下面我们分别以物价指数、工业品产量指数及居民消费价格指数为例，说明其计算原理和方法。

1. 物价指数

按加权算术平均指数计算物价指数的步骤是首先计算每种商品的个体价格指数，再对每个个体指数乘以相应的权数，而后计算平均指数。在计算物价指数时，作为权数的价值指标就是商品销售额。现在我们仍以 $K_P=\dfrac{p_1}{p_0}$ 表示个体价格指数，以 V 表示商品销售额，则按加权算术平均计算的物价指数可用下式表示：

$$\overline{K}_p=\frac{\sum K_p V}{\sum V}$$

当 $V=p_0q_0$ 时，则

$$\overline{K}_p=\frac{\sum K_p p_0 q_0}{\sum p_0 q_0}$$

当 $V=p_0q_1$ 时，则

$$\overline{K}_p=\frac{\sum K_p p_0 q_1}{\sum p_0 q_1}$$

上面两式都是按加权算术平均法计算物价指数的公式，但采用的权数不同，第一式中的 p_0q_0 是基期实际商品销售额，第二式中的 p_0q_1 是按基期价格计算的报告期销售额。将两个公式再作适当变换。

当 $V=p_0q_0$，则有

$$\overline{K}_p=\frac{\sum K_p p_0 q_0}{\sum p_0 q_0}=\frac{\sum\left(\dfrac{p_1}{p_0}p_0 q_0\right)}{\sum p_0 q_0}=\frac{\sum p_0 q_0}{\sum p_0 q_0}=\overline{K}_{p(1)} \tag{1}$$

即以 $V=p_0q_0$ 为权数计算的加权算术平均物价指数等于按综合指数计算的(1)式物价指数。

当 $V=p_0q_1$，则有

$$\overline{K}_p=\frac{\sum K_p p_0 q_1}{\sum p_0 q_1}=\frac{\sum\left(\dfrac{p_1}{p_0}p_0 q_1\right)}{\sum p_0 q_1}=\frac{\sum p_1 q_1}{\sum p_0 q_1}=\overline{K}_{p(2)} \tag{2}$$

即以 $V=p_0q_1$ 为权数计算的加权算术平均物价指数等于按综合指数计算的(2)式物价指数。

以上结果表明,在加权算术平均指数与综合指数之间存在着内在的联系,这种联系在其他的经济指数中也同样存在,但必须是按照指定时期的价格及数量计算的情况下,这种联系才能被保持下来。

下面仍依表 9-1 资料计算加权算术平均物价指数,初步计算见表 9-5。

表 9-5

零售物价指数(加权算术平均法)计算表

商品	计量单位	个体价格指数 $K_p=P_1/P_0$	商品销售额(元)			
			p_0q_0	p_0q_1	$K_pp_0q_0$	$K_pp_0q_1$
—	—	1	2	3	4=1×2	5=1×3
稻米	百千克	3.966	502 672	532 324	1 993 600	2 111 200
豆油	百千克	1.891	386 860	409 987.5	731 400	775 125
大白菜	百千克	2.667	234 000	280 800	624 000	748 800
黄瓜	百千克	1.820	715 080	741 744	1 301 540	1 350 072
菠菜	百千克	3.122	389 120	404 320	1 214 720	1 262 170
豆腐	百千克	1.79	171 000	194 256	306 000	347 616
猪肉	百千克	2.752	621 840	629 613	1 711 200	1 732 590
苹果	百千克	1.437	852 720	813 846	1 225 700	1 169 822.5
白细布	百米	2.003	1 260 072	1 130 040	2 523 400	2 263 000
香皂	百块	1.613	280 037.5	278 735	451 715	449 614
电灯泡	百个	1.745	62 580	56 620	109 200	98 800
自行车	百辆	1.323	21 836 250	18 763 000	28 890 000	24 824 000
合 计	—	—	27 312 231.5	24 235 285.5	41 082 475	37 132 809.5

表 9-5 中第 1、2、3 栏为已知资料,计算时设计第 4、第 5 两栏。将第 2、第 4 两栏底下横行总和数字代入公式,得

$$\overline{K}_p=\frac{\sum K_pp_0q_0}{\sum p_0q_0}=\frac{41\,082\,475}{27\,312\,231.5}=1.504 \text{ 或 } 150.4\%$$

将第 3、第 5 两栏底下横行总和数字代入公式,得

$$\overline{K}_p=\frac{\sum K_pp_0q_1}{\sum p_0q_1}=\frac{37\,132\,809.5}{24\,235\,285.5}=1.532 \text{ 或 } 153.2\%$$

以上计算结果表明,以 $V=p_0q_0$ 为权数计算的加权算术平均物价指数与按(1)式计算的结果完全一致,以 $V=p_0q_1$ 为权数计算的加权算术平均物体指数与按(2)式计算的结果完全一致。但加权平均指数与综合指数却是两种不同类型的指数,因为它们的计算原理、方法与所用资料都完全不同。此外,也可以用 p_1q_0、p_1q_1 为权数计算物价指数,读者可自行设计,在此从略。

在我们统计实践中,商品零售价格指数采用固定权数加权的算术平均指数,其计算方法与居民消费价格指数相同,本节后面将予以介绍。

2. 工业品产量指数

工业品产量指数是数量指标指数,这类指数既可以用综合指数计算,也可以用加权算术平均法计算,按加权算术平均法计算工业品产量指数的公式为

$$\overline{K}_q = \frac{\sum K_q V}{\sum V}$$

当 $V=p_0q_0$ 时,有

$$\overline{K}_q = \frac{\sum K_q p_0 q_0}{\sum p_0 q_0}$$

式中　$K_q = \dfrac{q_1}{q_0}$ 表示个体数量指数;

　　　p_0q_0 表示基期实际产品价值。

可以证明,按此式计算的工业品产量指数与按(1)式计算的工业品产量指数完全一致,即

$$\overline{K}_q = \frac{\sum K_q p_0 q_0}{\sum p_0 q_0} = \frac{\sum \left(\dfrac{q_1}{q_0} p_0 q_0 \right)}{\sum p_0 q_0} = \frac{\sum p_0 q_1}{\sum p_0 q_0} = \overline{K}_{p(1)}$$

现仍用前面表 9-3 资料按加权算术平均法求产量指数,初步计算见表 9-6。

表 9-6

工业产品指数(加权算术平均法)计算表

工业产品	计量单位	个体产量指数 $K_q=q_1/q_0$	基期产品价值(千元)p_0q_0	$K_q p_0 q_0$
—	—	1	2	3
甲	吨	1.10	200	220
乙	吨	1.12	1 250	1 400
丙	台	1.11	1 080	1 200
丁	件	1.05	480	504
合　计	—	—	3 010	3 324

将表 9-6 中第 2、第 3 两栏合计数代入上式得

$$\overline{K}_q = \frac{\sum K_q p_0 q_0}{\sum p_0 q_0} = \frac{3\,324}{3\,010} = 1.104 \text{ 或 } 110.4\%$$

按加权算术平均指数与按(1)式计算结果完全一致,但计算方法与应用资料不同。由于 $p_0 q_0$ 是基期实际产值,在工作中更容易取得,计算方法也很简便,所以加权算术平均指数有较好的实用价值。

3. 居民消费价格指数

在我国价格指数体系中,居民消费价格指数、商品零售价格指数占有很重要的地位,并受到多方面的重视。这两种指数都是按加权算术平均法计算的,但与上面的加权法不同,采用的是固定权数。

下面我们以居民消费价格为例,介绍其编制过程和方法。商品零售价格指数的编制过程和方法与居民消费价格指数相同。

居民消费价格指数是用于反映城乡居民所购买的消费品价格和生活服务价格的变动趋势和变动程度的指数,根据这一指数计算的数值,可用以分析、了解消费品零售价格和生活服务价格变动对居民生活费用支出的影响程度,为各级领导机关研究和制定居民消费价格政策、工资政策以及为新国民经济核算体系中消除价格变动因素的核算提供科学依据。居民消费指数也是计算货币购买力的主要依据。

在各省(自治区),居民消费价格指数按城市、农村分别计算,而后按照城乡居民消费额比率分别加权汇总,成为全省(自治区)居民消费价格指数。在计算指数时,除了要经常掌握市场上主要消费品及各项生活服务价格和变动而外,也要广泛利用居民住户调查资料,以掌握居民生活消费支出的数额及构成的变动,这些资料都是计算居民消费价格指数的基础资料。

居民消费价格指数的内容十分广泛,既包括购买各项生活消费品的价格,也包括邮电费、交通费、洗理费、文娱费等各项生活服务项目的价格。在生活消费品中按其性质和用途不同,又可以分成许多不同的类别。为了详细了解各类消费品的价格和支出情况,还有必要作进一步分类观察。根据我国现行居民消费价格调查方案的规定,共将其分成八个大类:食品、衣着、家庭设备及用品、医疗保健、交通和通讯工具、娱乐教育和文化用品、居住、服务项目。在大类之中又根据性质、用途不同,细分成为中类、小类,最后是有代表性的规格等级的商品或项目名称。在计算指数时也采取分类、分层计算的方法,即由单项商品或服务的价格指数加权汇总成为小类指数,再由小类指数继续按加权方法汇总成为中类指数、大类指数及总指数,这样分类、分层计算有利于观察不同种类商品集团的价格变动趋势及其对居民生活的影响,对指数计算也提供了许多便利。

计算居民消费价格指数最基本的公式为

$$\overline{K}_p = \frac{\sum K_p p_0 q_0}{\sum p_0 q_0}$$

式中　$K_q = \dfrac{p_1}{p_0}$ 表示个体价格指数或类指数;

　　　$p_0 q_0$ 表示与个体指数或类指数相应的基期消费支出,这项资料通常是从居民住户调查的有关资料中取得。

　　在一般情况下,K_p 只用于代表个体价格指数,但在居民消费价格指数中,由于采用分类、分层计算的方法,当由小类指数汇总计算中类指数,由中类指数汇总计算大类指数,以及由大类指数汇总计算总指数时,K_p 则用于代表不同层次的类指数,$p_0 q_0$ 则代表相应的不同层次的类指数的基期消费支出。

　　在实际计算价格指数时,为了使计算过程尽量简化,于是进一步将上述用绝对额表示的消费支出转化为相对数,即将以上指数公式中的消费支出 $p_0 q_0$ 转化为各项支出占支出总额的比率,并以 W 表示,即 $W = \dfrac{p_0 q_0}{\sum p_0 q_0}$。为了便于计算和汇总,$W$ 以百分数表示,且只取整数,$\sum W = 100$。

　　于是在计算居民消费价格指数时,有

$$\overline{K}_p = \frac{\sum K_p W}{\sum W}$$

　　将 $\dfrac{\sum K_p p_0 q_0}{\sum p_0 q_0}$ 与 $\dfrac{\sum K_p W}{\sum W}$ 进行比较可以看出,两式实质上是相同的,不同之处在于将原来的以绝对额表示的权数转化为以相对数表示的权数。在居民消费价格指数中,权数一经确定,一年内保持不变,因此也称为固定权数,$\dfrac{\sum K_p W}{\sum W}$ 也称为按固定权数计算的加权算术平均数指数。

　　下面举例说明如何用固定权数计算加权算术平均数指数。权数的确定过程见表9-7。

表 9-7

居民消费价格指数中权数的确定

商品类型及项目	消费支出	权　数　W			
		大　类	中　类	小　类	商品及项目
总　　计	35 000	100.0			
一、食品	21 700	62.0	100.0		
1. 粮食	1 931		9.0	100.0	

（续表）

商品类型及项目	消费支出	权 数 W			
		大 类	中 类	小 类	商品及项目
（1）细粮	1 203			62.0	100.0
面粉	422				35.0
稻米	671				56.0
江米	25				2.0
挂面	85				7.0
（2）粗粮	728			38.0	100.0
玉米面	552				76.0
小米	176				24.0
2. 淀粉及薯类	650		3.0		
⋮	⋮		⋮		
3. 菜类	2 778		13.0		
⋮	⋮		⋮		
二、衣着类	4 900	14.0			
三、家庭设备及用品	2 030	6.0			
四、医疗保健	1 085	3.0			
五、交通和通讯工具	770	2.0			
六、娱乐教育、文化用品	1 435	4.0			
七、居住	2 425	7.0			
八、服务项目	655	2.0			

当权数确定以后，即可按固定权数指数公式计算居民消费价格指数，其步骤见表9-8。

表9-8

居民消费价格指数计算表

商品类型及项目	规格等级	计量单位	平均价格		权数 W	指数 $K_p = \dfrac{p_1}{p_0}$	计算栏 $K_p W$
			P_0	P_1			
总　　计					100	122.1%	12 213.3%
一、食品					62	125.0%	7 750.0%
1. 粮食					9	115.4%	1 038.6%

(续表)

商品类型及项目	规格等级	计量单位	平均价格		权数 W	指数 $K_p = \dfrac{p_1}{p_0}$	计算栏 $K_p W$
			P_0	P_1			
(1) 细粮					62	120.5%	7 471.0%
面粉	普通粉	千克	1.72	2.00	35	116.3%	4 070.5%
稻米	标二	千克	2.24	2.80	56	125.0%	7 000.0%
江米	标二	千克	2.74	2.90	2	105.8%	211.6%
挂面	富强粉	千克	2.73	3.00	7	109.9%	769.3%
(2) 粗粮					38	107.2%	4 073.6%
玉米面	一等	千克	1.50	1.62	76	108.0%	8 208.0%
小米	一等	千克	2.29	2.40	24	104.8%	2 515.2%
2. 淀粉及薯类					3	114.8%	344.4%
⋮	⋮				⋮	⋮	⋮
3. 菜类					13	160.2%	2 082.6%
⋮	⋮				⋮	⋮	⋮
二、衣着类					14	127.4%	1 783.6%
三、家庭设备及用品					6	110.6%	663.6%
四、医疗保健					3	121.5%	364.5%
五、交通和通讯工具					2	116.4%	232.8%
六、娱乐教育、文化用品					4	105.8%	423.2%
七、居住					7	107.2%	750.4%
八、服务项目					2	122.6%	245.2%

(1) 计算每种商品或服务项目的个体价格指数。例如,面粉的价格指数为

$$K_p = \frac{p_1}{p_0} = \frac{2.00}{1.72} = 1.163 \text{ 或 } 116.3\%$$

(2) 将所有个体价格指数分别乘以相应权数,再除以权数总和,得小类价格指数。例如,细粮小类价格指数为

$$\frac{\sum K_p W}{\sum W} = \frac{116.3\% \times 35 + 125.0\% \times 56 + 105.8\% \times 2 + 109.9\% \times 7}{100}$$

$$= \frac{40.705 + 70.00 + 2.116 + 7.693}{100}$$

$$=\frac{120.514}{100}=1.205 \text{ 或 } 120.5\%$$

（3）根据小类指数及相应的权数,按以上同类方法计算中类价格指数。例如,由细粮小类指数、粗粮小类指数计算粮食类指数为

$$\frac{\sum K_p W}{\sum W}=\frac{120.5\%\times 62+107.2\%\times 38}{100}$$

$$=\frac{74.71+40.736}{100}$$

$$=\frac{115.446}{100}==1.154 \text{ 或 } 115.4\%$$

（4）根据中类指数及相应的权数,按以上同类方法计算大类指数。例如,由粮食指数、淀粉类及薯类指数、菜类指数等共 17 个中类指数,计算食品类指数,得

$$\frac{\sum K_p W}{\sum W}=\frac{115.4\times 9+114.8\times 3+160.2\times 13+\cdots}{100}$$

$$=\frac{1\,038.6+344.4+2\,081.6+\cdots}{100}$$

$$=\frac{12\,500}{100}=1.25 \text{ 或 } 125\%$$

（5）根据各大类指数及相应的权数,按以上同样方法,求总指数。这一步可按表 9-8 中已有资料简要列表计算,见表 9-9。

表 9-9

由大类指数计算总指数

商品类别及项目	权数 W	指数 K_p	$K_p W$
食品	62	125.0%	7 750.0%
衣着	14	127.4%	1 783.6%
家庭设备及用品	6	110.6%	663.6%
医疗保健	3	121.5%	364.5%
交通和通讯工具	2	116.4%	232.8%
娱乐教育、文化用品	4	105.8%	423.2%
居住	7	107.2%	750.4%
服务项目	2	122.6%	245.2%
合　　计	100	122.1%	12 213.3%

$$\overline{K}_p = \frac{\sum K_p W}{\sum W} = \frac{12\,213.3\%}{100} = 1.22 \text{ 或 } 122.1\%$$

(二)加权调和平均指数

加权调和平均指数是以个体指数为基础,按加权调和平均数方法计算的总指数,这种指数也可以分别用于计算质量指标指数或数量指标指数。下面我们仍以价格指数为例说明其计算方法。按加权调和平均法计算价格指数的公式为

$$\overline{K}_p = \frac{\sum V}{\sum \dfrac{V}{K_p}}$$

式中,$K_p = \dfrac{p_1}{p_0}$,V 是价值指标,对个体指数的倒数 $\dfrac{1}{K_p}$,它起着加权的作用,因此从上式的计算性质来看,是加权调和平均指数。由于 $V = p \times q$,在计算指数时,根据 p 与 q 所属时期不同,可以有四种不同组合,但在价格指数中常用的是 $p_1 q_1$,即报告期实际价值总额,因此在实践中常用的公式为

$$\overline{K}_p = \frac{\sum p_1 q_1}{\sum \dfrac{p_1 q_1}{K_p}}$$

该式就是计算物价指数的加权调和平均指数公式。

将上式适当交换,则有

$$\overline{K}_p = \frac{\sum p_1 q_1}{\sum \dfrac{p_1 q_1}{K_p}} = \frac{\sum p_1 q_1}{\sum \dfrac{p_0}{p_1} p_1 q_1} = \frac{\sum p_1 q_1}{\sum p_0 q_1} = \overline{K}_{p(2)}$$

即在价格指数中,以 $p_1 q_1$ 为权数的加权调和平均指数,等于按综合指数计算的(2)式价格指数。由此可见,在价格指数中加权调和平均指数与综合指数之间也存在着内在的联系,这种联系在数量指标指数中也同样存在,但必须是按照规定的权数加权时,这种联系才能被保持下来。

在我国统计实践中,农产品收购价格指数是按照加权调和平均指数计算的,下面就以此为例,简要说明其计算方法。

农产品收购价格是农产品进入流通领域的初始阶段的价格,与社会生产和人民生活的关系极为密切。计算农产品收购价格指数,掌握其变动趋势与变动程度,对于制定和检查农产品收购政策,计算工农业商品综合比价指数等都有着十分重要的意义。农产品收购价格指数的内容也十分广泛,计算时也采用分类、分层计算的方法。在我国统计实践中,将农产品共分成粮食、食用植物油等 11 大类,276 种商品。在具体计算时也是先由个体价格指数开始,求小类指数,再按步骤加权计算中类、大类及总指数。下面举例说明由个体价格指数计算小类指数的方法,其他各步骤的计算与此相同。具体资料见表 9-10。

表 9-10

某地区四种农产品的收购价格与收购总额

农产品名称	计量单位	收购价格（元）		报告期收购额（万元）$p_1 q_1$	个体价格指数 $K_p = p_1 / p_0$	$\dfrac{1}{K_p} p_1 q_1$
		p_0	p_1			
—	—	1	2	3	4	5
苹果	千克	1.20	1.80	750	1.50	500
梨	千克	0.80	1.00	210	1.25	168
红枣	千克	1.00	1.18	340	1.18	288
核桃	千克	4.00	4.60	125	1.15	109
合　计	—	—	—	1 425	—	1 065

根据表 9-10 资料，按加权调和平均指数公式计算得四种农产品的收购价格指数为

$$\overline{K}_p = \frac{\sum p_1 q_1}{\sum \dfrac{p_1 q_1}{K}} = \frac{1\ 425}{1\ 065} = 1.338 \text{ 或 } 133.8\%$$

也可以计算分子与分母两个指标数值之差，即

$$\sum p_1 q_1 - \sum \frac{p_1 q_1}{K} = 1\ 425 - 1\ 065 = 360 (\text{万元})$$

对出售农产品的农民来说，这一差额说明由于农产品价格上涨而增加的收入；对收购农产品的部门来说，则是因价格上涨而多支付的金额。

（三）加权平均指数与综合指数的比较

从以上叙述中可以看出，在加权平均指数与综合指数之间存在着内在的联系，表现在综合指数可以变形为加权平均指数，并且按照给定条件，加权平均指数也可以变形为综合指数，其计算结果完全相等。这种联系在质量指标指数和数量指标指数中都同样存在，但加权平均指数与综合指数又都是独立的指数，因为在指数的计算原理与方法以及应用资料方面，两种指数并不相同。综合指数是以不同时期总量指标转化为可以合计并进行对比的总量指标，它不仅可以反映现象的相对动态，而且两个指标之差也具有实际的经济意义；但综合指标要求全面的统计资料，如在物价指数中，按（1）式计算则要求有基期商品销售量 q_0 的全面资料，按（2）式计算则要求有报告期商品销售量 q_1 的全面资料，在实际统计工作中是难以做到的。在其他的质量指标指数或数量指标指数中也会有同样的情况。加权平均指数是以个体指数为基础通过加权平均计算的。在商品零售价格指数和居民消费价格指数中，权数资料可以从有关商业组织机构和居民住户调查中取得，在计算时还可以将绝对额转化为相对权数，不仅可以节省工作量，而且也简便易行。在其他各类指数

中,情形也是这样。总之,加权平均指标与综合指数既有内在联系,又各自是独立的指数,具有自己的特点。我们在应用时,要在了解每种指数的内容和特点的基础上,分别不同情况,采用不同的方法。统一要求采用某种固定的指数形式计算各种不同指数,不仅是难于做到的,也是不适宜的。

第四节　指数体系与因素分析

一、指数体系的概念

社会经济现象都是在相互联系中存在和发展的,每一现象的变动都受到其他因素的影响和制约,这种相互联系、相互影响的关系,在许多经济指标之间也反映出来。例如,工业总产值的变动受工业产品价格和工业品产量两个因素的影响;产品生产费用的变动受单位产品成本及产品数量两个因素的影响等。这些因素之间的联系可以通过指标之间的经济关系式反映出来:

$$工业总产值＝单位产品出厂价格×工业产品产量$$

$$产品生产费用＝单位产品成本×产品数量$$

以上关系式反映着经济指标之间客观的经济联系,这种联系在应用指数进行动态分析时也应被保持下来,即

$$工业总产值指数＝工业品出厂价格指数×工业品产量指数$$

$$产品生产费用指数＝产品成本指数×产量指数$$

以上是指数体系中常用的两种形式。在许多指数之间都存在着与此类似的联系形式。因此,通过若干个相互联系的指数以分析经济指标的动态,这样组成的相互联系的指数形式就是指数体系。

从以上列举的指数体系中可以看出,它是由三个指数构成的。等式左面的指数,如工业总产值指数和产品生产费用指数等,都用于反映某种可以直接合计的总量指标的变动,这类指数称为总量指标指数,总量指标指数是指数体系分析的对象之一。等式右面是由两个指数构成的,这两个指数是影响总量指标指数变动的主要因素,也称为因素指数。因素指数不止是两个,也可以有若干个,根据对象的性质和研究的需要来决定。

在指数体系的各个因素指数中,有质量指标指数,也有数量指标指数。其中每个因素指标的权数,既可以是基期的,也可以是报告期的,并且需要在指数体系的等式前后之间保持平衡。于是根据权数所属时间的不同,就形成多种不同的指数体系。我国统计理论界曾就此进行过许多讨论,但迄今为止,并未取得一致的结论。在本节中,我们将着重介

绍我国目前仍在继续应用的指数体系。

与前面叙述的指数研究的方法不同,指数体系不再是单独地分析某一种指标的动态,而是把各种指数结合起来综合地分析有关指标的动态,它是指数分析的进一步应用和发展,在社会经济现象的研究中起着重要的作用。

二、指数体系的主要作用

指数体系有以下主要作用。

(一)用以分析总量指标动态中各个因素指数的作用和影响程度

这是统计指数体系中的最主要的作用。这一作用也有时概括地称之为因素分析。以下仍沿用表 9-3 中的部分资料说明其分析的步骤和方法,见表 9-11。

表 9-11

某地区四种主要工业品出厂价格与产量

工业产品	计量单位	单位产品出厂价格(元)		产量		按不同时期价格计算的产值(千元)			
		基期 p_0	报告期 p_1	基期 q_0	报告期 q_1	$p_0 q_0$	$p_0 q_1$	$p_1 q_0$	$p_1 q_1$
—	—	1	2	3	4	5	6	7	8
甲	吨	200	190	1 000	1 100	200	220	190	209
乙	吨	500	510	2 500	2 800	1 250	1 400	1 275	1 428
丙	台	300	320	3 600	4 000	1 080	1 200	1 152	1 280
丁	件	1 200	1 100	400	420	480	504	440	462
合计	—	—	—	—	—	3 010	3 324	3 057	3 379

根据表 9-11 中的资料,以工业总产值的变动为中心,通过指数体系分别分析单位产品出厂价格的变动对总产值变动的影响,与产品产量的变动对总产值变动的影响。分析时可按以下步骤进行。

1. 计算产品价值指数

$$\overline{K}_{pq} = \frac{\sum p_1 q_1}{\sum p_0 q_0} = \frac{3\,379}{3\,010} = 1.123 \text{ 或 } 112.3\%$$

计算结果表明该地区四种主要工业总产值报告期比基期增长了 12.3%。再求两个指标之差。

$$\sum p_1 q_1 - \sum p_0 q_0 = 3\,379 - 3\,010 = 369(\text{千元})$$

这一绝对额说明报告期工业总产值比基期实际增加了 369 千元,即增长了 12.3% 的实际金额。

2. 分析单位产品出厂价格变动对工业总产值变动的影响

根据我国目前编制综合指数的一般规则,价格指数采用派氏公式,即

$$\overline{K}_p = \frac{\sum p_1 q_1}{\sum p_0 q_1} = \frac{3\ 379}{3\ 324} = 1.017 \ \text{或} \ 101.7\%$$

这个结果说明报告期价格上涨 1.7%。

$$\sum p_1 q_1 - \sum p_0 q_1 = 3\ 379 - 3\ 324 = 55(\text{千元})$$

这一绝对额说明由于报告期物价上涨而使工业总产值增加了 55 千元。

3. 分析产品产量变动对工业总产值变动的影响

$$\overline{K}_q = \frac{\sum q_1 p_0}{\sum q_0 p_0} = \frac{3\ 324}{3\ 010} = 1.104 \ \text{或} \ 110.4\%$$

这一结果说明,报告期产量增长了 10.4%。

$$\sum q_1 p_0 - \sum q_0 p_0 = 3\ 324 - 3\ 010 = 314(\text{千元})$$

这一差额说明由于报告期增长产量而使工业总产值的绝对额增加了 314 千元,即产量增加所得的实际经济效果。

将以上分析结果结合起来,可得

$$\frac{\sum p_1 q_1}{\sum p_0 q_0} = \frac{\sum p_1 q_1}{\sum p_0 q_1} \times \frac{\sum q_1 p_0}{\sum q_0 p_0}$$

$$1.123 = 1.017 \times 1.104$$

这一结果与上面按表内实际资料计算结果是一致的。这种关系也表现在绝对数上,即

$$369 = 55 + 314$$

以上分析方法可以推广到多个因素指数的分析方面,具体内容在此从略。

(二)根据指数体系推算指数

根据指数体系中各个指数之间的关系,可以对其中的某一个未知指数进行推算。例如商品销售额指数、价格指数与商品销售量指数之间的关系可用指数体系表示:

商品销售额指数＝价格指数×商品销售量指数

在实际工作中,全面的商品销售量资料是不易取得的,直接计算销售量指数有很多困难,但销售额指数与价格指数一般是可以计算的,因此可以通过上式关系推算销售量指数。即

商品销售量指数＝商品销售额指数÷价格指数

$$\frac{\sum q_1 p_0}{\sum q_0 p_0} = \frac{\sum p_1 q_1}{\sum p_0 q_0} \div \frac{\sum p_1 q_1}{\sum p_0 q_1}$$

例如,已知某地区商品销售额报告期比基期增加12.5%,而同时期该地区物价上涨8%,问该地区同期商品销售量变动程度如何?

依据上述资料计算可得

$$1.125÷1.08=1.042$$

即同期内该地区商品销售量增加4.2%。

如果在计算销售额指数和价格指数同时,也掌握两个指数中有关绝对额的资料,则也可以间接推得商品销售量增长的绝对额,即

$$(\sum p_1 q_1 - \sum p_0 q_0) - (\sum p_1 q_1 - \sum p_0 q_1) = \sum p_1 q_0 - \sum q_0 p_0$$

利用指数体系中各因素指数之间的关系推算相关的指数,是依据客观存在的经济关系进行的有科学根据的推算,在分析经济现象变动中,可以在很多方面得到应用。

（三）分析平均指标的动态及其结构变动的影响

分析总量指标动态是指数体系研究的一项重要内容,因为总量指标总是由若干个有联系的因素构成的,为了测定各因素对于总动态的影响程度,于是建立起由各因素指数组成的指数体系。除总量指标外,指标体系也被应用于分析平均指标的动态,因为在平均指标中也可以分解为两个主要的因素:标志总量与总体单位数目。平均指标的变动既受到分子指标中标志水平变动的影响,同时也受到分母指标中总体单位数目构成变动的影响。为了分析平均指标的动态,也需要分别从这两个因素的变动中测定它们的作用和影响程度,于是也形成一定的指标体系,但这个指标体系与前面介绍过的形式不同,它是以另外一种形式表现出来的。当我们在工作中需要分析平均工资、平均成本、平均价格、平均劳动生产率等一系列平均指标的动态时,就可以利用这一类型的指标体系。下面我们通过劳动生产率指数的计算说明其研究方法。

表9-12记录了某市三个企业生产某种同类产品的劳动生产率(以单位时间产量表示)及劳动消耗时间的资料。

表9-12

某市三个企业某种同类产品的劳动生产率及劳动消耗时间

企　业	单位时间产量（吨/工时）		劳动消耗时间（千/工时）		个体劳动生产率指数 K_Q	按不同时期劳动生产率计算的总产量（千吨）		
	Q_0	Q_1	T_0	T_1		$Q_0 T_0$	$Q_1 T_1$	$Q_0 T_1$
一	1	2	3	4	5	6	7	8
甲	8	10	30	60	1.25	240	600	480
乙	5	6	20	40	1.20	100	240	200
丙	3	3	50	25	1.00	150	75	75
合计或平均	4.9	7.32	100	125	—	490	915	755

根据第 1、第 2 栏数值可以计算每个企业的劳动生产率指标,其计算公式为

$$K_Q = \frac{Q_1}{Q_0}$$

式中 K_Q 表示个体劳动生产率指标;

       Q_0 表示基期劳动生产率;

       Q_1 表示报告期劳动生产率。

计算结果写在表中第(5)栏。从中可以看出三个企业的劳动生产率增长程度是不同的,现在要求计算三个企业的平均劳动生产率指数。为此需先分别计算基期与报告期的平均劳动生产率:

基期平均劳动生产率

$$\overline{Q}_0 = \frac{\sum Q_0 T_0}{\sum T_0}$$

报告期平均劳动生产率

$$\overline{Q}_1 = \frac{\sum Q_1 T_1}{\sum T_1}$$

式中 T_0 表示基期劳动消耗时间;

       T_1 表示报告期劳动消耗时间。

则平均劳动生产率指数为

$$\overline{K}_Q = \frac{\overline{Q}_1}{\overline{Q}_0} = \frac{\sum Q_1 T_1}{\sum T_1} \div \frac{\sum Q_0 T_0}{\sum T_0}$$

式中 $\overline{K}_Q$ 表示平均劳动生产率指数。

在上式中,$\overline{Q}_0$ 与 $\overline{Q}_1$ 均是由两个基本因素构成的,即劳动生产率水平 Q 与劳动消耗时间 T,在这一指数中,两个因素都是变化着的,因此这一指数称为可变构成指数。

根据表 9-12 资料将有关数值代入上式得

$$\overline{K}_Q = \frac{\overline{Q}_1}{\overline{Q}_0} = \frac{\sum Q_1 T_1}{\sum T_1} \div \frac{\sum Q_0 T_0}{\sum T_0}$$

$$= \frac{915}{125} \div \frac{490}{100} = \frac{7.32}{4.9} = 1.494 \text{ 或 } 149.4\%$$

计算结果表明:三个企业的平均劳动生产率报告期比基期提高了 49.4%。

$$\overline{Q}_1 - \overline{Q}_0 = 7.32 - 4.9 = 2.42 (吨)$$

这一差额说明:由于劳动生产率提高,报告期比基期平均每个工时增加 2.42 吨产量。

将这一计算结果与表 9-12 中第 5 栏数值对比,可以看出,平均劳动生产率指数明显高于个别企业的劳动生产率指数(三个企业的生产率指数分别为 1.25,1.20,1.00),为什

么出现这种矛盾现象呢? 这是因为平均生产率指数是两个时期平均指标之比,指数高低不仅受分子指标中劳动生产率水平变动的影响,同时也受分母指标中劳动时间内部构成变动的影响。将表中第3、第4栏数值与第1、第2栏数值对比,可以看出,甲、乙两企业是同类产品中劳动生产率较高的企业,而这两个企业的报告期劳动消耗时间均比基期增加1倍;丙企业是三个企业中劳动生产率较低的企业,这个企业的报告期劳动消耗时间却比基期减少一半。三个劳动生产率不同的企业其劳动时间构成发生如此变化,必然对平均劳动生产率指数产生影响。由此可见,平均劳动生产率指数的数值高于个别企业的劳动生产率指数,是两个方面因素造成的:第一,企业劳动生产率水平的变动;第二,企业劳动消耗时间构成的变动。为了从数量上确定两者对平均劳动生产率指数的影响,需要从这两方面分别加以分析和测定。

1. 分析劳动生产率水平变动的影响

在可变构成指数中,Q、T 两因素都是变动的,现在要测定劳动生产率水平 Q 变动的影响,这就需要在研究过程中将劳动消耗时间 T 因素固定起来,于是可以得到反映劳动生产率水平变动的指数

$$\frac{\sum Q_1 T_1}{\sum T_1} \div \frac{\sum Q_0 T_1}{\sum T_1} = \frac{\sum Q_1 T_1}{\sum Q_0 T_1}$$

上式中依据我国目前通用的计算指数的规则,采用报告期数量指标 T_1 为同度量因素。在此式中,因素 T 是固定的,因此在计算中消除了劳动消耗时间结构变动的影响,反映的是劳动生产率水平 Q 的变动程度。为了与可变指数相区别,称 $\dfrac{\sum Q_1 T_1}{\sum Q_0 T_1} = \dfrac{\sum Q_1 T_1}{\sum T_1} \div$

$\dfrac{\sum Q_0 T_1}{\sum T_1}$ 为固定构成指数。

按表 9-12 中资料计算,得

$$\frac{\sum Q_1 T_1}{\sum Q_0 T_1} = \frac{915}{755} = 1.212 \text{ 或 } 121.2\%$$

即三个企业的劳动生产率报告期比基期平均提高 21.2%。

由于劳动生产率提高平均每个工时增加的产量为

$$\frac{\sum Q_1 T_1}{\sum T_1} - \frac{\sum Q_0 T_1}{\sum T_1} = \frac{915}{125} - \frac{755}{125}$$

$$= 7.32 - 6.04 = 1.28(\text{吨})$$

2. 分析劳动消耗时间结构变动的影响

在 $\overline{K}_Q = \dfrac{\overline{Q_1}}{\overline{Q_0}}$ 中将 T 因素固定而得出反映劳动生产率水平变动的指数,即 $\dfrac{\sum Q_1 T_1}{\sum T_1} \div$

$\dfrac{\sum Q_0 T_1}{\sum T_1}$；现在再将 $\overline{K}_Q$ 中的 Q 因素固定起来，于是可得出反映劳动时间构成变动的指数

$$\frac{\sum Q_0 T_1}{\sum T_1} \div \frac{\sum Q_0 T_0}{\sum T_0}$$

该式反映劳动时间构成的变动程度，是数量指标指数。根据我国当前通用的计算指数的规定，在数量指标指数中，质量指标 Q 应固定在基期。于是该式反映了劳动消耗时间结构变动对劳动生产率变动的影响，称此式为结构影响指数。

按表 9-12 中资料计算，得

$$\frac{\sum Q_0 T_1}{\sum T_1} \div \frac{\sum Q_0 T_0}{\sum T_0} = \frac{755}{125} \div \frac{490}{100}$$

$$= 6.04 \div 4.9 = 1.233 \text{ 或 } 123.3\%$$

计算结果说明，由于三个企业劳动消耗时间结构变化使平均劳动生产率指数提高 23.3%。

由于劳动消耗时间结构变化平均每个工时增加的产量为

$$\frac{\sum Q_0 T_1}{\sum T_1} - \frac{\sum Q_0 T_0}{\sum T_0} = \frac{755}{125} - \frac{490}{100} = 6.04 - 4.9 = 1.14 \text{（吨）}$$

将以上分析结果综合起来，可以看出，可变构成指数、固定构成指数和结构影响指数之间具有密切的联系，从而也形成一定的指数体系，这一指数体系的形式为

可变构成指数＝固定构成指数×结构影响指数

$$\frac{\overline{Q_1}}{\overline{Q_0}} = \frac{\sum Q_1 T_1}{\sum T_1} \div \frac{\sum Q_0 T_0}{\sum T_0}$$

$$= \left(\frac{\sum Q_1 T_1}{\sum T_1} \div \frac{\sum Q_0 T_1}{\sum T_1} \right) \times \left(\frac{\sum Q_0 T_1}{\sum T_1} \div \frac{\sum Q_0 T_0}{\sum T_0} \right)$$

将以上计算数值代入，得

$$1.494 = 1.212 \times 1.233$$

这一指数体系中各因素指数的关系也表现在绝对数上，即

$$\frac{\sum Q_1 T_1}{\sum T_1} - \frac{\sum Q_0 T_0}{\sum T_0} = \left(\frac{\sum Q_1 T_1}{\sum T_1} - \frac{\sum Q_0 T_1}{\sum T_1} \right) + \left(\frac{\sum Q_0 T_1}{\sum T_1} - \frac{\sum Q_0 T_0}{\sum T_0} \right)$$

将以上计算值代入上式得

$$2.42 = 1.28 + 1.14$$

由以上内容可以看出，分析平均指标动态的指数体系与分析总量指标动态的指数体

系,在内容和形式上都有所不同,但在实际工作中,根据需要,可以将这两种指数体系联系起来,从多个方面分析现象的动态。

第五节　指　数　数　列

一、指数数列的概念和种类

反映社会经济现象的动态是统计工作的一项重要任务,指数则是用于分析动态的一种重要方法。前面几节中已经介绍了如何依据两个时期的指标数值计算指数的方法,在实际工作中,各种重要经济指数都是随时间推移而连续不断地计算的,将这些计算得到的指数按时间次序排列起来,就形成一个数列,这样的数列就是指数数列。指数数列也是一种时间数列,不过它的内容不是一般的统计指标,而是指数。当将指数分析法应用于研究地区或国家间的对比时,也会形成指数数列,即地区对比指数数列或国家对比指数数列。

表 9-13 中所列的是我国统计中常见的指数数列。

表 9-13

1998—2005 年间某地区商品零售价格指数及居民消费价格指数表

年　　　　　份		1998	1999	2 000	2001	2002	2003	2004	2005
商品零售价格指数	以上年为 100	108.8	106.0	107.3	118.5	117.8	102.1	102.9	105.4
	以 1950 年为 100	174.1	184.5	198.0	234.6	276.4	282.2	290.4	306.1
居民消费价格指数	以上年为 100	109.3	106.5	107.3	118.8	118.0	103.1	103.4	106.4
	以 1950 年为 100	194..4	208.0	226.3	273.1	317.6	321.7	338.1	362.2

指数数列可以通过长期比较以反映一般时间数列难于反映的社会经济现象的动态,在统计研究中有很重要的作用。

在指数数列中,根据对比的基础时期不同,可以分为定基指数与环比指数两种。

在整个指数数列中,如果都是以某一固定时期作为比较的基期,则这样计算的指数就是定基指数。例如,我们把 2005 年 2 月、3 月、4 月、5 月各月份的物价都和 2005 年 1 月份的物价水平相比,这样得到的就是定基指数,这样组成的数列就是定基指数数列。而如果我们把 2 月、3 月、4 月、5 月各月份的物价水平都和相邻的前 1 个月相比,则得到的就是环比指数,所组成的数列就是环比指数数列。

定基指数主要用于说明所研究现象在一个较长期间内发展变化的程度和趋势,环比指数则主要用于说明所研究现象逐期发展变化的程度和趋势，因此，在具体应用时，要依据研究的任务来决定。

在指数数列中，如果计算的是个体指数，则其中所有环比指数的连乘积等于定基指数，或者以本期定基指数除以前期定基指数可以得到本期环比指数。但在总指数中，要进行这种换算，必须是采用不变权数的条件下才能做到。

二、指数数列的权数

在指数数列中，如果计算的是总指数，则会遇到采用可变权数还是采用不变权数的问题。如果计算指数所采用的权数随着计算时期的改变而改变，则这种权数称为可变权数。例如，在计算 2005 年 2 月、3 月、4 月、5 月比 1 月份的定基价格指数，当采用（2）式计算时，是以各月份的销售量为权数，即

2 月	3 月	4 月	5 月
$\dfrac{\sum p_2 q_2}{\sum p_1 q_2}$	$\dfrac{\sum p_3 q_3}{\sum p_1 q_3}$	$\dfrac{\sum p_4 q_4}{\sum p_1 q_4}$	$\dfrac{\sum p_5 q_5}{\sum p_1 q_5}$

当计算环比价格指数时，公式为

2 月	3 月	4 月	5 月
$\dfrac{\sum p_2 q_2}{\sum p_1 q_2}$	$\dfrac{\sum p_3 q_3}{\sum p_2 q_3}$	$\dfrac{\sum p_4 q_4}{\sum p_3 q_4}$	$\dfrac{\sum p_5 q_5}{\sum p_4 q_5}$

可见，无论是定基价格指数数列，还是环比价格指数数列，所用权数都是可变权数。

对以上同一期间的价格指数，当采用（1）式计算时，定基指数公式为

2 月	3 月	4 月	5 月
$\dfrac{\sum p_2 q_1}{\sum p_1 q_1}$	$\dfrac{\sum p_3 q_1}{\sum p_1 q_1}$	$\dfrac{\sum p_4 q_1}{\sum p_1 q_1}$	$\dfrac{\sum p_5 q_1}{\sum p_1 q_1}$

当计算环比指数时，公式为

2 月	3 月	4 月	5 月
$\dfrac{\sum p_2 q_1}{\sum p_1 q_1}$	$\dfrac{\sum p_3 q_2}{\sum p_2 q_2}$	$\dfrac{\sum p_4 q_3}{\sum p_3 q_3}$	$\dfrac{\sum p_5 q_4}{\sum p_4 q_4}$

可见在用（1）式计算的环比价格指数数列中，其权数是可变的，而在定基价格指数数列中，则是采用期初的固定权数。

以上在价格指数中表现出的权数的变化，也适用于其他的质量指标指数。

下面考察数量指标指数。我们以工业品产量指数为例，在统计中如果做近期比较，工业品产量指数通常按（1）式计算，即以基期单位产品出厂价格为权数；而为了进行长期比较，就需要以下不变价格为权数。以下先介绍以基期价格为权数的情况。

在定基指数数列中,例如要计算的是 2005 年 2 月、3 月、4 月、5 月份与 1 月份相比的产量变动情况,则定基产量指数公式为

$$
\begin{array}{cccc}
2\ \text{月} & 3\ \text{月} & 4\ \text{月} & 5\ \text{月} \\[4pt]
\dfrac{\sum q_2 p_1}{\sum q_1 p_1} & \dfrac{\sum q_3 p_1}{\sum q_1 p_1} & \dfrac{\sum q_4 p_1}{\sum q_1 p_1} & \dfrac{\sum q_5 p_1}{\sum q_1 p_1}
\end{array}
$$

当计算同一时期内环比产量指数公式时,公式为

$$
\begin{array}{cccc}
2\ \text{月} & 3\ \text{月} & 4\ \text{月} & 5\ \text{月} \\[4pt]
\dfrac{\sum q_2 p_1}{\sum q_1 p_1} & \dfrac{\sum q_3 p_2}{\sum q_2 p_2} & \dfrac{\sum q_4 p_3}{\sum q_3 p_3} & \dfrac{\sum q_5 p_4}{\sum q_4 p_4}
\end{array}
$$

可见在按(1)式计算工业品产量指数时,定基指数数列采用的是期初价格为固定权数,而环比指数中采用的是可变权数。

我国在计算工业品产量指数时采用两种权数制度,近期比较采用基期价格,而长期比较则采用不变价格。在采用不变价格为权数条件下,公式形式为

$$
q_Q = \frac{\sum q_1 p_n}{\sum q_0 p_n}
$$

式中　q_Q 表示工业品产量指数;

　　　p_n 代表不变价格。

例如在计算 2001 年、2002 年、2003 年、2004 年比 2005 年的工业品产量指数,当按不变价格计算时,定基指数公式为

$$
\begin{array}{cccc}
2001\ \text{年} & 2002\ \text{年} & 2003\ \text{年} & 2004\ \text{年} \\[4pt]
\dfrac{\sum q_{01} p_n}{\sum q_{00} p_n} & \dfrac{\sum q_{02} p_n}{\sum q_{00} p_n} & \dfrac{\sum q_{03} p_n}{\sum q_{00} p_n} & \dfrac{\sum q_{04} p_n}{\sum q_{00} p_n}
\end{array}
$$

环比指数公式为

$$
\begin{array}{cccc}
2001\ \text{年} & 2002\ \text{年} & 2003\ \text{年} & 2004\ \text{年} \\[4pt]
\dfrac{\sum q_{01} p_n}{\sum q_{00} p_n} & \dfrac{\sum q_{02} p_n}{\sum q_{01} p_n} & \dfrac{\sum q_{03} p_n}{\sum q_{02} p_n} & \dfrac{\sum q_{04} p_n}{\sum q_{03} p_n}
\end{array}
$$

由以上定基指数与环比指数的公式可以看出,在采用不变权数的条件下,两者之间具有可以在数量上相互换算的优点,即各相邻时期环比指数的连乘积等于相应时期的定基指数。以公式表示为

$$
\frac{\sum q_{01} p_n}{\sum q_{00} p_n} \times \frac{\sum q_{02} p_n}{\sum q_{01} p_n} \times \frac{\sum q_{03} p_n}{\sum q_{02} p_n} \times \frac{\sum q_{04} p_n}{\sum q_{03} p_n} = \frac{\sum q_{04} p_n}{\sum q_{00} p_n}
$$

同时,将本期的定基指数除以前期的定基指数,也可以得到本期环比指数。例如,将

上述 2004 年定基指数除以 2003 年定基指数可得 2004 年环比指数。

$$\frac{\sum q_{04}\,p_n}{\sum q_{00}\,p_n} \div \frac{\sum q_{03}\,p_n}{\sum q_{00}\,p_n} = \frac{\sum q_{04}\,p_n}{\sum q_{03}\,p_n}$$

在计算工业品产量指数时采用不变价格可以消除价格变动影响，以反映工业品产量在较长时期内的变动程度和趋势。通常，部门和企业的产量计划是按不变价格制定的，所以统计实际产量也是按不变价格计算，以便于检查产量计划的完成情况。同时，按不变价格计算的工业总产值和产量指数，也便于从动态对比中分析国民经济各部门之间的比例关系。

一般来说，不变价格不宜经常变动，以免过多地增加编制不变价格的工作量。但由于生产过程中劳动生产率及成本水平的变动，一些工业品的现行价格也会因之变动，客观上造成不变价格与现行价格的差距过大，这样以不变价格计算的产值，便不能如实反映工业发展水平。在各种工业品的价格之间也存在一定的比例关系，如果产品的不变价格间比例关系与现行价格间的比例关系差距过大，也使不变价格计算的产值不能如实反映现实情况。因此，不变价格到一定时期应进行调整。

新中国成立以来，曾经使用过 1950 年、1952 年、1957 年、1970 年和 1980 年五个时期的不变价格，现在又执行 1990 年不变价格。不变价格变换后，按不同时期的不变价格计算的工业总产值，不能直接进行动态对比，而必须把过去各年按旧的不变价格计算的工业总产值，按换算系数（价格指数）进行换算，才能同报告期的按新的不变价格计算的工业总产值相比较。换算方法是：首先将不变价格更替年份的产量同时按前后两期不变价格计算出产值指标，而后进行对比求出价格指数；再把以往各年的总产值乘以价格指数，求出按新的不变价格计算的总产值；最后将调整后的有关各年的总产值进行对比，即可得到所需要的产量综合指数。

三、指数数列中基期的转换与数列的连接

在定基指数数列中，有时由于计算时期较长，基期距离较远，不足以反映近期的动态，或是为了与其他同类型的指数数列进行比较，这时就有必要将数列中原来的基期转换为新的作为比较基础的时期。转换的方法就是用选做新基期的指数的值除原数列中的所有数值，这样就得到一个新的数列，这个数列就是改换了基期的新的指数数列。表 9-14 中第 1 行是某地区按 1996 年不变价格计算的 1996—2005 年间工业品产量指数数列。该数列是以 1996 年为基期计算的，现在要求将这一数列转换成为以 2001 年为基期的指数数列，则以该数列中 2001 年的指数值除原数列的指数值，就得到表中第 2 行中以 2001 年为基期的新指数数列。

以上基期的转换方法，对个体指数是完全适用的，对总指数则只有在按不变权数计算的条件下，才可以进行这种转换；如果采用的是可变权数，将会产生较大的偏误。

表 9-14

某地区 1996—2005 年间工业品产量指数

年　　度	1996	1997	1998	1999	2 000	2001	2002	2003	2004	2005
1996 年为基期	100.00	103.25	105.68	108.4	110.56	112.36	116.94	117.39	120.48	123.15
2001 年为基期	89.00	91.89	94.05	96.48	98.4	100	104.08	104.08	107.23	109.60

同一种经济内容的指数,可能因为中间更换基期而得出前后时期不同的两个指数数列。例如,由于指数编制的时间过久而需要更换基期,或者因为调整代表规格品、改变权数等,也需要按新的基期重新计算指数。这时,基期更换以前的指数是旧指数,基期更换以后的指数是新指数。这样就将同一经济内容的指数,因计算基期更换而分成两个数列,为了便于比较,需要把这两个数列连接起来,使之成为统一的数列,这项工作称为指数的连接。连接的方法是在新旧指数交替的年份,将新指数与旧指数对比,求出换算系数,而后将旧指数数列中各项指数数值乘以换算系数,这样就得到以新基期为中心的统一的指数数列。换算系数公式为

$$换算系数 = \frac{交替年份新指数值}{交替年份旧指数值}$$

表 9-15 是某地区 1996—2005 年间的商品零售额价格指数,因计算基期不同分成为 A、B 两个数列,表内第 3 行是按换算系数计算得到的以 2001 年为基期的统一指数数列。

表 9-15

某地区 1996—2005 年间商品零售额价格指数

年　　度	1996	1997	1998	1999	2 000	2001	2002	2003	2004	2005
A(旧指数)	100.00	106.25	109.4	116.35	123.16	128.10				
B(新指数)						100.00	105.42	110.70	117.58	124.80
连接后的指数数列	78.06	82.94	85.40	90.83	96.14	100.00	105.42	110.70	117.58	124.8

2001 年是新旧指数交替年份,换算系数为

$$换算系数 = \frac{100.00}{128.10} = 0.78064$$

以换算系数分别乘第 1 行各项指数值,得到第 3 行中以 2001 年为基期的 1996—2005 年间的指数数列。

在上述变换中,若商品结构与权数值不变,指数连接成立;若商品结构与权数数值变化,则指数连接是近似的,只能反映发展趋势。

指数的连接与基期的转换不同。基期转换是将已知的整个期间内的指数数列改变为

以新基期为比较基期的指数数列;指数的连接则是将同一内容但计算基期不同而形成的两个数列连接在一起,使之成为一个统一的指数数列。我们在实际工作中,可依据不同情况采用不同的方法。

第六节 减 缩 指 数

统计中的指数不仅可用于反映某一单个现象的动态,而且可以把若干个指数联系起来,进行对比分析,以反映现象的动态。指数的比较分析与指数体系的分析方法不同,它不是用于分析总量的指标或平均指标中各因素的影响程度,而是通过指数的比较以反映有关现象之间的比例关系及其动态,而且通过比较还可以揭示在相对变动背后的实际动态。以下我们通过几种主要经济指数的计算来说明。

一、工农业商品比价指数

将同一期间、同一市场上的农产品收购价格与工业品销售价格对比,或是将这两种指数进行对比,这种对比直接反映的是两种价格之间的比例关系,其背后反映的则是农产品与工业品相互交换后可能得到的商品数量的比例关系,因而具有很重要的经济意义。

下面从单项比价与综合比例两方面来考察。

$$单项比价指数 = \frac{某种农产品收购价格}{某种工业品销售价格}$$

例如,某地区 2005 年小麦每千克收购价为 4.00 元,同一地区白细布的零售价为每米 8.00 元,则小麦与白细布的比价为

$$小麦与白细布的比价 = \frac{4.00}{8.00} = 0.5$$

这一比价说明,农民出售 100 千克小麦得到的收入可以换回 50 米白细布。可见在价格比率的背后是实物的比率。一般地把这种比率称为"平价比率"。

工农业商品比价指数中最主要的是综合比价指数,它是两个指数之比,公式为

$$农产品交换工业品综合比价指数 = \frac{农产品收购价格指数}{农村工业品销售价格指数} \times 100\%$$

这一指数如果高于 100%,则表明农民出售与基期同等数量的农产品可以换回较基期更多的工业品;若指数低于 100%,则表明农民出售与基期同样数量的农产品所换回的工业品较基期减少了。

例如,已知某地区 2012 年比 2009 年的农产品收购价格指数为 150%,同一时期的农

村工业品销售价格为 125%,则有

$$农产品交换工业品综合比价指数=\frac{150\%}{125\%}=120\%$$

即该地区农民出售与基期同样数量农产品,2012 年比 2009 年可多换 20% 的工业品。

以上指数均采用正指标计算,它们也可以用逆指标计算,并且可以用同样方法将某种农产品价格或工业品价格在不同地区之间对比,以反映地区之间价格的差异。

二、货币购买力指数

货币购买力是单位货币所能购买的商品或非商品性劳动服务的数量。货币购买力的变化对城乡居民生活具有直接的意义:当居民的生活费收入不变,而货币购买力提高时,则居民消费水平也会提高,相反,货币购买力降低,则居民消费水平也随之降低,即居民消费水平与货币购买力的变化成正比。货币购买力与商品价格和劳务价格变动成反比,当消费品与劳务价格降低,则单位货币所能购买的商品和服务的数量增加;若消费品与劳务价格提高,则单位货币所能购买的商品和劳务的数量减少。由此可见,货币购买力与消费品价格及劳务价格是倒数关系,利用这种关系,可以通过居民消费价格指数推算货币购买力指数,即

$$货币购买力指数=\frac{1}{居民消费价格指数}$$

货币购买力指数反映的是每单位货币中商品及劳务含量的变化,居民消费价格指数反映的是每单位商品及劳务中货币含量的变化,两者分别是从不同侧面反映商品、劳务与货币的关系。

三、实际工资收入与实际工资指数

职工工资是按劳分配的一种形式,是以货币形态表示的个人劳动收入。在职工生活费收入中,除工资以外还有劳保福利待遇、补贴及其他收入,但工资是收入的主要部分。职工工资主要用于购买生活消费品及各项服务。因此职工生活水平的变化既受工资收入多少的影响,也受消费品及服务价格变动的影响,这是由工资的货币形态决定的。当工资收入不变,消费品及服务价格降低,单位货币所购买的消费品和服务数量增加,生活得到改善;相反,消费品及服务价格提高,单位货币所购买的消费品及服务数量减少,生活水平因之降低。因此仅用货币工资不能完全反映职工生活水平的变化,于是提出了实际工资的概念。它指的是职工的货币工资收入实际上能购买到的商品和服务的数量,为此需要从货币工资中消除掉价格波动的影响,其计算公式为

实际工资＝货币工资÷居民消费价格指数

例如,根据某厂 1985 年、1995 年、2005 年职工人均月平均工资(货币工资)资料,计算实际工资额。具体资料见表 9-16。

表 9-16

某企业 1985、1995、2005 年间职工平均工资及实际工资

年　　度	每人平均月工资(元)	居民消费价格指数(％)	实际平均每人月工资(元)
1985	800	100	800
1995	1 000	120	833
2005	1 500	150	1 000

依据表 9-16 资料计算可得,该厂职工的月平均工资(货币工资),与 1985 年比,1995 年增加 200 元,2005 年增加 700 元。但消除物价上涨因素后,则实际增加额分别是 33 元和 200 元。

同理,实际工资指数可按下式计算:

$$实际工资指数 = \frac{货币工资指数}{居民消费价格指数}$$

$$= 货币工资指数 \times 货币购买力指数$$

在经济指数中,为了将总体中不能直接同度量的单位转化成为可以综合的指标,在许多情况下要将价格转化成为价值,而这样做就不可避免地受到价格波动的影响。而要消除价格因素的影响,就需要以价格指数除相关的价值指数。前面在计算产量指数、商品销售量指数中已经应用过这种方法,上面讲的实际工资指数计算也是用的这种方法。在指数中,这种将价值指数除以价格指数以得到真实价值或数量的方法称为减缩法,所用的价格指数称为减缩指数。这种方法是揭开在货币面纱遮盖下的真实价值动态的有效方法。

四、人均国内生产总值数量指数

对各国的经济发展水平和人民生活水平进行比较,一直是各国政府和学术界关注的课题。联合国于 1968 年提出一项名为"国际比较项目"(简称 ICP)的研究计划,目的在于得出一个较为合理可行的指标来比较各国的经济发展状况和人民生活水平,其中包括一整套组织研究的步骤和方法。这一研究课题的方法论依据是购买力平价(Purchasing Power Parity,简称 PPP)理论,研究得出的最后结果是人均国内生产总值数量指数(简称为人均 GDP 数量指数),在应用的统计方法中指数是主要方法。购买力平价的意义是,选取若干种同质的有代表性的商品和劳务的价格,用来比较不同国家货币的实际购买力。

例如,购买同等数量和质量的某种商品,在中国需要用 50 元人民币,在美国需用 10 美元,在这种商品上,人民币对美元的购买力平价是 5∶1,也就是 5 元人民币的购买力等于 1 美元。在整个计算之前,也是将商品和劳务分成大类、小类,并且要取得各类的消费支出资料。计算时也按步骤先计算代表规格品的平价比率即购买力平价 $\frac{p_j}{p_n}$,其中 j、n 代表国家,然后分别以各类的消费支出量为权数,按费雪理想公式计算小类、大类直到 GDP 总的购买力平价。由各级别的购买力平价,计算人均 GDP 数量指数时依据的是

$$\left(\frac{E_j}{E_n}\right)=\left(\frac{p_j}{p_n}\right)\times\left(\frac{q_j}{q_n}\right)$$

式中　E 代表消费支出;

　　　q 代表数量。

　　于是有

$$\left(\frac{q_j}{q_n}\right)=\left(\frac{E_j}{E_n}\right)\div\left(\frac{p_j}{p_n}\right)$$

　　"国际比较项目"是个大的课题,目前研究仍在继续进行中。从应用的统计方法看,指数是主要方法之一,与一般动态比较不同,ICP 是在国家间对比,由于涉及内容较多,在此不再赘述。

第七节　常用经济指数

　　在社会经济生活中,常用的指数是指价格指数,我国目前编制的价格指数主要有商品零售价格指数、居民消费价格指数、股票价格指数、工业品出厂价格指数等。本节中,我们主要对一些常用的价格指数进行介绍,以说明我国物价指数的编制方法。

一、商品零售物价指数

　　零售物价指数是测定市场零售商品价格变动程序和趋势的相对数,对于分析市场商品供需和国民经济运行情况具有重要作用,是政府研究和制定价格政策、分配政策,加强市场管理和调控的工具。零售物价指数按研究的范围不同,可分为各省的和各地区的,还可以按农村和城市分别编制零售物价指数,以反映各地区城乡不同经济条件下的零售物价变动情况。

　　由于社会零售商品数以千计,且价格处于经济的变动中,难以取得全面资料按综合指数的公式计算,在实际工作中,只能采取抽样方式,选择代表性商品,对这些代表性商品的单项指数加权平均,计算各类商品零售物价指数和全部商品的零售物价指数。

因此,编制零售物价指数必须解决商品分类、代表性商品的选择、商品的价格及权数确定等问题。

1. 商品的分类和代表性商品的选择

我国现行的零售物价指数包括各种经济类型的工业、商业、餐饮业和其他行业的零售商品及农民对非农业居民出售商品的价格。按国家统计局的规定,全国商品分为食品、饮料烟酒、服装鞋帽、纺织品、中西药品、化妆品、书报杂志、文化用品、日用品、家用电器、首饰、燃料、建筑装潢材料、机电产品 14 大类,每个大类又分为若干中类,中类再分小类,每个小类又分若干商品组合。比如,食品这一大类可分为粮食、油脂、肉禽蛋、水产品、鲜菜、干菜、鲜果、干果、其他食品和餐饮食品等 10 个中类;而粮食这一中类,又分为细粮和粗粮两个小类;细粮这一小类中包括面粉、大米、糯米、挂面四个商品组合。计算零售物价指数时,代表性商品是从商品组合中选出来的。

计算零售物价指数的代表性商品一般选择中等质量、在当地销售量大、生产和销售前景好、价格趋势有代表性的商品。在具体实际中,各地区可根据国家统计局规定调查的商品目录和地区的实际情况进行选择。由于生产的不断发展,商品品种规格不断变化,有时对代表性商品进行适当的调整。

2. 商品价格的调整与计算

对代表性商品的价格,可根据各地区商品销售额的比重及农贸市场商品成交额大小,选择那些经营品种比较齐全、商品销售额(成交额)大的中心市场作为价格调查点,派人员定点、定时直接登记调查。逐一追踪商品的零售价格,每个大中城市确定 3～5 个调查点,小城市和县城确定 1～2 个调查点进行调查,一般性商品每月调查 2～3 次;对与居民生活密切相关、价格变动比较频繁的商品,至少每天调查一次;国际控制价格的一些主要商品或者价格稳定的商品,通常按月或季调查一次。

计算价格指数所用的商品价格,是根据调查取得的资料按月、季和年计算的平均价格,即对同一时间、同一商品月内不同时点的平均价格加以平均,求得各种商品的月平均价格,对 12 个月的月平均价格加以平均,便是各种商品的年平均价格。

3. 计算公式和权数

零售价格的类指数和总指数都是采用加权算术平均数公式

$$\bar{k}_p = \sum k_p w \div \sum w$$

式中　　$k_p = \dfrac{p_1}{p_0}$ 表示商品个体指数;

$w = p_0 q_0$ 表示代表性商品的零售额;

$\sum w$ 表示代表性商品的零售总额。

除季节性强的鲜菜、鲜果每月计算一次权数,其余商品的权数每年计算一次,或 3 年计算一次,也用固定权数。

　　零售物价指数的程序是先计算小类商品,再计算中类、大类,最后由各大类商品零售物价指数加权计算得到城市或乡村零售物价总指数,每层权数都是同一层中各类商品零售额所占比重,用百分数表示,其和为100,全省(区)包括城市和乡村总的零售物价总指数,是在城市和乡村单项商品零售物价指数的基础上,根据城乡商品零售资料,确定每一种商品城乡间的比重,加权计算出各个省(区)单项零售价格指数,然后,按加权算术平均公式由小类到总指数分层汇总计算。现举例说明如下。

　　例如,假定某地区的商品零售价格基础资料如表9-17所示,要求计算该地区的商品零售价格指数。

　　某地区商品零售物价指数计算过程及结果如表9-17和表9-18所示。

表9-17

某地区商品零售物价指数计算单(1)

商品	规格等级	计量单位	代码	平均价格		权数	以基数为100	
				基期	报告期		指数	指数×权数
甲	乙	丙	丁	(1)	(2)	(3)	(4)=(2)÷(1)	(5)=(4)×(3)
食品类						100%		129.16
1. 粮食中类						14%	151.58	21.22
(1)细粮小类						96%	151.57	145.63
	二等粳米	千克		1.81	2.8	80%	154.7	123.6
	籼米	千克		1.56	2.2	20%	140.5	28.1
						4%	148.96	5.59
	赤豆	千克		3.23	5.0	60%	155.0	93.0
	绿豆	千克		4.36	6.1	40%	139.9	55.96
2. 油脂中类						4%	175.9	7.03
3. 肉禽蛋中类						25%	146.9	36.72
4. 水产品中类						15%	118.32	17.74
5. 蔬菜中类						10%	62.75	6.23
……								
10. 饮食中类						19%	122.4	23.25

表 9-18

某地区零售商品物价总指数计算单（2）

商品	规格等级	计量单位	代码	权数	以基数为 100	
					指数	指数×权数
甲	乙	丙	丁	（3）	（4）	（5）=（4）×（3）
总指数				100%		123.30
1. 食品类				25%	129.16	32.29
2. 饮料烟酒类				15%	106.53	15.95
3. 服装鞋帽类				10%	118.41	11.84
4. 纺织品类				3%	120.70	3.62
……						
14. 机电产品类				5%	19	4.83

零售商品物价总指数计算步骤如下：

① 计算各代表性商品的个体零售物价指数，如二等粳米的个体零售物价指数为：

$$k_p = \frac{p_1}{p_0} \times 100\% = \frac{2.80}{1.81} \times 100\% = 154.70\%$$

② 各个体指数加权得到各小类指数，如细粮的小类指数为：

$$\overline{k}_p = \sum k_p w \div \sum w = 154.7\% \times 0.8 + 140.5\% \times 0.2 = 151.9\%$$

③ 各小类指数乘相应的权数，加总计算得到各中类指数，如粮食中类指数为：

$$\overline{k}_p = \sum k_p w \div \sum w = 151.90\% \times 0.96 + 148.96\% \times 0.04 = 151.78\%$$

④ 各中类指数乘相应的权数，加权计算得到各大类指数，如食品大类指数为：

$$\overline{k}_p = \sum k_p w \div \sum w = 151.78\% \times 0.14 + 175.90\% \times 0.04 + 146.90\% \times 0.25$$
$$+ 118.32\% \times 0.15 + \cdots + 122.4\% \times 0.19 = 129.19\%$$

⑤ 各大类指数乘相应的权数，加权计算得到总指数。如表 9-18 所示，某地区各大类指数加权后，得到该地区商品零售价总指数为 123.30%。

例如，（多项选择题）全社会零售商品价格指数属于（　　　）。

A. 个体指数　　　　　　　　B. 总指数

C. 数量指标指数　　　　　　D. 质量指标指数

E. 平均指标指数

参考答案:BD

分析:全社会零售商品价格指数是综合反映全部社会零售商品价格变动的相对数,商品价格属于质量指标,因此,社会商品零售价格指数是总指数中的质量指标指数。

二、居民消费价格指数(CPI)

居民消费价格指数即消费者物价指数(Consumer Price Index,CPI),是反映与居民生活有关的产品及劳务价格统计出来的物价变动指标,通常作为观察通货膨胀水平的重要指标。

居民消费价格指数是反映一定时期内城乡居民所购买的生活消费品价格和服务项目价格的变动趋势和程度的一种相对数。通过这一指数,可以观察消费价格的变动水平及对消费者货币支出的影响,也可用于分析生活消费品和服务项目价格的变动对职工货币工资的影响,作为研究职工生活和制定工资政策的依据。目前,居民消费价格指数是反映通货膨胀的重要指标。

大多数国家都编制居民消费价格指数(CPI),反映城乡居民购买并用于消费的消费品及服务价格水平的变动情况,并用它来反映通货膨胀程度。从 2001 年起,我国采用国际通用做法,逐月编制并公布以 2000 年价格水平为基期的居民消费价格定基指数,作为反映我国通货膨胀(或紧缩)程度的主要指标。我国是国家统计局城调总队负责全国居民消费价格指数的编制及相关工作,并组织、指导和管理各省、自治区、直辖市的消费价格调查统计工作。

我国编制价格指数的商品和服务项目,是根据全国城乡近 11 万户居民家庭消费支出构成资料和有关规定确定的,目前共包括食品、烟酒及用品、衣着、家庭设备用品及服务、医疗保健及个人用品、交通和通信、娱乐教育文化用品及服务、居住八大类,在每大类中又分为若干中类,每中类中又分为若干小类,每小类中又分为若干具体商品及服务,共有 251 个基本分类,约 700 个代表品种。居民消费价格指数就是在对全国 550 个样本市县近 3 万个采价点进行价格调查的基础上,根据国际规范的流程和公式计算出来的。

居民消费价格指数的编制与零售商品价格指数相似,采用抽样方法定人员定地点调查登记代表性商品和服务项目的价格,在计算平均价格的单项个体指数的基础上,按加权算术平均数指数公式,从小类、中类到大类层层加权计算,最后对大类指数加权平均计算居民消费价格总指数。一般来说,居民消费价格指数计算的权数是根据城乡居民家庭的消费支出构成来确定的。

例如,假定我国某年居民消费品基础资料如表 9-19 所示,要求根据固定加权算术平均数指数,编制居民消费价格指数。

表 9-19

某年我国消费价格指数和权数基本资料

消费品种类	类指数 k	固定权数 w	kw
食品类	150%	55%	8 250‰
衣着类	120%	25%	3 000‰
日用品类	140%	10%	1 400‰
文化娱乐用品类	110%	4%	440‰
医药类	104%	2%	208‰
书报杂志类	102%	1%	102‰
燃料类	120%	3%	360‰
合　计	—	100%	13 760‰

居民消费价格指数为

$$I_p = \frac{\sum kw}{\sum w} = \frac{13\,760‰}{100\%} = 137.6\%$$

值得注意的是,商品房不纳入 CPI 统计主要有以下原因[①]:

(1) 出于国民经济核算的需要。根据世界各国统计机构所采用的"国际惯例",93NA(联合国统计委员会推荐的世界各国统计机构遵循的一般性原则)第十章资本账户的资本形成总额中指出:住宅按新的或现存的有形固定资产来处理。为此,CPI 的统计口径必须与国民经济核算体系中的类相一致。而根据国民经济核算分类,商品房购买属于投资范畴,CPI 关注的是消费,因此,CPI 只能反映与居民即期消费密切相关的消费品及服务项目的价格变动,不必要也不可能反映房地产和股票等资产类价格的变动,且如果将商品房价格变动纳入 CPI 的统计中,我国的 CPI 与世界其他各国的 CPI 就不可比。同时,一个既能反映资产价格变动,又能反映消费品价格变动的指数,这样的指数即使编制出来,也因其含义不清晰而无法为国民经济核算使用。

(2) 出于测量通货膨胀的需要。测量通货膨胀的指标不止一个,但世界各国大多使用 CPI 来测量。经济工作者一般认为,商品和服务普遍的、持续的上涨就发生了通货膨胀。注意,这里指的是商品和服务,而不是资产。假设我们把商品房价格变动作为消费品价格变动纳入 CPI 的统计中,2007 上半年我国房地产价格涨幅为 5.9%,而 CPI 的涨幅

———————————

① 资料来源:国家统计局,heep://www.stats.gov.cn/tjzs/。

为 3.2%,把两者合成在一起的指数还会更高,那么反映的是我国国民经济进入了中度通货膨胀状态。同样,如果把股票价格变动纳入 CPI 的统计范围,那么我国上半年 CPI 的涨幅会有 100% 以上了。

此外,事实上 CPI 已经反映了居住消费价格的变动。不将商品房(资产)价格变动纳入 CPI 统计范畴,不代表 CPI 不反映居住类(消费)价格的变化情况。CPI 居住类价格的变化是通过四个类别来反映的:①建房和装修材料,主要是砖瓦灰砂石、水泥、化工原料等。②租房,主要是公房及私房房租的变化。③自有住房,主要是房屋贷款利率、物业费的变化情况。这里需指出的是,目前一些国家就是通过住房贷款利率变化来反映自由住房的价格变化(理论依据是:自由住房不管是贷款支付的还是自由储蓄支付的都是以购房资金形式存在的,即你自己的住宅是以货币形式存在的,而购房资金的价格就是贷款利率,因此房屋贷款利率的变化也就反映了自由住房的价格变化)。④水、电、燃料的价格变化。

本 章 要 点

指数是一种重要的统计方法,主要用以综合反映复杂现象总体的变动。指数分析法是利用指数原理分析各因素对现象变动影响的一种重要的分析方法。指数方法论的基本问题是如何计算总指数。因此,总指数的计算和指数因素分析构成本章的两个主要内容。

总指数的计算有两种基本形式:一是综合指数,一是平均指数。两种形式根据不同的计算逻辑,相互间既有联系,也有区别。综合指数是根据先综合后对比的思路计算总指数,即通过同度量因素先计算出复杂现象总体在不同时期(或空间)的总量,在同度量因素固定的条件下,将两个时期(或空间)的总量进行对比。平均指数则是根据先对比后综合的思路计算总指数,既先计算个体指数,再对个体指数进行加权平均。在一定的权数条件下,平均指数可视为综合指数的变形形式。

编制(计算)综合指数时,如何选择同度量因素的时期是一个重要的问题。总的精神是要依据编制指数的目的和任务,结合研究对象的特点,灵活地加以确定。在我国指数理论和实践中,一般的原则是:编制数量指标指数,要采用质量指标作为同度量因素,并将其固定在基期;编制质量指标指数,要采用数量指标作同度量因素,并将其固定在报告期。但不可将一般原则绝对化,根据需要,亦可应用其他的方法,常用的有拉氏指数、派氏指数等。

计算平均指数的主要问题是对个体指数进行平均的形式和确定权数。平均的形式有算术平均、调和平均和几何平均。应用比较普遍的是算术平均形式。常用的权数有根据综合指数变形得到的权数及固定权数。

指数因素分析法是本章的另一重要内容。因素分析的基本任务是在定性分析的基础上,依据指数体系中各指数间的联系,分别分析各因素对研究对象在数量上的影响程度及绝对量。具体的分析角度有多种多样:分析的对象可以是简单现象,亦可以是复杂现象;分析的指标可以是总量指标,亦可以是平均指数;分析因素的个数,可以是两因素,亦可以是多因素,等等。指数体系是因素分析的基础。

本 章 习 题

1. 某工业企业两种产品的产量及出厂价格资料见表 9-20。

表 9-20

产 品 资 料 表

产品名称	计量单位	产　　量		出厂价格(元)	
		基　期	报告期	基　期	报告期
甲	吨	3 000	3 300	45	48
乙	台	1 000	1 200	24	26

试计算:

(1) 产量个体指数和出厂价格个体指数;

(2) 产量总指数及由于产量增加(或减少)而增加(或减少)的总产值;

(3) 出厂价格总指数及由于出厂价格提高(或降低)而增加(或减少)的总产值。

2. 某企业生产两种产品的产量及对某种材料的单耗(每生产单位产品消耗的材料数量)资料见表 9-21。

表 9-21

产 品 资 料 表

产品名称	计量单位	产　　量		出厂价格(元)	
		基　期	报告期	基　期	报告期
甲	吨	2 000	2 400	100	97
乙	台	800	1 000	40	38

试计算两种产品的产量总指数及由于产量变动而增加(或减少)的该种原材料消耗量。

3. 某企业产量及单位成本资料见表 9-22。

表 9-22

某企业产量及单位成本资料表

产　品	计量单位	产　量		单位成本(元)	
		基　期	报告期	基　期	报告期
甲	台	400	450	70	68
乙	件	1 900	1 940	90	90
丙	套	950	980	50	51

试分别用拉氏指数公式和派多指数公式计算单位成本总指数及各自的分子分母差额,并说明这两个差额在经济内容上的区别。

4. 根据表 9-23 资料计算价格总指数及因价格变动而使购买者多支付(或少支付)的金额。

表 9-23

计　算　表

商品名称	计量单位	个体价格指数(％)	成交额(万元)	
			基　期	报　告　期
甲	件	103	50	60
乙	米	98	30	25
丙	千克	106	90	110

5. 根据表 9-24 资料计算销售量总指数及因销售量变动而增加(或减少)的销售额。

表 9-24

计　算　表

商品名称	计量单位	销售量增长速度(％)	销售额(万元)	
			基　期	报　告　期
甲	千克	14	70	85
乙	箱	9	60	67

6. 指数推算:

(1) 已知某企业某种产品产量增长 10％,消耗某种原材料总量增长 6％,试计算单位产品耗该种材料数量(单耗)的变动程度。

(2) 已知某商店销售额增长 20％,销售价格总的上涨 8％,试求销售量增长的百分数。

7. 已知表 9-25 资料。

要求：（1）计算销售量总指数。

（2）推算价格总指数。

表 9-25

计 算 表

商　　品	销售额（万元）		2005 年比 2004 年销售量增长（%）
	2000 年	2001 年	
甲	500	540	17
乙	400	450	11

8. 某乡粮食生产资料见表 9-26。

表 9-26

某乡粮食生产资料表

指　　标	计量单位	2000 年	2001 年
粮食总产量	万千克	4 500	4 800
播种面积	万公顷	6.3	6.8
粮食单产	千克/公顷	560	600

试分析该乡粮食总产量的增长中分别受播种面积和单产两个因素各自的影响程度及绝对量。

9. 某企业生产及劳动的部分资料见表 9-27。

表 9-27

某企业生产及劳动的部分资料表

指　　标	单　　位	基　　期	报　告　期
某产品产量（Q）	万件	124	135
平均生产工人数（T）	人	1 100	1 000
平均每工人工作天数（a）	日	24	23
平均每天工作小时数（b）	时	7	8
平均每工时产量（c）	件/时	12	14

试分析生产工人数（T）、平均每工人工作天数（a）、平均每天工作小时数（b）及平均每工时产量（c）诸因素各自对产品产量（Q）影响的相对程度及绝对量。

10. 已知表 9-28 资料，试从相对程度和绝对额两个方面分析原材料费用总额变动分别受产量(Q)、每吨产品材料消耗量(m)及材料价格(P)因素的影响。

表 9-28

分 析 表

产品	产量（吨）		材料名称	每吨产品材料消耗量（吨）		每吨材料价格（元）	
	基 期	报告期		基 期	报告期	基 期	报告期
	Q_0	Q_1		m_0	m_1	p_0	p_1
甲	100	120	A	1.1	1.05	40	45
			B	0.5	0.48	15	22
乙	40	46	A	2	2.1	40	45
			B	0.2	0.19	15	22

11. 某企业生产同种产品的两个车间的资料见表 9-29。

要求计算全厂劳动生产率及指数，并对其变动进行因素分析（相对程度及绝对量）。

表 9-29

车 间 资 料 表

	产量总量（吨）		生产工人数（人）		劳动生产率（吨/人）	
	基 期	报告期	基 期	报告期	基 期	报告期
甲	100	156	100	130	1.00	1.20
乙	76.5	85.5	85	90	0.90	0.95
全 厂	176.5	241.5	185	220	—	—

12. 某企业工人工资和人数资料见表 9-30。

表 9-30

工 人 资 料 表

	工资总额（万元）		平均工人数（人）		平均工资（元）	
	基 期	报告期	基 期	报告期	基 期	报告期
	E_0	E_1	T_0	T_1	x_0	x_1
技术工人	13.2	15.75	330	350	400	450
普通工人	11.76	13.33	420	430	280	310
合 计	24.96	29.08	750	780	332.8	372.8

试分析：

（1）工资总额变动受总平均工资变动及工人总数变动影响的相对程度及影响额。

（2）全厂工人总平均工资变动受各组工人工资水平变动及工人结构变动影响的相对程度和绝对额。

（3）各组工人工资水平因素及结构因素影响的工资总额的绝对额。

（4）列出影响工资总额三个因素的内容及各自影响的数额。

第十章　相关分析与回归分析

学习目标　相关与回归分析也是处理变量之间关系的一种统计分析方法,一般是反映数值型因变量与数值型自变量之间的数量关系。通过本章学习,要求了解相关关系的概念及种类、相关分析的概念和内容,重点掌握简单相关系数的计算方法;了解回归分析的概念,熟练掌握建立一元线性回归与多元线性回归方程的方法,并对相关参数进行统计检验,能上机操作,对统计软件回归计算的结果作出正确的解释。

关键概念　相关分析(correlation analysis)　相关系数(correlation coefficient)　回归方程(regression model)　统计检验(statistical test)

第一节　相关关系的概念和种类

一、相关关系的概念

在自然界和社会中的许多事物或现象,彼此之间都是有机地相互联系、相互制约的。离开周围的现象和条件而孤立地存在的现象是不存在的。事物或现象相互联系、相互制约,构成了错综复杂的客观世界,构成了世界的运动和发展。

社会经济现象也是在错综复杂的相互联系中存在和发展的,任何一个部门的现象都会影响到其他部门,并受到其他部门的影响和制约。在企业内部的生产和经营活动也是如此。所有各种现象之间的相互联系,都可以通过数量关系反映出来。

如果进一步加以考察,可以发现,现象之间的相互联系一般可以区分为两种不同的类型。

1. 确定性关系

确定性关系也称为函数关系。它反映了现象之间存在着严格的依存关系。在这种关系中,对于某一变量的每一数值,都有表达式反映出来。

例如,圆的面积对于半径的依存关系就是属于确定性关系。若是用 S 表示圆的面积、R 表示半径,则两者的关系就是

$$S = \pi R^2$$

　　这里,圆的面积是随半径的大小而变动的,当 R 的值一经确定,就可以得到 S 的确定的值。

　　在工业企业里,产品的总价值 V 与单位产品价格 p,产品总产量 q 三者之间的关系可表示为

$$V = pq$$

　　若单位产品价格 p 保持不变,则产品总价值 V 便随着总产量 q 的增加或减少而呈比例变动。由此可见,确定性关系反映现象之间具有严格的依存性,当一个变量发生变动,另一个变量便严格地按照一定的规律作相应的变动。

　　客观世界的各种现象之间,特别是在自然界,广泛存在着函数关系。

　　2. 相关关系

　　这种关系的主要特征是:某一现象的标志值与另外的标志值之间存在着一定的依存关系,但与函数关系不同,即它们不是确定的和严格依存的。在这种关系中,对于某项标志的每一个数值,可以有另外标志的若干个数值与之相适应,表现一定的波动性,但又总是围绕着它们的平均数并遵循一定的规律而变动。例如,每公顷耕地的施肥与每公顷产量之间存在着一定的依存关系。在一般情况下,施肥量适当增加,每公顷产量便相应地提高。但是每公顷产量的增长与施肥量增长的数值之间并不存在严格的依存关系。因为对每公顷耕地的产量来说,除了施肥量多少这一因素外,还受到种子品质、土壤条件、降雨降雪量等其他因素的影响。但即使如此,它们之间仍然存在着一定的依存关系,即在一定范围内,随施肥量的增加,每公顷产量便相应地有所提高。

　　在各种经济活动和生产过程中,许多经济的、技术的因素之间都存在着这种相关关系。分析这种关系的内在联系和表现形式以研究和掌握其规律性,是统计研究的一项重要任务。

　　函数关系与相关关系是两种不同类型的关系,但是它们之间并不存在严格的界限。由于在观察或试验中出现误差,函数关系有时也通过相关关系反映出来,而当对现象之间的内在联系和规律性了解得更加清楚的时候,相关关系又可能转化为函数关系。

　　在相关关系中,通常在相互的现象中间存在着一定的因果关系,这时就把其中的起着影响作用的现象具体化,通过一定的标志反映出来,这样的标志称为自变量,把由于受到自变量变动的影响而发生变动的某项标志,称为因变量。例如,就施肥量和每公顷产量之间的关系来看,显然,施肥量多少是作用因素,因而施肥量这一标志,就是自变量,而每公顷产量这一标志就是因变量。当研究的是两个变量之间的关系时,通常以符号 x 表示自变量,以符号 y 表示因变量。但是也应该指出,在相关关系中,有时在两个变量之间只存在相互联系而并不存在明显的因果关系。例如,在每万元产值的耗电量与工业总产值之间存在着一定的联系,但是在两者之间难以指出哪一个是原因,哪一个是结果。红砖的抗

折强度与抗压强度存在着相互联系,但是在这两者之间也很难区分哪一个是自变量,哪一个是因变量。在这种情况下决定的主要标准是研究的目的。例如,为研究在一定耗电量水平下工业总产值可能是多少时,就把耗电量看作是自变量,而把工业总产值看成是因变量。同时也可以看到,在这种情况下,两者是可以互换的。例如,为研究在一定抗压强度条件下红砖的抗折强度可能是多少,这时可以把抗压强度作为自变量,而抗折强度是因变量;而当已知红砖的抗折强度的资料而欲判断其抗压强度时,则又可以抗折强度作为自变量,而抗压强度则是因变量。应该注意的问题是,不论在哪种情况下,作为研究对象的现象之间的关系,必须是真实的,具有内在联系的关系,而决不能是臆造的,或只不过是形式上偶然的巧合。因此,统计在研究相关关系时,应该根据有关的科学理论,并且还要通过理论与实践方面的检验,只有这样,才能通过研究得出有科学意义的结论。

二、相关关系的种类和相关分析的主要任务

现象之间的相互关系是很复杂的,它们各以不同方向、不同强度相互作用着,并表现出不同的类型和形态。

从变量之间相互关系的表现形式来看,可以分成为线性相关和非线性相关。以两个变量之间的关系为例,当自变量发生变动,因变量随之发生大致均等的变动(增加或减少),从图形上看,观察点分布于一个狭长的带形区域之内,近似地表现为直线形式,这就是线性相关。而当自变量发生变动,因变量也随之发生变动,但是这种变动不是均等的,如果画在图上,其观察点的分布表现为各种不同的曲线形式,这就是非线性相关。例如,在工业企业中,一定时期内产品的生产费用和产品产量之间,就表现为线性相关,而在商业企业中,商品的流通费用率与商品销售额之间,就表现为非线性相关。

从变量之间相互关系的方向来看,线性相关可以分成正相关与负相关。当自变量的值增加,因变量的值也相应地随之增加,两变量呈同方向变化,这样的相关关系就是正相关。但是另外有些现象的相互关系则表现为,当自变量的值增加时,因变量的值有随之而减少的趋势,即两个变量呈相反方向的变化,这种关系就是负相关。例如,劳动生产率与单位产品成本的关系就是这样,劳动生产率愈高,则单位产品成本愈低。

不论是线性相关还是非线性相关,其关系的密切程度都各有不同。在统计中用一个专门的指标——相关系数,来反映关系的密切程度。以线性相关来说,当因变量完全随自变量的变动而变动,在图中可以看到所有观察点都在直线上,这时相关关系就转化为函数关系,称为完全相关。而当变量之间完全不存在任何依存关系,自变量变动,因变量完全不随之作相应的变动,则此相关关系称为零相关。在一般情况下,两变量的线性关系是在零相关与完全相关之间。相关系数的绝对值是在 0 与 1 这一闭区间内的实数值。

在相关关系中,当研究的是两个变量之间的关系,其中的因变量只与一个自变量有联系,这样的关系称为一元相关。但有时和因变量有联系的变量不只是一个,而是有若干

个,这样的相关关系称为多元相关。

以上分类表明,由于变量之间关系的类型和形态不同,关系的紧密程度也不一样,因此,统计在研究相关关系时的主要内容和任务就是:

(1)通过实际观察或试验取得数据,分析变量之间相互关系的类型和形态,并用一个数学表达式反映出来,这个数学表达式称为回归方程式。有了回归方程式就便于用数学方法进行分析,这时,有关变量的值一经确定,就可以测定出另一变量的可能数值,这就为进一步的统计分析推断提供了重要依据。

(2)回归方程反映了因变量与自变量之间的依存关系。但既然是相关关系,除已知自变量的影响而外,尚有其他未判明因素(包括随机误差)的影响,因此在方程建立之后,需要对方程的配合是否恰当进行分析和评价,以判明自变量对因变量的影响程度。这就需要计算判定系数以及相关系数等指标。相关分析的理论还表明,只有当变量之间的关系达到一定的紧密程度,即相关系数的值达到一定界限时,所建立的方程才是有意义的;如果计算表明,相关系数的值很小,变量之间关系的密切程度很低,则依据所建立的方程进行分析就是没有意义的,也可能是由于关系的类型不同,所选的方程不合适,这就需要重做观察或试验,考虑选择更合适的方程。这些问题都要通过分析关系的紧密程度来解决。

(3)回归方程、回归系数、相关系数等,都是在样本资料的基础上计算出来的。由于受随机因素的影响,不同的样本所得结果各有不同,因而需要应用数理统计方法作显著性检验,通过检验确认样本指标有足够的代表性能反映总体时,研究结果才是可靠的,因此检验也是相关分析中不可缺少的重要内容。

(4)在检验之后,若是接受所建立的方程,就可以根据样本资料对总体进行推断。其中,主要是依据样本回归方程对总体条件平均值 $\bar{Y}_x$ 的推断以及总体因素变量 Y 的推断。这时,当有关变量的值一经确定,虽然不能像函数关系那样直接计算另一变量的确定的值,但是却能以一定的可靠程度指出这个变量的所在范围,这就为决策研究和指导工作提供了依据。

以上相关分析的各项内容和任务,都是相互联系,并互为条件的。

在统计中,相关关系是一个广义的概念。通常,根据现象自身的性质和研究任务的不同,还可以分成回归分析和狭义的相关分析两种。其中,回归分析就是根据变量之间的内在关系及其表现形式,选择一个合适的方程来近似地表达这种联系,并对方程的效果进行评价,其中的自变量看成是可控的,而因变量则是个随机变量;狭义的相关分析主要是测定变量之间关系的密切程度,并对相关系数进行检验,或变量在性质上都是随机的。在研究方法方面两者也存在一定差别。但是要在两者之间划分严格的、明确的界限也是很困难的,从整体上看两者在理论与方法方面都存在着很密切的联系。在本章中,也按通常的提法称为回归与相关分析,但主要内容并不在于如何区别两者,而更侧重于如何将两者结合起来,以认识所研究的对象。

第二节　一元线性回归方程与相关系数

一、一元线性回归方程

回归分析的主要任务就是确定一个数学表达式以反映变量之间的相互依存关系,这样的数学表达式称为回归方程式。由于变量之间相互关系的复杂性,回归方程也有多种类型和形式。在自然界及社会经济现象中,许多变量之间的关系可以近似用线性关系来表达,其中一元线性回归又是整个回归分析的基础,因此本节中先介绍一元线性回归方程。

从一个总体来看,反映两个变量依存关系的线性回归模型有两种形式

$$Y = A + BX + \varepsilon \tag{1}$$

$$\bar{Y}_x = A + BX \tag{2}$$

在(1)式中,Y 表示总体的因变量,X 表示总体的自变量,A、B 是参数,ε 是随机误差,即所有未被考虑的因素所形成的误差总和。

在(2)式中,$\bar{Y}_x$ 是 Y 的期望值。当 X 给定一确定值时,便可得到与之对应的 $\bar{Y}_x$ 值,$\bar{Y}_x$ 是 X 的函数,也称 $\bar{Y}_x$ 为条件平均数。

上两式都反映了总体内部 X 和 Y 两个变量之间所有数据的变化规律,统称为总体一元线性回归模型。其中(2)式又称为总体一元线性回归方程。

总体线性回归模型的建立以如下的假设条件为前提:

(1) 变量 Y 与 X 满足线性模型 $Y = A + BX + \varepsilon$,其中 ε 是期望值为 0,方差为 σ^2 的正态分布随机变量,并且 ε 相互独立。

(2) 当 X 固定为某一 x_i 时,Y 为正态分布的随机变量,即 $Y_i \sim N(A + Bx_i, \sigma^2)$。

(3) Y 的方差 σ^2 是一个不变的常量。

(4) 每一对观察数据 (x_i, y_i) 和另一对观察数据 (x_i, y_i) 都是相互独立地进行观察所得到的。

这些假设是应用最小平方法拟合线性方程和对总体进行推断所必需的前提条件。在社会经济现象中,这些条件下一定会完全得到满足,但只要认为条件比较接近,也就可以作为分析的基础。如果实际情况明显地与这些条件不符,则回归分析的效果就会受较大影响,因此在回归分析时需要认真分析和慎重对待。

在实际生活中,总体的真值多数情况下是未知的,这时就只能从总体中抽取部分单位作为样本,依据样本回归模型推断总体回归模型。样本回归模型为

$$y = a + bx + e$$

$$\hat{y} = a + bx$$

式中 y 表示样本的因变量；

x 表示样本的自变量；

a、b 表示样本回归模型的参数，是总体参数 A、B 的估计值；

e 表示样本回归模型的随机误差，$e = y - \hat{y}$ 也称为残差；

$\hat{y}$ 表示总体期望值 $\bar{Y}_x$ 的估计值。

称 $\hat{y} = a + bx$ 为样本一元线性回归方程，或简称为一元线性回归方程、直线回归方程等。下面以样本资料为例说明其估计方法。

例如，某地区 2001 年 15 户城市居民平均每人全年生活费收入及购买商品消费支出资料见表 10-1。

表 10-1

某地区 15 户城市居民平均每人全年生活费收入及购买商品支出额（2005）

住房序号	平均每人全年生活费 收入（10 元）x	平均每人全年购买 商品支出（10 元）y
1	880.5	605.2
2	985.8	867.5
3	1 132.4	815.3
4	1 268.2	1 027.2
5	1 389.6	1 250.6
6	1 527.9	1 031.2
7	1 628.6	1 335.4
8	1 742.3	1 271.8
9	1 814.7	1 615.0
10	2 017.5	1 674.5
11	2 172.6	1 748.9
12	2 264.4	1 630.4
13	2 412.8	1 978.5
14	2 516.3	1 862.1
15	2 740.8	1 973.4
合　计	26 494.4	20 687.0

表 10-1 是依据某地区 2005 年城市居民住户抽样调查资料，经计算得出的平均每人全年生活费收入及每人全年购买商品支出额，其中的每个数值称为观察值。表中数值表明平均每人购买商品支出额依赖于每人全年生活费收入的水平，两者存在较为明显的依存关系，根据表中资料绘成图形（见图 10-1），则两者的依存关系表现得更清楚。

　　绘图时,以横轴表示生活费收入,以纵轴表示购买商品支出,根据表 10-1 中数据按相应的坐标画点,这些点称为观察点。从图中可以看出所有观察点都分布于一个狭长的带形区域之内,并近似于直线形式,但从图中也可以看出,随着 x 值的变动,相应的 y 值也表现出上下波动的状况,这说明除了收入水平这一因素而外,尚有其他因素影响购买商品支出额的变动,这就表现为回归模型中的随机误差。

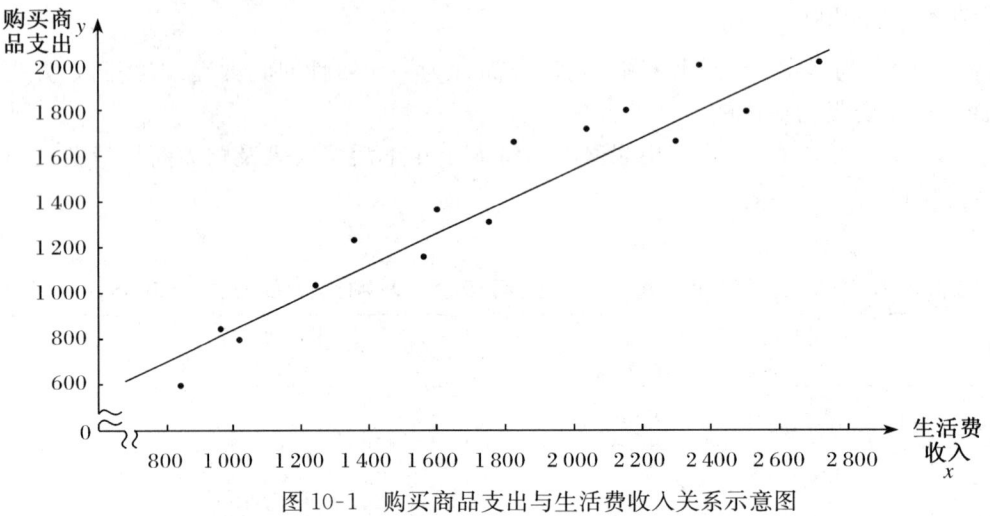

图 10-1　购买商品支出与生活费收入关系示意图

　　现在我们为研究生活费收入对购买商品支出的影响,根据图 10-1 中反映的趋势,我们可以考虑用线性回归方程 $\hat{y}=a+bx$ 来表达。其中的 a、b 为方程的参数,b 也称为回归系数。

　　确定回归方程的参数最主要的方法是最小平方法,这一方法的原理与研究步骤与本书长期趋势测定的内容相同,即根据下列标准方程组

$$\begin{cases} na+b\Sigma x=\Sigma y \\ a\Sigma x+b\Sigma x^2=\Sigma xy \end{cases}$$

式中　　x、y 表示样本中已知的数据;
　　　　a、b 表示未知参数。

　　解这一方程组可以得 a、b 的值

$$a=\bar{y}-b\bar{x}$$

$$b=\frac{n\Sigma xy-\Sigma x\cdot\Sigma y}{n\Sigma x^2-(\Sigma x)^2}=\frac{\Sigma(x-\bar{x})(y-\bar{y})}{\Sigma(x-\bar{x})^2}$$

　　以上计算 a、b 两个公式所需要的数据都可以通过列表计算得到,因此线性回归方程

便可确定下来了。

回归系数 b 是直线的斜率,从其算式中可以看出,分母是所有观察值 x 与其平均数 $\overline{x}$ 的离差平方和,只要所有观察 x 的观察值不完全相等,它必然是个大于 0 的数,因此它的符号取决于分子中两个离差乘积之和。当 $b>0$ 时,y 有随 x 的增加而增加的趋势;而当 $b<0$ 时,y 有随 x 增加而减少的趋势。

为以后计算及使用上的方便,给出以下符号

$$L_{xx}=\sum(x-\overline{x})^2=\sum x^2-\frac{1}{n}(\sum x)^2$$

$$L_{yy}=\sum(y-\overline{y})^2=\sum y^2-\frac{1}{n}(\sum y)^2$$

$$L_{xy}=\sum(x-\overline{x})(x-\overline{y})=\sum xy-\frac{1}{n}(\sum x)(\sum y)$$

于是

$$b=\frac{L_{xy}}{L_{xx}}$$

通过变换后的公式计算比由它们的定义计算要简便一些。

下面就以表 10-1 中资料说明回归方程的具体计算方法。计算时通常要列成计算表,如 10-2 所示。

表 10-2

一元线性回归方程计算表(一)

住户序号	平均每人全年生活费收入(10 元)x	平均每人全年购买商品支出(10 元)y	x^2	y^2	xy	$\hat{y}$
1	880.5	605.2	775 280.25	366 267.04	532 878.60	725.35
2	985.8	867.5	971 801.64	752 556.25	855 181.50	803.07
3	1 132.4	815.3	1 282 329.76	664 714.09	923 245.72	911.27
4	1 268.2	1 027.2	1 608 331.24	1 055 139.84	1 302 695.04	1 011.50
5	1 389.6	1 250.6	1 930 988.16	1 564 000.36	1 737 833.76	1 101.10
6	1 527.9	1 031.2	2 334 478.41	1 063 373.44	1 575 570.48	1 203.18
7	1 628.6	1 335.4	2 652 337.96	1 783 293.16	2 174 832.44	1 277.51
8	1 742.3	1 271.8	3 035 609.29	1 617 475.24	2 215 857.14	1 361.42
9	1 814.7	1 615.0	3 293 136.09	2 608 225.00	2 930 740.50	1 414.86

（续表）

住户序号	平均每人全年生活费收入(10元)x	平均每人全年购买商品支出(10元)y	x^2	y^2	xy	$\hat{y}$
10	2 017.5	1 674.5	4 070 306.25	2 803 950.25	3 378 303.75	1 564.54
11	2 172.6	1 748.9	4 720 190.76	3 058 651.21	3 799 660.14	1 679.02
12	2 264.4	1 630.4	5 127 507.36	2 658 204.16	3 691 877.76	1 746.78
13	2 412.8	1 978.5	5 821 603.84	3 914 462.25	4 773 724.80	1 856.31
14	2 516.3	1 862.1	6 331 765.69	3 467 416.41	4 685 602.23	1 932.70
15	2 740.8	1 973.4	7 511 984.64	3 894 307.56	5 408 694.72	2 098.39
合计	26 494.4	20 687.0	51 467 651.34	31 272 036.26	39 986 698.58	20 687.00

表 10-2 中最后一行是各列之和,从这一行的结果便可以得到计算所需的数据,为清楚起见也可列成表格,如表 10-3 所示。

表 10-3

一元线性回归方程计算表（二）

$\sum x = 26\ 494.4$	$\sum y = 20\ 687.0$	
$\bar{x} = \dfrac{26\ 494.4}{15} = 1\ 766.293$	$\bar{y} = \dfrac{20\ 687}{15} = 1\ 379.13$	
$\sum x^2 = 51\ 467\ 651.34$	$\sum y^2 = 31\ 272\ 036.26$	$\sum xy = 39\ 986\ 698.58$
$\dfrac{(\sum x)^2}{n} = 46\ 796\ 882.09$	$\dfrac{(\sum y)^2}{n} = 28\ 530\ 131.27$	$\dfrac{(\sum x)(\sum y)}{n} = 36\ 539\ 310.19$
$L_{xx} = 4\ 670\ 769.25$	$L_{yy} = 2\ 741\ 904.99$	$L_{xy} = 3\ 447\ 388.39$

$$b = \frac{L_{xy}}{L_{xx}} = \frac{3\ 447\ 388.39}{4\ 670\ 769.25} = 0.738$$

$$a = \bar{y} - b\bar{x} = 75.47$$

表 10-3 中,L_{xx}、L_{yy}、L_{xy} 的值都可以从上面相邻两个数字相减得到,其中 L_{yy} 的值在求回归方程时并不需要,但在以后的分析中经常用到,因此也在这里计算出来。

根据表 10-3 所得结果,可以得出该地区 15 户城市居民平均每人全年购买商品支出对平均每人全年生活费收入的线性回归方程为

$$\hat{y} = a + bx = 75.47 + 0.738x$$

这个方程的意义是,根据 15 户城市居民的住户调查表明,平均每人全年生活费收

入每增加 1 元,则平均每人购买商品支出将平均增加 0.738 元。根据这个方程,把表 10-1 中 15 户居民的平均每人全年生活费收入的数值逐项代入,就可算出相应的平均每人购买商品支出的估计值 $\hat{y}$,写在表中最后一栏。取出其中两个值可在图中画一条直线。

二、样本回归方程的评价

以上回归方程是依据实际观察资料建立起来的,但是方程是否真实地反映了变量之间的线性依存关系,代表性如何,还需要进一步作出分析和评价。我们先从离差平方和的分解讲起。

(一)离差平方和的分解

从一个样本来看,因变量 y 有 n 个观察值,每个观察值与其平均数之间存在离差 $y-\hat{y}$,而全部 n 个观察值与其平均数之间的总离差可用这些离差的平方和表示,即

$$L_{yy}=\sum(y-\overline{y})^2$$

上式简称为总变差。为了分析清楚起见,通过图 10-2 来说明。

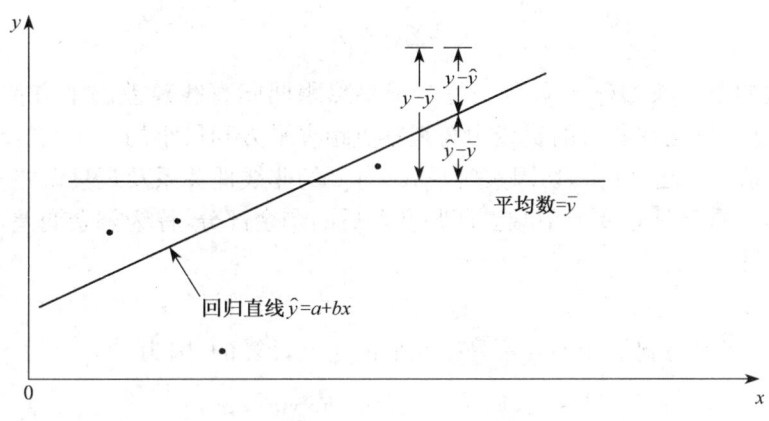

图 10-2 $y-\overline{y}$ 的分解

从图 10-2 可以看出,每个观察点的离差 $y-\overline{y}$ 都可分解成下式

$$y-\overline{y}=(\hat{y}-\overline{y})+(y-\hat{y})$$

将上式两边平方,然后对所有几个点求和,则有

$$\sum(y-\overline{y})^2=\sum[(\hat{y}-\overline{y})+(y-\hat{y})]^2$$
$$=\sum(\hat{y}-\overline{y})^2+\sum(y-\hat{y})^2+2\sum(y-\overline{y})(y-\hat{y})$$

上式中最后一项 $2\sum(y-\overline{y})(y-\hat{y})=0$,因为

$$\sum(\hat{y}-\bar{y})(y-\hat{y})=\sum(a+bx-a-b\bar{x})(y-a-bx)$$
$$=\sum(y-\bar{y}+b\bar{x}-bx)(x-\bar{x})b$$
$$=b\sum(x-\bar{x})(y-\bar{y})-b^2\sum(x-\bar{x})^2$$
$$=b(L_{xy}-bL_{xx})$$
$$=b(L_{xy}-L_{xy})$$
$$=0$$

因此总变差可以分解成为两部分

$$\sum(y-\bar{y})^2=\sum(\hat{y}-\bar{y})^2+\sum(y-\hat{y})^2$$

上式右边的第一项是估计值 $\hat{y}$ 与平均数 $\bar{y}$ 离差的平方和。根据线性方程 $\hat{y}=a+bx$，可以把 $\hat{y}-\bar{y}$ 看作是由于 x 的变动所引起的，它反映了在 y 的总变量差中由于 x 与 y 的线性依存关系而引起 y 的变化部分，即总变差的变化中被判明或已经解释的部分，称为回归变差，记作 U，即

$$U=\sum(\hat{y}-\bar{y})^2$$

上式右边的第二项 $\sum(y-\hat{y})^2$，是每个观察点距回归直线离差的平方和。根据最小平方法原理，这个量是在所有的直线中与观察点距离平方和最小的一个，它反映的是除了 x 对 y 线性关系影响之外的一切因素(包括 x 对 y 的非线性关系及观察误差)对 y 的影响部分。从数值上看就是总变差中减去回归变差后的剩余部分，称为剩余变差，或未判明的变差，记作 Q，即

$$Q=\sum(y-\hat{y})^2$$

通常，回归变差与剩余变差并不是按它们的定义计算的，因为

$$U=\sum(\hat{y}-\bar{y})^2=\sum(a+bx-a-b\bar{x})^2$$
$$=b^2\sum(x-\bar{x})^2=bL_{xy}$$

可见有了回归系数 b，回归变差就可以通过上式求得。剩余变差则可按下面公式求得

$$Q=\sum(y-\hat{y})^2=\sum(y-a-bx)^2$$
$$=\sum(y-\bar{y})^2-U=L_{yy}-bL_{xy}$$

可见当着已经求出线性方程的参数值的条件下，计算回归变差及剩余变差，比按它们的定义直接计算要容易得多。

所以，总变差、回归变差与剩余变差的关系可以写为

$$\sum(y-\overline{y})^2 = \sum(\hat{y}-\overline{y})^2 + \sum(y-\hat{y})^2$$

或
$$L_{yy} = U + Q$$

现沿用前面表 10-1 及表 10-2 资料计算如下:

$$L_{yy} = 2\ 741\ 904.99$$

$$U = bL_{xy} = 0.738 \times 3\ 447\ 388.39 = 2\ 544\ 172.632$$

$$Q = L_{yy} - U = 2\ 741\ 904.99 - 2\ 544\ 172.632 = 197\ 732.358$$

于是三者关系是

$$2\ 741\ 904.99 = 254\ 172.632 + 197\ 732.358$$

以上通过离差平方和分解,解释了影响总变差的各项主要因素及其影响程度。对分解后得到的回归变差与剩余变差,则可以进一步测定判定系数、相关系数、估计标准误差等指标,并进一步通过方差分析以检验回归方程的显著性,下面先介绍判定系数的测定。

(二)判定系数

回归变差 U 反映的是估计值 $\hat{y}$ 与 $\overline{y}$ 之间的平方和,从意义上来看,其是在影响总变差的因素当中已被查明或已被解释了的部分。当 Q 的数值愈小,而 U 的数值愈大,即表示总变差中已被判明或已被解释了的因素(即 x)影响愈大,在图形上表现为所有观察点离回归直线愈近,因而也就表示自变量 x 对回归的影响愈大。如果所有观察点全在回归直线上,则 $y = \hat{y}$,于是 $L_{yy} = U$,而 $Q = 0$,即总变差等于回归变差,剩余变差等于零,这时产生的总变差完全是由自变量的变动所引起,也就是因变量的变动完全用自变量的变动来解释。但在一般情况下,对相关关系,除自变量的影响而外,还有其他未判明的因素起作用,观察点的分布不是在回归直线上,而是分布在它的周围,并表现出上下波动的状况。在这种情况下,已判明因素的影响程度主要根据 U 对 L_{yy} 的比率大小而异,若 U 对 L_{yy} 的比率愈大,则说明已判明因素即自变量 x 对因变量 y 的影响愈大;反之,若 U 对 L_{yy} 的比率愈小,则说明已判明因素即自变量 x 对因变量 y 的影响也愈小。

由此可见,通过比较 U 与 L_{yy} 的关系及其比率的变动,可以反映已判明因素在总变差中所占比率的大小,既自变量对线性回归的影响程度。现在以总变差为基数,计算 U 对 L_{yy} 的比率,并以 r^2 表示,即

$$r^2 = \frac{U}{L_{yy}} = \frac{\sum(\hat{y}-\overline{y})^2}{(y-\overline{y})^2}$$

称 r^2 为判定系数,r^2 的变动范围是在 0 与 1 之间,即

$$0 \leqslant r^2 \leqslant 1$$

r^2 的主要作用在于它反映了已判明因素在总变差中所占的比率,即自变量对因变量的影响程度,这一影响程度的大小,也就是衡量所配合的回归方程是否合适的重要尺度。这一尺度也通称为拟合优度。例如,对某项资料经过计算得 $r^2 = 0.85$,则说明在因变量的变动中,可以判明有 85% 是由于自变量 x 的变动引起的,这就表明了所配合的回归方程较好地反映了所研究变量之间的关系。r^2 的值愈接近于 1,则反映所选的自变量 x 对因变量的影响愈大,从而方程的代表性愈好。因此判定系数 r^2 是用于对样本回归方程进行评价的一项重要指标。仍用前面表 10-1 的资料计算判定系数,得

$$r^2 = \frac{2\,544\,172.632}{2\,741\,904.99} = 0.928$$

计算结果表明判定系数的值是很高的,这说明在观察资料范围内,在影响居民购买商品支出额大小的各种因素当中,生活费用收入的多少起着决定性的作用。它也表明,根据所给资料建立的方程较好地反映了 x 与 y 两变量间的线性依存关系。

判定系数的另一重要作用是通过它可以直接计算相关系数,下面介绍相关系数的意义和计算方法。

三、相关系数

相关系数是反映两个变量之间线性关系密切程度的重要指标,在相关关系中具有很重要的作用,在统计研究的许多领域都得到广泛的应用。

按研究对象范围的不同,相关系数可分为总体相关系数与样本相关系数两种。总体相关系数通常以 ρ 表示;在一般情况下,是从总体中抽取部分单位计算,这样得到的相关系数称为样本相关系数,通常以 r 表示。本节中介绍的是样本相关系数的意义及计算方法。

由上面判定系数的意义已知,判定系数 r^2 反映的是已判明因素 U 在总变量 L_{yy} 中所占的比率,即自变量对因变量的影响程度。若 r^2 的数值愈大,则说明自变量 x 对因变量 y 的影响愈大,也就是 x 与 y 两变量之间的线性关系愈密切,因此 r^2 是反映变量间线性关系密切程度的指标。但 r^2 永远是正数,求 r^2 的平方根就得到相关系数。即

$$r = \pm \sqrt{r^2}$$

相关系数有多种计算方法和公式,上式是由判定系数直接得到,根据判定系数意义,上式又可写成

$$r = \pm \sqrt{\frac{\sum (\hat{y} - \overline{y})^2}{\sum (y - \overline{y})^2}}$$

上式分子为 $\sum (\hat{y} - \overline{y})^2$，是回归变差，因此按上式计算而得的相关系数称为回归相关系数。

对上式进行适当变换，可以得到 r 的多种计算形式。

$$\sum (y - \overline{y})^2 = L_{yy}, \quad U = L_{yy} - Q$$

所以

$$r = \pm \sqrt{\frac{U}{L_{yy}}} = \pm \sqrt{\frac{L_{yy} - Q}{L_{yy}}} = \pm \sqrt{1 - \frac{Q}{L_{yy}}}$$

又

$$U = b L_{xy}$$

$$r = \pm \sqrt{\frac{U}{L_{yy}}} = \pm \sqrt{b \frac{L_{xy}}{L_{yy}}} = \pm \sqrt{\frac{L_{xy} L_{xy}}{L_{xx} \cdot L_{yy}}}$$

$$= \frac{L_{xy}}{\sqrt{L_{xx} \cdot L_{yy}}} = \frac{\sum (x - \overline{x})(y - \overline{y})}{\sqrt{\sum (x - \overline{x})^2 \cdot \sum (y - \overline{y})^2}}$$

上式中分子为 x、y 两变离差乘积之和，故亦称为积差相关系数，在线性关系中是应用较多的公式。为计算方便，通常将相关系数变换成如下形式：

$$r = \frac{\sum xy - \frac{1}{n}(\sum x) \cdot (\sum y)}{\sqrt{\left[\sum x^2 - \frac{1}{n}(\sum x)^2\right]\left[\sum y^2 - \frac{1}{n}(\sum y)^2\right]}}$$

相关系数 r 具有以下一些重要性质：

(1) 相关系数 r 取值在 -1 与 $+1$ 之间，即 $-1 \leqslant r \leqslant 1$，当 r 的绝对值愈近 1，表示线性关系愈密切，$|r| = 1$ 表示完全相关，$|r| = 0$ 表示不相关或零相关。一般情况下，r 的绝对值在 1 与 1 之间，即 $0 \leqslant |r| \leqslant 1$。

(2) 相关系数只用于线性相关，r 可取正值，也可取负值。其符号与 b 的分子相关，$\sum (x - \overline{x})(y - \overline{y}) = L_{xy} > 0$，$y$ 随 x 的增加而增加，x 与 y 为正相关；当 $L_{xy} < 0$，y 随 x 的增加而减少，x 与 y 为负相关。

必须指出，当 r 的值非常小甚至等于零时，只能说明 x、y 之间的线性关系很微弱，而不能表示 x、y 之间不存在其他关系。

下面沿用表 10-1 资料计算相关系数。

从图 10-1 观察，本资料属线性关系，现用积差法计算。根据表 10-3 资料，已知

$$L_{xx} = 4\,670\,769.25, \quad L_{yy} = 2\,741\,904.99, \quad L_{xy} = 3\,447\,388.39$$

计算得

$$r=\frac{L_{xy}}{\sqrt{L_{xx}L_{yy}}}=\frac{3\ 447\ 388.39}{\sqrt{4\ 670\ 769.251\times2\ 741\ 904.99}}=0.963$$

计算结果表明,在平均每人购买商品支出与每人的生活费收入之间存在非常密切的线性关系。它也说明在样本范围内,用所建立的方程反映变量 x 与变量 y 之间的关系是合适的。

若已经先求得判定系数,则可直接求相关系数。按前例

$$r=\sqrt{r^2}=\sqrt{0.928}=0.963$$

判定系数与相关系数是两个既有联系又有区别,并且是各自具有独立意义的指标。如上所述,判定系数 r^2 反映的是已判明因素在总变差中所占的比率,即自变量对因变量的影响程度,因而它是用于评价回归方程拟合优度的指标。相关系数 r 是用于反映变量之间线性关系密切程度的指标,r^2 也反映线性关系的密切程度,其数值要低于 r,因为 $r\leqslant1$,所以 $r^2\leqslant r$。r 既能反映正相关,又能反映负相关,r^2 则不能反映负相关。在统计中主要采用相关系数来测定变量间线性关系的密切程度。

第三节　回归方程的显著性检验与区间估计

样本回归方程反映了在观察数据范围内变量之间的线性依存关系,统计研究的目的在于通过样本来推断总体,但由于抽样的随机性,不同的样本所得结果各有不同,因此由样本变量反映的关系与总体之间必然存在差异。判定系数 r^2 反映了方程拟合的程度,但 r^2 仍然是在样本范围内计算的,至于总体变量之间是否存在线性关系仍然是不能肯定的,因此需要有检验的方法,线性回归的显著性检验就是用来解决这类问题的。

一、回归方程的显著性检验

(一) F——比率检验

上面离差平方和分解中已经证明

$$\sum(y-\bar{y})^2=\sum(\hat{y}-\bar{y})^2+\sum(y-\hat{y})^2$$

或

$$L_{xy}=U+Q$$

式中,回归变量 U 是自变量 x 变动引起的离差,剩余变差 Q 是由其他未判明因素及观察误差等引起的离差,对每项离差都有一个相应的自由度和它联系。正如总变差 L_{yy} 可分解为 U 及 Q 一样,总变差的自由度也等于回归变差的自由度与剩余变差自由度之和。记总变差自由度为 f_r,回归变差自由度为 f_U,剩余变差自由度为 f_Q,则

$$f_r=f_U+f_Q$$

其中 f_r 的自由度为 $n-1$，f_U 对应自变量的个数，因此 f_U 的自由度为 1，f_Q 的自由度为 $n-2$，即

$$n-1=1+(n-2)$$

按以上自由度分别计算各变差的平均值，得

$$总方差\ S_r^2=\frac{L_{yy}}{n-1}$$

$$回归方差\ S_U^2=\frac{U}{1}$$

$$剩余方差\ S_Q^2=\frac{Q}{n-2}$$

由回归方差与剩余方差的意义可知，回归作用的大小取决于 S_U^2 及 S_Q^2 的大小。现在将两者进行对比，令

$$F=\frac{U/1}{Q/n-2}=\frac{S_U^2}{S_Q^2}$$

由上式不难看出，F 值愈大，则回归的作用愈大，线性关系也愈显著；F 愈小，则回归影响与其他未判明因素影响无显著差异，线性关系愈不显著。

由此可见，F 比值的大小是反映线性关系是否显著的一个重要尺度。

F 值究竟大到什么程度才能认为线性关系是显著的呢？

由于比值 F 是统计量，服从自由度为 $(1,n-2)$ 的 F 分布，因此可以按照给定的显著性水平 α（0.05 及 0.01），在 F 分布表上查得临界值 F_α，而后将实际调查资料算得的 F 值与表中 F 进行比较，若 $F \geqslant F_\alpha$，则线性关系显著；若 $F \leqslant F_\alpha$，则线性关系不显著。这种将总变差分解为回归变差与剩余变差，并分别除以相应的自由度，而后通过 F 比率来检验线性关系是否显著的方法，称为方差分析法。为清楚起见，通常将以上分析过程列于表 10-4 中，这种表格称为方差分析表。

表 10-4

一元线性回归方差分析表

变差来源	平方和	自由度	方差	F 比率
回　归	$U=\sum(\hat{y}-\overline{y})^2=bL_{xy}$	$f_U=1$	$S_U^2=\dfrac{U}{1}$	$F=\dfrac{S_U^2}{S_Q^2}$
剩　余	$Q=\sum(y-\hat{y})=L_{yy}-bL_{xy}$	$f_Q=n-2$	$S_Q^2=\dfrac{Q}{n-2}$	
总变差	$L_{xy}=\sum(y-\overline{y})^2$	$f_r=n-1$	—	—

下面沿用某地区 15 户城市居民人均全年收入及人均购买商品支出额资料,通过方差分析法进行显著性检验。

由前面计算已知

$$n=15, L_{yy}=\sum(y-\overline{y})^2=2\ 741\ 904.99$$

$$U=bL_{xy}=0.738\times3\ 447\ 388.39=2\ 544\ 172.632$$

$$Q=L_{xy}-U=2\ 741\ 907.99-2\ 544\ 172.632=197\ 732.358$$

$$S_U^2=\frac{U}{1}=2\ 544\ 172.632$$

$$S_Q^2=\frac{Q}{n-2}=\frac{197\ 732.358}{13}=15\ 210.18$$

将以上计算结果列入表 10-5 中,则更加清楚。

表 10-5

某地区 15 户城市居民人均生活费收入及人均购买商品支出额方差分析表

变差来源	平 方 和	自 由 度	方 差
回　　归	$U=2\ 544\ 172.632$	1	$S_U^2=2\ 544\ 172.632$
剩　　余	$Q=197\ 732.358$	13	$S_Q^2=15\ 210.18$
总变差	$L_{yy}=2\ 741\ 904.99$	14	——

$$F=\frac{S_U^2}{S_Q^2}=\frac{2\ 544\ 172.632}{15\ 210.18}=167.27$$

在 1‰的显著性水平下,按自由度(1,13)查 F 分布表,当 $n_1=1,n_2=13$ 时,$F_{0.01}=9.07$。因为 $F=167.27>F_{0.01}=9.07$,说明两个变量之间线性关系是显著的,即总体 y 与 x 之间存在线性关系。

(二)相关系数检验

除 F——比率检验而外,也可以用相关系数进行检验,相关系数检验的目的,也是对总体是否存在线性关系作出判断。以表 10-1 中资料为例,从 15 户居民的调查资料中得出人均生活费收入与人均购买商品支出的相关系数 r 是很高的,但总体是否存在线性关系是不能肯定的,若总体不存在线性关系则所建的方程就是没有意义的,不能用以推断总体。因此检验的实质就是用样本相关系数 r 检验总体相关系数 ρ 是否为零,如果检验结果 ρ 为零,则总体变量间线性关系微弱,或不存在线性关系;若 ρ 不为零,则总体变量之间存在显著的线性关系。

可以用 t 统计量检验,也可以用 F 统计量检验,最简单的方法是直接查相关系数检验表。我们只要根据样本资料算出相关系数 r,从表中查出临界值 r_a,若 $|r|\geqslant r_a$,则认

为变量 x、y 间线性关系显著；反之，若 $|r| < r_a$ 则认为变量 x、y 间线性关系微弱或不显著。

下面沿用表 10-1 资料检验两变量间线性关系是否显著。

已知 $r = 0.963$，自由度 $n - 2 = 15 - 2 = 13$

给定 $\alpha = 0.05$ 和 $\alpha = 0.01$

查相关系数临界值表有

$$r_{0.05} = 0.514$$

$$r_{0.01} = 0.641$$

而

$$r = 0.963 > 0.514$$

$$r = 0.963 > 0.641$$

检验结果说明总体变量间线性关系显著。用相关系数检验与 F——比率检验所得的结论是一致的，方法却较为简便。但在相关系数检验时，样本单位数应当多一些，因为样本单位数太少，即使相关系数较高，也不能说明总体一定存在线性关系。

二、估计标准误差与区间估计

(一) 估计标准误差

继续考察离差平方和的分解。

$$L_{yy} = U + Q$$

由上式等号右边第一项回归变差 U 与 L_{yy} 之比，可以测定判断系数 r^2；等号右边第二项为剩余变差，$Q = \sum(y - \hat{y})^2$，它的平均数以 S_Q^2 表示。

$$S_Q^2 = \frac{Q}{n-2} = \frac{\sum(y - \hat{y})}{n-2}$$

即前面方差分析中已介绍过的剩余方差，由此得

$$S_Q = \sqrt{\frac{\sum(y - \hat{y})^2}{n-2}}$$

上式是反映观察值 $\hat{y}$ 与估计值的平均变异程度的指标，它是依据样本资料计算的，通称为估计标准误差。式中分母为 $n-2$，这是因为在 $\sum(y - \hat{y})^2 = \sum(y - a - bx)^2$ 中，根据实际资料计算了 a、b 两个参数，失去了两个自由度，因而应该用 $n-2$ 计算。

从定义上看，S_Q 是观察值 y 对估计值 $\hat{y}$ 的平均离差。和在一般变量数列中通过标准差 σ 来反映变量 x 与平均数 $\bar{x}$ 之间的平均变异程度相似，在回归分析中，S_Q 则反映

了所有观察值 y 与 $\hat{y}$ 之间的平均变异程度。因为在回归的过程中,对给定的自变量 x 值,变量 y 并非总是分布在回归直线上,而是分布在它的周围,这样在 $\hat{y}$ 与 y 之间必然形成一定的离差。如果离差的值很小,则说明估计值 $\hat{y}$ 与观察值 y 比较接近,在图形中,观察点愈靠近回归直线,说明回归方程较好地反映了两个变量之间的关系,其代表性较强;相反,如果离差的值较大,即观察值 y 与估计值 $\hat{y}$ 的差距很大,在图形中,观察点远离直线,这说明除已知自变量而外,尚有其他重要因素在影响着因变量的变动,方程的精确度就低,代表性差。由此可见,通过估计标准误差可以反映回归方程的代表性与精确程度。

标准误差从定义上计算所需工作量大,可将其变换,简化为下式

$$S_Q = \sqrt{\frac{\sum y^2 - a\sum y - b\sum xy}{n-2}}$$

下面沿用前面表 10-2 中数据,由简化式计算标准误差,经过计算得

$$S_Q = \sqrt{\frac{31\,272\,036.26 - 75.47 \times 20\,687 - 0.738 \times 39\,986\,698.58}{13}}$$

$$= \sqrt{\frac{200\,604.818}{13}} = \sqrt{15\,431.14} = 124.22(\text{元})$$

估计标准误差是通过样本资料计算的,在回归分析中它是很重要的指标。当依据回归方程总体进行推断时,要借助估计标准误差计算抽样误差并对总体进行估计,下面将继续讨论这些问题。

(二) 区间估计

经过方差分析和相关系数的检验,认为在总体的变量之间存在线性关系,这样我们就可以依据样本回归方程估计标准误差对总体进行推断。推断的重要内容是,总体条件平均值 $\overline{Y}_{x_0}$ 的推断,总体变量 Y_0 的推断,以及总体回归系数 A、B 的推断。有些统计学教材中将这一推断过程称为预测。为了与一般的统计预测相区别,在此仍称为区间估计,估计的可能范围称为置信区间。本节内容着重介绍总体条件平均值 $\overline{Y}_{x_0}$ 的估计与总体因变量 Y_0 的估计。回归系数估计在此从略。

1. 总体条件平均值 $\overline{Y}_{x_0}$ 的区间估计

在回归分析中,主要内容之一是依据所建立的回归方程,当给定自变量的某一数值 x_0 时,计算出相应的 $\hat{y}_0$。而作为统计推断,其中的主要内容之一就是依据 $\hat{y}_0$ 来进一步推断总体条件平均值 $\overline{Y}_{x_0}$。由于样本回归方程是根据某一具体资料建立的,样本不同,所得的 $\hat{y}_0$ 的值也会产生变异,因此在推断总体时必然会产生误差,这种误差在性质上是随机误差。统计理论已经证明,作为随机变量,$\hat{y}_0$ 是服从以 $\overline{Y}_{x_0}$ 为中心,

$\sigma_y^2 \left[\dfrac{1}{n} + \dfrac{(x_0 - \overline{x})^2}{\sum (x - \overline{x})^2} \right]$ 为方差的正态分布,即

$$\hat{y}_0 \sim N \left(\overline{Y}_{x_0} , \sigma_y^2 \left[\dfrac{1}{n} + \dfrac{(x_0 - \overline{x})^2}{\sum (x - \overline{x})^2} \right] \right)$$

从而抽样平均误差的公式为

$$\sigma_y \cdot \sqrt{ \dfrac{1}{n} + \dfrac{(x - \overline{x})^2}{\sum (x - \overline{x})^2} }$$

其中,σ_y 是总体因变量 Y 对 $\overline{Y}$ 的标准差,通常是未知的,可用上述估计标准误差 S_Q 代替,所以上式可写成

$$S_{\hat{y}_0} = S_Q \sqrt{ \dfrac{1}{n} + \dfrac{(x_0 - \overline{x})^2}{\sum (x - \overline{x})^2} }$$

式中　$S_{\hat{y}_0}$ 表示由 $\hat{y}_0$ 推断 $\overline{Y}_{x_0}$ 的抽样平均误差;

　　　S_Q 表示估计标准误差;

　　　X_0 表示给定的自变量的值。

当用 S_Q 代替 σ_y,且 $n \leqslant 30$ 时,宜用 t 分布计算置信区间

$$\hat{y}_0 - t_{\frac{\alpha}{2}} (n-2) S_{\hat{y}_0} \leqslant \overline{Y}_{x_0} \leqslant \hat{y}_0 + t_{\frac{\alpha}{2}} (n-2) S_{\hat{y}_0}$$

其中,$t_{\frac{\alpha}{2}}$ 在给定 α 后,可查 t 分布表得知。

仍以前面表 10-1 资料为例,经计算已知

$$n = 15, \ \hat{y} = 75.47 + 0.738x, \ S_Q = 124.22$$
$$\overline{x} = 1\,766.3, \ \sum (x - \overline{x})^2 = 4\,670\,769.25$$

现设 $X_0 = 2\,500$, 得 $\hat{y} = 1\,920.47$

置信系数 $1 - \alpha = 0.95$, $a = 1 - 0.95 = 0.05$

$\dfrac{\alpha}{2} = 0.025$,从 t 分布表查得 $t_{0.025}(15-2) = 2.16$,则

$$t_{\frac{\alpha}{2}} (n-2) S_Q \sqrt{ \dfrac{1}{n} + \dfrac{(x_0 - \overline{x})^2}{\sum (x - \overline{x})^2} } = 2.16 \times 124.22 \times \sqrt{ \dfrac{1}{15} + \dfrac{(2\,500 - 1\,766.3)^2}{4\,670\,769.25} }$$

$$= 114.44$$

于是 95% 的置信区间为

$$1\,920.47 - 114.44 \leqslant \overline{Y}_{x_0} \leqslant 1\,920.47 + 114.44$$

即 $P\{1\,806.03 \leqslant \overline{Y}_{x_0} \leqslant 2\,034.91\} = 95\%$

以上计算结果说明,依据该市 15 户居民调查资料,当人均生活费收入为 2 500 元时,可以 95% 的概率推断,该市全部住户的人均购买商品支出额平均说来是在 1 806.03 ～ 2 034.91 元之间。

2. 总体因变量 y_0 的区间估计

以上总体条件平均值的估计,是按照给定的 x_0 计算得到的估计推断总体条件平均值 $\hat{y} = a + b \cdot x_0$ 推断总体条件平均值 $\overline{Y}_{x_0}$。实际应用中较多的情况是,依据给定的 x_0 求得的 $\hat{y}_0$,按一定概率进一步推断总体因变量中的具体数值 y_0。这时,所产生的误差由两部分构成:一部分是 $\hat{y}_0$ 与 $\overline{Y}_{x_0}$ 的误差,另一部分是 y_0 与 $\hat{y}$ 的误差。通过证明已得出抽样平均误差的公式为

$$S_{y_0} = S_Q \sqrt{1 + \frac{1}{n} + \frac{(x_0 - \overline{x})^2}{\sum (x - \overline{x})^2}}$$

式中　　S_{y_0} 表示在给定自变量 x_0 时推断总体因变量 y_0 的平均误差;

　　　　S_Q 表示估计标准误差;

　　　　x_0 表示给定自变量的值。

S_{y_0} 与 $S_{\hat{y}_0}$ 不同之处是根号内多一项"1",由于根号内的值增大,误差的值也明显增加。式中是以 S_Q 代替 σ_y,当 $n < 30$ 时,可按 t 分布计算置信区间

$$\hat{y}_0 - t_{\frac{\alpha}{2}}(n-2) S_{y_0} \leqslant y_0 \leqslant \hat{y}_0 + t_{\frac{\alpha}{2}}(n-2) S_{y_0}$$

式中,$t_{\frac{\alpha}{2}}$ 是给定 α 后,可查 t 分布表得知。

上式中,由于平均误差的增大,所以计算出来的 y_0 的置信区间比 $\overline{y}_{x_0}$ 的置信区间要大一些,推断的精确度相应地要低一些。此外,由 S_{y_0} 与 $S_{\hat{y}_0}$ 也可以看出,推断的精确度的大小也与 x_0 的取值有关。若 x_0 的取值愈接近 $\overline{x}$,则误差愈小,精确度愈高;相反,若 x_0 取值离 $\overline{x}$ 愈远,误差增大,精确度就愈低,在图形上表现为两端对称的喇叭形状。

从 S_{y_0} 也可看出,当 n 相当大,且 x_0 取值愈接近 $\overline{x}$ 时,则

$$\sqrt{1 + \frac{1}{n} + \frac{(x_0 - \overline{x})^2}{\sum (x - \overline{x})^2}} \approx 1$$

同时,当 n 较大时,自由度为 $n-2$ 的 t 分布接近正态分布,在这种情况下,可按正态分布计算置信区间。

仍以前面表 10-1 资料为例,经计算已知

$$\hat{y} = 75.47 + 0.738x, \quad S_Q = 124.22, \quad n = 15, \quad \overline{x} = 1\,766.3$$

$$\sum (x-\bar{x})^2 = 4\,670\,769.25$$

现设 $x_0 = 2\,500$，得 $\hat{y}_0 = 1\,920.47$，置信度 $1-\alpha = 0.95$，$\alpha = 1-0.95 = 0.05$，

$\dfrac{\alpha}{2} = 0.025$，从 t 分布表查得 $t_{0.025}(15-2) = 2.16$，则

$$t_{\frac{\alpha}{2}}(n-2)S_Q\sqrt{1+\frac{1}{n}+\frac{(x_0-\bar{x})^2}{\sum(x-\bar{x})^2}} = 2.16\times 124.22\times\sqrt{1+\frac{1}{15}+\frac{(2\,500-1\,766.3)^2}{4\,670\,769.25}}$$

$$= 2.16\times 124.22\times 1.087 = 291.66$$

于是得 95% 的置信区间

$$1\,920.47 - 291.66 \leqslant Y_0 \leqslant 1\,920.47 + 291.66$$

则　　　　　　　　　　$P\{1\,628.81 \leqslant Y_0 \leqslant 2\,212.13\} = 95\%$

以上结果说明，根据该市 15 户居民的样本资料计算，当每人全年生活费收入为 2 500 元时，则可以 95% 的可靠性推断该市全部居民的每人全年商品支出额约在 1 628.81～2 212.13 元之间。

第四节　一元非线性回归方程与相关系数

通过实际观察或实验取得的资料，其相关关系的表现形式可能十分复杂，以致不能用线性方程来表达。在这种情况下，就需要根据关系的性质，用不同的非线性方程来表达。

在建立非线性回归方程时，最主要的问题是确定关系的类型和形式，这需要有关于研究问题的专业知识，并通过观察资料进行分析和比较，特别是通过散布图的分布形状和特点，结合一些已知函数的图形，选择合适的公式。当回归方程确定之后进一步的任务还是求方程中的参数值，这时常用的方法仍然是最小平方法，其计算步骤和一元线性方程大体相似，但在形式上和计算上则比较复杂，因为对不同的曲线形式就有不同的公式。

下面根据样本资料，并就统计中常用的指数曲线方程说明其研究步骤和方法。

一、指数曲线回归方程

12 个同类企业的月产量与单位产品成本的资料如表 10-6 所示，从表 10-6 资料中可以看出在月产量与单位产品成本之间存在一定的依存关系。因为表中资料表明，随产量的逐渐增多，单位产品成本有随之而逐渐降低的趋势。但从这里也可以看出，单位产品成本的降低程度并不是随 x 的增加而均等地变化，例如，把 x 与 y 两个数列来比较，开始

表 10-6

12 个同类企业的月产量与单位产品成本

企 业 编 号	月产量(吨)x	单位产品成本(元)y
1	10	160
2	16	151
3	20	114
4	25	128
5	31	85
6	36	91
7	40	75
8	45	76
9	51	66
10	56	60
11	60	61
12	65	60

时,x 每增加一个单位时,y 降低得很多,随后 x 值继续增加,y 也有所降低,但和开始阶段比较,其降低程度则逐渐减少。

从图 10-3 中观察点的分布来看,适于配合指数函数曲线

$$y = ab^x \qquad (b > 0)$$

式中有两个待定参数 a、b,自变量 x 是参数 b 的指数。当 $b > 1$ 时,为递增曲线,当 $0 < b < 1$ 时,为递减曲线。

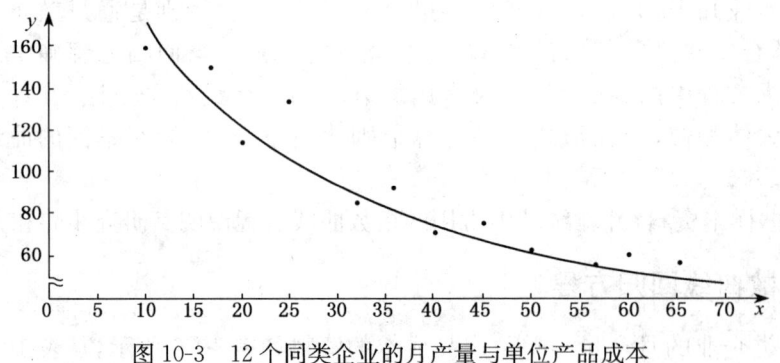

图 10-3　12 个同类企业的月产量与单位产品成本

为了进一步证实所选择的函数曲线是否合适,还有必要就所给资料进行检验。检验的方法是,将观察资料按自变量值的大小,自小而大依次排列,而后将自变量的值依次以

表10-7

12个同类企业的月产量与单位产品成本关系计算表（一）

企业编号 一	x	y	x^2	y^2	$y'=\lg y$	y'^2	xy'	$\hat{y}'$	$\hat{y}$	$y-\hat{y}$	$(y-\hat{y})^2$
	1	2	3	4	5	6	7	8	9	10	11
1	10	160	100	25 600	2.20412	4.858144898	22.04210	2.148003330	150.6619	9.3381	87.200
2	16	151	256	22 801	2.17898	4.747940537	34.86368	2.128152648	134.3237	16.6763	278.099
3	20	114	400	12 996	2.05690	4.230857567	41.13820	2.094918860	124.4282	104282	108.747
4	25	128	625	16 384	2.10721	4.440333856	52.68025	2.053376625	113.0776	14.9224	222.678
5	31	85	961	7 225	1.92942	3.722657391	59.81202	2.003525943	100.8152	15.8152	250.120
6	36	91	1 296	8 281	1.95904	3.837843177	70.52544	1.961983708	91.6183	0.6186	0.3827
7	40	75	1 600	5 625	1.87506	3.515854741	75.00240	1.928749920	84.8692	−9.8692	97.401
8	45	76	2 025	5 776	1.88081	3.537459769	84.63645	1.887207685	77.1272	−1.1272	1.2706
9	51	66	2 601	4 356	1.81954	3.310740133	92.79654	1.837357003	68.7634	−2.7634	7.6364
10	56	60	3 136	3 600	1.77815	3.161821869	99.57640	1.795814768	62.4906	−2.4906	6.2031
11	60	61	3 600	3 721	1.78533	3.187402620	107.11920	1.762580890	57.8870	3.1130	9.6908
12	65	60	4 225	3 600	1.77815	3.161821869	115.57975	1.721038745	52.6025	7.3936	54.6659
合计	455	1 127	20 825	119 965	23.35271	45.71287843	855.77153	23.352710220	—	—	1 124.0951

下一个值减上一值,得差量 Δx,称为一级逐差。相应地,对因变量 y 的各值,分别以下一个值与上一值相比。若以 y_x 表示对应于 x 值的 y 值,$y_{x+\Delta x}$ 表示对应于下一个 x 值(即 $x+\Delta x$)的 y 值,则两者之比为 $y_{x+\Delta x}/y_x$。此时,若 Δx 接近于一个常数,$y_{x+\Delta x}$ 也接近于一个常数,则可能判断此资料适于配合指数曲线。

就表 10-6 中资料按上述方法检验证明,按指数函数配合曲线是合适的。

现在仍以 $\hat{y}$ 代表估计值,则回归方程是

$$\hat{y}=ab^x$$

对上式两端取对数,得

$$\lg\hat{y}=\lg a+x\lg b$$

如令 $\hat{y}=\lg\hat{y}$,$a'=\lg a$,$b'=\lg b$,则上述指数方程变为:

$$\hat{y}=a'+b'x$$

可见经过代换之后转化成为线性回归方程的形式,这就可以按照前面线性方程中求参数的方法来求得 a'、b'。根据最小平方法原理,上式中的 a' 及 b' 应满足下列标准方程组:

$$\begin{cases} na'+b'\sum x=\sum y' \\ a'\sum x+b'\sum x^2=\sum xy' \end{cases}$$

解标准方程组可得到 a' 及 b',再根据 $a'=\lg a$,$b'=\lg b$ 的关系式,便可以求出 a、b 的值,现在根据表 10-6 中的资料设计表 10-7 和表 10-8。

表 10-8

12 个同类企业的月产量与单位产品成本关系计算表(二)

$\sum x=455$	$\sum y'=23.35271$	$n=12$
$\overline{x}=37.9167$	$\overline{y}'=1.9461$	
$\sum x^2=20\,825.00$	$\sum y'^2=45.7129$	$\sum xy'=855.7715$
$(\sum x)^2/n=17\,252.08$	$(\sum y')^2/n=45.4458$	$(\sum x)(\sum y')/n=885.4569$
$L_{xx}=3\,572.92$	$L_{y'y'}=0.2671$	$L_{x'y'}=-29.6854$
	$b'=\dfrac{L_{xy'}}{L_{xx}}=\dfrac{-29.6854}{3\,572.92}=0.00831$	
	$a'=\overline{y}'-b'\overline{x}=1.9461+0.315=2.2611$	

根据表 10-7 和表 10-8 中各项数据计算得到 12 个同类企业的月产量与单位产品成本之间的回归方程为

$$\hat{y}'=a'+b'x=2.2611-0.00831x$$

这是一个线性方程,把 x 值代入上式即可得出 $\hat{y}'$ 的各值,见表 10-7 中第 8 栏。从表

中数值看出,当 x 增加时,$\hat{y}'$ 随之而有减少的趋势。

分别求 a 及 b 的反对数

$$a = 182.43$$

$$b = 0.981$$

于是指数曲线回归方程为

$$\hat{y}' = ab^x = 182.43 \times 0.981^x$$

表 10-7 中第 9 栏即与变量 x 相对应的 $\hat{y}$ 的数值。

对于其他类型的非线性关系,也要根据关系的具体形式,结合已知的函数图形,选择合适的方程。如果关系的分布是接近两种方程的形式,则应尽量选择简单的类型。

二、相关指数

在线性关系中,计算相关系数 r 既可用回归法也可用积差法。

在非线性关系中,则应用回归法测定变量间关系的密切程度,但为避免与线性相关系数混淆,改用 R 表示,并称为相关指数,公式为

$$R = \sqrt{1 - \frac{\sum(y - \hat{y})^2}{\sum(y - \overline{y})^2}} = \sqrt{1 - \frac{Q}{L_{yy}}}$$

与相关系数 r 不同,R 只取正值,$0 \leqslant R \leqslant 1$,$R$ 愈接近于 1,则变量之间的关系愈密切。计算相关指数 R 需先求得剩余变差 Q 及总变差 L_{yy} 的值,根据表 10-7 计算得

$$\sum(y - \hat{y})^2 = 1\,124.0951$$

$$\sum(y - \overline{y})^2 = \sum y^2 - \frac{1}{n}(\sum y)^2$$

$$= 119\,965 - \frac{1}{12} \times (1\,127)^2 = 14\,120.9167$$

于是得

$$R = \sqrt{1 - \frac{\sum(y - \hat{y})^2}{\sum(y - \overline{y})^2}} = \sqrt{1 - \frac{1\,124.0951}{14\,120.9167}} = 0.96$$

经计算相关指数为 0.96,说明 12 个同类企业的月产量与单位产品成本之间关系的密切程度很高,同时也表明选配指数曲线方程是合适的。

亦可直接计算线性相关系数

$$|r| = \sqrt{1 - \frac{\sum(y' - \hat{y}')^2}{\sum(y' - \overline{y}')^2}} = \sqrt{1 - \frac{Q'}{L_{y'y'}}}$$

式中　$\sum(y'-\hat{y}')^2=\sum y'^2-a'\sum y'-b'\sum xy'$。

由表 10-7 中数据得

$$\sum y'^2=45.7129$$

$$a'\sum y'=2.2611\times23.35271=52.8028$$

$$b'\sum xy'=-0.0083085\times855.77153=-7.1102$$

$$\sum(y'-\bar{y}')^2=45.7129-52.8028-(-7.1102)=0.0203$$

$$\sum(y'-\bar{y}')^2=\sum y'^2-\frac{1}{n}(\sum y')^2$$

$$=45.7129-\frac{1}{12}\times(23.3527)^2=0.2672$$

$$r=-\sqrt{1-\frac{0.0203}{0.2672}}=-0.96$$

由于 $b'=-0.0083085$，故 r 应取负值，在直线关系总表现为负相关，在非线性关系中，R 只取正值。在本例中 $b=0.981<1$，表明指数曲线随自变量增加而逐渐降低的趋势，两者的意义是相同的。

三、指数曲线回归方程的显著性检验与区间估计

可应用方差分析法对线性化方程的显著性进行检验（见表 10-9）。已知

$$Q'=0.0205$$

$$L_{y'y'}=0.2671$$

$$U'=L_{y'y'}-Q'=0.2671-0.0205=0.2466$$

$$F=\frac{S_{U'}^2}{S_{Q'}^2}=\frac{0.2466}{0.00205}=120.29$$

表 10-9

12 个同类企业的月产量与单位产品成本方差分析表

变 差 来 源	平 方 和	自 由 度	方 差
回　归	$U'=0.2466$	1	$S_{U'}^2=0.2466$
剩　余	$Q'=0.0205$	10	$S_{Q'}^2=\dfrac{0.0205}{10}=0.00205$
总变差	$L_{y'y'}$	11	—

若在 1% 的显著性水平下,按自由度 $(1,10)$ 查 F 分布表得 $F_{0.01}(1,10)=10$, $F>F_{\alpha}(1,n-1)$,即线性回归方程是高度显著的,也就是说,指数曲线回归方程是高度显著的。

应用回归方程对因变量 y_0 进行区间估计:设某企业月产量为 35 吨,$x_0=35$,则由 $\hat{y}'_{x_0}=a'+b'x_0$ 得

$$\hat{y}'_{x_0}=2.2611-0.00831\times35=1.97025$$

$$\hat{y}_{x_0}=93.3792$$

已知 $S_{Q'}^2=0.00205$, $S_{Q'}=\sqrt{0.00205}=0.0453$,则

$$S_{y'_0}=S_{Q'}\sqrt{1+\frac{1}{n}+\frac{(x_0-\overline{x})^2}{\sum(x-\overline{x})^2}}$$

$$=0.0453\times\sqrt{1+\frac{1}{12}+\frac{(35-37.9167)^2}{3572.91667}}=0.0453\times1.041976=0.0472$$

当 $\alpha=0.05$, $t_{0.025}(10)=2.228$,y'_0 的置信区间为

$$1.97025\pm2.228\times0.0472=1.97025\pm0.10516$$

即　　　　　　　　　　$P\{1.86509\leqslant y'_0\leqslant2.07541\}=95\%$

还原以为原来的变量,即

$$P\{73.30\leqslant y_0\leqslant118.96\}=95\%$$

计算结果表明:当该企业月产量为 35 吨时,可以 95% 的概率推断,该厂的单位产品成本在 73.30~118.96 元之间。

第五节　自相关与自回归分析

一、自相关与自回归分析的概念和内容

在以上几节中着重介绍了研究两个变量之间相关关系的理论和方法,其主要特征是,当自变量发生变动,则因变量将随之作相同方向或相反方向的变动,这种变动既有一定的依存性和规律性,也有因未判明因素的干扰而表现出一定的波动性与随机性,但这种关系都是在两个变量之间表现出来。除此之外,在统计中也发现有另外的情形。这就是就一个变量自身来考察,随时间的不同,在其前后期的数值之间也表现出一定的依存关系,这种情况称为时间数列的自相关,简称为自相关。在本节中简要介绍自相关与自回归分析的理论和方法。

自相关研究的是同一个变量在不同时期的数值之间所存在的联系,因为任何现象从一个时期到另一个时期的运动总是受到多种因素的影响,其中,有些因素的影响不是瞬间

即逝的,而是持续相当长的时间。例如,商品价格的变动,可能影响到以后相当长时间内的商品供求的变化;固定资产投资规模的大小,对工厂生产能力将产生长时间的影响等。各种因素的影响常常交错地蕴含在同一个时间数列当中,因此数列的各个数值之间不可能是完全独立的,总是存在着某种程度的相关关系。但这种相关关系又与前面讲过的相关关系不同,它是在同一个时间数列的前后数值之间表现出来的,因此,是自相关关系。这种自相关关系在自然和社会经济现象中也是一种较为普遍的情况。研究这种时间数列的自相关关系,对于认识和分析现象发展变动的规律性和进行预测,都具有很重要的意义。在本节中主要叙述自相关系数与自回归方程的有关内容,其中自相关系数被广泛应用。因此,下面先介绍自相关系数的测定。

二、自相关系数的测定

本章第二节相关系数的测定中已经讲过,相关系数 r 反映 x、y 两个变量之间线性关系的密切程度,自相关系数与此相似,区别只在于它用在时间数列分析里面,反映的是同一个数列水平的逐次值之间关系的密切程度。下面先介绍自相关系数的公式及其计算方法。

设 $y_1, y_2, \cdots, y_n$ 是一个时间数列水平,共有 n 项,以 y_t 表示,$t = 1, 2, \cdots, n$。为研究数列水平之间的相互关系,我们采用将原数列的水平逐项地向后(过去)推移的办法,每次将原数列向后推移一个或几个间隔期,这样持续下去,于是可以形成一系列新的数列。由于原数列 y_t 的水平项数是有限的,而每次组成的新数列都是原数列水平逐项后移而得的,因此 y_{t-1} 的项数比 y_t 少一项,y_{t-2} 则比 y_t 少两项,等等。以 K 表示移后期数,Y_{t-k} 表示移后期为 K 的时间数列。当 $K=1,2$ 时的移后时间数列见表 10-10。

表 10-10

$K = 1, 2$ 时的移后时间数列

t	1	2	3	4	$\cdots$	n
y_t	y_1	y_2	y_3	y_4	$\cdots$	y_n
y_{t-1}	—	y_1	y_2	y_3	—	y_{n-1}
y_{t-2}	—	—	y_1	y_2	$\cdots$	y_{n-2}

现在我们可以把 y_t 和 y_{t-1} 看成是由两个不同变量组成的时间数列,并计算它们的相关系数;同理,y_t 和 y_{t-2} 看成是由另外两个变量组成的时间数列,并计算它们的相关系数。以此类推,可以计算一系列的相关系数,但它们又都是由同一个原始时间数列派生出来的,因此把这些相关系数称为自相关系数。现在以 r_k 表示由 y_t 和 y_{t-k} 两个数列计算而得的自相关系数,简称为移后期为 K 的自相关系数。r_k 的计算公式为

$$r_k = \frac{\sum\limits_{t=k+1}^{n} (y_{t-k} - \overline{y_{t-k}})(y_t - \overline{y_t})}{\sqrt{\sum\limits_{t=k+1}^{n} (y_{t-k} - \overline{y_{t-k}})^2 \sum\limits_{t=k+1}^{n} (y_t - \overline{y_t})^2}}$$

式中 $\overline{y_{t-k}} = \dfrac{1}{n-k} \sum\limits_{t=k+1}^{n} y_{t-k}$;

$\overline{y_t} = \dfrac{1}{n-k} \sum\limits_{t=k+1}^{n} y_t$。

称上式为移后期为 K 的相关自相关系数。

自相关系数能比较敏感地反映出各项数列水平之间相互关系的密切程度,因而它能提供整个时间数列发展的类型及其结构的重要信息。例如,若 r_1 为正值且接近于 1,则说明在时间数列中,其逐次值相隔一期的数列水平之间有较强的正相关,两者是按同一方向变动的;同样,若是 r_2 为负值且接近于 -1,则说明所在这个时间数列中,其逐次值相隔两期的数列水平之间,存在较强的负相关,两者是按相反方向变动的;若 r_5 接近于零时,则说明时间数列中相隔 5 期的数列水平之间不存在线性关系。由此可见,通过自相关系数所获得的信息,能帮助认识数列的基本特性,它不仅能为选择合适的方程提供依据,而且在进行参数估计、模型检验等方面都有重要的作用。

下面根据某铁路局 2003—2005 年间各月份铁路货运量资料,具体说明自相关系数的计算方法。

依据表 10-11 资料,分析某铁路局 2003—2005 年间铁路货运量在各月中发展变动的规律性,可计算 12 个自相关系数。下面以 r_2 为例,说明其具体计算方法。

表 10-11

某铁路局 2003—2005 年间各月份铁路运量

单位:百万吨

月份	1	2	3	4	5	6	7	8	9	10	11	12
2003	87	84	96	94	97	94	94	93	93	95	91	92
2004	95	86	101	96	99	96	97	98	97	100	97	99
2005	97	94	104	100	104	101	103	102	101	105	100	100

为使计算简便,现将 r_2 公式变换成如下形式

$$r_2 = \frac{\sum\limits_{t=3}^{n} y_{t-2} \cdot y_t - \dfrac{1}{n-2}(\sum\limits_{t=3}^{n} y_{t-2})(\sum\limits_{t=3}^{n} y_t)}{\sqrt{\sum\limits_{t=3}^{n} y_{t-2}^2 - \dfrac{1}{n-2}(\sum\limits_{t=3}^{n} y_{t-2})^2} \sqrt{\sum\limits_{t=3}^{n} y_t^2 - \dfrac{1}{n-2}(\sum\limits_{t=3}^{n} y_t)^2}}$$

计算时可根据上式设计表 10-12。

表 10-12

某铁路局 2003—2005 年间各月份的铁路货运量移后二期的自相关系数计算表

单位：百万元

月总数	月份	y_t	y_{t-2}	y_t^2	y_{t-2}^2	$y_{t-2}y_t$
1	1	87	—	—	—	—
2	2	84	—	—	—	—
3	3	96	87	9 216	7 569	8 352
4	4	94	84	8 836	7 056	7 896
5	5	97	96	9 409	9 216	9 312
6	6	94	94	8 836	8 836	8 836
7	7	94	97	8 836	9 409	9 118
8	8	93	94	8 649	8 836	8 742
9	9	93	94	8 649	8 836	8 742
10	10	95	93	9 025	8 649	8 835
11	11	91	93	8 281	8 649	8 463
12	12	92	95	8 464	9 025	8 740
13	1	95	91	9 025	8 281	8 645
14	2	86	92	7 396	8 464	7 912
15	3	101	95	10 201	9 025	9 595
16	4	96	86	9 216	7 396	8 256
17	5	99	101	9 801	10 201	9 999
18	6	96	96	9 216	9 216	9 216
19	7	97	99	9 409	9 801	9 603
20	8	98	96	9 604	9 216	9 408
21	9	97	97	9 409	9 409	9 409
22	10	100	98	10 000	9 604	9 800
23	11	97	97	9 409	9 409	9 409
24	12	99	100	9 801	10 000	9 900
25	1	97	97	9 409	9 409	9 409
26	2	94	99	8 836	9 801	9 306
27	3	104	97	19 816	9 409	10 088
28	4	100	94	10 000	8 836	9 400
29	5	104	104	10 816	10 816	10 816
30	6	101	100	10 201	10 000	10 100
31	7	103	104	10 609	10 816	10 712
32	8	102	101	10 404	10 201	10 302
33	9	101	103	10 201	10 609	10 403
34	10	105	102	11 025	10 404	10 710
35	11	100	101	10 000	10 201	10 100
36	12	100	105	10 000	11 025	10 500
Σ	—	3 311	3 282	323 005	317 630	320 034

根据表 10-12 中最后一行所得数据，代入 r_2 式中得

$$r_2 = \frac{320\,034 - \dfrac{1}{34} \times (3\,282) \times (3\,311)}{\sqrt{317\,630 - \dfrac{(3\,282)^2}{34}} \times \sqrt{323\,005 - \dfrac{(3\,311)^2}{34}}}$$

$$= \frac{425.117648}{28.64386 \times 23.91714} = 0.621$$

按以上同样方法和步骤，可以计算不同移后期的自相关系数，如表 10-13 所示。

表 10-13

某铁路局 2003—2005 年间各月份的铁路货运量按不同移后期计算的自相关系数

K	r_k	K	r_k
1	0.509	7	0.534
2	0.621	8	0.285
3	0.471	9	0.373
4	0.421	10	0.532
5	0.546	11	0.33
6	0.391	12	0.893

表 10-13 中 r_k 列的数据表明，在相隔 2、5、7、10 期的数值之间，具有中等强度的相关关系，而其中 $r_{12} = 0.893$，即相隔 12 期的数值之间是最高度相关的，按相关系数进行检验，已知 $r_{12} = 0.893$，取显著性水平 $\alpha = 0.01$，$(n-k)-2 = 22$，查相关系数临界值表，$r_{0.01} = 0.515$，$|r_{12}| \geqslant r_\alpha$，可见 y_{t-12} 与 y_t 之间的线性关系是高度显著的，它表明某铁路局 2003—2005 年间各月份的铁路货运量存在着较为明显的周期性，即 12 个月的货运量都是比较接近的。这些资料为进一步分析铁路货运量的计划执行情况，建立回归方程以及进行预测等都具有重要作用。

三、自回归方程

自相关分析中，自相关系数求出以后，下一步的主要工作就是选择合适的方程以表达二者之间的依存关系及其变动的规律性。这种方程称为自回归方程。与前面介绍过的回归方程不同的是，自回归方程不是反映性质不同的变量之间的依存关系，而是反映同一个时间数列中按不同移后期计算而得到的数列与原数列之间的依存关系。这时移后期数列水平 y_{t-k} 是自变量，原数列水平 y_t 是因变量，它反映的是当自变量 y_{t-k} 变动时，平均来说，y_t 将随之做怎样的变动。

对自回归来说，总体的线性回归模型为

$$y_t = B_0 + B_1 y_{t-k} + \varepsilon_t$$

式中的 ε_t 是服从期望值为零,方差为 σ^2 的正态分布,σ^2 为常量,且 ε_t 是相互独立的。相应的样本线性一阶自回归模型为

$$y_t = b_0 + b_1 y_{t-k} + \varepsilon_t$$

确定一阶自回归方程时,应以哪一个移后期水平作为自变量,是根据通过显著性检验的绝对值最大的自相关系数来决定的。在表 10-13 中,$r_{12} = 0.893$,绝对量最大,且以最大优势通过了检验,说明在不同移后期的数列水平当中,以 y_{t-12} 对 y_1 的影响最为显著,因此应以 y_{t-12} 作为自变量,自回归方程是

$$\hat{y}_t = b_0 + b_1 y_{t-12}$$

上式是以 y_{t-12} 为自变量的一阶自回归方程式,可用最小平方法按下述公式求 b_0、b_1 的值

$$b_0 = \overline{y_t} - b_1 \overline{y_{t-12}}$$

$$b_1 = \frac{\sum_{t=3}^{n} y_{t-12} y_t - \frac{1}{n-2} (\sum_{t=13}^{n} y_{t-12})(\sum_{t=13}^{n} y_t)}{\sum_{t=13}^{n} y_{t-12}^2 - \frac{1}{n-2} (\sum_{t=13}^{n} y_{t-12})^2}$$

现仍根据表 10-11 资料并按照计算 b_0、b_1 的要求,设计表 10-14 并计算有关各项数据。

表 10-14

某铁路局 2003—2005 年间各月份铁路货运量按移后 12 期计算的自回归方程计算表

月总数	月份	y_t	y_{t-12}	y_t^2	y_{t-12}^2	$y_t \cdot y_{t-12}$	$\hat{y}_t$	$(y_t - \hat{y}_t) \div y_t$
—	—	1	2	3	4	5	6	7
1	1	87	—	—	—	—	—	—
2	2	84	—	—	—	—	—	—
⋮	⋮	⋮	⋮	⋮	⋮	⋮	⋮	⋮
13	1	95	87	9 025	7 569	8 265	92.43	+0.0271
14	2	86	84	7 396	7 056	7 224	89.91	−0.0451
15	3	101	96	10 201	9 216	9 696	99.99	+0.0100
16	4	96	94	9 216	8 836	9 024	98.31	−0.0241
17	5	99	97	9 801	9 409	9 603	100.83	−0.0185
18	6	96	94	9 216	8 836	9 024	98.31	−0.0421
19	7	97	94	9 409	8 836	9 118	98.31	−0.0135

（续表）

月总数	月份	y_t	y_{t-12}	y_t^2	y_{t-12}^2	$y_t \cdot y_{t-12}$	$\hat{y}_t$	$(y_t-\hat{y}_t) \div y_t$
20	8	98	93	9 604	8 649	9 114	97.47	+0.0054
21	9	97	93	9 409	8 649	9 021	97.47	−0.0049
22	10	100	95	10 000	9 025	9 500	99.15	+0.0085
23	11	97	91	9 409	8 281	8 827	95.79	+0.0125
24	12	99	92	9 801	8 464	9 108	96.63	+0.0239
25	1	97	95	9 409	9 025	9 215	99.15	−0.0222
26	2	94	86	8 836	7 396	8 084	91.59	+0.0256
27	3	104	101	19 816	10 201	10 504	104.19	−0.0018
28	4	100	96	10 000	9 216	9 600	99.99	+0.0001
29	5	104	99	10 816	9 801	10 296	102.51	+0.0143
30	6	101	96	10 201	9 216	9 696	99.99	+0.0100
31	7	103	97	10 609	9 409	9 991	100.82	+1.0211
32	8	102	98	10 404	9 604	9 996	101.67	+0.0032
33	9	101	97	10 201	9 409	9 797	100.82	+0.0017
34	10	105	100	11 025	10 000	10 500	103.35	+0.0157
35	11	100	97	10 000	9 409	9 700	100.83	−0.0083
36	12	100	99	10 000	9 801	9 900	102.51	−0.0251
Σ	—	2 372	2 271	234 804	215 313	224 803	2 372	—

由表 10-14 中最后一行数据可得

$$\sum_{t=13}^{n} y_{t-12} = 2\,271 \qquad \overline{y}_{t-12} = 94.625$$

$$\sum_{t=13}^{n} y_{t-12}^2 = 215\,313 \qquad \sum_{t=13}^{n} y_t = 2\,372$$

$$\overline{y}_t = 98.833 \qquad n-12 = 36-12 = 24$$

$$\sum_{t=13}^{n} y_{t-12} y_t = 224\,803$$

于是得

$$b_1 = \frac{224\,803 - \dfrac{1}{24}(2\,271) \times (2\,372)}{215\,313 - \dfrac{1}{24}(2\,271)^2} = \frac{352.5}{419.625} = 0.84$$

$$b_0 = \frac{2\,372}{24} - 0.84 \times \frac{2\,271}{24} = 98.833 - 0.84 \times 94.625 = 19.35$$

因此一阶自回归方程为

$$\hat{y}_t = 19.35 + 0.84 y_{t-12}$$

根据自回归方程得到的估计值,列在表 10-14 第 6 栏。根据估计值与实际值求得的误差率,列在表的第 7 栏。从表中可见,误差率最大为 4.51%,最小为 0.01%,经用误差散点图分析,误差率是随机的,也证明方程是可用的。

自相关分析是属于对时间数列的分析,其主要特点是研究一个变量本身的运动规律而不涉及其他的变量。自相关系数能提供时间数列的内部结构及其联系的重要信息,从而能帮助识别数列具有哪些基本特性。如通过自相关系数能判明数列是否具有随机性、平衡性、周期性与季节性等。根据对数列特性的认识可以采用不同的加工分析方法,而且为选择合适的方程提供依据。

自回归方程主要应用于这样的场合:在时间数列的发展中,在自身的前后期数值之间存在较为明显的关系,而且这种关系通过自相关系数得到证实;当时间数列的发展难与其他原因建立联系时,通过自回归方程能有助于了解现象变动的规律性。历史上第一个自回归方程是英国统计学家犹尔于 1930 年提出的,他利用二阶自回归方程,研究了 1749～1924 年间太阳黑子个数的长期时间数列资料,并比较成功地解释了太阳黑子的循环变动及其变动的类型。在统计预测中,自回归模型是主要的模型之一。

四、误差项 ε_t 的自相关检验

已知总体一阶线性回归模型为

$$y_t = B_0 + B_1 y_{t-k} + \varepsilon_t$$

式中 ε_t 为误差项,并且假定 ε_t 之间是相互独立的,对于反映横向关系的两个变量数列来说,在一般情况下是可以得到满足的,但对于时间数列来说,ε_t 可能不满足独立性这一要求,因为在前后期的误差项之间可能存在相关关系,这种现象称为误差项 ε_t 的自相关。在这种情况下,用最小平方方法求得的自回归方程便不能反映变量之间真正的依存关系,因此要对 ε_t 的独立性进行检验。由于总体资料是未知的,只能以样本回归模型中的误差项 e_t 来检验。

检验的方法有多种,这里只介绍德宾—沃森检验法。

德宾—沃森检验法的统计量公式是

$$d = \frac{\sum\limits_{t=2}^{n}(e_t - e_{t-1})^2}{\sum\limits_{t=2}^{n} e_t^2}$$

d 分布形式如图 10-4 所示。

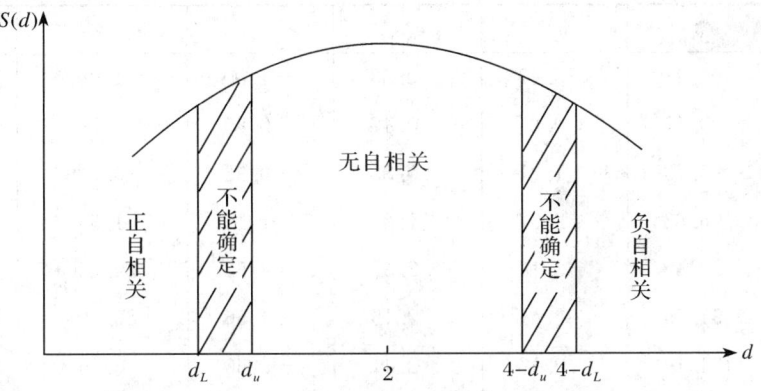

图 10-4　德宾—沃森检验的临界区域图

图中 d_u 是与给定的显著性水平 α 相对应的临界值上限，d_L 则是它的下限。根据给定的 α 值，d_u 和 d_L 的值可分别在 DW 检验上下界表中查得。

在检验时，根据样本资料，求出 d 的值，而后与表内 d_u、d_L 的值比较，若

$d < d_L$，即 d 落在图的左区，ε_t 为正自相关；

$d > 4 - d_L$，即 d 落在图的右区，ε_t 为负自相关；

$d_u < d < 4 - d_u$，即 d 落在图的中间区域，ε_t 不存在自相关；

$d_L < d < d_u$ 或 $4 - d_u < d < 4 - d_L$，即 d 落在无结论区域，检验不能作出结论。

下面仍按表 10-14 资料，应用德宾—沃森检验法检验误差项 ε_t 是否存在自相关。计算时可列成如下表格，见表 10-15。

表 10-15

对 ε_t 自相关的德宾—沃森检验计算表

y_t	$\hat{y}_t$	e_t	e_{t-1}	$e_t - e_{t-1}$	$(e_t - e_{t-1})^2$	e_t^2
95	92.43	2.57	—	—	—	6.6049
86	89.91	−3.91	2.57	−6.48	41.9904	15.2881
101	99.99	1.01	−3.91	4.92	24.2064	1.0201
96	98.31	−2.31	1.01	3.32	11.0224	5.3361
99	100.83	−1.83	−2.31	0.48	0.2304	3.3489
96	98.31	−2.31	−1.83	−0.48	0.2304	5.3361
97	98.31	−1.31	−2.31	1.00	1.0000	1.7161
98	97.47	0.53	−1.31	1.84	3.3856	0.2809

(续表)

y_t	$\hat{y}_t$	e_t	e_{t-1}	$e_t - e_{t-1}$	$(e_t - e_{t-1})^2$	e_t^2
97	97.47	−0.47	0.53	−1.00	1.0000	0.2209
100	99.15	0.85	−0.47	0.89	0.7921	0.7225
97	95.79	1.21	0.85	0.36	0.1296	1.4641
99	96.63	2.37	1.21	1.16	1.3456	5.6169
97	99.15	−2.15	2.37	−4.52	20.4304	4.6225
94	91.59	2.41	−2.15	4.56	20.7936	5.8081
104	104.19	−0.19	2.41	−2.60	6.7600	0.0361
100	99.99	0.01	−0.19	0.20	0.0400	0.0001
104	102.51	1.49	0.01	1.48	2.1904	2.2201
101	99.99	1.01	1.49	0.48	0.2304	1.0201
103	100.82	2.18	1.01	1.17	1.3689	4.7524
102	101.67	0.33	2.18	−1.85	3.4225	0.1089
101	100.82	0.18	0.33	−0.15	0.0225	0.0324
105	103.35	1.65	0.18	1.47	2.1609	2.7225
100	100.83	−0.83	1.65	2.48	6.1504	0.6889
100	102.51	−2.51	−0.83	−1.68	2.8224	6.3001
Σ	—	—	—	—	151.7253	75.2678

由表 10-15 最后两栏得

$$\Sigma(e_t - e_{t-1})^2 = 151.7253 \qquad \Sigma e_t^2 = 75.2678$$

于是得

$$d = \frac{\sum\limits_{t=1}^{n}(e_t - e_{t-1})^2}{\sum\limits_{t=2}^{n}e_t^2} = \frac{151.7253}{75.2678} = 2.016$$

已知 $n=24$，$K=2$，$a=0.05$ 查表得

$$d_L = 1.27 \qquad d_u = 1.45$$

$d_u < d < 4 - d_u$，即

$$1.45 < 2.016 < 4 - 1.45$$

$$1.45 < 2.016 < 2.55$$

以上检验表明 ε_t 不存在自相关,一阶自回归方程是有效的。

第六节　多元线性回归与相关分析

一元回归与相关分析研究的是某一因变量与自变量之间的关系。但是客观现象之间的联系是复杂的,许多现象的变动常常涉及多个变量之间的数量关系。例如,某块耕地面积上粮食产量的高低,一方面受施肥量多少的影响,同时也受播种量、温度、降雨、降雪量等因素的影响;一个工业企业年利润额的多少,受年增加值多少的影响,同时也受成本、价格等因素的影响等。由于客观现象具有多方面的相互联系,我们就需要进一步研究和掌握分析这类问题的方法。在统计中,研究一个因变量与多个自变量之间相互关系的理论和方法,称为多元相关,有时也称为复相关。

多元相关可分为多元线性相关与多元非线性相关。在本节中只讨论最一般的多元线性相关问题,同研究一元相关时的情形相似,多元线性相关涉及许多方面的问题,而且其内容也比一元相关复杂得多。本节中只讨论多元线性回归方程与复相关系数、偏相关系数的计算及有关方面的问题。

一、多元线性回归方程

多元回归方程用于表达一个因变量与多个自变量之间的数量依存关系。下面着重讨论二元线性回归方程的建立问题。

当根据样本资料研究两个自变量 x_1、x_2 与因变量 y 的关系时,则二元线性回归方程的估计式可写为

$$\hat{y} = b_0 + b_1 x_1 + b_2 x_2$$

式中:$\hat{y}$ 表示回归估计值;

　　b_0 表示常数项;

　　b_1、b_2 分别表示 x_1、x_2 的回归系数。

在多元回归方程中,y 对某一自变量的回归系数表示当其他自变量都固定时,该自变量变化一个单位而使 y 平均改变的数值,也通称之为偏回归系数。

和研究一元相关时的情形相似,求参数 b_1、b_2、b_3 的值,仍然采用最小平方法。

为了简化计算,$\hat{y} = b_0 + b_1 x_1 + b_2 x_2$ 可变换为

$$\bar{y} = b_0 + b_1 \bar{x}_1 + b_2 \bar{x}_2$$

从而

$$\hat{y}-\overline{y}=b_1(x_1-\overline{x})+b_2(x_2-\overline{x}_2)$$

令

$$\hat{y}'=\hat{y}-\overline{y}$$
$$y'=y-\overline{y}$$
$$x'_1=x_1-\overline{x}_1$$
$$x'_2=x_2-\overline{x}_2$$

则有

$$\hat{y}'=b_1 x'_1+b_2 x'_2$$

经变换后二元回归方程只含两个参数。仍用最小平方法求得关于 b_1、b_2 的正规方程组为

$$\begin{cases} \sum b_1 x'_1 x'_1+\sum b_2 x'_1 x'_2=\sum x'_1 y' \\ \sum b_1 x'_1 x'_2+\sum b_2 x'_2 x'_2=\sum x'_2 y' \end{cases}$$

若令

$$L_{ij}=\sum(x_i-\overline{x}_i)(x_j-\overline{x}_j)$$
$$L_{iy}=\sum(x_i-\overline{x}_i)(y-\overline{y})$$

则两个参数的方程组为

$$\begin{cases} L_{11}b_1+L_{12}b_2=L_{1y} \\ L_{12}b_1+L_{22}b_2=L_{2y} \end{cases}$$

解方程组可以求得回归系数 b_1、b_2 值,又由公式 $\overline{y}=b_0+b_1\overline{x}_1+b_2\overline{x}_2$ 可得

$$b_0=\overline{y}-b_1\overline{x}_1-b_2\overline{x}_2$$

于是 b_0、b_1、b_2 的值全部求出,从而二元线性回归方程就可以求得了。

现以某市 20 个同类工业企业的统计资料为例(见表 10-16),说明建立二元线性回归方程的方法。

表 10-16

某市 20 个同类工业企业的工业增加值、固定资产净值与耗电量之间的关系

企 业 编 号	工业增加值(百万元)(P_n:1990)y	固定资产净值(百万元)x_1	耗电量(万度)x_2
1	13.2	11.6	265
2	10.6	14.5	200
3	9.3	8.0	205
4	8.1	7.0	210

（续表）

企　业　编　号	工业增加值（百万元） （P_n：1990）y	固定资产净值 （百万元）x_1	耗电量（万度） x_2
5	6.0	8.3	195
6	6.8	4.7	100
7	5.5	2.5	83
8	4.4	3.3	45
9	3.2	2.3	60
10	3.6	2.0	18
11	3.0	3.4	20
12	2.1	1.3	8
13	2.0	0.7	7
14	1.5	0.4	10
15	1.8	0.5	5
16	1.4	0.7	7
17	0.8	0.6	9
18	1.0	0.5	8
19	0.9	0.4	5
20	0.8	0.2	3
合　　计	86.0	72.9	1 463

首先，将有关数值计算结果列入表 10-17、表 10-18。

表 10-17

二元线性回归计算表（一）

编　号	y^2	x_1^2	x_2^2	$x_1 x_2$	$x_1 y$	$x_2 y$
1	174.24	134.56	70 225	3 074.0	135.12	3 498.0
2	112.36	210.25	40 000	2 900.0	153.70	2 120.0
3	86.49	64.00	42 025	1 640.0	74.40	1 906.5
4	65.61	49.00	44 100	1 470.0	56.70	1 701.0
5	36.00	68.89	38 025	1 618.5	49.80	1 170.0
6	46.24	22.09	10 000	470.0	31.96	680.0

（续表）

编　　号	y^2	x_1^2	x_2^2	$x_1 x_2$	$x_1 y$	$x_2 y$
7	30.25	6.25	6 889	207.5	13.75	456.5
8	19.36	10.89	2 025	148.5	14.52	198.0
9	10.24	5.29	3 600	138.0	7.36	192.0
10	12.96	4.00	324	36.0	7.20	64.8
11	9.00	11.56	400	68.0	10.20	60.0
12	4.41	1.69	64	10.4	2.73	16.8
13	4.00	0.49	49	4.9	1.40	14.0
14	2.25	0.16	100	4.0	0.60	15.0
15	3.24	0.25	25	2.5	0.90	9.0
16	1.96	0.49	49	4.9	0.98	9.8
17	0.64	0.36	81	5.4	0.48	7.2
18	1.00	0.25	64	4.0	0.50	8.0
19	0.81	0.16	25	2.0	0.36	4.5
20	0.64	0.04	9	0.6	0.16	2.4
	621.7	590.67	258 079	11 809.2	580.82	12 133.5

表 10-18

二元线性回归计算表(二)

$n=20$

$\sum y = 86.0$　　　$\sum x_1 = 72.9$　　　$\sum x_2 = 1\ 463$

$\bar{y} = \dfrac{\sum y}{n} = 4.3$　　$\bar{x}_1 = \dfrac{\sum x_1}{n} = 3.645$　　$\bar{x}_2 = \dfrac{\sum x_2}{n} = 73.15$

$L_{11} = \sum x_1^2 - \dfrac{1}{n}(\sum x_1)^2 = 324.9495$

$L_{22} = \sum x_2^2 - \dfrac{1}{n}(\sum x_2)^2 = 151\ 060.55$

$L_{12} = L_{21} = \sum x_1 x_2 - \dfrac{1}{n}(\sum x_1)(\sum x_2) = 6\ 476.565$

$L_{1y} = \sum x_1 y - \dfrac{1}{n}(\sum x_1)(\sum y) = 267.35$

$L_{2y} = \sum x_2 y - \dfrac{1}{n}(\sum x_2)(\sum y) = 5\ 842.6$

$L_{yy} = \sum y^2 - \dfrac{1}{n}(\sum y)^2 = 251.9$

然后将有关数据代入方程组

$$\begin{cases} L_{11}b_1 + L_{12}b_2 = L_{1y} \\ L_{12}b_1 + L_{22}b_2 = L_{2y} \end{cases}$$

得

$$\begin{cases} 324.9495b_1 + 6\ 476.565b_2 = 267.35 \\ 6\ 476.565b_1 + 151\ 060.55b_2 = 5\ 842.6 \end{cases}$$

解此方程组有

$$b_1 = 0.357$$

$$b_2 = 0.023$$

$$b_0 = \overline{y} - b_1 \overline{x}_1 - b_2 \overline{x}_2 = 1.316$$

于是工业增加值 y 对固定资料净值 x_1、耗电量 x_2 的二元线性回归方程为

$$\hat{y} = 1.316 + 0.357x_1 + 0.023x_2$$

上式说明在观察资料范围内，当 x_2 保持不变时，若固定资产净值增加百万元，工业增加值就平均增加 0.357 百万元。当 x_1 保持不变，耗电量增加万度时，工业增加值就平均增加 0.023 百万元。

上述方法可以推广到多个自变量的情形。设因变量 y 受 n 个自变量 $x_1,x_2,\cdots,x_n$ 的影响，已知 y 与 $x_1,x_2,\cdots,x_n$ 之间存在着线性函数关系，其回归方程为

$$\hat{y} = b_0 + b_1x_1 + b_2x_2 + \cdots + b_nx_n$$

式中　b_0 表示常数项；

　　　b_i 表示 y 对 x_i 的回归系数$(i=1,2,\cdots,n)$。

根据最小二乘法原理，选取 $b_0,b_1,\cdots,b_n$ 之值，使剩余平方和达到最小者，设

$$Q = \sum(y-\hat{y})^2 = \sum[y-(b_0+b_1x_1+b_2x_2+\cdots+b_nx_n)]^2$$

欲使 Q 为最小，上式分别对 $b_0,b_1,b_2,\cdots,b_n$ 求偏导数，使其等于零，即

$$\begin{cases} \dfrac{\partial Q}{\partial b_0} = 0 \\[1mm] \dfrac{\partial Q}{\partial b_1} = 0 \\[1mm] \dfrac{\partial Q}{\partial b_2} = 0 \\[1mm] \vdots \\[1mm] \dfrac{\partial Q}{\partial b_n} = 0 \end{cases}$$

最后求得 $n+1$ 个方程的方程组如下：

$$\begin{cases} \sum y = nb_0 + b_1 \sum x_1 + b_2 \sum x_2 + \cdots + b_n \sum x_n \\ \sum x_1 y = b_0 \sum x_1 + b_1 (\sum x_1)^2 + b_2 \sum x_1 x_2 + \cdots + b_n \sum x_1 x_n \\ \sum x_2 y = b_0 \sum x_2 + b_1 \sum x_1 x_2 + b_2 \sum x_2^2 + \cdots + b_n \sum x_2 x_n \\ \vdots \\ \sum x_n y = b_0 \sum x_n + b_1 \sum x_1 x_n + b_2 \sum x_2 x_n + \cdots + b_n \sum x_n^2 \end{cases}$$

由方程组中第一等式得

$$b_0 = \overline{y} - b_1 \overline{x}_1 - b_2 \overline{x}_2 - \cdots - b_n \overline{x}_n$$

将 b_0 代入以上方程组，并设

$$x_1' = x_1 - \overline{x}_1, \quad x_2' = x_2 - \overline{x}_2, \cdots, \quad x_n' = x_n - \overline{x}_n$$

这样方程组可简化为

$$\sum x_1' y = b_1 \sum x_1'^2 + b_2 \sum x_1' x_2' + \cdots + b_n \sum x_1' x_n'$$

$$\sum x_2' y = b_1 \sum x_1' x_2' + b_2 \sum x_2'^2 + \cdots + b_n \sum x_2' x_n'$$

$$\vdots$$

$$\sum x_n' y = b_1 \sum x_1' x_n' + b_2 \sum 2 x_n' + \cdots + b_n \sum x_n'^2$$

解以上方程组就可以求得 $b_1, b_2, \cdots, b_n$ 之值，其计算方法与求两个自变量的线性回归方程相同。

二、复相关系数与偏相关系数

在多元线性回归中，和一元回归的情形一样，也需要用一定指标反映线性关系的密切程度，这个指标就是复相关系数与偏相关系数。以下分别作简要介绍。

（一）复相关系数

复相关系数是用于测定两个或多个变量对某一特定变量之间关系的密切程度的指标。当研究的是两个自变量与某一因变量的关系时，复相关系数可用下式表示

$$R_{y \cdot 12} = \sqrt{\frac{U}{L_{yy}}}$$

式中

$$U = \sum (\hat{y} - \overline{y})^2 = b_1 L_{1y} + b_2 L_{2y}$$

$$L_{yy} = \sum (y - \overline{y})^2$$

复相关系数满足

$$0 \leqslant R_{y \cdot 12} \leqslant 1$$

复相关系数的下标中,以点"·"为界,点的后面表示对因变量起作用的自变量。从复相关系数的公式可以看出:复相关系数的意义也是在于反映已判明的回归变差在总变差中所占的比率,这个比率的大小就反映了关系的密切程度。

复相关系数也可以写成下面形式:

$$R_{y \cdot 12} = \sqrt{1 - \frac{Q}{L_{yy}}}$$

式中 $$Q = \sum (\hat{y} - \overline{y})^2 = L_{yy} - U$$

当 $R_{y \cdot 12} = 0$ 时,$Q = L_{yy}$,即 $\hat{y} = \overline{y}$,这就表明 y 与 x_1、x_2 之间不存在线性相关关系。

当 $R_{y \cdot 12} = 1$ 时,$Q = 0$,即 y 的所有观察值均等于估计值,此时 y 与 x_1、x_2 成线性函数关系,即完全线性相关。

当 $0 < R_{y \cdot n} < 1$ 时,y 与 x_1、x_2 之间存在复相关关系。

当 $R_{y \cdot 12}$ 愈接近 1 时,线性相关关系愈密切,相反,则线性相关关系愈不密切。

仍以某市 20 个同类工业企业的统计资料为例求复相关系数。

$$U = \sum (\hat{y} - \overline{y})^2 = b_1 L_{1y} + b_2 L_{2y} = 231.9843031$$

$$L_{yy} = \sum (y - \overline{y})^2 = \sum y^2 - \frac{1}{n} (\sum y)^2 = 251.9$$

$$R_{y \cdot 12} = \sqrt{\frac{U}{L_{yy}}} = \sqrt{\frac{231.9843}{251.9}} = \sqrt{0.9209} = 0.96$$

R 的值很高,说明 y 与 x_1、x_2 之间的线性关系是很密切的。

复相关系数 $R_{y \cdot 12}$ 是 x_1、x_2 两个自变量对因变量 y 的关系密切程度的综合反映。在多元相关中,当 x_1 增加时,$\hat{y}$ 可能随着增加,而当 x^2 增加时,$\hat{y}$ 可能反而减少等,不能说 y 关于 x_1、x_2 成相关或负相关,因此,$R_{y \cdot 12}$ 不取负值。

复相关系数的平方称为多元判定系数。即

$$R_{y \cdot 12}^2 = \frac{U}{L_{yy}}$$

这个系数值的大小有重要意义。因为变量 y 的变动是多种因素影响的结果,而我们在研究时所选取的因素只是多种因素当中的一部分。那么所选的因素在影响 y 的所有因素当中究竟占多大的比率呢?从多元判定系数可以看出:分母是总变差 $L_{yy} =$

$U+Q$，分子是回归变差 U，它反映的就是所选取的因素 x_1、x_2 对因变量 y 的影响部分，二者之比正是反映了已选出因素在影响 y 的总因素中占了多大比重。这是一个很重要的数量界限，它能帮助我们检查、判定统计的结果是否可靠。例如，当 $R_{y·12}^2$ 的值等于 0.60 时，就说明所选取的因素 x_1、x_2 的影响已决定了 y 的总变动的 60%，也就说明主要因素已选入了大部分，系数的值愈大，说明考虑的因素愈完全。在以上所选取的资料中

$$R_{y·12}^2 = \frac{U}{L_{yy}} = 0.921$$

它说明在工业增加值 y 的变动中，固定资产净值（x_1）、耗电量（x_2）两个因素的影响程度已达到 92.1%。

（二）复相关系数的显著性检验

以上求得的复相关系数 $R_{y·12}$ 仅代表样本数据中变量之间的关系，而它能否代表总体变量之间的相关关系，需要进行显著性检验。和前面检验直线关系一样，可仍用方差分析法进行检验。选 F 统计量

$$F = \frac{\dfrac{U}{2}}{\dfrac{Q}{n-2-1}}$$

其中 U 的自由度是自变量的个数，Q 的自由度在本例中，等于 $n-2-1$。

由于 $U = R^2 L_{yy}$，$Q = L_{yy} - R^2 L_{yy} = L_{yy}(1-R^2)$

$$F = \frac{\dfrac{U}{2}}{\dfrac{Q}{n-2-1}} = \frac{R^2 L_{yy}/2}{L_{yy}(1-R)^2/n-2-1} = \frac{R^2/2}{(1-R)^2/n-2-1}$$

这样代换的好处是可以直接应用 R^2 值计算 F 值。

当给定显著性水平 α 时，便可直接查 F 分布表，若 $F \leqslant F_\alpha$，变量之间的线性关系不显著。若 $F > F_\alpha$，变量之间的线性关系显著。仍依前述资料进行复相关系数的显著性检验（$\alpha = 0.05$）。

已知 $R_{y·12}^2 = 0.921$，$n = 20$

$$F = \frac{0.921/2}{(1-0.921) \div (20-2-1)} = \frac{0.4605}{0.00465} = 99$$

查 F 分布表，$F_{0.05}(2,17) = 3.59 < F = 99$，即变量之间的线性关系是显著的。

（三）偏相关系数

在多元线性相关中，变量之间的相互关系是很复杂的，这是因为任意两个变量之间都可能存在着相关关系，以上求得的复相关系数，往往不能正确说明相关关系的复杂情况，

因为此时所有变量都在变化着。为了反映其中的某一变量对另一变量的影响程度,必须除去其他变量的影响,但在社会现象的研究中这样做是办不到的,这就只有在所研究的过程中假定其他因素固定不变,以反映所研究的两个变量之间关系的密切程度,这样的相关系数称为偏相关系数或净相关系数。

当研究的是 y 与 x_1、x_2 之间的偏相关关系,其偏相关系数分别记为 $r_{y1\cdot2}$,$r_{y2\cdot1}$,点"·"后面的符号代表与其相应的变量固定不变,如 $r_{y1\cdot2}$ 代表 x_2 固定不变而单独反映 y 与 x_1 之间的相关程度,其他指标的含义依此类推。

偏相关系数的计算方法如下:

$$r_{y1\cdot2}=\frac{r_{y1}-r_{y2}r_{12}}{\sqrt{(1-r_{y2}^2)(1-r_{12}^2)}}$$

$$r_{y2\cdot1}=\frac{r_{y2}-r_{y1}r_{12}}{\sqrt{(1-r_{y1}^2)(1-r_{12}^2)}}$$

式中　　r_{y1},r_{y2} 分别表示 y 和 x_1,y 和 x_2 的单相关系数。

利用前例 20 个企业的统计资料计算偏相关系数 $r_{y1\cdot2}$,$r_{y2\cdot1}$,首先计算三个单相关系数及其平方的值如下:

$$r_{y1}=0.93446 \qquad r_{y2}=0.94715 \qquad r_{y3}=0.92440$$

$$r_{y1}^2=0.87321 \qquad r_{y2}^2=0.89708 \qquad r_{12}^2=0.85452$$

两个偏相关系数的值如下:

$$r_{y1\cdot2}=\frac{0.93446-0.94715\times0.92440}{\sqrt{(1-0.89708)(1-0.85452)}}=0.48147$$

$$r_{y2\cdot1}=\frac{0.94715-0.93446\times0.92440}{\sqrt{(1-0.87321)(1-0.85452)}}=0.61360$$

偏相关系数的符号与偏回归系数的符号一致。

上述计算结果说明,在研究工业增加值的变动与固定资产净值、耗电量两个因素的关系时:

(1)在将 x_2 固定的情况下,固定资产净值的变动对工业增加值的影响程度为 0.48147。

(2)在将 x_1 固定的情况下,耗电量的变动对工业增加值的影响程度为 0.61360。

将每个偏相关系数与其相应的单相关系数相比较,可以看出在数值上有很明显的差异。这是因为在单相关系数中包含重复计算在内,而在偏相关系数中则在一定范围内消除其他因素的影响,不包含重复计算在内,因而其数值一般要低于相应的单相关系数。由于偏相关系数在计算过程中消除了重复计算的影响,因而较之单相关系数更能反映实际情况。这也表明:在相关分析中应该适当地把影响现象变动的主要因素包括进去,并掌握足够多的资料,如果只根据局部的、片面的资料进行研究,有时会得出错误的结论。

还可以根据偏相关系数的值计算复相关系数,公式为

$$R_{y\cdot 12}^2 = 1 - (1 - r_{y1}^2) \times (1 - r_{y2\cdot 1}^2)$$

仍用上面 20 个同类工业企业的资料计算

$$R_{y\cdot 12}^2 = 1 - (1 - 0.87321) \times (1 - 0.376468) = 0.921$$

可见,通过偏相关计算而得的复相关系数,与前面计算所得结果完全一致,这一点也可以作为检验整个计算过程正确与否的根据。

三、回归与相关分析中应注意的几个问题

通过回归与相关分析研究变量之间的变动关系,是一种有效的科学分析方法,在自然技术领域中已普遍应用,近年来在社会经济现象的研究和预测中,也被广泛采用。回归与相关分析的内容很丰富,以上介绍的仅是其中的部分内容,受篇幅所限,尚有许多重要内容未能涉及。下面就应用时应注意的问题作几点说明:

(1) 要在定性分析的基础上进行定量分析,这是正确应用回归与相关分析的必要条件。在确定对某一个现象是否适于分析之前,必须对所研究的具体现象进行充分的认识和分析,这就需要有足够的理论知识、专业知识和必要的经验作为定性分析的基础。例如,对研究的具体对象来说,其变量之间是否具有真正的联系,是具有实质的内在联系还是表面上的联系,还是一种偶然的巧合。如果把没有实质性联系的现象当作研究对象,就会得出虚假回归,若据以作为依据去指导工作,则会造成有害的后果。

当确认变量之间具有实质性联系之后,可以着手进行对应的相关计算和分析,除了用数理统计方法进行检验而外,还要从理论上和经验上加以验证。特别是在对复杂的社会经济现象进行定量分析时,不能脱离具体的方针政策以及当时的社会经济环境、影响现象变化的内部、外部因素等。为了通过分析得出正确结论,这些因素都是不可忽视的。

(2) 由于所有回归模型和相关模型都是根据一定的假设条件建立的,这些条件主要就是线性、独立、正态、同方差性。在社会经济现象研究中,要求完全满足些条件是困难的,但是应该基本符合,否则推断结果将会出现较大的失误。以上各节中介绍的检验方法,也是围绕这些假设条件进行的,除此以外,还可以应用残差图进行分析。残差图有许多形式,其中常用的图形是以方程的自变量为横坐标,以残差 e_i 为纵坐标,将每个自变量所对应的残差都画在平面上。这时通过观察残差图的分布,可以判断回归方程拟合的好坏。如果回归方程对观察数据的拟合是良好的,那么残差的绝对值通常都比较小,而且描绘的点都在 $e_i = 0$ 的直线附近上下随机散布;如果残差的绝对值较大,而且描绘的点不是在 $e_i = 0$ 的直线上下随机散布,而是呈现递增或递减的系统变化趋势,则说明拟合的回归方程与原来的假设有一定差距。目前许多计算机软件都可以在分析同时将残差打印出

来,利用残差图还可以分析其他的假设条件是否符合。

（3）在社会经济现象中,任何一种现象的变动总是受到多种因素的制约,因此,研究多个变量之间关系的多元回归与相关分析占有重要地位,但与此同时,由于自变量的增加,也使变量之间的相互关系变得更加复杂,在分析中也遇到许多问题,其中主要有:① 偏回归系数的值与自变量的计量单位之间的关系。例如依据表 10-16 资料计算,$b_1 = 0.357$,$b_2 = 0.023$,但这并不意味着固定资产净值对工业增加值的影响程度就比耗电量对工业增加值的影响大 15 倍,因为这里固定资产价值是以"百万元"单位计算的,若将"百万元"改为"十万元",则计算单位缩小为原来的 $1/10$,b_1 的值也减为 0.0357。在多元回归分析中,每个偏回归系数的作用是反映当其他自变量固定时,该自变量变动一个单位对因变量的影响程度。由于每个偏回归系数分别用不同的计量单位计算而得,所以其数值是不可比的。如果需要在偏回归系数之间进行比较,则需将回归系数标准化,以消除单位影响,其具体方法可参阅回归与相关分析专著,在此从略。② 在多元回归分析中经常遇到多重共线性问题,即所选的各个自变量相互之间存在线性关系或接近线性关系。如果各个自变量之间线性程度很高,则将给最小平方方法估计的结果带来影响,估计的精度降低,而且有可能接受不具有重要影响的变量,须用其他方法消除之,具体内容可参阅有关计量经济学方面的著作。③ 在多元回归分析中,各种因素对变量影响程度是不同的,其中,有的因素起着主要的、显著作用,而有的因素只起着次要的、不很显著的作用。因此在多元回归分析中,应当努力做到使选入回归方程中的都是一些有显著作用的因素,而将那些影响不大的因素从方程中剔除出去。人们在多元回归分析的基础上建立了一种计算程序,通过对各个自变量进行显著性检验的办法,逐个地引入方程,或从方程中剔除,于是在最后建立的回归方程中只保留影响显著的重要因素。这种方法称为逐步回归,其有关原理和方法可参阅计量经济学及有关回归与相关分析的专著。

（4）在本章中介绍的回归与相关分析都是根据静态资料,并且是在有限的资料范围内计算的,主要适用于内插计算。近年来,许多计量经济学及经济预测著作中,把回归分析用于外推预测,并作为预测的重要方法之一。一般来说,将回归分析应用于预测方面是不应被排除的,但它涉及的理论与实际总是比内插计算要复杂得多,因素不宜滥用,只有在经过严格的分析与检验之后,才可应用,否则,预测结果将会出现严重的错误。

本 章 要 点

相关分析的介绍。包括相关关系的特点;相关关系与函数关系的区别;相关关系的种类;相关关系的判断方法;相关系数的计算。

回归分析的介绍。包括相关关系与回归关系的区别;回归方程的建立;估计标准误差的计算;自相关的检验。

多元线性回归与相关分析的介绍。包括多元线性回归方程的建立;复相关系数与偏相关系数的计算。

本 章 习 题

1. 根据下列资料编制回归直线方程 $\hat{y}=a+bx$ 和计算相关系数。

$$\overline{xy}=146.5 \quad \bar{x}=12.6 \quad \bar{y}=11.3 \quad \overline{x^2}=164.2$$

2. 根据下列资料编制回归直线方程 $\hat{y}=a+bx$,并计算估计标准误差 S_y。

$$\sigma_x^2=25 \quad \sigma_y^2=36 \quad r=0.9 \quad a=2.8$$

3. 已知:

$$n=6 \quad \sum x=21 \quad \sum y=426 \quad \sum x^2=79 \quad \sum y^2=30\,268 \quad \sum xy=1\,481$$

要求:

(1) 计算相关系数;

(2) 建立回归直线方程;

(3) 计算估计标准误差。

4. 已知:x、y 是两变量,$L_{xy}=1.6L_{xx}$,σ_y 是 σ_x 的 2 倍,求相关系数 r。

5. 某地区 2001—2005 年各年的职工生活收入和商品销售额的资料见表 10-19。

表 10-19

某地区资料表

年　　份	职工生活费收入(元)x	商品销售额(亿元)y
2001	5 670	145
2002	5 974	152
2003	6 849	164
2004	7 450	180
2005	8 160	191

计算相关系数,并说明相关方向和相关程度。

6. 根据 50 个学生的数学和物理考试结果进行计算,数学成绩的标准差为 9.79 分,物理学成绩的标准差为 7.85 分,两科成绩的协方差为 66.6。由上述资料计算简单直线相关系数,并对数学成绩和物理学成绩的相关方向和相关程度作出说明。

7. 有 10 个同类企业的生产性固定资产平均原值和工业总产值资料见表 10-20。

表 10-20

10 个同类企业的资料表

企　业　编　号	生产性固定资产价值(万元)x	工业总产值(万元)y
1	318	524
2	910	1 019
3	200	632
4	409	815
5	415	913
6	502	928
7	314	605
8	1 210	1 516
9	1 022	1 219
10	1 225	1 624

根据上表资料：

(1) 计算相关系数；

(2) 建立回归直线方程；

(3) 计算估计标准误差；

(4) 估计生产性固定资产为 1 100 万元时的工业总产值。

8. 某地区 2001—2005 年每人平均月收入和商品销售额资料见表 10-21。

表 10-21

某地区资料表

年　　份	平均每人月收入(元)x	商品销售额(万元)y
2001	656	220
2002	690	306
2003	745	349
2004	800	380
2005	870	415

要求：

(1) 以人均收入为自变量,商品销售额为因变量,建立回归直线方程；

(2) 根据 2006 年的人均收入 956 元估计值,利用回归方程推算 2006 年该地的商品销售额。

9. 某企业上半年产品产量与单位成本资料见表 10-22。

表 10-22

某企业上半年产品产量与单位成本资料表

月　　份	产量（千件）	单位成本（元/件）
1	2	73
2	3	72
3	4	71
4	3	73
5	4	69
6	5	68

要求：

（1）建立回归直线方程（以单位成本为因变量），指出产量每增加 1 000 件时单位成本平均下降多少？

（2）假定产量为 6 000 件时，估计单位成本为多少元？

（3）若单位成本为 70 元/件时，估计产量应为多少？

第十一章　Excel 在统计学中的应用

学习目标　目前常用的统计分析软件有 Eviews、Stata、Spss、Sas、Matlab、TSP 等,而 Excel 作为 Office 办公软件,应用最为普遍且易学易懂。通过本章学习,要求了解 Excel 的基本功能及操作方法,重点掌握 Excel 在统计分析中的应用。

关键概念　Excel　统计软件与应用(statistical software)

第一节　Excel　概　述

随着电子计算机的发展,目前统计分析很少用手工计算,而是借助计算机来处理。常用的经济统计分析软件现有 Eviews、Stata、Spss、Sas、Matlab、TSP 等,而 Excel 是 Microsoft 公司推出的电子表格软件,应用最为普遍且易学易懂,它不仅具有强大的电子表格处理功能,而且附带有内容丰富的统计数据处理功能(统计函数和统计数据分析宏)。在 Excel 提供的统计数据处理分析的宏程序——"分析工具库"中,包括了比较完备的统计方法,可以基本满足本教材所讲授的统计方法的学习和使用。使用"分析工具库"能够显著地提高统计工作效率,降低计算误差。

Microsoft Excel 的"分析工具库"不属于典型安装的内容,在 Microsoft Excel 默认安装时,一般都不会自动安装"工具分析库",因此需要另行安装。在开始使用"分析工具库"前,单击"工具"菜单中的"数据分析"命令。如果"工具"菜单中没有"数据分析"命令,则需要安装"分析工具库"。

Excel 是 Microsoft 公司推出的办公软件 Office 中的一个重要组成部分,人机界面友好,使用便捷、易学,主要用于对数据的处理、统计分析与计算,可以进行简单的数据库管理,能绘制图表,具有检查与删除宏病毒的功能,并能与 Internet 网络共享资源。在 Word 中也有表格功能,然而,Excel 表格与 Word 表格的最大不同在于 Excel 表格具有强大的数字运算和数字分析能力,Excel 中内置的公式和函数,可以帮助用户进行复杂的计算。Excel 在数据运算方面具有的强大功能,使它成为用户办公必不可少的一个常用办公软件。

一、安装"分析工具库"

打开 Excel,单击"工具"菜单,发现"工具"菜单中没有"数据分析"命令。这时,选择

"加载宏"命令,会弹出如图 11-1 所示的对话框,如果"加载宏"对话框中有"分析工具库",则选中"分析工具库"复选框,并单击"确定"按钮。加载完毕,"工具"菜单中将会出现一个"数据分析"选项。

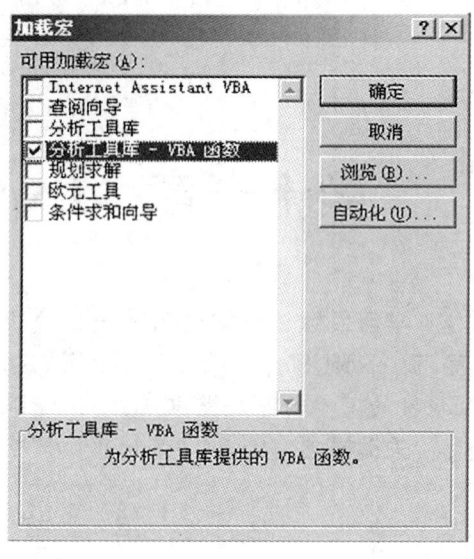

　　如果"加载宏"对话框中没有"分析工具库",则说明 Excel 电子表格系统尚未加载"分析工具库"宏程序,必须在 Excel 中加载并启动"分析工具库"宏程序。具体操作时,单击"浏览"按钮,定位到"分析工具库"加载宏文件"Analys32.xll"所在的驱动器和文件夹(通常位于"Microsoft office\\office\\library\\analysis"文件夹中);如果没有找到该文件,应运行"安装"程序,再进行"分析工具库"程序的加载。

图 11-1　分析工具库的加载

二、使用"分析工具库"

　　加载"分析工具库"之后,即可在"工具"下拉菜单中,发现"数据分析"命令。选择"数据分析"命令,调出"数据分析"工具对话框,然后在"分析工具"列表框中,选中所需要使用的数据分析工具,如图 11-2 和图 11-3 所示。

图 11-2　分析工具库的调用

此外,Excel 办公软件提供了功能强大的统计分析函数。在"插入"下拉菜单中,选择"函数"命令可调出分析函数工具,以简便地用于各类统计分析和计算,统计分析函数是 Microsoft Excel 典型安装的内容,不需要另行安装就可直接使用。

图 11-3　"数据分析"对话框

第二节　Excel 在描述统计中的应用

一、数值型数据的整理与直方图

【例 11-1】　某学期某班 35 名学生的统计学考试成绩的原始数据如表 11-1 所示。要求:对该班学生的统计学考试成绩,采用重合组限和开口组限设置进行等距分组,计算组中值和频数分布,编制统计表和统计图。

表 11-1

某学期某班统计学考试成绩原始数据

单位:分

92	87	75	74	65	91	98	78	84	83	78	96
62	84	76	52	69	84	81	88	70	91	89	87
75	79	82	86	79	82	64	90	56	84	89	

根据数据整理方法,运用 Excel 的计算步骤如下。

第一步:确定组数和组距。

根据题意,考试成绩一般可分为五组,组距为 10 分,即 60 分以下、60～69 分、70～79 分、80～89 分、90～99 分。

第二步:计算频数分布。

计算频数分布就是按照分组将原始数据分配到各组中,然后计算出落在各组中数据的个数。这里,我们主要介绍 Excel 中的 countif 和 frequency 函数。

首先介绍 countif 函数。该函数是计算给定区域内满足特定条件的单元格数目的函数。countif 函数的语法为 countif(range,criteria),其中,range 为需要计算满足其中条件的单元格区域;criteria 是为确定哪些单元格将被计算在内的条件,即评判标准,其形式可以为数字、表达式或文本。在本例中,如图 11-4 所示,range 是所需要分组计算的原始数据所在单元格:A2 到 A36,criteria 可设定为各分组的上限和下限。

打开 Excel,输入原始数据如 A2～A36(共 35 个数据),把光标放在单元格 B2,单击

图 11-4　countif 函数公式输入

"＝"，输入函数 countif（A2：A36，"＜60"），如图 11-4 所示，则可得到 60 以下组的频数分布。这里需要注意的是，小于号一定是这个符号"＜"而不是"＞"，双引号是" "而不是符号" "，否则 Excel 软件将不能识别。然后，把光标放在 B3 单元格，单击"＝"，输入函数 countif（A2：A36，"＜70"）－countif（A2：A36，"＜60"），按 Enter 键确认；光标放在 B4 单元格，单击"＝"，输入函数 countif（A2：A36，"＜80"）－countif（A2：A36，"＜70"），按 Enter 键确认；光标放在 B5 单元格，单击"＝"，输入函数 countif（A2：A36，"＜90"）－countif（A2：A36，"＜80"），按 Enter 键确认。光标放在 B6 单元格，单击"＝"，输入函数 countif（A2：A36，"＜100"）－countif（A2：A36，"＜90"），按 Enter 键确认。从而得到各组相应的频数分布，结果为 B2 至 B6（2、4、9、14、6），这表示小于等于 59 的个数为 2、介于 60～69 的个数为 4、介于 70～79 的个数为 9、介于 80～89 的个数为 14、大于等于 90 的个数为 6。

　　其次，介绍 frequency 函数。该函数是计算一列垂直数据的某个区域中的频率分布，以检测某范围内数据个数的函数。frequency 函数用来计算分组频数更为简捷。frequency 函数的语法是 frequency（data_array，bins_array），其中 data_array 为一组数值（即原始数据），用来计算频数分布，如图 11-5 中的 A2：A36；bins_array 为间隔的数组（分组数据），以对 data_array 中的数值进行分组，如图 11-5 中的 B2：B5。函数 frequency 应以数组公式的形式输入，输出的数组中的元素个数比 bins_array（数组）中的元素的个数多 1，以表示超出最高间隔的数值个数。如图 11-5 中，输出结果为 C2：C6，比 B2：B5 多一个

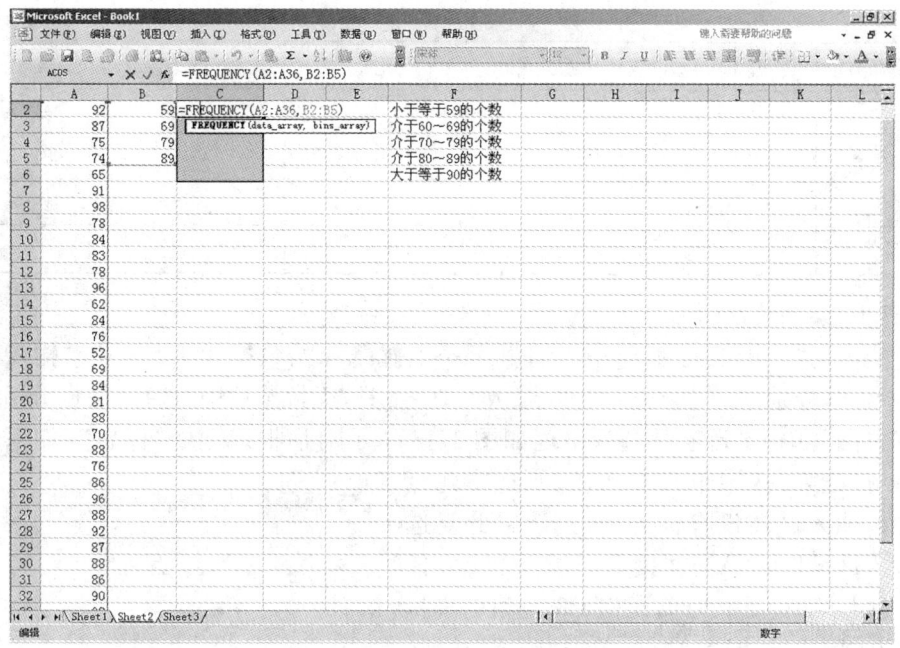

图 11-5　frequency 函数公式输入

单元格,C6 表示大于 89 的个数。

　　打开 Excel,输入原始数据如 A2～A36,输入间隔的数组即间断点数据如 B2：B5,分别为 59、69、79、89,表示五组数据的上、下限,这与上述 countif 函数中的分组相同,即小于等于 59 的个数、介于 60～69 的个数、介于 70～79 的个数、介于 80～89 的个数、大于 89 的个数。然后选中区域 C2：C6,单击"＝",输入函数 frequency(A2：A36, B2：B5),同时按 Control＋Shift＋Enter 组合键(数组输入公式),即得输出结果 C2：C6,本例中为(2、4、9、14、6),与 countif 函数计算结果完全相同。

　　第三步:计算组中值。利用计算闭口组的组中值公式(上限＋下限)÷2,计算各闭口组的组中值;利用重合组限设置缺少下限的组中值计算公式该组上限－邻组组距÷2,计算"60 分以下"组的组中值。

　　第四步:编制统计表,如表 11-2 所示。

表 11-2

某学期某班 35 名学生的统计学考试成绩

考试成绩分组	组中值(分)	人数(人)	比重	累计人数(人)	累计比重
60 分以下	55	2	5.71%	2	5.71%
60～70 分	65	4	11.43%	6	17.14%

（续表）

考试成绩分组	组中值（分）	人数（人）	比重	累计人数（人）	累计比重
70～80 分	75	9	25.71%	15	42.86%
80～90 分	85	14	40.00%	29	82.86%
90～100 分	95	6	17.14%	35	100%
合计	—	35	100%	—	—

第五步：绘制统计图。

首先，可用"分析工具库"绘制。打开 Excel，输入原始数据如 A2～A36，输入组限数据如 B2：B6，分别是 60、70、80、90、100。在"工具"下拉菜单中，选择"数据分析"命令，选中"直方图"，单击"确定"按钮，出现如图 11-6 所示对话框。选中"标志"（如果输入区域的第一行或第一列中包含标志项，则选中此复选框；如果输入区域没有标志项，则清除此复选框），"输入区域"A1：A36，"接受区域"B1：B6，任意"输出区域"，本例中为单元格 C3，选中"累积百分比"和"图表输出"复选框，单击"确定"按钮，计算机在 C3 处输出直方图如图 11-7 所示。如果要对输出的直方图、坐标轴刻度、字体等进行修改，可将光标对准图标区右击，在弹出的快捷菜单中选中图标区系列格式、数据系列格式等，弹出相应对话框，然后进行修改，这里从略。

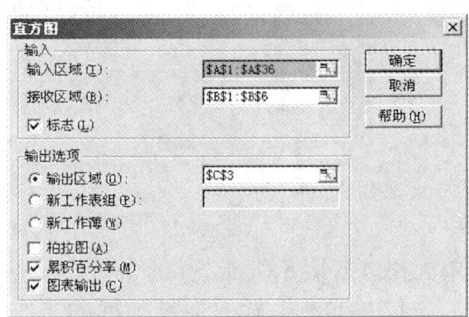

图 11-6　数据分析中"直方图"对话框

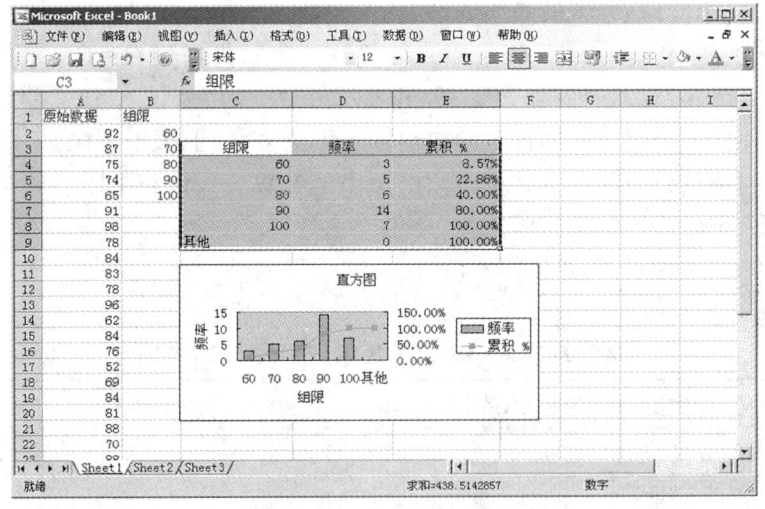

图 11-7　"直方图"输出结果

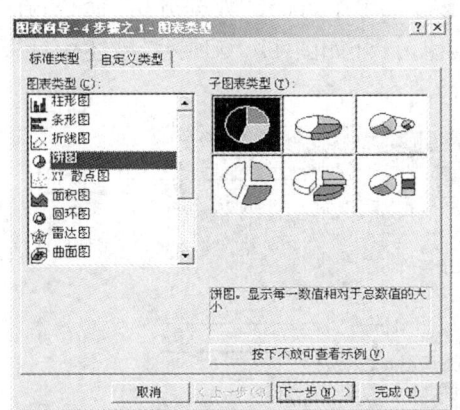

图 11-8　"图表向导"对话框

其次，也可用"图表向导"绘制，把 11-1 中的分组用图形来表示，这里我们用饼图来说明。打开 Excel，输入原始数据如 A2～B6，将某学期某班考试成绩分组及对应人数输入，单击"图表向导"按钮，出现如图 11-8 所示对话框。选中"饼图"及"子图表类型"，单击"下一步"按钮，选中"数据区域"B2：B6（2、4、9、14、6），"系列产生在列"，单击"系列"，选中"分类标志"A2：A6（考试成绩分组：60 分以下、60～70、70～80、80～90、90～100 分），单击"下一步"按钮，在"图表标题"中写入某学期某班统计学成绩分布饼状图，单击"下一步"和"完成"按钮，计算机输出结果如图 11-9 所示。

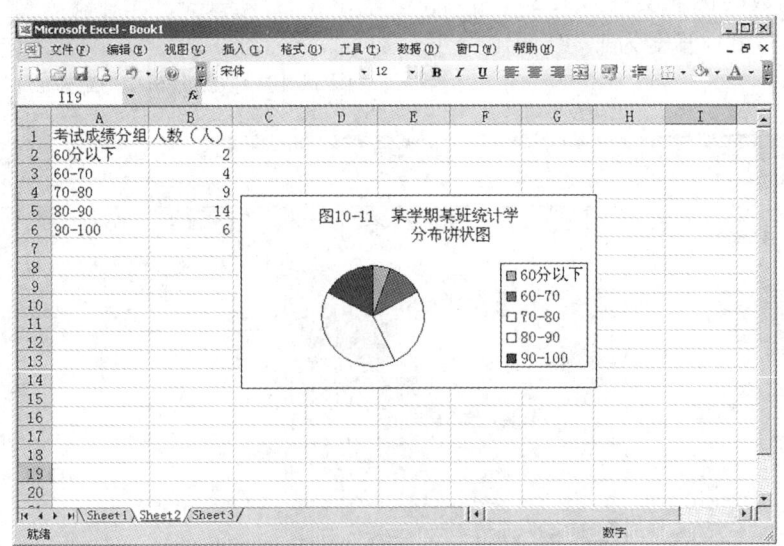

图 11-9　某学期某班 35 名学生统计学成绩分布饼状图

二、描述统计与数据分布特征的测度

描述统计与数据分布特征的测度，要运用分析工具库和插入函数计算方式。

1. 运用分析工具库

根据［例 11-1］，描述统计分析可用 Excel 中的"分析工具库"来完成，Excel 运算操作方法如下。

　　打开 Excel,输入原始数据 A2：A36,在"工具"下拉菜单中,选择"数据分析"命令,在"数据分析"对话框中选中"描述统计",单击"确定"按钮,打开如图 11-10 所示"描述统计"对话框。

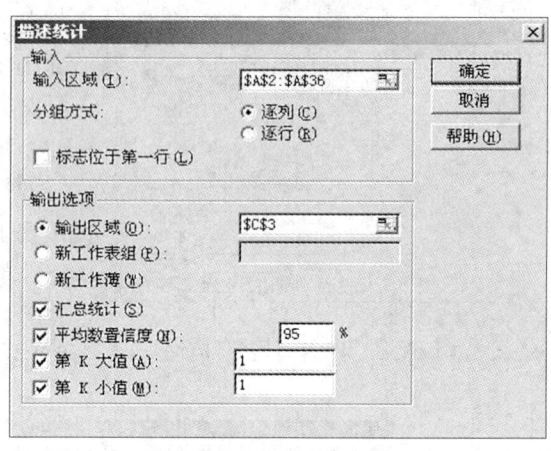

　　选中"输入区域"A2：A36,分组方式为"逐列",任意"输出区域",本例中为单元格 C3,选中"汇总统计",单击"确定"按钮。计算机输出描述统计量如图 10-11 所示。从图 10-7 中,可以得出一系列统计分析结果。如[例 11-1],某学期某班统计学考试成绩最大值为 98,最小值为 52,观测数 35 个,取值范围(区域)即差异为 46(98－52),中位数为 82,众数为 84,平均数为 80,样本平均数的标准误差为 1.834 77,标准差为 10.854 65,偏度为 0.381 47,峰度为－0.816 31。

图 11-10　数据分析中"描述统计"对话框

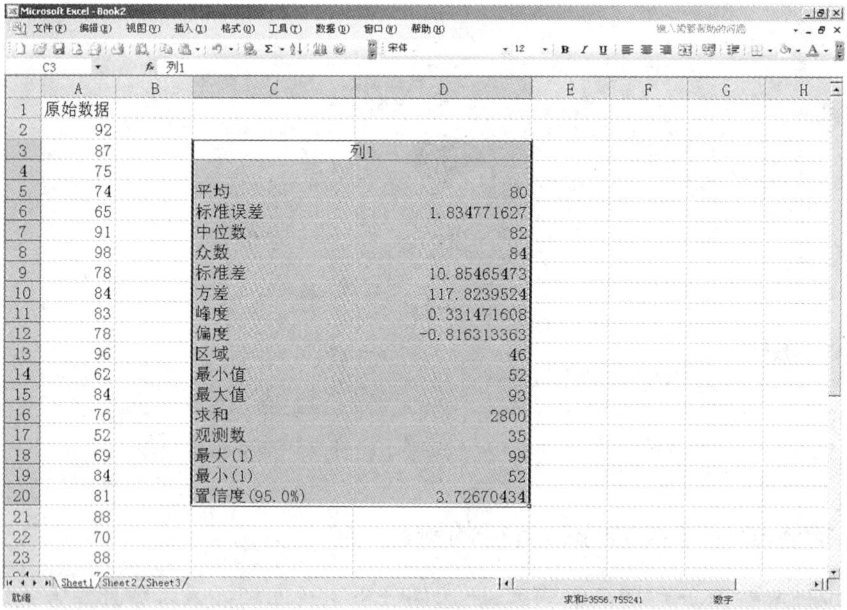

图 11-11　"描述统计"输出结果

2. 运用插入函数计算

　　根据[例 11-1]的资料,描述统计分析也可用 Excel 中的"插入函数"来完成,插入函数的操作方法如下。

打开 Excel,输入原始数据 A2:A36,把光标放在某单元格如 C2,在"插入"下拉菜单中,单击"函数(F)"出现"插入函数"对话框,也可单击插入函数快捷键 fx 来完成。

1) 计算均值

出现"插入函数"对话框后,在"选择类别"下拉列表框中,选择"统计",然后,选中"均值函数"average,如图 11-12 所示。

单击"确定"按钮,在 number1 文本框中选中计算区域 A2:A36,如图 11-13 所示。单击"确定"按钮,这时,C2 单元格中的数字表示样本资料均值为 80。

2) 计算中位数

把光标放在 C3 单元格,当出现"插入函数"对话框时,选中"中位数函数"median,单击"确定"按钮,在 number1 文本框中选中计算区域 A2:A36,如图 11-14 所示。单击"确定"按钮,这时,C3 单元格中的数字表示样本资料的中位数为 82。

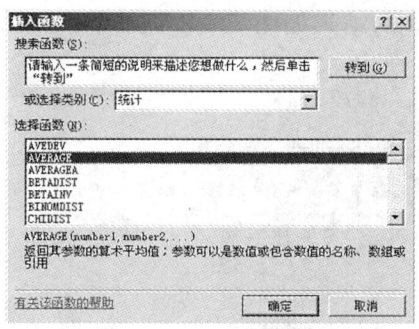

图 11-12　"插入函数"对话框

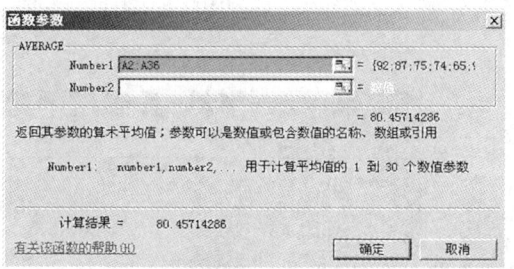

图 11-13　均值函数计算对话框

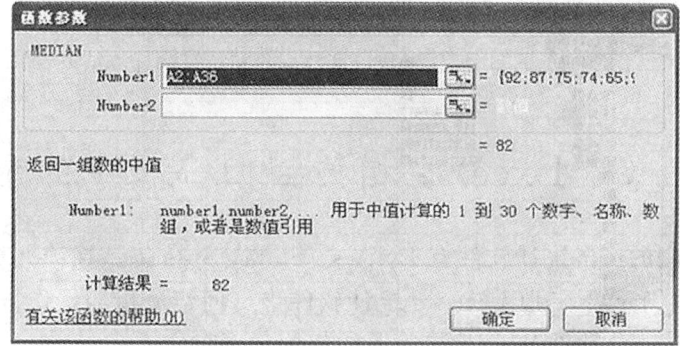

图 11-14　中位数函数计算对话框

3）计算众数

把光标放在 C4 单元格,当出现"插入函数"对话框时,选中"众数函数"median,单击"确定"按钮,在 number1 文本框中选中计算区域 A2：A36,如图 11-15 所示。单击"确定"按钮,这时,C3 单元格中的数字表示样本资料的众数为 84。

4）计算标准差、方差、偏度与峰度

已知给定样本的标准差、方差、峰度与偏度函数分别为：STDEV、VARA、

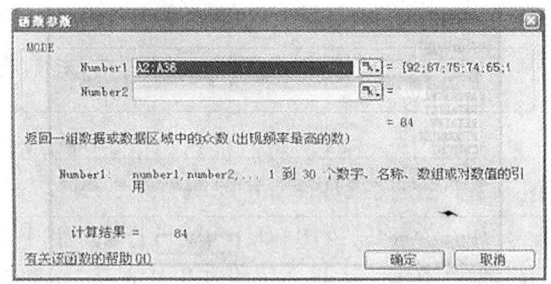

图 11-15 "众数函数"计算对话框

KURT 和 SKEW,与计算均值、中位数、众数相似,选中相应函数及计算区域,单击"确定"按钮。根据[例 11-1]资料,Excel 计算结果分别为：样本标准差 10.854 65,样本方差 117.823 5,偏度 0.381 47,峰度－0.816 31。

根据插入函数计算的数据分布特征的测定计算的结果如图 11-16 所示,可以发现这与运用分析工具库的计算结果(如图 11-11 所示)完全相同。

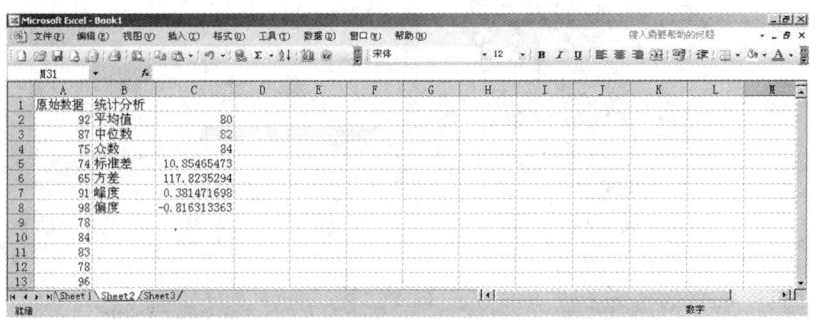

图 11-16 运用插入函数计算数据分布特征的计算结果

第三节　Excel 在相关回归分析中的应用

回归分析常用的经济统计软件有 Eviews、Stata、Spss 等。在第九章一元与多元线性回归分析中,我们介绍了利用 eviews 统计软件进行回归分析的操作方法,本节主要介绍如何采用 Excel 办公软件,进行比较简单的相关于回归分析。

【例 11-2】已知某省 1980—2006 年国内生产总值 GDP 与金融保险业增加值(单位：亿元)的数据如表 11-3 所示。

表 11-3

1980—2006 年某省 GDP 与金融保险业增加值

单位:亿元

年份	全省 GDP（变量 y）	金融业增加值（变量 x）	年份	全省 GDP（变量 y）	金融业增加值（变量 x）
1980	185.85	4.53	1983	290.36	6.76
1981	209.34	4.74	1984	339.92	7.98
1982	249.65	6.1	1985	368.75	8.94
1986	458.74	11.76	1997	5 733.97	214.50
1987	577.38	12.74	1998	6 519.14	242.37
1988	667.53	20.84	1999	7 315.51	271.07
1989	846.69	34.25	2000	7 919.12	268.20
1990	1 155.37	46.8	2001	8 464.31	283.47
1991	1 381.39	72.7	2002	9 662.23	371.53
1992	1 559.03	82.46	2003	10 647.71	369.20
1993	1 893.30	94.83	2004	11 735.64	364.18
1994	2 447.54	122.79	2005	13 625.87	418.57
1995	3 431.86	146.02	2006	16 039.46	461.80
1996	4 516.63	191.17			

要求:

(1) 计算某省金融业增加值(变量 x)和全省 GDP(变量 y)的相关关系;

(2) 以全省 GDP 为因变量 y,金融保险业增加值为自变量 x,建立线性回归方程,并对回归系数进行显著性检验(显著性水平 α 设定为 0.1)。

在 Excel 中,主要通过"分析工具库"进行数据的相关于回归分析,Excel 分析操作步骤如下。

(1) 求相关系数。

打开 Excel,输入原始数据 B1:C28,在"工具"下拉菜单中,选择"数据分析"命令,在出现的对话框中选中"相关系数",单击"确定"按钮,打开"相关系数"对话框。选中"输入区域"B1:C28、"逐列"、"标志位于第一行"、"输出区域"任选一单元格如 D5,如图 11-17 所示,单击"确定"按钮,在 D5 处输出结果如图 11-18 所示。

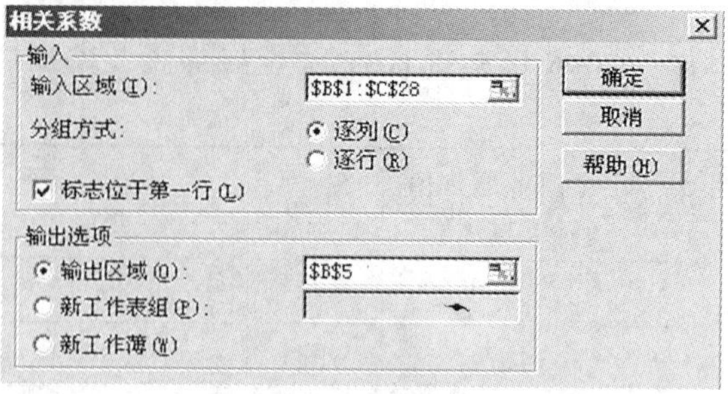

图 11-17　相关系数计算对话框

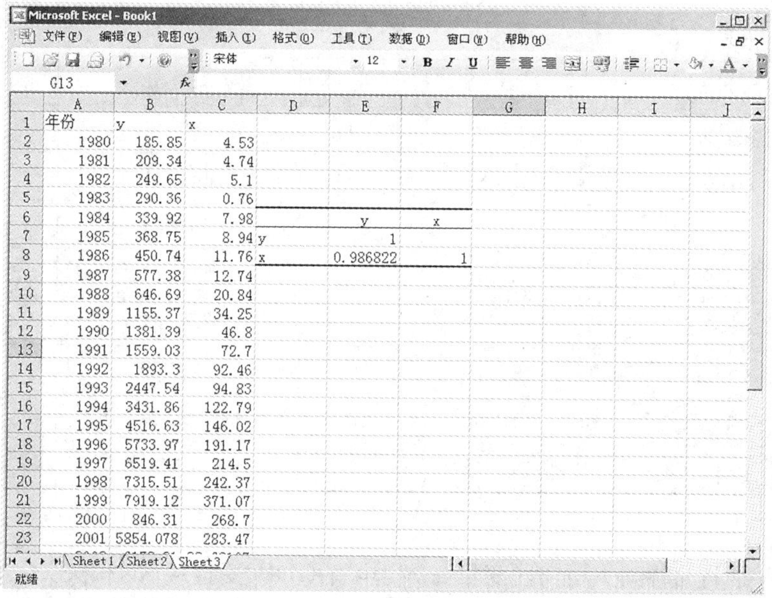

	A	B	C	D	E	F
1	年份	y	x			
2	1980	185.85	4.53			
3	1981	209.34	4.74			
4	1982	249.65	5.1			
5	1983	290.36	0.76			
6	1984	339.92	7.98		y	x
7	1985	368.75	8.94	y	1	
8	1986	450.74	11.76	x	0.986822	1
9	1987	577.38	12.74			
10	1988	646.69	20.84			
11	1989	1155.37	34.25			
12	1990	1381.39	46.8			
13	1991	1559.03	72.7			
14	1992	1893.3	92.46			
15	1993	2447.54	94.83			
16	1994	3431.86	122.79			
17	1995	4516.63	146.02			
18	1996	5733.97	191.17			
19	1997	6519.41	214.5			
20	1998	7315.51	242.37			
21	1999	7919.12	371.07			
22	2000	846.31	268.7			
23	2001	5854.078	283.47			

图 11-18　某省 GDP 与金融保险业增加值相关系数输出结果

从图 11-18 可以看出，1980—2006 年某省 GDP 与金融保险业增加值的相关系数为 0.986 822，即两者高度正相关。

（2）回归分析。

第一步：作某省 GDP 与金融业增加值散点图。

打开 Excel，输入原始数据 B1∶C28，单击“图表向导”，选中“XY 散点图”，然后，单击“下一步”按钮，选中“数据区域”，“系列产生在”列，单击“下一步”按钮，打开如图 11-19 对话框，在“图表标题”文本框中输入“1980—2006 年某省 GDP 与金融业散点图”，在“数值(X)轴”文本框中输入“金融业增加值”，在“数值(Y)轴”文本框中输入“GDP”，单击“完成”按钮，即得某省 GDP 与金融业增加值的散点图，如图 11-20 所示。

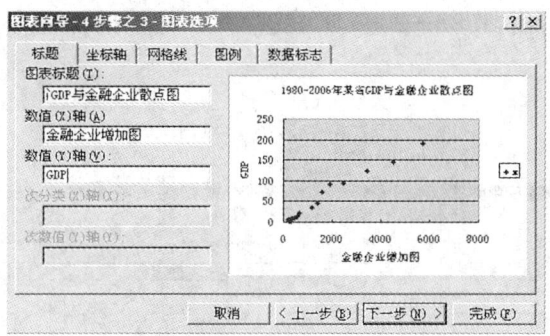

图 11-19　图表向导-图表选项对话框

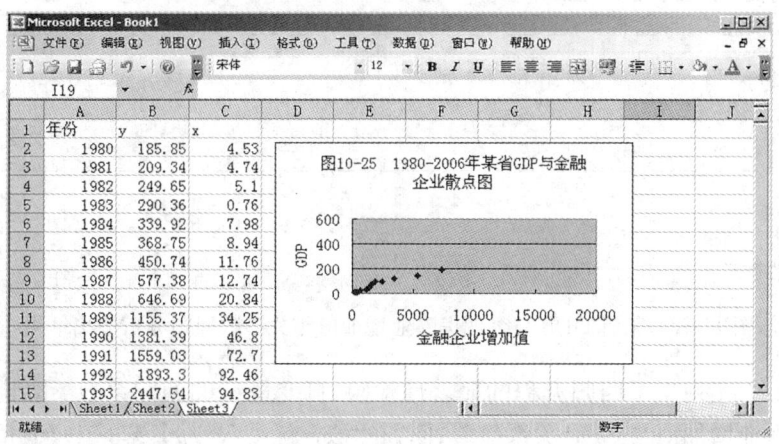

图 11-20　某省 GDP 与金融业增加值的散点图

第二步：回归分析。

由图 11-20 散点图可以判断，某省金融业增加值与 GDP 是线性关系，因此可作为一元线性回归（如果根据散点图，判断估计方程是非线性回归，可对模拟方程进行适当线性变换，然后，再作线性回归）。在"工具"下拉菜单中，选择"数据分析"命令，在打开的对话框中选中"回归"，单击"确定"按钮，打开"回归"对话框。选中"Y 值输入区域"B1：B28、"X 值输入区域"C1：C28、选中"标志"、"置信度"90％，"输出选项"为"新工作表组"，如图 11-21 所示。单击"确定"按钮，输出结果如图 11-22 所示。

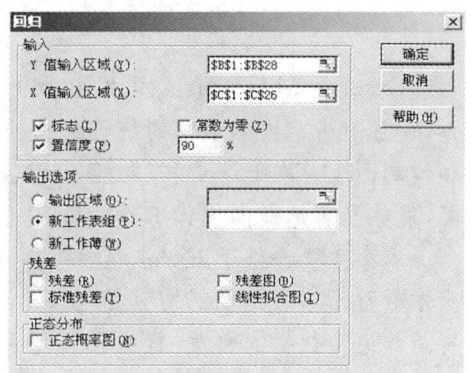

图 11-21　回归分析计算对话框

从图 11-22 可以看出,1980—2006 年某省 GDP 与金融保险业增加值相关系数的回归方程为

$$\hat{y}=-377.33+31.02x$$

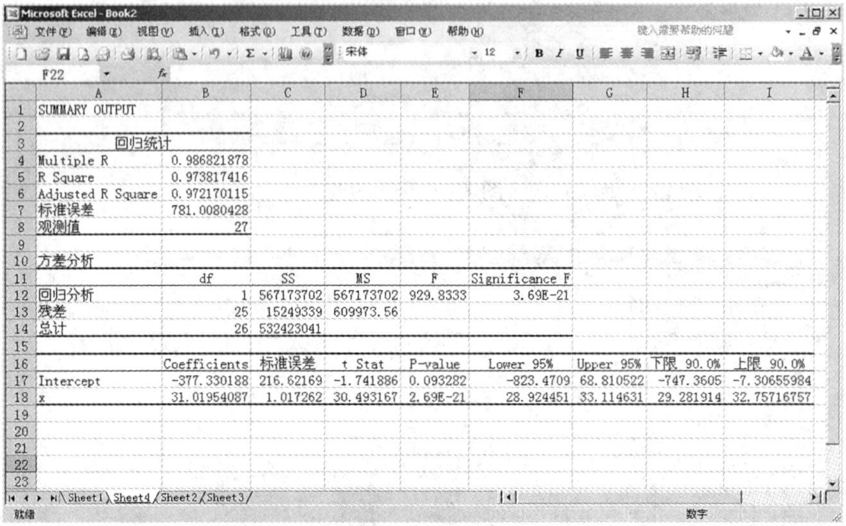

	A	B	C	D	E	F	G	H	I
1	SUMMARY OUTPUT								
2									
3	回归统计								
4	Multiple R	0.986821878							
5	R Square	0.973817416							
6	Adjusted R Square	0.972170115							
7	标准误差	781.0080428							
8	观测值	27							
9									
10	方差分析								
11		df	SS	MS	F	Significance F			
12	回归分析	1	567173702	567173702	929.8333	3.69E-21			
13	残差	25	15249339	609973.56					
14	总计	26	532423041						
15									
16		Coefficients	标准误差	t Stat	P-value	Lower 95%	Upper 95%	下限 90.0%	上限 90.0%
17	Intercept	-377.330188	216.62169	-1.741886	0.093282	-823.4709	68.810522	-747.3605	-7.30655984
18	x	31.01954087	1.017262	30.493167	2.69E-21	28.924451	33.114631	29.281914	32.75716757

图 11-22　某省 GDP 与金融保险业增加值相关参数回归分析输出结果

图 11-21 中还列出了回归方程的显著性检验,自变量 x 的回归系数 t 检验的 P 值小于 0.1,说明金融业增加值与 GDP 关系显著;回归的拟合优度 R^2 为 0.973 817,F 值为 929.833,F 检验的 P 值 0.00,小于 0.1,因此,建立的回归方程拟合较好,通过显著性检验。

本章要点

Excel 是 Microsoft 公司推出的电子表格软件,它不仅具有强大的电子表格处理能力,而且附带有内容丰富的统计数据处理功能,可用于进行数据管理、数据处理、数据分析和绘制图表。在 Excel 中,包括了比较完备的统计方法,主要是“分析工具库”,且易学易懂,能够显著地提高统计工作效率。

本章主要介绍了 Excel 办公软件在统计学中的应用及操作方法,主要通过举例来说明本教材所讲授的统计方法的应用,包括三个部分:一是 Excel 在描述统计中的应用,主要是数值型数据的整理、直方图及数据分布特征的测度;二是 Excel 在统计推断中的应用,主要是如何运用 Excel 对数据进行参数估计、假设检验及方差分析;三是 Excel 在相关与回归分析中的应用。

本 章 习 题

运用 Excel 分析与计算下列习题。

1. 现用某公司 40 名职工月工资情况如表 11-4 所示，假定组数为 6，组距为 500 元，试采用重合组限和开口组限设置进行等距分组，计算组中频数分布、编制统计表并绘制直方图。

表 11-4

40 名职工月工资情况

单位：元

2 200	2 500	2 450	3 100	3 800	2 100	2 800	2 240	2 310	2 830
3 110	2 300	2 450	2 390	2 740	1 130	2 200	1 540	1 890	1 620
2 930	2 710	2 700	2 380	3 590	1 940	2 550	2 490	2 370	2 430
2 890	2 450	2 430	3 270	2 470	2 410	2 510	2 570	2 600	2 610

2. 根据习题 1 中某公司职工月工资资料，进行描述性统计，计算其数据分布特征，包括计算 40 名职工月工资的均值、中位数、众数、标准差、方差、偏度与峰度系数、最大值及最小值。

3. 一面粉制造厂接到顾客订货，厂内采用自动流水线灌装面粉，按每袋 250 kg 出售，现随机地从中抽取 50 袋（单位：kg），其结果如表 11-5 所示。

表 11-5

50 袋面粉的重量资料

单位：千克

253	247	250	249	251	250	252	248	254	253
231	254	249	250	246	250	252	253	249	248
246	251	254	249	248	253	250	251	247	250
247	253	252	248	251	251	247	250	253	249
250	253	250	251	247	253	251	249	252	251

要求：

(1) 计算样本均值 $\bar{x}$ 和样本标准差 S；

(2) 给定置信水平 95%，求总体均值 μ 的置信区间；

(3) 在显著性水平为 5% 的情况下，判断每袋面粉的重量是否合格。

4. 某产品在某市平面媒体持续发布广告,为了了解广告效果,在该市 5 家大型超市对于当天购买该产品的人次,以及对该产品广告的认知程度进行了调查,如表 11-6 所示。

表 11-6

某产品广告效果调查

单位:人次

水平		是否知道广告	
		不知道	知道
超市	A	152	215
	B	178	230
	C	198	240
	D	175	351
	E	154	298

要求:试采用无效互作用的双因素方差分析,在显著性水平 $\alpha = 0.05$ 的情况下,判断广告和超市对购买该产品人次的总体均值是否存在显著影响。

5. 对 10 个城市的人均年收入和人均 GDP 的调查数据如表 11-7 所示。

要求:

(1) 计算人均年收入和人均 GDP 的相关系数;

(2) 以人均年收入为因变量,人均 GDP 为自变量,拟合线性回归方程,并对其进行显著性检验(显著性水平 $\alpha = 0.05$);

表 11-7

对 10 个城市人均年收入与人均 GDP 的调查数据

单位:元

人均年收入(y)	26 950	24 510	18 050	11 280	14 850	19 750	17 800	8 860	16 800	23 040
人均 GDP(x)	62 890	59 670	29 880	14 867	18 950	29 750	36 740	20480	35 790	49 860

(3) 预测当人均 GDP 达到 80 000 元时的人均年收入水平,及其在显著性水平 $\alpha = 0.05$ 下的置信区间。

第 二 编

企业统计分析案例

第十二章　市场统计分析案例

导言

市场统计分析主要研究供求关系问题,即研究一定地区内对各种商品或某种商品的供给和有支付能力的需求的关系,在社会主义市场经济条件下,每一个企业都面向市场,面对激烈的市场竞争,每一项重大决策,都离不开市场信息。因此,市场统计分析是企业统计分析的重要内容之一,是企业科学决策的重要基础。

市场统计分析一般要在市场调查的基础上进行,它涉及统计设计、统计调查、统计整理、统计分析等一系列的知识。本节所选案例就是从设计调查问卷开始,经过了统计调查、统计整理、统计分析的全过程。

案例1　消费者购买动机调查

选　题

在社会主义市场经济条件下,市场竞争日趋激烈,企业要想在市场竞争中争取主动权,必须了解消费者的购买动机,针对购买动机,有效地开展市场营销活动。某财经大学经济系3名同学利用暑假期间针对某大商场洗衣粉销售情况,选择企业普遍关心的课题,以消费者购买动机调查为内容,进行问卷设计,组织调查研究,撰写调查报告。

资料搜集整理分析

消费者购买动机调查的较好形式之一是问卷调查,品种是城乡居民普遍消费的洗衣粉,品牌重点选择了 A、B、C、D 四种品牌洗衣粉(注:为了不影响厂家销售,作者把调查的洗衣粉品牌用代号 A、B、C、D 代替)。调查对象是某市和所属各县、区的城乡居民。

调查问卷如下。

消费者对几种洗衣粉满意程度的调查问卷

尊敬的户主:

您好! 我们在暑假期间,结合专业学习,就城乡居民对几种洗衣粉的满意程度进行一次问卷调查,一方面促进学生提高统计调查和写作能力;另一方面也将调查结果反映给有关工商企业,以便其改进生产,改善经营,更好地满足消费者的需要。请您给予大力支持,实事求是地回答下列问题,在您认为恰当的项上划"√"或填写意见。

　　1. 请问您或家人最近一次购买洗衣粉的品牌是:

　　(1) A　(2) B　(3) C　(4) D　(5) 其他

　　2. 您对几种洗衣粉的满意程度(将您的选择用代号填入表内):

　　(1) 非常满意　(2) 比较满意　(3) 一般　(4) 不满意

内容　　品牌	A	B	C	D
内在质量				
包装				
价格				
广告效果				

　　3. 您家的居住地:

　　(1) 农村　(2) 城镇

　　4. 请问户主的职业:

　　(1) 农民　(2) 工人　(3) 教师　(4) 干部　(5) 科技人员　(6) 其他

　　谢谢合作!

某财经大学经济系学生

2005 年 7 月 30 日

　　共发出问卷 400 份,收回 352 份,其中城镇居民 238 户、农村居民 114 户,回收率为88%。

　　对调查材料认真进行了审核汇总,并计算了结构相对数(比重),以便探索消费者购买洗衣粉的动机。

　　调查汇总资料见表 12-1、表 12-2、表 12-3。

表 12-1

最近购买洗衣粉品牌问卷调查汇总表

品　牌	城镇(238 户)		农村(114 户)		合计(352 户)	
	户数	比重	户数	比重	户数	比重
A	102	42.86%	30	26.32%	132	37.50%
B	65	27.31%	16	14.04%	81	23.01%
C	61	25.63%	53	46.49%	114	32.39%
D	10	4.20%	15	13.15%	25	7.10%
合　计	238	100%	114	100%	352	100%

表 12-2

城镇消费者对几种洗衣粉满意程度问卷调查汇总表

品　牌	内容	非常满意		比较满意		一　般		不满意	
		户数	比重	户数	比重	户数	比重	户数	比重
A	质量	90	37.82%	104	43.69%	38	15.97%	6	2.52%
	包装	48	20.17%	108	45.38%	78	32.77%	4	1.68%
	价格	25	10.50%	81	34.03%	87	36.55%	45	18.92%
	广告	70	29.41%	93	39.08%	70	29.41%	5	2.10%
B	质量	105	44.12%	76	31.94%	53	22.27%	4	1.67%
	包装	80	33.61%	98	41.18%	54	22.69%	6	2.52%
	价格	21	8.82%	75	31.51%	84	35.29%	58	24.38%
	广告	101	42.44%	71	29.83%	47	19.75%	19	7.98%
C	质量	35	14.71%	78	32.77%	97	40.76%	28	11.76%
	包装	32	13.45%	68	28.57%	126	52.94%	12	5.04%
	价格	33	13.87%	77	32.35%	99	41.60%	29	12.18%
	广告	37	15.55%	70	29.41%	88	36.97%	43	18.07%
D	质量	35	14.71%	83	34.87%	91	38.24%	29	12.18%
	包装	28	11.76%	86	36.14%	101	42.44%	23	9.66%
	价格	20	8.40%	92	38.66%	96	40.34%	30	12.60%
	广告	35	14.71%	67	28.15%	96	40.34%	40	16.80%

注：城镇调查户数为 238 户。

表 12-3

农村消费者对几种洗衣粉满意程度问卷调查汇总表

品　牌	内容	非常满意		比较满意		一　般		不满意	
		户数	比重	户数	比重	户数	比重	户数	比重
A	质量	45	39.47%	40	35.09%	25	21.93%	4	3.51%
	包装	20	17.54%	47	41.23%	44	38.60%	3	2.63%
	价格	14	12.28%	21	18.42%	47	41.23%	32	28.07%
	广告	35	30.70%	29	25.44%	45	39.47%	5	4.39%

（续表）

品　牌	内容	非常满意		比较满意		一　般		不满意	
		户数	比重	户数	比重	户数	比重	户数	比重
B	质量	56	49.12%	29	25.44%	24	21.05%	5	4.39%
	包装	32	28.07%	38	33.33%	37	32.46%	7	6.14%
	价格	15	12.81%	34	30.18%	39	34.21%	26	22.80%
	广告	48	42.11%	25	21.93%	37	32.46%	4	3.50%
C	质量	22	19.30%	41	35.96%	37	32.46%	14	12.28%
	包装	30	26.32%	35	30.70%	42	36.84%	7	6.14%
	价格	18	15.79%	47	41.23%	36	31.58%	13	11.40%
	广告	17	14.91%	30	26.32%	39	34.21%	28	24.56%
D	质量	21	18.42%	38	33.33%	44	38.60%	11	9.65%
	包装	18	15.79%	40	35.09%	49	42.98%	7	6.14%
	价格	15	13.16%	34	29.92%	54	47.37%	11	9.55%
	广告	16	14.04%	26	22.80%	58	50.88%	14	12.28%

注：农村调查户数为 114 户。

〔分析报告〕

　　根据对调查问卷资料的整理，我们写出如下分析报告，仅供有关领导机关和企业作为参考。

日用消费品市场竞争探秘

——洗衣粉市场需求问卷调查

　　在社会主义市场经济条件下，一个企业要生存、要发展，首先要解决的是产品销售问题。怎样在激烈的市场竞争中打开销路，占领市场，这是每个生产厂家所面临的现实问题。

　　2005 年暑假期间，我们对辽宁省某市 4 县 4 区进行调查，选择了日用消费品中销量大、销售面广的洗衣粉进行问卷调查。选取了"A"、"B"、"C"、"D"等几种品牌。调查中发出问卷 400 份，回收 352 份。其中城镇家庭 238 户，农村家庭 114 户，回收率为 88%。在这次调查中，得到如下启示。

启示之一:同类产品看质量

通过对调查资料的分析,我们发现在各种洗涤用品中,城镇与乡村对不同品牌的需求首先注重的就是质量。在我们调查的 352 户中,近期购买"A"的有 132 户,占总调查户数的 37.5%;购买"B"的有 81 户,占 23.01%;购买"C"的有 114 户,占 32.39%;购买"D"的有 25 户,占 7.10%。"A"和"C"需求水平超过 30%,但前者高出后者 5.11 个百分点。在激烈的市场竞争中,企业产品市场占有率多出其他品牌 5%,这就足以证明该产品所具有的竞争优势。

"A"的竞争优势在哪里呢? 从表 12-4 可以看出,"A"在质量的评价上明显优于其他品牌。

表 12-4

辽宁省某市城乡居民对洗衣粉质量满意程度对比表

品牌	非常满意		比较满意		一般		不满意	
	城镇	农村	城镇	农村	城镇	农村	城镇	农村
A	37.82%	39.47%	43.69%	35.09%	15.97%	21.93%	2.52%	3.51%
B	44.12%	49.12%	31.94%	25.44%	22.27%	21.05%	1.67%	4.39%
C	14.71%	19.30%	32.77%	35.96%	40.76%	32.46%	11.76%	12.28%
D	14.71%	18.42%	34.87%	33.33%	38.24%	38.60%	12.18%	9.65%

在城镇,人们对"A"内在质量非常满意的有 90 户,占 37.82%;而对于"C"质量非常满意的有 35 户,占 14.71%。城镇居民在对洗衣粉内在质量的要求上,不仅是考虑洗衣粉效果,而且还从有无副作用、是否清香等方面进行评价。在农村,人们对"A"质量非常满意的有 45 户,占 39.47%;而对"C"则有 22 户,占 19.30%。从数据中看出城镇和农村对"A"的质量都很满意。

启示之二:同等质量看宣传

在调查中,针对企业产品宣传,采访了部分居民。相信电视广告的为 78.9%。调查资料表明,在农村 114 户中,比较满意"C"的广告效果的有 47 户,占 41.23%;"D"的满意户数有 42 户,占 36.84%。这表明,"C"虽然在质量上同"D"差不多,在农村中非常满意的都在 19% 左右,但对于广告效果,前者高出后者 4.39 个百分点。人们清楚地记得,在"C"的广告中,两个活泼可爱的小孩争论高泡还是低泡质量好的情景。这足以影响产品的销售量。企业产品不仅仅靠质量,宣传也同样具有举足轻重的作用。

启示之三:同样宣传看价格

调查中,城镇满意广告宣传的"A"占 68.49%,"B"占 72.27%。就宣传而言,两者差距不大。但销售量却有差别,在 352 户中购买"B"的有 81 户,购买"A"的为 132 户。这其中价格的因素是不容忽视的。

由表 12-5 看出,城镇居民对价格非常满意和比较满意的,"A"户数共为 106 户,占 44.53%;"B"共有 96 户,占 40.33%。它们之间相差 4.2 个百分点,对其销售量有较大影响。"A"销售价格为 3.40 元,"B"为 4.46 元。由于收入水平的差异,导致城镇和农村居民对价格的承受力也不同,从而对其销售量也有很大程度的影响。这就启发企业应针对不同的消费对象制定合理的价格。

表 12-5

辽宁省某市城乡居民对洗衣粉价格满意程度对比表

品牌	非常满意		比较满意		一般		不满意	
	城镇	农村	城镇	农村	城镇	农村	城镇	农村
A	10.50%	12.28%	34.03%	18.42%	36.55%	41.23%	18.92%	28.07%
B	8.82%	12.81%	31.51%	30.18%	35.29%	34.21%	24.38%	22.80%
C	13.87%	15.79%	32.35%	41.23%	41.60%	31.58%	12.18%	11.40%
D	8.40%	13.16%	38.66%	29.92%	40.34%	47.37%	12.60%	9.55%

启示之四:同样价格看包装

价格是依据产品的成本、本身质量以及随供求关系的变化而制定的。在市场上出售的洗衣粉中,"A"和"D"价格相近。但从市场占有率看,"A"占 37.5%,而"D"只占 7.10%,这种差异与商品的包装也有紧密的联系。

城镇居民对包装满意的,"A"占 65.55%,"D"占 47.90%。调查中,一些居民告诉我们,他们对"A"的包装很欣赏,不仅包装上采用了袋装,而且还有适合消费心理的大小桶装,更加出色的是它具有里外两层防潮的特点。

结合以上启示,我们对日用消费品生产厂家提出如下建议:

(1) 以质量为中心狠抓广告宣传。在抓好质量的前提下,运用多种媒体广泛宣传,提高产品知名度。这里必须指出的是,产品的载体是企业,在提高产品知名度的同时企业也应当利用多种形式、多种场合,如举办新闻发布会、赞助公益事业、利用名人效应等,来提高企业知名度,树立良好形象。

(2) 针对不同对象对同一产品实行两种包装。由于城乡之间的收入水平有差异,城镇居民有能力购买质量好且包装精的产品,农村居民则重视内在质量而不太关心包装。为此,生产厂家可采取多种包装形式。即精装适用于城镇,简单包装适用于农村。

(3) 根据不同地区的消费水平制定不同价格。产品价格是影响产品销售的重要因素,价格的高低关系到企业销售收入的多少。商品的市场价格往往受到供求关系及消费水平的影响。其中,消费水平是由消费者对不同价格的承受能力来决定的。例如,同一产品在沿海地区价格高一些,居民可以接受;而在内地价格偏高,居民就难以接受。因此,在销售过程中,可根据当地消费水平,在确保盈利的前提下,适当浮动价格。

启　示

（1）在社会主义市场经济条件下,消费者购买动机调查是企业统计的一个重要课题。所谓购买动机,就是指通过购买商品来满足个人需求的愿望。购买动机调查可以使各种促销活动收到最佳效果,更好地满足消费者的需要。本案例通过购买动机调查,提示出洗衣粉市场竞争的规律,这就说明购买动机调查具有重要的意义。

（2）搞统计分析,需要两种知识的结合:一种是对所分析对象的了解;另一种是对各种统计分析方法的了解。本案例涉及营销学、市场学的一些理论,如购买动机、市场竞争的各种手段,根据调查对象和调查内容,选择了问卷调查这一方法,设计了反映消费者购买动机的有关项目,并应用结构相对指标反映居民对洗衣粉质量、宣传、价格、包装等方面的满意程度。这些调查分析方法较好地适应了分析对象的要求,收到了良好的效果。

第十三章　营销统计分析案例

导言

关于营销的概念,美国著名的市场营销学权威菲利普·科特勒指出:"市场营销是企业的这种职能,识别目前未满足的需要和欲望,估量和确定需求量的大小,选择本企业能最好地为它服务的目标市场,并且决定适当的产品、服务和计划,以便为目标市场服务"。企业营销是一种综合活动过程,包括市场调查和预测、产品开发、产品分销、定价、广告活动、人员推销、信息沟通、售后服务等多种活动。这些活动都应以满足市场的现实需求或潜在需求为出发点和归宿。

营销统计分析的内容主要有如下三个方面:① 市场营销素质分析,例如市场占有率、市场覆盖率、主要商品的畅销率及滞销率、销售利润率、合同履约率、售后服务率、出口增长率等。② 市场营销环境分析,例如市场发展趋势分析、消费者行为分析、企业形象分析等。③ 市场营销要素分析,例如产品及新产品开发分析、价格策略分析、销售渠道分析、促销活动分析等。通过营销统计分析、促进企业提高市场营销管理水平,使企业在激烈的市场竞争中求得生存和发展。

本节的三个案例,在上述三个方面都有所涉及,案例 3 属于第一方面的内容,案例 2 属于第二方面的内容,案例 4 属于第三方面的内容。

营销统计分析方法涉及范围广泛,一般要从统计调查、统计整理入手,要运用统计分析、统计预测和统计决策的多种方法。

案例 2　半岛啤酒销售预测

选　题

半岛啤酒近 5 年销售量直线上升。为了正确制订第 6 年的生产经营计划,组织好原材料和包装物的采购供应,搞好生产设备检测、产品存储设施的准备、销售网点增设等工作,特对第 6 年啤酒销售进行趋势预测和季节预测。

资料搜集整理

本厂半岛啤酒近 5 年分品种销售量见表 13-1。

表 13-1

半岛啤酒销售量

单位：吨

年　　序	瓶装啤酒	散装啤酒	散装扎啤	合计
1	86	102	—	188
2	182	164	—	346
3	293	205	20	518
4	409	236	40	685
5	517	284	55	856

{ 分析过程 }

一、分析啤酒销售量发展趋势并预测第 6 年销售量

从表 13-2 可以看出，啤酒销售逐期增长量大体相同，属直线型发展趋势，可配合直线方程式进行趋势预测。

表 13-2

半岛啤酒销售量及逐年增长量

单位：吨

项　　目 ＼ 年　　序	1	2	3	4	5
啤酒销售量	188	346	518	685	856
逐期增长量	—	158	172	167	171

现列表整理资料见表 13-3。

表 13-3

半岛啤酒销售量趋势预测计算表

单位：吨

年　　序	x	y	x^2	xy
1	−2	188	4	−376
2	−1	346	1	−346
3	0	518	0	0
4	1	685	1	685
5	2	856	4	1 712
Σ	0	2 593	10	1 675

设直线方程为 $y=a+bx$，则

$$a=\frac{\sum y}{n}=\frac{2\,593}{5}=518.6$$

$$b=\frac{\sum xy}{\sum x^2}=\frac{1\,675}{10}=167.5$$

$$y=518.6+167.5x$$

第 6 年 $x=3$，其预测值为

$$y_6=518.6+167.5\times3=1\,021.1(吨)$$

即第 6 年啤酒销售量预测值为 1 021.1 吨。

二、分析品种构成，以便预测各种啤酒销售量

从表 13-4 可以看出，瓶装啤酒和散装扎啤比重逐渐增大，散装啤酒比重逐渐缩小，这与销售地区远近和运输条件有关。但第 4 年和第 5 年的构成比重趋于稳定，可以按第 5 年的构成比重预测第 6 年的分品种销售量。

表 13-4

半岛啤酒分品种销售量及比重

单位：吨

年序	瓶装啤酒		散装啤酒		散装扎啤		合计	
	数量	比重	数量	比重	数量	比重	数量	比重
1	86	45.7%	102	54.3%	—	—	188	100%
2	182	52.6%	164	47.4%	—	—	346	100%
3	293	56.6%	205	39.5%	20	3.9%	518	100%
4	409	59.7%	236	34.5%	40	5.8%	685	100%
5	517	60.4%	284	33.2%	55	6.4%	856	100%

三、分析啤酒销售季节比重，以便进行季节预测

近 5 年啤酒分月销售量及季节比重情况见表 13-5。

表 13-5

近 5 年啤酒分月销售量及季节比重

单位：吨

月份	第 1 年	第 2 年	第 3 年	第 4 年	第 5 年	相同月平均数	季节比重
1	18	20	27	40	48	30.6	5.90%
2	10	12	18	30	36	21.2	4.09%

（续表）

月份	第1年	第2年	第3年	第4年	第5年	相同月平均数	季节比重
3	4	5	10	18	23	12.0	2.32%
4	4	6	9	15	30	12.8	2.47%
5	11	25	40	45	78	39.8	7.67%
6	15	30	55	80	97	55.4	10.68%
7	18	42	90	114	125	77.8	15.00%
8	12	21	25	40	47	29.0	5.59%
9	10	15	17	35	45	24.4	4.71%
10	25	40	75	90	103	66.6	12.84%
11	30	72	80	105	128	83.0	16.00%
12	31	58	72	73	96	66.0	12.73%
合计	188	346	518	685	856	518.6	100%

〖分析报告〗

啤酒销售趋势预测和季节预测

近5年来,我厂半岛啤酒销售量直线上升,第5年达到856吨,每年平均递增46%。我厂啤酒销售大幅度增长的原因:一方面是市场需求增长,啤酒消费者越来越多,需求量越来越大;另一方面是我厂加强了营销力度,大力扩大品种,提高产品质量,增加销售网点,搞好售前售后服务,从而提高了在啤酒市场上的竞争力。

据调查,第6年啤酒市场需求量仍呈增长趋势,我厂已制订出新的营销措施,进一步提高产品质量,降低产品成本,适当调低产品出厂价格,再增设三个销售网点。通过这些措施,力争第6年销售量的增长速度不低于近5年的平均速度。

据分析,近5年我厂啤酒销售量属直线型发展趋势,拟配合直线方程式进行预测。按照表13-3资料,$\sum y=2593$,$\sum xy=1675$,$\sum x^2=10$,$n=5$,第6年$x=3$,设

$$y=a+bx$$
$$a=\frac{\sum y}{n}=\frac{2593}{5}=518.6$$
$$b=\frac{\sum xy}{\sum x^2}=\frac{1675}{10}=167.5$$
$$y=518.6+167.5x$$
$$y_6=518.6+167.5\times3=1021.1(吨)$$

即第 6 年销售量预测值为 1 021 吨。

根据以上预测,结合表 4 中第 5 年各种啤酒的构成比重,预计第 6 年分品种销售量为:瓶装啤酒 617 吨,散装啤酒 339 吨,散装扎啤 65 吨。

为了使各个生产环节和各个部门的工作密切配合,按照季节规律搞好生产和经营,进一步提高经济效益,现根据表 5 中近 5 年形成的啤酒销售季节比重,对第 6 年啤酒销售量进行季节预测,见表 13-6。

表 13-6

第 5 年啤酒季节预测值

单位:吨

项目 月份	五年相同月平均数	季节比重	季节预测值
1	30.6	5.90%	60
2	21.2	4.09%	42
3	12.0	2.32%	24
4	12.8	2.47%	26
5	39.8	7.67%	78
6	55.4	10.68%	109
7	77.8	15.00%	153
8	29.0	5.59%	57
9	24.4	4.71%	48
10	66.6	12.84%	131
11	83.0	16.00%	163
12	66.0	12.73%	130
合　计	518.6	100%	1 021

以上分析和预测,供领导决策参考。

半岛啤酒厂信息科

方法说明

(1) 趋势预测首先要根据已往资料判断趋势类型。一般来说,逐期增长量大体相同,属直线型;二级增长量大体相同,属抛物线形;逐期增长率大体相同,属指数曲线型。本案例 5 年资料显示,逐期增长量大体相同,属直线型。因此可以配合直线方程式进行预测。

(2) 学术界对于季节预测主要有两种方法。一种是平均法,即根据历年相同月的数值的总和,除以年数,求得历年相同月的平均数,再把各个历年相同月的平均数除以 12 个月的总平均数,即得季节变动指数,根据季节指数和已知某年一个月或几个月的实际数,预测该年其他各个月的数值。这种方法也称季节指数法。另一种方法是季节比重法,即在计算历年相同月平均数的基础上,计算各月占全年的比重,即季节比重。用全年预测值乘季节比重,得各个月的季节预测值。实践证明,前者误差较大,后者预测值比较准确。本案例采用了季节比重法。

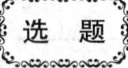

(1) 数学模型预测法是定量分析方法,但在不同的情况下应用什么方法合适,必须从实际出发,首先进行定性分析。本案例销售预测采用直线型趋势预测法,是定量分析,而对趋势类型的分析判断,则是定性分析。一般统计分析都要经过定性——定量——定性的过程。

(2) 趋势预测以时间序号为自变量,如果以中间年份为原点,使 $\sum x=0$,则可以使计算公式简化,本案例采用了这种简化方法。

案例 3 新港瓷厂产品销售统计分析

新港瓷厂近 3 年通过人才招聘和职工培训,狠抓营销人员素质和营销管理,取得了明显效果,销售收入逐年增长,经济效益有了显著提高。为了发扬成绩,挖掘潜力,进一步提高经济效益,厂长要求统计部门进行一次产品销售统计分析。

一、产品收、支、存

产品收、支、存情况见表 13-7。

表 13-7

产品收、支、存平衡表

产品名称	计量单位	年初库存	本年生产	本年销售	年末库存	销售率
出口瓷	万件	0	150.26	150.26	0	100%
内销杯	万件	1.45	141.33	139.92	2.86	99.00%
内销美术瓷	万件	0.63	86.67	86.90	0.40	100.27%
内销盘	万件	4.68	275.49	275.21	4.96	99.90%

（续表）

产品名称	计量单位	年初库存	本年生产	本年销售	年末库存	销售率
内销成套瓷	万件	2.77	163.33	162.68	3.42	99.60%
内销瓶	万件	1.58	98.46	98.11	1.93	99.64%
碗	万件	4.62	269.75	235.61	38.76	87.35%
日用陶瓷小计	万件	15.73	1 185.29	1 148.69	52.33	96.91%
耐火材料	吨	20.00	4 187.55	4 207.55	0	100%
电气陶瓷	万个	0	3.885	3.885	0	100%

注：销售率＝本年销售量÷本年生产量。

二、产品销售利润

产品与销售利润情况见表13-8。

表13-8

产品销售利润表

产品名称	计量单位	销售量	销售额（万元）	销售利润（万元）	利润率
出口瓷	万件	150.26	405.7	36.51	9.00%
内销杯	万件	139.92	335.81	26.86	8.00%
内销美术瓷	万件	86.90	78.21	7.82	10.00%
内销盘	万件	275.21	412.82	37.13	9.00%
内销成套瓷	万件	162.68	761.69	83.79	11.00%
内销瓶	万件	98.11	735.83	80.94	11.00%
碗	万件	235.61	235.61	11.78	5.00%
日用陶瓷小计	万件	1 148.69	2 965.67	284.83	9.60%
耐火材料	吨	4 207.55	420.76	90.46	21.50%
电气陶瓷	万个	3.885	93.24	20.73	22.23%
合　　计	—	—	3 479.67	396.02	11.38%

注：利润率＝销售利润÷销售额。

三、3 年来销售情况对比

3 年来销售情况见表 13-9。

表 13-9

3 年来销售情况对比表

指标 ＼ 年序	第 1 年	第 2 年	第 3 年
销售额（万元）	2 903.5	3 009.7	3 479.67
其中：日用陶瓷	2 903.5	2 897.5	2 965.67
耐火材料	—	112.2	420.76
电气陶瓷	—	—	93.24
销售利润（万元）	203.25	240.87	396.02
其中：日用陶瓷	203.25	217.31	284.83
耐火材料	—	23.56	90.46
电气陶瓷	—	—	20.73
利润率（%）	7	8	11.38

四、3 年来从业人员构成情况表

3 年来从业人员构成情况见表 13-10。

表 13-10

3 年来从业人员构成情况表

指标 ＼ 年序	第 1 年	第 2 年	第 3 年
1. 全部从业人员总数	2 980	2 998	2 051
其中：大专以上学历	192	213	397
大专学历人员比重（%）	6.4	7.1	19.4
2. 销售人员总数	19	23	32
其中：大专以上学历	—	1	29
大专学历人员比重（%）	0	4.4	90.6

五、其他有关情况说明

（1）本年内从人才交流市场招聘大专以上学历的工程技术人员和大学毕业生 120 人，其中销售人员 28 人，其中一人带来了全年的出口瓷合同。本厂职工参加自学考试毕业，获得大专毕业证书 65 人。

（2）年内对销售工作管理办法实行了改革，对日用陶瓷销售实行定额管理，完成定额者发基本工资，超定额有奖，完不成定额扣基本工资。对耐火材料和电气陶瓷实行销售额提成制度。

（3）本年生产的出口瓷均为美术瓷，是厂内工程技术员根据市场调查的情况，新研制的一种产品。

（4）在去年试生产耐火材料的基础上，继续保持了原有用户的供销关系。同时，销售人员又经过市场调查，获得了 8 家新用户。签订合同总量为 4 207.55 吨。

（5）与本省和周边地区的电业部门签订电气陶瓷的供货合同 3.885 万个，供应 5 个新建电厂和有关项目的使用。另外，就是供应本省和周边省份的日常消耗用。

（6）碗的规格有 9 寸大白碗和 4.5 寸花碗。用户反映太大，建议生产 4 寸小花碗。

（7）成套瓷单调、十几年一个面孔，美术瓷造型呆板且个头较小，市场调查表明，用户对以上问题反映强烈。

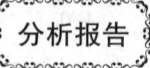 **分析报告**

产品销售是关键

在市场经济条件下，企业要生存与发展，除了有高质量的产品以外，搞好产品销售工作也是非常重要的。本文通过对新港瓷厂的产品销售分析进行说明。

一、产品收、支、存平衡分析

我们从产品收、支、存平衡表（表 1）上可以看出：本企业的产品销售工作是较好的，所有产品都实现了产销平衡。但出口瓷、耐火材料和电气陶瓷在年末库存量均为零。在现代交通条件尚不完备的情况下，这种状况极有可能造成脱销，影响明年的产品销售工作，从而失去部分市场。可见，做好企业的产品销售工作，不仅仅是将产品推销出去，更重要的是以销售指导生产，搞好产、销、存的平衡。

二、产品销售利润分析

从产品销售利润表（表 2）上，我们可以看出，利润率最高的是电气陶瓷，耐火材料次之，而日用陶瓷的利润率仅为 9.6%，其中碗的利润率最低，仅为 5%。

通过对销售利润和销售额的结合分析，我们还会发现，占销售额 85.23% 的日用陶瓷，其利润额仅占销售利润总数的 71.92%，而占销售额 14.77% 的耐火材料和电气陶瓷，其利润额却占销售利润总数的 28.08%。以上分析见表 13-11。

表 13-11

各类产品销售利润和销售额比重分析表

	销售额（万元）	销售额比重	利润额（万元）	利润额比重
1. 日用陶瓷	2 965.67	85.23%	284.83	71.92%
2. 其他	514.00	14.77%	111.19	28.08%
① 耐火材料	420.76	12.09%	90.46	22.84%
② 电气陶瓷	93.24	2.68%	20.73	5.24%
总　计	3 479.67	100%	396.02	100%

由表5可以得出这样的结论:在目前耐火材料和电气陶瓷脱销的情况下,应该多生产和销售这两种产品,尽量少安排日用陶瓷特别是碗的生产与销售,也正是因为从第2年开始增加了耐火材料和电气陶瓷的生产与销售,才使企业利润率从7%上升为11.38%(见表3)。可以肯定地说,第3年利润率较高,就是因为较多地生产和销售了耐火材料与电气陶瓷。

总之,企业打破了只生产日用陶瓷的旧框框,生产和销售了适应市场需求的耐火材料和电气陶瓷,这是一个重大的正确决策,它使第3年的销售额达到3 479.67万元,比第1年的2 903.5万元增长了19.84%;产品销售利润396.02万元,比第1年的203.25万元增长了94.84%。

由于企业销售工作搞得好,使企业的经济效益有了很大的提高,一改过去利润率低于同期银行存款利率的局面,取得了利润率全年上升的好成绩,为企业的生存与发展奠定了坚实的基础。

企业销售工作为何会出现新局面呢?这主要是由于企业以招聘来的高素质人才充实了销售队伍,改善了销售队伍的知识结构,使大专以上学历的人员占到了整个销售队伍的90.60%。当然,与企业产品质量的提高也是分不开的。企业为提高产品质量,首先提高了从业人员素质,除了招聘一大批工程技术人员外,还鼓励年轻从业者参加自学考试,提高文化水平,仅今年就有65人拿到了自学考试大专文凭。

另外,企业在销售管理方面一改没有定额管理的"大锅饭"体制,建立了销售定额和销售额提成相结合的管理制度,对产品销售情况的好转起了决定性的作用。

三、存在的问题和解决问题的方法

(1)出口美术瓷和内销美术瓷的技术含量不高,需组织力量,设计并生产适应市场需要的产品。

(2)成套瓷应该研制新产品,增加每套瓷的件数,创造好的造型。

(3)改生产4寸花碗代替老、大、黑、粗的旧产品。

(4)建议元月份首先生产出口瓷、耐火材料和电气陶瓷,以保证市场供应,把供货不足的损失减到最小。

(5)调整和优化产品结构。建议开发建材产品,以提高利润率较高的产品在总产品中的比重,更好地提高企业的经济效益。

综上所述,新港瓷厂以市场营销观念为指导,以适应并满足市场需求为核心,精心组织企业的生产经营活动,为企业的生存和发展奠定了基础,使企业各项工作都有了长足的发展。

新港瓷厂统计科

启　示

本案例通篇只用了绝对数和相对数这两种最初级的统计分析方法,却深刻地分析了销售状况,总结了经验,揭示了潜力,为进一步提高经济效益指明了方向。由此可见,统计分析不在于方法是否高深,而在于应用是否恰当。

　　本案例用销售率和利润率这两个强度相对指标,以及结构相对指标,动态相对指标,对报告期的销售状况形成了明确的概念,即产品销售工作较好,所有的产品都实现了产销平衡,销售额和利润额都有较大幅度的增长,但利润率较高的耐火材料和电气陶瓷却出现脱销,这说明进一步提高经济效益还有潜力。在分析销售工作出现新局面的原因时,主要指出了两点:一是在全部从业人员中大专学历人员的比重从第 1 年的 6.4% 提高到19.4%;在销售人员中大专学历人员的比重第 1 年为零,第 2 年 4.4%,第 3 年达到90.6%。由于人员素质的提高,促进提高了产品质量和销售工作水平。二是加强了营销管理,实行了销售定额和按销售额提成的制度,进一步提高了销售人员的积极性。

案例 4　胜利商场杂牌自行车销售方案的论证

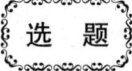

选　题

　　胜利商场在春节前一次购进梅鹤等杂牌自行车 285 辆,平均进价 220 元,总价值62 700元,1～9 月只销售 77 辆,还剩 208 辆,价值 45 760 元,若不及时想办法处理,将会造成经济损失。如何避免或减少这批杂牌自行车的损失呢? 经理要求职工想办法,并责成统计人员进行论证。

分析过程

　　针对杂牌自行车的处理问题,职工群众积极想办法,献计献策,归纳起来有如下三个方案:

　　第一,听天由命,慢慢销,以求保本。

　　第二,快刀斩乱麻,大幅度削价处理。

　　第三,推出新招,返本销售。

　　统计人员应用确定型决策方法,对上述三个方案逐一进行决策分析,并将分析结果书面报告经理。

　　确定型决策方法主要是采用计算复利的数学模型,分别计算三个方案的经济效益,然后比较优劣,择优决策。其计算公式如下:

$$I = S - P = P[(1+i)^n - 1]$$

式中　　P 表示本金;

　　　　S 表示终值;

　　　　i 表示利率;

　　　　I 表示利息;

n 表示计息期数。

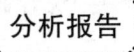

采用最优方案销售杂牌自行车

本商场在春节前购进的杂牌自行车,已经销售了几个月,现在仍然库存 208 辆,占压资金 45 760 元,经过职工群众讨论,提出了三个方案。我们用定量分析的方法对三个方案逐一进行了论证,现报告如下:

方案一:慢慢销售,以求保本。经过论证,这个方案保不了本。

现在社会上自行车拥有量大,杂牌自行车销售疲软,价格趋跌,如果像现在这样慢慢销售下去,可能还要积压 3~5 年,最终还是要削价处理,以积压 3 年计算,银行利息(月综合利率为 1.134%)就要支付 22 913 元。即

$$I = P[(1+i)^n - 1]$$
$$= 45\,760 \times [(1+1.134\%)^{36} - 1]$$
$$= 22\,913(元)$$

方案二:削价处理。

一次性大幅度削价,即每辆自行车销售价由 235 元降为 165 元,估计 1 个月销完,可获得销售收入 34 320 元,用此资金参加周转,按 1 年周转 4 次,每周转 1 次获纯利率 5% 计算,3 年可实现纯利 27 314 元,即

$$I = P[(1+i)^n - 1]$$
$$= 34\,320 \times [(1+5\%)^{12} - 1]$$
$$= 27\,314(元)$$

纯利减去削价损失 14 560 元(208×70),仍可盈利 12 754 元。

方案三:返本销售。

按原价每辆车 235 元销售,3 年后返还本金 100 元。这样吸引力很大,估计 1 个月内销完,可收回本金 45 760 元,实现进销差价 3 120 元,合计获得销售收入 48 880 元。用这笔资金参加商品周转,按 1 年周转 4 次,每周转 1 次获纯利率 5%,3 年可实现纯利 38 902元。即

$$I = P[(1+i)^n - 1]$$
$$= 48\,880 \times [(1+5\%)^{12} - 1]$$
$$= 38\,901(元)$$

纯利加上首次实现的进销差价 3 120 元,再减去返还损失 20 800 元(208×100),仍盈利 21 221 元。

以上三个方案比较,第三个方案经济效益最佳,而且切实可行。请领导审定。

统计科

实践效果

商场经理最后决定按第三个方案组织实施。用了 40 多天时间,这批杂牌自行车全部销完,达到了预期效果。

启　示

(1) 在社会主义市场经济条件下,必须重视资金的时间价值。库存积压的商品,要不断支付银行利息,如果采取措施将库存商品转化成现金,就可以带来利润。本案例生动地说明了这个问题。

(2) 胜利商场的经理对杂牌自行车的处理,既要职工群众想办法,又经统计人员论证,这是一个好方法,做到了群众与专家相结合,定量分析与定性分析相结合。

第十四章　企业生产要素统计分析案例

导言

生产要素是指进行物质资料的生产所必须具备的因素或条件,即劳动者和生产资料。前者是人的因素;后者是物的因素,包括劳动资料和劳动对象。企业生产要素统计分析,主要包括劳动力和劳动生产率统计分析,劳动报酬统计分析,原材料和能源统计分析,生产设备统计分析等。企业通过生产要素统计分析,一方面,促进合理组织人力资源和物力资源,保证生产发展的需要;另一方面,促进提高劳动生产率,促进物质资料的充分利用,使一定人力、物力资源的投入,获得尽可能多的产出。

在生产过程中,各种生产要素的配置与生产需要之间,投入与产出之间,会出现各种各样的问题,企业从中选择研究课题,深入地进行统计分析,找出问题的本质和规律,提出正确的对策,就能促进问题的解决,促进生产的发展和经济效益的提高。

生产要素统计分析的方法,要根据问题的性质灵活选择。本节的 3 个案例,所用方法各不相同。案例 5 主要运用因素分析法,案例 6 主要运用连环替代法,案例 7 主要运用分组法。但这 3 个案例有一个共同特点,都是定量分析与定性分析相结合,经历了定性—定量—定性的过程。

案例 5　华钢轧钢机利用状况分析

选题

提高设备利用程度,是企业经营管理从粗放型向集约型转变的一个重要方面,为此,华钢统计处对本厂主要生产设备轧钢机的利用状况进行了分析。

资料搜集整理

分析轧钢机利用状况,主要是对本厂轧钢机基本情况、钢材产量、机时产量、日历作业率,以及轧钢机作业时间、停工时间等资料进行搜集整理,分析机时产量和日历作业率对钢材产量的影响,并进一步分析机时产量和日历作业率变动的影响因素。

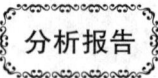

设备利用仍有潜力可挖

　　轧钢机是钢铁厂轧钢车间的主要生产设备,轧钢机的利用情况是决定钢材产量的重要因素。反映轧钢机的能力利用和时间利用的指标是机时产量和日历作业率。我厂报告年度轧钢机基本情况和轧钢机利用情况的资料如表 14-1、表 14-2 所示。

表 14-1

轧钢机基本情况

设备型号	生产品种	产品规格 mm	原设计能力（万吨/年）	实际生产能力（万吨/年）	机时产量（吨/小时）	日历作业率
Φ290×2×5	圆钢、螺纹钢	Φ22～32	12	30	45.25	77.31%

表 14-2

钢材产量和轧钢机利用情况

指　标	上年度	报告年度	报告年度占上年度比例	较上年增（＋）减（一）数	历史最高水平
钢材产量(吨)	305 202	306 449	100.41	＋1 247	332 164
机时产量(吨/时)	44.65	45.25	101.34	＋0.6	46.27
日历作业率(%)	78.03	77.31	99.08	－0.72	81.95

　　注：全年日历时间 365×24＝8 760(小时)。

　　现对轧钢机利用情况分层次分析如下。

一、轧钢机利用指标对钢材产量的影响分析

　　由表 2 资料可见,钢材产量报告年度较上年增长 0.41%,机时产量提高 1.34%,日历作业率下降了 0.92%。钢材产量的增长是由于机时产量和日历作业率两个因素共同作用的结果,即 100.41%＝101.34%×99.08%。钢材产量报告年度比上年增加 1 247 吨,其中:由于机时产量提高 0.6 吨,按照日历作业率计算,可增加产量 4 063 吨(0.6×77.31%×8 760);由于日历作业率降低 0.72 个百分点,按上年机时产量计算,减少产量 2 816吨(－0.72%×44.65×8 760)。两个因素共同作用结果,使钢材产量净增 1 247 吨(4 063－2 816)。

　　在报告年度实际达到的水平基础上,若机时产量提高 1 吨/时,可增产 6 772 吨(1×77.31%×8 760);若日历作业率提高 1 个百分点,可增产 3 964 吨(1%×45.25×8 760)。

如果两项指标同时提高,合计可增产 10 736 吨。如果两项指标都能达到本企业历史最高水平,则钢材年产量可达 332 164 吨(46.27×81.95%×8 760),可增产 25 715 吨(332 164－306 449)。可见我厂通过提高设备利用增加钢材产量的潜力是很大的。

要提高设备利用程度,需对反映轧钢机利用情况两个指标的不同影响因素作进一步分析。

二、日历作业率变动的影响因素分析

在机时产量一定条件下,日历作业率的提高可使产量增长。从表 14-3 资料可见,报告年度 7～12 月作业率与产量都呈明显下降趋势,作业率 12 月份比 7 月份下降了 17.6%,同时期钢材产量下降 20.1%。为此,可进一步对 12 月份作业率之所以最低的原因作深入分析。

表 14-3

下半年日历作业率和钢材产量基本情况

月　　份	7	8	9	10	11	12
日历作业率(%)	81.06	77.58	78.89	79.00	77.56	66.82
钢材产量(吨)	27 409	25 906	26 210	26 352	24 563	21 891

由表 14-4 资料可见,12 月份全部轧钢机日历时间 744 小时(31×24)的构成中,各种非作业时间 246.86 小时,其中计划外停工 142.86 小时,占非作业时间 57.87%,是影响作业率的主要因素;其次是计划停工 104 小时,占非作业时间 42.13%。因此,重点应对非计划停工时间进一步查明原因。

表 14-4

12 月份日历时间结构分析表

	日历时间	计划停工	其　　中		非计划停工	实际作业时间
			中　修	小　修		
时间(小时)	744	104	72	32	142.86	497.14
比重(%)	100.00	13.98	9.68	4.30	19.20	66.82

由表 14-5 资料可见,在非计划停工时间中,首先是停电时间最多占 35.28%,其次是生产准备不足和操作事故,分别占 27.85%和 25.95%。停电是外部原因,生产准备与操作事故属于企业内部管理问题。其中又以换辊孔和机械故障两项比重最大,分别占非计划停工时间的 22.78%和 17.78%。因此,要提高轧机作业率,主要要加强企业生产管理,做好生产准备工作和设备的维修保养,减少操作事故。

表 14-5

12 月份非计划停工时间结构分析表

	非计划停工时间	停电	配合不良	生产准备	其　中		操作事故	其　中		
					换辊孔	调整		机械	断辊	套筒
时间(小时)	142.86	50.4	15.6	39.78	32.54	7.24	37.08	25.40	8.65	3.03
比重(%)	100.00	35.28	10.92	27.85	22.78	5.07	25.95	17.78	6.05	2.12

三、机时产量变动的影响因素分析

在日历作业率一定条件下,机时产量是直接影响产量大小的决定性因素。一般来说,缩短轧制周期,增加原材料重量,提高成材率和轧钢机利用系数,就能提高机时产量。但集中表现在产品品种、规格和生产技术水平两个方面的因素影响。

第一,不同品种、规格对机时产量的影响。一般来说,轧制的钢材规格大,机时产量就高。因为规格大,压延量就小,则轧制速度就快。另外,不同品种钢材生产技术难度不同,对机时产量也有不同影响。由表 14-6 资料可见,无论圆钢和螺纹钢的机时产量,随着生产规格的增大呈上升趋势。但由于轧制螺纹钢的技术难度大,其机时产量普遍低于同规格的圆钢。

表 14-6

不同产品品种和规格下机时产量基本情况

单位:吨/小时

机时产量　　产品规格　　产品品种	Φ20	Φ22	Φ25	Φ28	Φ30	Φ32
圆钢	31.91	38.46	47.81	53.28	49.03	48.39
螺纹钢	31.89	37.54	46.22	52.03	48.39	47.67

第二,生产技术因素对机时产量的影响。企业生产什么品种、规格的钢材,主要是由市场需要决定的。提高机时产量的根本途径,应从设备技术改造、改革生产工艺、提高工人技术操作水平上下工夫。特别是后两项措施,投资少、见效快,应作为重点来抓。从长远来看,主要是因为该设备系 20 世纪 50 年代建造,技术落后,后虽经技术改造提高了生产能力,但先天不足,无法从根本上改变。从近期来看,主要是大规格的螺纹钢在去年新试制,工人操作技术不熟练,操作事故多,使停机次数和时间增加,停机时间多,影响轧钢机利用时间,但停机次数多,会直接影响机时产量。因轧钢机每次停机和启动,要增加空转和试小样时间,生产不可能达到最佳状态,势必影响轧钢机生产能力的利用程度。因此,提高工人生产技术水平,减少停机次数和时间,是当前提高机

时产量的重要条件。

由以上分析可见,我厂提高设备利用程度还是大有潜力可挖的。要提高设备利用程度,既要加强企业管理,合理安排生产,减少停机,增加实际作业时间,提高轧钢机作业率,更要改革生产工艺,提高工人技术水平,提高轧钢机生产效率。在当前科技进步迅速发展的年代,对设备进行技术改造,提高设备生产能力,是发展钢铁生产的重要途径。

华钢统计处

方法说明

(1) 钢材产量与轧钢机利用时间存在下列关系:钢材产量＝机时产量×日历作业率×最大可能利用时间。

按规定,轧钢机最大可能利用时间要在日历时间中减去大修时间。如果报告期无大修,则最大可能时间就是日历时间。由于日历时间是一定的,在动态对比中,影响钢材产量的就是日历作业率和机时产量两个因素。

(2) 本例分析是采取抓住重点,层层分解,逐步深入的方法。分清主次因素,分清主客观原因,定量分析与定性分析相结合。

启 示

(1) 企业统计分析选题,应以党的方针政策和企业经济效益为中心。华钢统计处的这个选题,既符合党的"从粗放型向集约型转变"的方针,又挖掘了提高企业经济效益的潜力。

(2) 因素分析法是重要的统计分析方法之一,本例很好地应用了这一方法。第一层将钢材产量分解为机时产量和日历作业率两个因素;第二层将日历时间分解为作业时间和停工时间,并对停工时间进行细分组,将机时产量分解为产品品种规格和生产技术水平两个因素;第三层将生产技术水平分解为设备、工艺、工人技术水平等因素。这样层层分解,使问题的研究步步深入。

案例6 先达机床厂原材料消耗统计分析

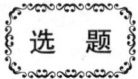

选 题

在辞旧迎新之际,先达机床厂过去一年的财务报表反映出一个引人注目的信息,即销售收入8 214万元,比上年7 713万元增长6.5%;利润总额356万元,比上年445万元下降20%,绝对值减少89万元。厂信息部及时查阅了有关资料:报告年度机床产量比上年增长5%,钢材消耗总量比上年增长27.3%,产品销售成本比上年增长21.4%。这就初步显示,成本增长幅度大于销售收入增长幅度,钢材消耗总量的增长幅度大于产品产量增长幅度,有可能是原材料消耗过大,增加了成本,导致利润下降。为了弄清利润下降的真实原因,信息部进行了原材料消耗的专题分析。

资料搜集整理

原材料消耗总量的增加,不能一概认为不合理,要具体情况具体分析。为了分清原材料合理消耗和不合理消耗,搜集整理了如下资料。

分析过程

由表 14-7 可见,钢材消耗量比上年增加 437 吨。为什么增加呢?下面用定量分析与定性分析相结合的方法对钢材消耗总量进行因素分解。

表 14-7

钢材消耗总量分析表

项 目	单位	报告年度实际	上年实际	报告年度比上年增(＋)减(一)量	报告年度比上年增(＋)减(一)
机床产品产量	台	420	400	20	5.0%
机床产品净重总量	吨	1 344	1 200	144	12.0%
钢材消耗总量	吨	2 037	1 600	437	27.3%
其中:工艺性消耗	吨	1 617	1 400	217	15.5%
其中:工艺损耗	吨	273	200	73	36.5%
非工艺性损耗	吨	420	200	220	110.0%
其中:废品损耗	吨	100.8	40	60.8	152.0%
废品损耗率	%	4.95	2.5	2.45	98.0%

$$钢材消耗总量＝产量×单位产品材料消耗量$$

$$＝产量×\left(\begin{array}{c}单位产品\\净\ 重\ 量\end{array}＋\begin{array}{c}单\ 位\ 产\ 品\\工\ 艺\ 损\ 耗\ 量\end{array}＋\begin{array}{c}单位产品非\\工\ 艺\ 损\ 耗\ 量\end{array}\right)$$

所以,报告年度钢材消耗总量增加 437 吨是因为:

(1)从产量变动与单耗变动分析:

由于产量增加而多消耗钢材 80 吨,即

$$(420－400)×1\ 600÷400＝80(吨)$$

由于单耗提高而多耗钢材 357 吨,即

$$420×(2\ 037÷420－1\ 600÷400)＝357(吨)$$

由于两者共同影响,使钢材消耗增加 437 吨,即

$$80+357=437(\text{吨})$$

（2）从单位产品材料消耗的内容分析：

由于单位产品净重增加而多耗钢材 84 吨，即

$$420\times(1\,344\div 420-1\,200\div 400)=84(\text{吨})$$

由于单位产品工艺损耗量增加而多耗钢材 63 吨，即

$$420\times(273\div 420-200\div 400)=63(\text{吨})$$

由于单位产品非工艺损耗量增加而多耗钢材 210 吨，即

$$420\times(420\div 420-200\div 400)=210(\text{吨})$$

三个因素共同影响钢材消耗增加 357 吨，即

$$84+63+210=357(\text{吨})$$

以上分析说明，钢材消耗总量增加，主要是因为存在严重浪费现象，仅工艺损耗和非工艺损耗量两项就比上年增加 273 吨（63＋210），占钢材消耗总量增加数的 62.47%（273÷437×100%），价值 82 万元，占利润减少额 89 万元的 92.1%。这就证明原材料浪费是利润减少的主要原因。

为什么会造成钢材浪费呢？经过深入生产过程调查研究，发现钢材浪费的原因是多方面的，而且由来已久。从根本上讲，这是个管理问题。

分析报告

对原材料消耗问题的诊断

我厂在刚过的一年里，机床产量 420 台，比上年 400 台增长 5%，而主要原材料钢材消耗总量达 2 037 吨，比上年增加 437 吨，增长 27.3%，钢材消耗总量的增长幅度大大高于产品产量的增长幅度。这是什么原因呢？下面分三个层次进行分析。

第一层，将钢材消耗总量的增加分解为产量变动与单耗变动两个因素，用连环替代法分析，结果见表 14-8。

表 14-8

钢材消耗总量增加两因素分析表

影　响　因　素	钢材消耗量变动（吨）
1. 产品产量增加	＋80
2. 单耗提高	＋357
合　　计	＋437

上述两个因素中,由于产量增加而多消耗钢材是合理的,而对于单耗提高而多消耗钢材,还要作具体分析。

第二层,将单耗提高而多消耗的钢材分解为如下三个因素,用连环替代法分析,结果见表14-9。

表14-9

单耗提高三因素分析表

影　响　因　素	钢材消耗量变动(吨)
1. 单位产品净重增加	+84
2. 单位产品工艺损耗量增加	+63
3. 单位产品非工艺损耗量增加	+210
合　　　计	+357

上述三个因素中,第一个因素是合理因素,第二、第三两个因素则属不合理因素。工艺损耗和非工艺损耗是难免的,但上年的损耗水平已经不低,上年平均每台机床工艺损耗0.5吨,非工艺损耗0.5吨,而报告期平均每台机床工艺损耗上升的0.65吨,比上年增加0.15吨;非工艺损耗上升到1吨,比上年增长1倍。其中仅废品损耗一项即达100.8吨,比上年增长1.52倍,废品损耗率高达4.95%。这显然是浪费现象。上述第二、第三两个因素共计增加消耗273吨。

第三层,造成原材料浪费的原因。

从现象上看,在生产过程的各个环节均有浪费,如设计错误造成部分材料浪费,甚至全部报废;供应部门采购的有些原材料质量不合格造成损失;生产车间对下料缺乏精确的计算,边角余料过多,有时操作失误,出现返工,也浪费一些原材料;质检部门只注重产品出厂检验,忽视各个环节的检验,时常出现返工,甚至产品报废。

从本质上看,原材料浪费是个管理问题。我厂原材料消耗无定额,工作失误造成浪费无赔偿制度,成本高低与职工工资不挂钩,节约、浪费与职工利益没有关系。这些都属于成本管理问题。

针对上述问题,我们建议全厂干部职工增强成本意识,加强成本管理,努力降低原材料消耗。

(1)健全岗位责任制。对于工作失误造成的损失浪费,由责任人赔偿30%。

(2)制定并实行材料消耗定额,按定额节约部分奖给当事人30%,超过定额部分,由当事人赔偿20%。

(3)加强成本预算,搞好成本核算和成本分析,不断总结经验教训,大力降低产品成本。

厂信息部

> ┌─────────┐
> │ 启　示 │
> └─────────┘

事物有简单和复杂之分。简单的事物比较容易认清其本质,复杂的事物则需要经过层层解剖,逐步认识其本质。本案例从销售收入增长、利润下降开始发现问题,经过初步分析判断,发现钢材消耗总量的增长幅度大于产品产量的增长幅度,有可能是原材料消耗过大,增加了成本,导致利润下降,于是便选择了原材料消耗这个分析课题。经过三个层次的分析,最后找出了成本管理这个本质问题。这是一个多层次的统计分析案例。

案例 7　光明葡萄酒公司营销人员劳动报酬统计分析

> ┌─────────┐
> │ 选　题 │
> └─────────┘

光明葡萄酒公司的产品销售额首次突破了 5 000 万元大关,书写了公司发展史上最辉煌的一页。更可喜的是开拓了东北和西北两个新市场,通过电视广告等媒体的宣传作用,使越来越多的消费者认识到了世界名酒的优良品质和保健功效,为公司进一步扩大销售、增加产品产量、降低成本、提高效益打下了可靠的基础。

但是,就在公司管理层看着财务报表高兴的时候,宋斌、李伟、秦岭、谭亮等四位营销人员却向总经理递上了辞职报告。本公司去年作出了新的规定:营销人员的任免由总经理直接把关,旨在控制营销人员的数量和保证营销人员的质量,促使销售工作不断上新台阶。总经理把四份辞职报告反复看了几遍,感到问题可能出在劳动报酬的分配上。去年,公司对营销人员的劳动报酬分配制度进行了改革,由原来的固定工资变成了保底工资加奖金。具体规定是这样的:每个营销人员全年销售定额为 170 万元,完成者年薪按 10 200元发放,采取每月按 850 元预支,年终结算的方法支付。超过定额的部分,按销售额的0.5%增发奖金;完不成定额的部分,按未完成额的 0.3%扣发工资。但是,这项扣工资的规定去年并没执行。原因是:去年没有完成销售定额的,均为东北和西北地区的营销人员。这两个地区是新开拓的市场,刚刚打开销售渠道,不能与其他地区相比。总经理认为:应该对东北和西北地区的营销人员予以照顾。总经理手上的四份辞职报告,正是这两个地区的营销人员打来的。他觉得不能轻视这一问题,便责成统计员小张去调查这一事件的真实情况。

> ┌───────────────┐
> │ 资料搜集整理 │
> └───────────────┘

统计员小张对去年全年的销售工作做了全面的调查,取得如下资料。

一、营销人员完成的销售额及劳动报酬情况

营销人员完成的销售额及劳动报酬情况见表 14-10。

表 14-10

营销人员完成销售额及劳动报酬统计表

地区	序号	营销人员	年销售额(万元)	年劳动报酬(元)	月平均劳动报酬(元)
华南	1	钟 异	428.76	23 138	1 928
	2	李 寿	439.21	23 660	1 972
	3	张卫华	413.40	22 355	1 863
	4	赵勇生	402.13	21 806	1 817
华东	5	李 伟	398.76	21 636	1 803
	6	王 健	395.35	21 467	1 789
	7	于 华	382.61	20 830	1 736
	8	丁 胜	372.31	20 315	1 693
中原	9	王美华	357.69	19 584	1 632
	10	李贵生	358.70	19 635	1 636
	11	张 伟	347.98	19 095	1 591
	12	赵 华	302.90	16 845	1 404
东北	13	孔亚军	190.37	11 218	935
	14	杨文华	183.37	10 850	904
	15	宋 斌	171.61	10 280	857
	16	李 伟	162.13	10 200	850
西北	17	秦 岭	161.37	10 200	850
	18	谭 亮	160.46	10 200	850
	19	李 新	140.39	10 200	850
	20	曲 辉	130.30	10 200	850

二、各地区销售额增长情况

各地区销售额增长情况见表 14-11。

表 14-11

各地区销售额增长速度统计表

地区	前年产品销售总额(万元)	去年产品销售额(万元)		去年比前年的增长速度
		总　计	人　均	
华南	1 434.8	1 683.50	420.88	17.33%
华东	1 258.4	1 549.03	387.26	23.10%
中原	1 109.8	1 367.27	341.81	23.20%
东北	0	707.48	176.87	
西北	0	592.52	148.13	
合计	3 803	5 899.80	294.99	55.14%

除以上两张统计表以外,统计员小张还了解到以下具体情况:

(1)营销人员宋斌和李伟为了推销产品亲自到广播电台做广告宣传,去大商场站柜台让消费者免费品尝本公司的产品,对宣传本公司的产品付出了辛勤的汗水。去年一年,两人只在家住了两星期。

(2)营销人员秦岭为完成推销任务,再次推迟婚期。

(3)营销人员谭亮在销售旺季赶上父亲病危住院,他也没有耽误一天工作。家里搬家全由妻子一人承担,等他顶着腊月的鹅毛大雪风尘仆仆从西北赶回本地时,竟然找不到自己的新家。这件事被销售部传为佳话。

(4)四位营销人员均为主动要求去开拓新市场的,他们明知困难重重,却满腔热情地投入了这一富有挑战性的工作。

(5)由于销路畅通,生产车间加班加点生产,去年生产一线工人月人均收入达到了1 200元。

(6)华南市场经过了20年的开拓发展,达到了目前的规模。华东和中原市场分别开拓了18年和15年。年销售额达到500万元的规模,华南用了8年的时间,华东和中原分别用了10年和12年的时间。

(7)开发最早的华南市场,在20年前开发的时候,年销售额人均只有5万元,20年间增长了84倍。

统计员从如下三个方面进行了分析研究:

(1)分析四位营销人员辞职的真正原因。

(2)提出改进营销人员劳动报酬分配制度的建议。

(3)针对营销人员辞职的现状,提出应采取的补救措施。

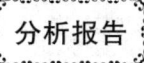

四位营销人员辞职的前因后果

在全公司职工的通力合作之下,特别是销售部全体员工的艰苦奋斗之下,我公司的产品销售额突破了5 000万元大关,这是我公司发展历史的重要突破。但是,宋斌等四位营销人员却向公司提交了辞职报告。根据总经理的指标,本人对此事进行了调查。现将调查情况及意见报告如下。

一、营销人员辞职的真正原因

综观去年的销售工作,各个地区的营销人员都付出了艰辛的劳动。华南地区的人均销售额达到了420.88万元;华东地区的人均销售额为387.26万元;中原地区人均销售额为341.81万元;西北和东北地区的人均销售额也分别达到148.13万元和176.87万元。可以说是形势一片大好。单纯从人均销售额来看,似乎华南地区的销售工作最出色,而西北和东北地区的人均销售额最低,工作最差。但是,仔细分析一下,不难发现:实际情况恰恰相反。华南、华北和中原地区都是老市场、老用户,推销渠道已经畅通,只要稍微付出些努力,就可以使销售额达到一定的规模,即使努力得不够,达到或接近前年的水平,还是容易办到的。而东北和西北地区则从无市场到有市场,必须付出更多的劳动,方能有效。

从产品销售总额的增长速度看,事物的本来面目就更加明显。去年,华南地区的产品销售总额比前年增长了 17.33%,华东地区的销售总额比前年增长了 23.10%,中原地区的销售总额比前年增长了 23.20%,以上三个地区的销售额增长幅度都比较大,但充其量都是"量"的变化。而东北和西北地区的销售额实现了"零"的突破,这是"质"的飞跃。而且,东北和西北地区的销售额在仅仅 1 年的时间里走过了华南地区用 8 年、华东地区用 10 年、中原地区用 12 年才走过的路程。由此可见,东北和西北地区的推销工作取得了前所未有的开创性的成果。

但是,从劳动报酬上看,华南地区营销人员的劳动报酬收入为西北地区的 2.2 倍,西北地区营销人员虽然付出了极大的代价,却只得到基本工资,连车间的生产工人都不如(车间生产工人人均月收入 1 200 元,西北地区营销人员人均月收入 850 元,详细资料见表 1)。营销人员秦岭为了推销公司的产品几次推迟婚期;谭亮则为了公司的推销工作成了父亲的"不孝之子"和对妻儿"欠债"的人;宋斌和李伟也为销售工作竭尽了全力。他们的辛勤劳动,换来的却是分配的不公平。怎能不叫他们心寒呢?

综上所述,营销人员辞职的根本原因是劳动报酬制度的不合理。现行的分配制度不能成为调动营销人员积极性的杠杆,反而会挫伤新开拓市场地区的营销人员的积极性,不利于公司的市场开发工作,应该予以调整。

二、改革营销人员劳动报酬分配制度的建议

怎样改革公司关于营销人员劳动报酬的分配制度呢?我认为,应该从今年开始按如下的思路实行改革:

(1)根据去年各地区的人均销售额制订出今年的推销定额见表 14-12。

表 14-12

全年推销定额

地　　区	人均销售额(万元)
华南地区	420
华东地区	387
中原地区	341
东北地区	176
西北地区	148

完成销售定额按年薪 11 220 元发放(按公司有关规定,员工工资每年递增 10%),平均按月薪 935 元预支,年末一次性结算;完不成定额按未完成额的 0.3% 扣发工资,扣至本市最低生活费标准——月均 200 元为限。

(2) 超定额的部分按销售额超出定额数的 1.5% 计发奖金(原因是经过了一年高速增长之后,超定额难度较大,故应提高奖金提取率)。

(3) 未开发地区的市场开发性销售,参照销售历史最长的华南地区的历史资料计算奖金。即以华南地区第一年开发市场销售额人均 5 万元作为销售定额,超出部分按 0.5% 计发奖金,完不成定额不扣工资,只发年底薪 11 220 元。

三、目前应采取的补救措施

以上新制度,如果仅从今年开始执行,那么,西北地区和东北地区营销人员在去年受到的不公平待遇,就得不到补偿,不利于调动他们的积极性,应立即采取补救措施。

(1) 按新规定重新测算西北和东北地区营销人员的劳动报酬,并立即补发少发的部分(按新规定结算东北和西北地区营销人员的劳动报酬见表 14-13)。

(2) 召开销售部全体人员会议,对各地区营销人员的先进事迹进行表彰。

(3) 将新制订的营销人员劳动报酬分配制度印发给全体营销人员。

表 14-13

按新规定结算营销人员劳动报酬

地区	序号	姓名	年销售额(万元)	年劳动报酬(元)	月平均劳动报酬(元)
东北	1	孔亚军	190.37	19 468.5	1 622
	2	杨文华	183.37	19 118.5	1 593
	3	宋 斌	171.61	18 530.5	1 544
	4	李 伟	162.13	18 056.5	1 505
西北	5	谭 亮	160.46	17 973.0	1 498
	6	秦 岭	161.37	18 018.5	1 502
	7	李 新	140.39	16 969.5	1 414
	8	曲 辉	130.30	16 465.0	1 372

统计科小张

实践效果

公司总经理接到统计员小张的统计分析报告后,感到言之有理,立即修改了公司的营销人员分配制度,并按分析报告提出的建议,采取了重新结算和补发东北、西北两地区营销人员劳动报酬的措施。四名营销人员撤回了辞职报告,全身心地投入到了今年的产品销售工作中去。今年第一季度,公司生产经营实现了开门红,各种葡萄酒的销售总额比上年同期增长了 15.8%。

启　示

（1）总经理会用统计。营销人员辞职是思想问题,一般领导人会让人事部门去研究解决,而鲁光葡萄酒公司的总经理看了辞职报告,判断问题出在劳动报酬的分配上,而劳动报酬合理与否,必须通过定量分析,才能作出正确的结论。因此,总经理让统计人员调查研究,拿出解决办法。结果,问题得到很好的解决。这说明总经理懂统计,会应用统计,是一位现代企业的管理者。

（2）统计员将定量分析与定性分析巧妙地结合。20 位营销人员的劳动报酬差别很大,但都是按各自的销售额计算出来的,似乎是按劳计酬,合情合理。统计员从实际出发,将市场划分为老市场和新开拓市场两种类型:一是用事实说明开拓新市场比坚持老市场要付出更多的劳动;二是将东北和西北两个新市场 1 年的销售额与老市场开拓初期比较,1 年的时间走过了老市场 8～12 年走的路程。这就证明新老市场一律按当年销售额计酬是不合理的,从而提出了改进办法。

（3）统计分析过程中,将数字资料与现实情况很好地结合。统计员在搜集数字资料的同时,了解到营销人员为搞好推销而忘我工作的许多事例,恰当地应用于分析报告之中,提高了分析结论的可信度,增加了分析报告的活泼性。

第十五章 企业产品质量统计分析案例

导言

产品质量是企业的生命,是市场竞争的重要因素,是企业管理的永恒主题,也是企业统计分析的永恒主题。

企业进行产品质量统计分析,主要是判断产品质量状况,总结经验,发现问题,找出原因,研究提高产品质量的办法。

企业产品质量统计分析的方法要因事制宜。本节的三个案例,分别采用了不同的方法,但有三个共同点:一是因素分解;二是相对指标;三是深入实际,进行调查研究。

案例8 前进铸造厂铸铁件废品率上升原因的分析

选 题

前进铸造厂4月份铸铁件废品率上升,大家议论纷纷,引起了领导和广大职工的关注。废品率的多少,不仅反映企业的产品质量,而且关系到企业的经济效益,必须尽快查清原因,找出对策。于是,厂统计科就铸铁件废品率上升的原因进行了专题分析。

资料搜集整理

根据问题的性质和群众反映,主要搜集整理如下三方面的情况:

(1) 按新老产品分组,分别计算工作量构成比重和废品率变化情况。

(2) 主要产品废品率变化情况。

(3) 深入车间各个生产环节了解出现废品的具体情况。

分析报告

铸铁件质量下降不是新产品上多了

4月份我厂的铸铁件废品率为5.1%,比上年同期增加了1.7个百分点,对此全厂议论纷纷,不少人认为废品率上升,其原因是新产品上多了,建议今后少上新产品,这种观点对不对呢? 我们特地作了调查,调查结果表明,废品率的上升,并不是生产新产品所引起的(见表15-1),4 月份新产品所占的比重不但没有增加,反而下降了 1 个百分点,从而使总废品率下降 0.15 个百分点[(6-7)%×15%],倒是老产品的废品率提高了 2.7 个百分点,使总的废品率上升了近 2 个百分点[(5.2-2.5)%×74%]。

表 15-1

工作量构成比重和废品率变化情况

项　目	工作量构成		废　品　率	
	本　　月	上年同期	本　　月	上年同期
总　计	100%	100%	5.1%	3.4%
老产品	74%	72%	5.2%	2.5%
新产品	15%	16%	6.0%	7.0%
其　他	11%	12%	3.2%	4.4%

进一步分析,在老产品中,几种主要产品的废品率较上年同期都有不同程度的上升(见表15-2)。

表 15-2

老产品废品率同期对比表

老产品型号	本月废品率	上年同期废品率	本月比上年同期增加百分点
G121～22149	3.4%	2.4%	1.0%
G121～2838	5.4%	3.3%	2.1%
A185～2041C	3.8%	3.0%	0.8%
XG83～0204	4.0%	1.2%	2.8%

再进一步调查,才知道老产品废品率高的原因来自模具,因这些模具大都用的时间比较长,长期无人检查和修复,再加上清砂损坏、浇铸等原因,自然导致了废品率的提高。

前进铸造厂统计科

实践效果

统计分析报告写出后,铸铁车间专门召集清砂工、浇铸工开了一次产品质量分析会,提高了工人对质量的认识,进入 5 月份后,铸铁件废品率明显降低了。

启　示

(1) 有些统计人员想搞统计分析,但不知道该分析什么课题,其实在企业里面,只要做有心人,随处都有分析课题。本案例就是统计人员从群众议论中发现的一个课题,经过分析,取得了良好的效果。

(2) 统计分析是定量分析,它具有精密化的优点。前进铸造厂不少人认为废品率上升是因为新产品上多了,他们只看到新产品的废品率比老产品高的现象,却没有具体分析新老产品废品率的变化,以及对总废品率的影响。统计科经过定量分析证明:铸铁件质量下降不是新产品上多了。

案例 9　光明锁厂产品质量分析

选　题

光明锁厂产品质量下降,各个部门和职工群众对产品质量下降的原因看法不一样,为了正确地总结经验教训,统一思想认识,很好地解决产品质量问题,厂长召开了经济活动分析会,专门分析产品质量下降的问题。

分析过程

下班的时间早就过了,光明锁厂的经济活动分析会还没有结束的意思,两种截然相反的意见相持不下。在过去的一年里,由于原材料供应紧张,价格持续上涨等原因,为减少成本费用、提高经济效益,厂里对铜锁生产采取了水平连铸新工艺,使铜锁锁体全部由价格便宜的黄杂铜代替了价格较贵的电解铜。全年共消耗黄杂铜 1 680 吨,每千克进价 2.86 元。而电解铜的每千克进价为 14.6 元。但是,由此也出现了锁体质量不稳,正品率下降等问题。正品率全年平均为 83.54%,最低时为 73.77%,厂定指标为 85.54%。

在今天的经济活动分析会上,有一些人认为采用水平连铸新工艺,以黄杂铜代替电解铜是错误的决策,它影响了产品的质量,使正品率低于厂定标准。另一些人认为去年产品质量下降,应当具体问题具体分析,原材料质量不良当然是其中的原因之一,但是,并非是唯一的原因。设备、生产工艺和人员方面都不同程度地存在着一些问题。

在这种情况下,厂长点名要有关部门负责人谈看法。

综合统计负责人首先发了言,他说:"我们组织人员对不合格品进行了抽样调查,抽出 8 388 件不合格品,查得不合格的原因及件次情况如下:裂纹 5 712 件次;气孔 970 件次;缩凹 924 件次;砂眼 468 件次;其他 314 件次。从以上抽查结果可见:锁体裂纹是主要的原因,我建议各部门对产生裂纹的原因进一步分析一下。"

设备科长刘力接着说:"从产生裂纹的原因来看,设备方面也存在着一些问题,主要有:由于内套强度不够,造成结晶体变形;熔化炉是 50 年代的设备,已经老化了;牵引轮太扁了。"

劳资科长王贵生说:"如果从人员管理方面找原因,我认为有两条:一是操作人员水平低于往年,且责任心不强。去年我们厂面临着生产工人大换班,一大批老工人退休,招了一大批新工人。由于生产任务紧,没有进行较好的上岗前培训,所以,造成炉料添加不合理,达不到 $ZHP_6 59$-3 的工艺要求;第二个原因是操作人员岗位变动过于频繁,刚熟悉一个岗位,又换了新的岗位,总是处于不熟练的状况。"

生产工艺科长王光说:"大家都谈产生裂纹的原因,我也说几句吧,从工艺方面看,冷却水温度不稳定,有时高,有时低,也是产生裂纹的原因;另外,铜液温度过低,达不到浇铸温度 $1\,000℃\sim1\,100℃$,沸腾去气未达到标准——这不仅是裂纹产生的原因,同时,也是气孔产生的原因。再则,就是拉速过快。"

在原材料方面究竟存在什么问题呢? 供应科长说:"我们协同检查科对黄杂铜进行过分析,如果说它影响锁体裂纹,主要有两方面原因:一是杂质高,使炉料混杂;二是炉料成分不够稳定。"

厂长见该发言的都说了话,就责成综合统计负责人根据会议内容拿出分析报告来,然后,就宣布散会了。

分析要求:

(1) 用 ABC 分析法找出影响产品质量的主要原因,并结合因果分析法进一步对主要原因进行分析。

(2) 提出合理化建议,解决产品质量中存在的问题。

(3) 黄杂铜代替电解铜的决策到底对不对? 从经济效益上作出简要分析。

(4) 写出统计分析报告。

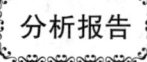

光明锁厂产品质量统计分析

产品质量是企业生存与发展的生命线。一个企业要在市场上立于不败之地,没有优良的产品质量是绝对行不通的。可是,在刚刚过去的一年里,我厂主要产品铜锁的正品率出现了较大幅度的滑坡。全年平均正品率为 83.54%,最低时为 73.77%,大大低于厂定指标 85.54%,这对企业的生存和发展是非常不利的。那么,是什么原因致使铜锁的正品率下降呢? 有人认为是由于厂里对铜锁生产采用了水平连铸新工艺,用黄杂铜代替了电解铜,影响了产品质量。本文就这一观点及铜锁产生质量问题的原因作出分析,仅供各级领导参考。

一、影响产品质量的主要因素分析

为进一步了解铜锁正品率下降的原因,我们对不合格锁体进行了抽查,按其影响产品质量的原因，作了 ABC 分析，具体情况见表1。

由表 15-3 可见：影响铜锁质量不良的主要原因是裂纹和气孔，其不合格件次占全部不合格总件次的 79.66%，特别是裂纹一项就占了全部不合格总件次的 68.10%。因此，抓住裂纹这一主要矛盾，分析其产生的原因，找出解决问题的方法，是提高铜锁质量的关键。

表 15-3

产量质量 ABC 分析

不合格原因	件　次	累计件次	累计件次百分比	类　别	占总件次百分比
1. 裂纹	5 712	5 712	68.10%	A	79.66%
2. 气孔	970	6 682	79.66%		
3. 缩凹	924	7 606	90.68%	B	11.02%
4. 砂眼	468	8 074	96.26%		
5. 其他	314	8 388	100%	C	9.32%
合　　计	8 388	—	—		

根据厂经济活动分析会上讨论的意见，笔者认为，影响铜锁裂纹的主要有以下四个方面：

（1）人员方面。主要有两个原因：一是操作工人新手多，上岗前未经过较好的培训，技术水平低，操作技术不规范；二是操作人员岗位变动过于频繁，加之责任心不强。由于这些因素的影响，使得炉料添加不合理，达不到工艺要求。

（2）设备方面。主要原因有：① 设备内套强度不够，造成结晶体变形。② 熔化炉过于陈旧、老化。③ 牵引轮太扁。

（3）生产工艺方面。主要是铜液温度过低，未达到浇注温度 1 000℃～1 100℃的标准，使锁体产生许多气孔。另外，冷却水温度不稳定，也是产生裂纹的一个重要原因。

（4）材料方面。主要是黄杂铜含杂质过高，炉料成分不稳定。

综上所述，铜锁产生裂纹的原因如图1所示。

由图 15-1 可见：影响铜锁裂纹的因素是多方面的，材质不良只是其中的一个方面，而不是问题的全部。把产品质量下降的原因完全归罪于黄杂铜代替电解铜这一材质问题，显然是欠妥的。

从经济效益的角度看，黄杂铜代替电解铜也是可行的，过去的一年里，由于黄杂铜代替电解铜节约原材料费用 1 972.32 万元 [(14.6-2.86)×1 680 000]，大大降低了成本费用，增加了利润。

因此，否定水平连铸新工艺、否定黄杂铜代替电解铜的决定，其理由都是不充分的。

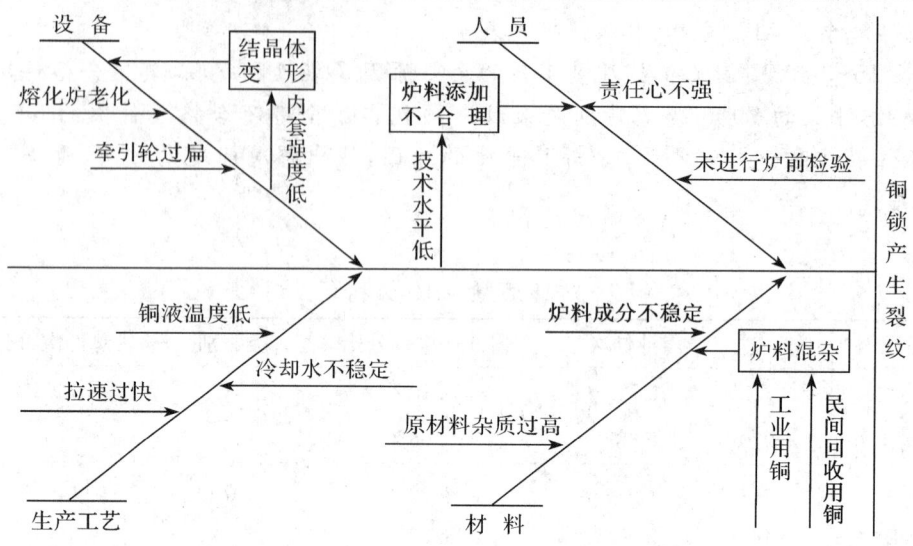

图 15-1　铜锁产生裂纹原因图解

二、建议

根据以上分析,提出如下建议:

(1) 继续坚持黄杂铜代替电解铜的经营决策和水平连铸的工艺路线。

(2) 加强对操作人员的岗位培训和提高责任心的教育,实行定员定岗,提高工人的熟练程度。

(3) 对熔化炉进行技术改造,提高设备内套强度,更换牵引轮。

(4) 改进生产工艺,提高铜液的温度,稳定冷却水的温度,以保证去气和减少裂纹的产生。

(5) 对黄杂铜进行投料前的检验和分类、弄清材质成分,针对不同的材质,采取不同的工艺控制方法;或者,增加投料前去杂质工序,以确保材料符合生产的质量要求。

光明锁厂综合统计科

实践效果

光明锁厂采纳综合统计负责人的意见,加强了职工队伍的政治思想工作,对操作工人进行了岗位培训,大大提高了操作人员的责任心和技术水平。并且,实行了定员定岗,使工人逐步提高生产熟练程度有了保障。在设备方面对熔化炉进行了技术改造,解决了铜液温度不够的问题。在原材料方面,对黄杂铜进行了投料前的检验和挑选,分类使用。

经过采取以上措施,第二年的铜锁正品率达到了厂定标准,最高时达 86.03%。

┏━━━━━━━━━━┓
┃ **方法说明** ┃
┗━━━━━━━━━━┛

产品质量分析的主要目的在于找出影响产品质量的因素，提出解决的对策。本例和前例运用了产品质量分析的两种主要方法：

（1）ABC 法，又称主次因素分析法。首先整理出影响产品质量原因的统计资料，然后按影响程度由大到小排列，并计算出各种因素造成的质量问题占全部问题的百分比及累计百分比，最后按累计百分比判断出影响质量的主要因素、次要因素、一般因素。通常主要因素指累计百分比在 80％以下的那几个因素，也称 A 类因素；次要因素指累计百分比在 80％～90％的因素，也称 B 类因素；一般因素指累计百分比在 90％～100％的因素，也称 C 类因素。ABC 法的特点是能够明显地分清影响质量的主次因素，以便针对主要因素，重点解决。

（2）因果关系图，又称鱼刺图。它由许多箭头组成。图的中间是一条粗箭头，表示需要分析原因的产品某一质量特性，也就是总的质量问题。两边有几个大箭头，表示影响产品质量的几个基本因素。每一个箭头旁又有若干小箭头，分别表示影响基本因素的具体原因。因果关系图能够全面直观地展现影响产品质量的人、设备、材料、工艺、环境等方面的因素，但不能确切反映各种因素对质量的影响程度，分不清主次。

以上因果关系图是定性分析方法，ABC 法是定量分析法，分析时，可将两者结合使用，以取得最佳效果。

┏━━━━━━━━━━┓
┃ **启　示** ┃
┗━━━━━━━━━━┛

此案例分析过程生动活泼，分析报告铿锵有力，分析效果十分显著，其主要原因是两个坚持：一是坚持群众路线的工作方法；二是坚持以统计数字为基础、以统计方法为手段这种统计分析的特点。

第十六章 企业技术进步统计分析案例

导言

科学技术是第一生产力。技术进步是指劳动手段、劳动对象、劳动技能经验、生产工艺过程等方面的技术发展水平,以及经营管理、组织协调、生产配置等方面的发展。企业技术进步统计分析主要是研究企业技术进步的水平、状况及其在生产发展中的作用,以及对企业技术进步进行综合评价,为制定企业的技术措施、促进企业技术进步和为全社会技术进步提供信息,促进企业走内涵扩大再生产的道路。

本部分的三个案例,都是对企业技术进步的综合评价。使用的方法是柯布—道格拉斯生产函数和增长速度方程法。经济参数 α 和 β 可以采用回归法、正则化法和经验判定法来计算。

案例 10 城北机械厂对技术进步的测度

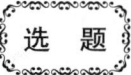

城北化工机械厂在"十五"期间,走内涵扩大再生产的路子,一手抓技术创新,一手抓企业管理,在资金、劳动投入不多的情况下,产值、利税大幅度增长。但技术进步对经济增长究竟起多大作用,人们尚不太清楚。为了进一步提高对技术进步作用的认识,统计科运用柯布—道格拉斯生产函数和增长速度方程法,对本厂"十五"期间的技术进步进行了测试,写出了《向技术进步要速度要效益》的分析报告。

【分析报告】

向技术进步要速度要效益

——城北化工机械厂"十五"期间经济增长的因素分析

一、在企业生产普遍滑坡形势下经济效益显著

"十五"期间在深化改革的大气候下,面临着经济改革,许多企业生产不景气的形势,城北化工机械厂非但没有滑坡,相反脱颖而出,产值利税同步增长,经济效益显著。具体指标见表 16-1。

表 16-1

城北化机厂"十五"期间主要经济效益指标

指　　　　标	单　　位	2000 年	2001 年	2002 年	2003 年	2004 年	年平均递增率
工业总产值(1990 年不变价)	万元	352.0	501.1	551.7	643.7	1 206.7	36.1%
实现利税	万元	34.8	37.0	76.8	124.4	160.7	46.6%
人均利税	元/人年	603	631	1 273	2 187	2 597	44.1%
劳动生产率	元/人年	6 076	8 551	9 341	11 313	19 494	33.8%
资金利税率	%	5.8	5.6	11.4	17.1	18.1	32.9%

化工机械厂 2003 年被评为市级先进企业,2004 年被评为省级先进企业,目前正向国家二级企业努力。一个小型化工装备制造企业在激烈的市场竞争中,究竟靠什么取得如此瞩目的成绩? 根据我厂"十五"期间 4 年来的统计资料,进行如下分析。

二、统计分析得出结论:效益出自技术进步

生产三要素由资金、劳动、技术所组成,经济增长是三要素共同作用的结果,所以我们分析的内容是测定生产要素投入量与实际产出量之间的数量关系。

长期以来,我们对投入资金和劳动力促进生产发展的作用容易认识,而对技术进步促进经济发展的巨大潜力认识不足,特别是对技术进步促使经济增长还缺乏量的测度。而我厂在近 4 年中,资金和劳动力的投入比重很小,恰恰是靠技术进步,靠内涵扩大再生产。因此我们分析的出发点是,技术进步对总产值增长速度的贡献

$$\left[用 E_a 表示, E_a = \frac{年技术进步速度(a)}{年总产值增长速度(y)} \right]$$

究竟有多大。之所以选择这个指标,是因为总产值可以反映经济发展的规模和速度,同时到 2010 年也是以工农业总产值翻两番为战略目标的。分析技术进步对总产值增长速度的贡献,可以较好地体现技术进步在实现战略目标中的地位和作用。

我们分析的方法是:柯布—道格拉斯生产函数。这是一种从投入与产出的数量关系中,综合评价技术进步效果的比较简便易行的方法。它不仅可以直接表示技术进步率,而且反映了技术进步与经济增长的数量关系及其作用程度。柯布—道格拉斯生产函数的一般形式是 $Y = A_t K^\alpha L^\beta$。企业为了应用计算的方便,将上式通过微分计算得到从增长速度的角度来考察生产要素的投入、技术进步与产出之间关系的增长速度方程:$y = a + \alpha k + \beta l$,移项可以得到计算技术进步率的方程:

$$a = y - \alpha k - \beta l$$

式中　a 表示技术进步速度；

　　　　y 表示总产值（或净产值）的年增长速度；

　　　　k 表示资金的年增长速度；

　　　　l 表示劳动的年增长速度；

　　　　α 表示资金的产出弹性；

　　　　β 表示劳动的产出弹性。

若将 $\dfrac{a}{y}=E_a$，$\dfrac{\alpha k}{y}=E_k$，$\dfrac{\beta l}{y}=E_l$，就可以得到技术进步、资金、劳动三要素分别对总产值增长速度的贡献（即比重），从而为分析三要素相互作用程度提供数量依据。我厂统计资料见表 16-2，具体分析如下：

表 16-2

2001—2005 年总产值增长统计

单位：万元

项　　　　目	代　号	2000 年实际	2004 年实际	年平均增长率
工业总产值（1990 年不变价）	y	352.0	1 206.7	36.1%
资金总额①	k	787.1	1 071.2	8.0%
职工平均人数（人）	l	580	619	1.6%

① 资金总额＝固定资产原值期末数＋定额流动资金年平均余额。这与统计上的资金总额＝固定资产净值年平均余额＋定额流动资金年平均余额不同，但两种取值所反映的技术进步的总趋势是一致的。在运用柯布—道格拉斯生产函数时，以前一种口径计算资金总额，比较符合我国的实际情况。

表 16-2 中 2000—2004 年年平均递增率采用几何平均数计算。

即
$$y=\sqrt[4]{\frac{1\,206.7}{352.0}}-1=36.1\%$$

$$k=\sqrt[4]{\frac{1\,071.2}{787.1}}-1=8.0\%$$

$$l=\sqrt[4]{\frac{619}{580}}-1=1.6\%$$

然后确定 2000—2004 年间我厂资金和劳动力的产出弹性 α 与 β。

一种方法是根据我国国情取值，一般 α 取 0.2～0.3，β 取 0.7～0.8；另一种方法是采用正则化法计算，$\alpha=\dfrac{\alpha}{\alpha+\beta}$，$\beta=1-\alpha$，其中：$\alpha=\dfrac{y}{k}$，$\beta=\dfrac{y}{l}$。

根据表 16-2 的资料，$\alpha=\dfrac{36.1}{8.0}=4.51$，$\beta=\dfrac{36.1}{1.6}=22.56$，则 $\alpha=\dfrac{4.51}{4.51+22.56}=0.17$，$\beta=0.83$（为计算精确，$\alpha$、$\beta$ 取小数点后二位），可得年技术进步速度 $\alpha=36.1\%-0.17\times8.0\%-0.83\times1.6\%=33.4\%$。生产三要素对（占）总产值增长速度的贡献（比重）分别为

$$E_a = \frac{33.4}{36.1} = 0.925$$

$$E_k = \frac{0.17 \times 8.0}{36.1} = 0.038$$

$$E_l = \frac{0.83 \times 1.6}{36.1} = 0.037$$

接着我们进一步计算工业总产值报告期与基期的累计增长绝对额

$$\Delta y = y_{04} - y_{00} = 1\,206.7 - 352.0 = 854.7（万元）$$

式中　　由于资金总额增长因素使总产值增长绝对额 32.5 万元；

　　　　由于劳动力增长因素使总产值增长绝对额 31.6 万元；

　　　　由于技术进步增长因素使总产值增长绝对额 790.6 万元。

详细资料见表 16-3。

表 16-3

2000—2004 年生产三要素对总产值增长的影响

项　　　目	代　号	平均增长率	占总产值增长速度的比重	总产值增长绝对额（万元）
工业总产值（1990 年不变价）	y	36.1%	100%	854.7
资金总额投入增长因素	αk	1.4%	3.8%	32.5
劳动力投入增长因素	βl	1.3%	3.7%	31.6
技术进步率增长因素	a	33.4%	92.5%	790.6

　　根据以上统计分析，可以得出下列结论："十五"期间我厂 4 年中工业总产值年平均增长率 36.1%，其中技术进步率为 33.4%，占总产值平均增长率的 92.5%，靠技术进步使总产值增长绝对额 790.6 万元。这充分说明，技术进步推动了经济的增长，为提高企业经济效益作出了举足轻重的贡献。

三、向技术进步要速度要效益的体会

（一）坚持技术进步的指导思想

　　近几年来，我厂领导始终把坚持技术进步作为工厂经济增长的决定性因素，这个指导思想是符合目前我国国情的，也是符合世界经济发展趋势的。目前国外发达工业国家，依靠技术进步促进经济增长的比重都在 50% 以上，有的高达 80%～90%。当然我们所说的技术进步是生产技术和管理技术的综合反映，包含了提高装备技术水平、改革工艺、提高职工素质、提高管理决策水平等多种因素。

（二）寻找内涵扩大再生产的途径

　　研究技术进步的经济效益，就必须寻找实现内涵扩大再生产的具体途径。我厂近年来，一手抓新产品、新材质、新技术、新工艺的推广和应用；一手抓管理，提高企业整体素

质,走出了一条将生产技术和管理技术相结合的路子。以推广和应用"四新"为例:4年来我厂推出磁力传动釜、IS节能水泵、低温容器、空气变形机等新产品,其中 4.9MPa/10001 磁力传动釜获省新产品"金牛"奖、城北市优秀新产品奖,单此产品 2003 年产值达 119 万元,占年总产值的 18.5%,2004 年产值 198 万元,占年总产值的 16.4%,两年获利近 50 万元。同样我厂注重新材质的应用,2002 年与机电部通用机械研究所合作研制用 16MnDR 代替不锈铜制造—40℃低温容器获得成功,改变了国内长期以来低温压力容器用不锈钢制造,在材质上以高代低的状况。此项新材质的应用成功,使产品总造价由原来的 5 万元/t 下降为 1.5 万元/t,下降率达 70%。新材质应用的同时又采用新工艺,用自动焊大胆代替传统的手工焊,此项新工艺的采用提高劳动效率 4 倍。3 年来新材质低温容器产值达 257.6 万元,单 2004 年就达 151.9 万元,获利 21 万元,经济效益比较可观。磁力传动釜和低温容器两个新产品分别获得部优、省优称号,社会效益也显著。可见加强技术进步,推广和应用"四新",在不需要投入资金和劳动力的情况下,企业受益匪浅。

(三)对技术进步带来经济效益要有量的测度

过去我们对于企业技术进步,常常理解为"四新"的推广和应用,以及装备的技术改造,而忽视对技术进步作用给予具体量的测度,这在很大程度上,使人们忽视了技术进步对经济增长的特殊作用。本文运用的柯布-道格拉斯生产函数,反映了技术进步在总产值增长速度中所占的比重,把促进经济增长中技术进步的作用划分出来,并对其贡献给予定量评价,这样就把技术进步对经济增长的作用具体化了。虽然其技术进步率是在假设技术进步是"中性"的情况下计算的,带有一定的经济与数学方面的前提假设(本公式中 $\alpha+\beta=1$),但仍然是适合基层企业计算技术进步的方便可行的办法,且所需统计资料较易取得。工业企业推广应用柯布—道格拉斯生产函数,通过计算分析,对技术进步不仅有一个新的认识,而且有量的测度。因而可使企业充分重视技术进步给企业所带来的经济增长,促使其从外延型扩大再生产向内涵型扩大再生产转化,向技术进步要速度、要效益。

城北化工机械厂统计科

┌─────────────┐
│ 方法说明 │
└─────────────┘

本案例测度技术进步的方法是美国经济学家索洛创立的增长速度方程法,计算产值、资金、劳动力年平均增长速度的方法是几何平均数,求解经济参数 α、β 的方法是正则化法。应用的资料是工业总产值、资金总额、职工平均人数等三项指标的基期和报告期的统计数字。其步骤如下:

一、应用几何平均数计算三项指标的年平均增长速度

二、应用正则化法计算 α、β 两个参数的值

$$\alpha=\frac{\alpha}{\alpha+\beta}$$

$$\beta = 1 - \alpha$$
$$\alpha = y/k$$
$$\beta = y/l$$

式中　y 表示产出增长率；

　　　　k 表示资金增长率；

　　　　l 表示劳动力增长率；

　　　　α 表示资金的产出弹性；

　　　　β 表示劳动力的产出弹性。

三、计算技术进步率

将索洛创立的增长速度方程移项，可得技术进步率方程。增长速度方程为

$$y = a + \alpha k + \beta l$$

移项得技术进步率方程

$$a = y - \alpha k - \beta l$$

式中　y 表示产出增长率；

　　　　αk 表示资金增长对产出增长率的贡献；

　　　　βl 表示劳动力增长对产出增长率的贡献；

　　　　a 表示技术进步率，它是产出增长率扣除生产要素增长对产出增长率的贡献后余量。

四、计算各因素对产出增长贡献的比重

资金增长对产出增长贡献的比重 $E_k = \alpha k / y$

劳动力增长对产出增长贡献的比重 $E_l = \beta l / y$

技术进步对产出增长贡献的比重 $E_a = a / y$

五、计算各因素对产生增长量的贡献

报告期比基期产出增长量 $\Delta y = y_i - y_0$

资金增长对产出增长量的贡献 $= \Delta y \cdot E_k$

劳动力增长对产出增长量的贡献 $= \Delta y \cdot E_l$

技术进步对产出增长量的贡献 $= \Delta y \cdot E_a$

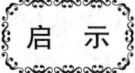

启　示

　　科学技术是第一生产力，通过统计分析，具体测度技术进步在企业经济增长中的作用，量化科学技术的力量，对于提高职工对技术进步作用的认识，促进走内涵扩大再生产的道路，具有重要的意义。而运用柯布—道格拉斯生产函数和增长速度方程法，分析技术

进步速度,以及技术进步对经济增长速度的贡献,是一种很好的方法。

案例 11　琴岛客车厂近 10 年经济发展中科技进步作用的统计分析

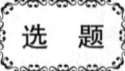

在经济增长过程中,各种投入量因素对其产生不同程度的影响。我厂近 10 年来,工业增加值(现价)由基期的 6 788 万元增加到报告期的 40 986 万元,达到原来的 6 倍多,平均每年增长速度为 22.1%。在产出量高速增长的过程中,有资本量和劳动量的显性投入量,还有科技进步的隐性投入量。

为定量分析技术进步对经济增长的作用,必须在影响经济增长的诸多因素中分离出技术进步的作用。近年来,由于人们对科学技术是第一生产力的认识更加深入,因此,定量估算技术进步对经济增长的作用有十分重要的理论意义和现实意义。

所谓技术进步是指能够使一定数量的生产要素组合生产出更多产出的所有因素共同发生作用的过程。技术进步的内容可概括为:提高装备和产品的技术水平,改革工艺,提高劳动者素质,提高管理决策水平等。

定量估算技术进步对经济增长的作用的模型有两大类:一类是生产函数,如柯布-道格拉斯生产函数;另一类是增长速度方程(索洛函数)。

对生产函数进行分析,需要产出量和生产要素投入量的数据,工作量很大,因此,一般总是找出对产出影响显著的少数几个生产要素。

下面,就以最具典型的柯布—道格拉斯生产函数来定量估算我厂近 10 年来经济增长中技术进步因素的作用。

资料搜集整理

运用柯布-道格拉斯生产函数对企业技术进步进行测度,主要搜集整理的资料见表 16-4。

表 16-4

琴岛客车厂经济资料

指　　标	单　位	符　号	基期年度	报告年度 (基期后第 9 年)	总增长率	年均增长率
工业增加值(现价)	万元	y	6 788	40 986	503.80%	22.10%
固定资产原值	万元	k	16 009.2	102 055	537.48%	22.85%
劳动力	人	l	11 882	12 047	1.39%	0.15%

表 1 中的年平均增长率,是用几何平均法计算的,即

工业增加值年均增长率

$$y=\sqrt[9]{\frac{y_l}{y_0}}-1=\sqrt[9]{\frac{40\ 986}{6\ 788}}-1=22.1\%$$

固定资产原值年均增长率

$$k=\sqrt[9]{\frac{k_l}{k_0}}-1=\sqrt[9]{\frac{102\ 055}{16\ 009.2}}-1=22.85\%$$

劳动力年均增长率

$$l=\sqrt[9]{\frac{l_l}{l_0}}-1=\sqrt[9]{\frac{12\ 047}{11\ 882}}-1=0.15\%$$

分析过程

柯布—道格拉斯生产函数的公式如下:

$$Y=AK^{\alpha}L^{\beta}$$

α、β 两个经济参数,采用经验判定法,α 取 0.3,β 取 0.7,$\alpha+\beta=1$。由柯布—道格拉斯生产函数可得出技术水平计算公式

$$A=\frac{Y}{K^{\alpha}L^{\beta}}$$

基期技术水平为

$$A_0=\frac{6\ 788}{(16\ 009.2)^{0.3}(11\ 882)^{0.7}}=0.52$$

报告期技术水平为

$$A_l=\frac{40\ 986}{(102\ 055)^{0.3}(12\ 047)^{0.7}}=1.79$$

年均技术进步对产出增长率的贡献为

$$a=\sqrt[9]{\frac{A_l}{A_0}}-1=\sqrt[9]{\frac{1.79}{0.52}}=15\%$$

年均资金增长对产出增长率的贡献为

$$\alpha k=0.3\times22.85\%=7\%$$

年均劳动力增长对产出增长率的贡献为

$$\beta l = 0.7 \times 0.15\% = 0.10\%$$

年均技术进步对产出增长贡献的比重

$$E_a = \frac{a}{y} = \frac{15\%}{22.1\%} = 67.88\%$$

产出年平均增长量

$$(y_l - y_0) \div n = (40\,986 - 6\,788) \div 9 = 3\,800(万元)$$

技术进步贡献状况见表16-5。

表16-5

近10年技术进步贡献状况

项　　　　目	增加值 y	资金 k	劳动力 l	技术进步 a
平均增长速度(%)	22.1	22.85	0.15	—
各因素对产出增长度的贡献(%)	22.1	7.0	0.1	15.0
各因素对产出增长贡献的比重(%)	100.0	31.67	0.45	67.88
各因素对年均产出增长量的贡献(万元)	3 800	1 203	17	2 580

分析报告

把科技进步作为兴厂强厂之本

　　我厂近10年生产高速发展,工业增加值报告期为40 986万元,比基期6 788万元增长了5倍,每年平均递增22.1%。生产的高速发展,既因为生产要素投入的增加,又因为科学技术的进步。我们运用柯布—道格拉斯生产函数进行定量分析,具体测定了各种因素在生产增长中的作用。

　　第一,我厂在这10年当中,经济有很大的发展,工业增加值增长的绝对额平均每年高达3 800万元,这主要是由于科技进步这个因素的作用,它对产出增长贡献的比重高达67.88%,对产出增长量的贡献平均每年为2 580万元。而资金因素的影响是第二位的,所占比重为31.67%,对产出增长量的贡献平均每年为1 203万元。

　　第二,劳动量对产出增长贡献的比重仅为0.45%,影响产出的绝对额平均每年为17万元。从劳动数量上看,10年来职工数仅增加了165人,而且从第5年起已开始逐年减少,第9年比第5年减少了824人。近年来,虽然劳动量的投入逐年减少,劳动时间也由每周6个工作日减少为每周5个工作日,但产出量却连年上升,这说明劳动投入量的质量和劳动效率在不断提高。劳动质量的变化主要包括职工中不同性别、不同年龄的构成变化,不同教育水平的构成变化等。劳动效率的变化包括工人的平均熟练程度、科学的发展水平和它在工艺上应用的程度、生产资料的规模和效能以及自然条件等。这其中都隐含了科技进步的作用。

第三,我厂实施的机、客车改扩建工程,扩大了生产规模,提高了生产能力。机车研制生产了东风 4E 重载重联机车,时速达近百公里;客车主产品也实现了由 22 型到 25 型的更新换代。仅从客车系统看,我厂从第 5 年起开始新造科技含量高、附加值高的 K71 发电车,到第 9 年底已累计生产各种发电车 211 辆、准高速系列客车 97 辆,使我厂的工业总产值(现价)从第 7 年起就突破 10 亿元大关,达到一个新的水平。

第四,企业的发展中,依靠了科技进步和技术改造,生产的增长与先进技术设备的投入和固定资产的增长相关,尤其是技术方面的改造,使我厂劳动的技术装备程度和劳动的机械化、自动化程度日益提高。近年来引进了许多先进设备,如数控水下等离子切割机、缝焊机等。设计工作也由过去的设计人员的手工画图再由描图人员的描图发展到计算机画图、出图机出图,技术水平不断提高,这势必对我厂经济的发展产生深远的影响,为我厂经济的进一步发展打下坚实的基础。

今后,我们还需进行全方位的科技投入,如加强科技方面的人才培训,加大对科技项目的投入等,为提高科技水平和管理水平而进行不懈的努力,为我厂经济的速度与效益的同步增长而努力奋斗!

琴岛客车厂信息部

实践效果

报告发出后,在厂内引起较大反响。使人们更加清醒地认识到:企业要想在市场竞争中站稳脚跟,求得发展,必须有适销对路的、质量过硬的产品。市场的竞争,从根本上说是科学技术的竞争。对科学技术是第一生产力的论断从感性认识上升到了理性认识,引起厂内各个方面的共鸣。

目前,工厂制定与实施经营战略的首要内容就是必须依靠科技进步,真正把科技进步作为兴厂、强厂之本。今年我厂面临市场竞争更趋激烈的严峻形势,必须加大对成本费用控制力度,才能实现全年利润目标。但技术开发费用却不能低于去年水平,并应在现有机、客车设计处的基础上筹建第三设计处,专门从事新产品的开发工作,以满足用户对产品多样化、高档化等多层次的需求,扩大所占市场份额,创造经济效益。

方法说明

一、本例对技术进步的测度,采用的是柯布-道格拉斯生产函数

主要应用了如下几个公式。

1. 技术水平计算公式

$$A = \frac{Y}{K^{\alpha} L^{\beta}}$$

2. 年平均技术进步率计算公式

年平均技术进步率计算公式也称技术进步对产出增长的贡献公式。

$$a = \sqrt[n]{\frac{A_l}{A_0}} - 1$$

3. 产出年平均增长量的计算公式

$$产出年平均增长量 = \frac{y_l - y_0}{n} (n \text{ 表示年数})$$

二、α、β 的取值，本例采用了经验判定法

一部分学者通过对我国经济在 20 世纪 60～70 年代的发展进行分析后，认为 α 的取值范围为 0.2～0.3，β 的取值范围为 0.7～0.8。另外，也有专家分别取 $\alpha = 0.4$，$\beta = 0.6$。本例 α 取 0.3，β 取 0.7。

三、用经验判定法确定 α、β 的值

运用柯布—道格拉斯生产函数测度技术进步，用经验判定法确定 α 和 β 的值，需要的资料比较简单，只需要总产值（或净产值、增加值）、资金和劳动力三项指标，取报告期和基期两个时期的数值即可。

╔═══════════╗
║ 启　示 ║
╚═══════════╝

（1）为了使科学技术是第一生产力的理论落到实处，亟须经常测度技术进步在经济增长中的作用。近一个时期从国外引进的测度技术进步的一些统计方法，已在一些企业推广运用，计算并不太复杂，效果比较好，应该进一步宣传推广，以便进一步发挥统计在社会主义现代化建设中的作用。

（2）关于工业科技进步的综合评价问题，国外研究了一些方法，其中主要是生产函数。国内也研究了一些方法，例如全部劳动效率法、劳动、资金产出率法、资金产出估算法、劳动生产率产出估算法、指标体系评价法、生产函数和指标体系评价并用等。以上国内外的各种方法，都可以试用，在实践中检验，在实践中发展和完善，不断提高统计分析水平。

案例 12　天宝化工有限公司对技术进步因素的分析

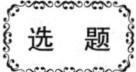

天宝化工有限公司近 10 年资金投入和劳动力投入都有较大幅度的增长，产出增长幅

度更大,在生产增长中有技术进步的作用,但技术进步的作用究竟有多大,怎样实现从外延扩大再生产向内涵扩大再生产转变,为了深入地研究这些问题,公司信息部进行了一次技术进步因素分析。

资料搜集整理分析

本企业近 11 年累计完成固定资产投资额 24 709 万元,其中基本建设投资额 16 557 万元,技术改造投资额 8 152 万元。基本建设年均新增生产性固定资产 1 508 万元,技术改造年平均新增生产性固定资产 688 万元。技术改造投资额累计 16 275 万元,每年平均新增利税大约 5 000 万元;共完成重大技术革新和科研成果 83 项,平均年新增利税大约8 000万元。本企业 11 年间有关产值、资金、职工人数等资料见表 16-6。

表 16-6

企业生产要素基本情况

年序	工业总产值（万元）	固定资产原值（万元）	定额流动资金平均额（万元）	全部职工平均人数（人）	固定资产投资额（万元）	基本建设投资额（万元）	技术改造投资额（万元）
0	122 374	32 384	7 521	4 343	914	655	259
1	132 066	34 371	8 379	4 728	998	807	191
2	141 482	36 590	9 640	4 826	1 566	1 442	124
3	149 150	39 577	9 861	4 931	2 150	1 908	242
4	157 920	44 007	8 798	5 310	1 789	1 086	703
5	168 659	46 555	8 531	5 662	2 109	841	1 268
6	185 204	50 897	8 387	5 961	2 516	1 019	1 497
7	204 150	55 051	8 964	6 182	3 024	2 653	371
8	227 117	57 823	10 513	6 465	2 814	1 448	1 366
9	245 241	60 873	11 502	6 705	3 580	2 428	1 152
10	262 727	64 976	12 596	6 865	3 249	2 270	979

依据表 1 资料,可对本企业技术进步状况、技术进步对生产增长速度的影响进行分析,具体步骤如下。

1. 计算资金产出弹性系数和劳动力产出弹性系数

据增长速度方程分析法数学模型:$y=a+\alpha k+\beta l$,采用回归法估计劳动力产出弹性系数 β 和资金产出弹性系数 α。代入表 1 数据计算出结果,见表 16-7。

表 16-7

企业生产要素弹性系数初步计算表

年序	总产值增长率 $\dfrac{\Delta Y}{Y}$	资 金增长率 $\dfrac{\Delta K}{K}$	劳动力增长率 $\dfrac{\Delta L}{L}$	$Z=\dfrac{\Delta K}{K}-\dfrac{\Delta L}{L}$	$W=\dfrac{\Delta Y}{Y}-\dfrac{\Delta L}{L}$	Z^2	ZW
1	7.92%	7.13%	8.86%	−1.73%	−0.94%	2.99‰	1.63‰
2	7.13%	8.14%	2.07%	6.07%	5.06%	36.84‰	30.71‰
3	5.42%	6.94%	2.18%	4.76%	3.24%	22.66‰	15.42‰
4	5.88%	6.81%	7.69%	−0.88%	−1.81%	0.77‰	1.59‰
5	6.80%	4.32%	6.63%	−2.31%	0.17%	5.34‰	−0.39‰
6	9.81%	7.62%	5.28%	2.34%	4.53%	5.48‰	10.60‰
7	10.23%	7.98%	3.71%	4.27%	6.52%	18.23‰	27.84‰
8	11.25%	6.75%	4.58%	2.17%	6.67%	4.71‰	14.47‰
9	7.98%	5.91%	3.71%	2.20%	4.27%	4.84‰	9.39‰
10	7.13%	7.18%	2.39%	4.79%	4.74%	22.94‰	22.70‰
合计	—	—	—	21.68%	32.45%	124.80‰	133.96‰

注：资金增长率是按固定资产原值和定额流动资金平均余额之和计算的增长率。

再根据表 16-7 数据，采用回归模型

$$W=a+\alpha Z$$

得出

$$\alpha=\frac{n\sum ZW-\sum Z\sum W}{n\sum Z^2-(\sum Z)^2}$$

$$=\frac{10\times133.96-21.68\times32.45}{10\times124.80-(21.68)^2}=0.82$$

$$a=\overline{W}-\alpha\overline{Z}=\frac{32.45\%}{10}-0.82\times\frac{21.68\%}{10}=1.47\%$$

$$\beta=1-\alpha=1-0.82=0.18$$

以上计算结果表明，本企业在近 10 年中资金投入每增长 1%，总产值增长 0.82%；劳动力投入每增长 1%，总产值增长 0.18%。用回归法估计的年平均技术进步率为 1.47%。

2. 计算技术进步速度、技术贡献值、劳动力贡献值和资金贡献值

首先根据增长速度方程法的数学模型，利用表 16-7 中有关数据和 α、β 值，计算度量

技术进步作用的主要指标,计算结果见表 16-8。

表 16-8

度量技术进步作用的主要指标计算表

年序	y $\dfrac{\Delta Y}{Y}$	k $\dfrac{\Delta K}{K}$	l $\dfrac{\Delta L}{L}$	αk $\alpha\dfrac{\Delta Y}{Y}$	βl $\beta\dfrac{\Delta L}{L}$	a $y-\alpha k-\beta l$	E_a $\dfrac{a}{y}$	E_k $\dfrac{\alpha k}{y}$	E_l $\dfrac{\beta l}{y}$
1	7.92%	7.13%	8.86%	5.85%	1.59%	0.48%	6.06%	73.82%	20.14
2	7.13%	8.14%	2.07%	6.67%	0.37%	0.08%	1.12%	93.62%	5.23%
3	5.42%	6.94%	2.18%	5.69%	0.39%	−0.66%	−12.18%	105.00%	7.24%
4	5.88%	6.81%	7.69%	5.58%	1.38%	−1.09%	−18.54%	94.97%	23.54%
5	6.80%	4.32%	6.63%	3.54%	1.19%	2.06%	30.29%	52.09%	17.55%
6	9.81%	7.62%	5.28%	6.25%	0.95%	2.61%	26.61%	63.69%	9.69%
7	10.23%	7.98%	3.71%	6.54%	0.68%	3.02%	29.52%	63.96%	6.53%
8	11.25%	6.75%	4.58%	5.54%	0.82%	4.89%	43.47%	49.20%	7.33%
9	7.98%	5.91%	3.71%	4.85%	0.68%	2.47%	30.95%	60.73%	8.37%
10	7.13%	7.18%	2.39%	5.89%	0.43%	0.81%	11.36%	82.58%	6.03%
平均	7.96%	6.88%	4.71%	5.64%	0.85%	1.47%	14.87%	73.97%	11.17%

表 3 的计算结果说明:近 10 年,本企业技术进步年平均速度为 1.47%,与前面计算结果相同。技术进步对工业总产值增长率的贡献份额为 14.87%;资金投入的增加对工业总产值增长率的贡献份额为 73.97%;劳动力投入的增加对工业总产值增长率的贡献份额为 11.17%。

3. 技术进步状况的综合评价分析

通过对本企业技术进步状况的分析可以看出:

(1) 10 年来,本企业技术进步速度有所提高,技术进步对生产增长的作用也明显提高。前 5 年技术进步年平均速度为

$$\left(\sqrt[5]{\frac{168\,659}{122\,374}}-1\right)\times100\%-0.82\times\left(\sqrt[5]{\frac{46\,555+8\,531}{32\,384+7\,521}}-1\right)$$

$$\times100\%-0.18\times\left(\sqrt[5]{\frac{5\,662}{4\,343}}-1\right)\times100\%=0.18\%$$

后 5 年技术进步年平均速度为

$$\left(\sqrt[5]{\frac{262\,727}{168\,659}}-1\right)\times100\%-0.82\times\left(\sqrt[5]{\frac{64\,976+12\,596}{46\,555+8\,531}}-1\right)$$

$$\times100\%-0.18\times\left(\sqrt[5]{\frac{6\,865}{5\,662}}-1\right)\times100\%=2.75\%$$

后5年比前5年提高了2.57个百分点。前5年技术进步对总产值增长率的贡献份额为 $2.72\%\left[0.18\%\div\left(\sqrt[5]{\frac{168\,659}{122\,374}}-1\right)\right]$，后5年为 $29.67\%\left[2.75\%\div\left(\sqrt[5]{\frac{262\,727}{168\,659}}-1\right)\right]$，后5年比前5年提高了26.95个百分点。这主要是因为本企业采取了多种措施,促进了技术进步。一方面,增加了技术改造投资,进行了大量的技术革新和设备改造,提高了技术装备水平;另一方面,推行了承包经营责任制等科学管理方法,促进了无形的技术进步。但从10年整体资料看,近两年本企业技术进步速度有所降低,技术贡献值出现了下降趋势。这一点应引起高度重视。

（2）虽然本企业技术进步作用有明显增长,但生产发展主要是靠资金的投入,依赖技术进步因素的比重降低。10年间,技术进步对总产值增长的贡献份额仅为14.87%,而资金投入的增加对总产值增长的贡献份额则高达73.97%,占2/3以上。从年度资料看,第8年技术贡献值最高,但也仅为43.47%,远低于经济发达国家同行业一般技术贡献值达80%的水平。此外,第3、4两年技术贡献值还出现了负数。

出现这些问题的主要原因是:虽然几年来进行了大量的设备更新和改造,采取了一系列技术措施,但主要是用在外延扩大再生产方面,即新增加设备多,技术改造措施少。具体分析见表16-9。

表16-9

固定资产投资额增长率结构分析

年序	固定资产投资额增长率	基本建设投资额增长率	技术改造投资额增长率	技术改造投资额占固定资产投资额比重
1	9.19%	23.21%	−26.25%	19.14%
2	56.91%	78.69%	−35.08%	7.92%
3	37.29%	32.32%	95.16%	11.26%
4	−16.79%	−43.08%	190.50%	39.30%
5	17.89%	−22.56%	80.37%	60.12%
6	19.30%	21.17%	18.06%	59.50%
7	20.19%	160.35%	−75.22%	12.27%
8	−6.94%	−45.42%	268.19%	48.54%
9	27.22%	67.68%	−15.67%	32.18%
10	−9.25%	−6.51%	−15.02%	30.13%

结合表3资料,再与表4数据对比,可以发现,当技术改造投资额出现负增长,技术改造投资额占固定资产投资比重偏低时,一般会出现技术进步速度下降、技术贡献值降低的情况。

（3）分析数据表明,本企业生产的发展是"速度型"的。第10年本企业工业总产值为262 727万元,比基年增加140 353万元(262 727-122 374)。其中,由于技术进步因素作用而增加的产值为20 870万元(140 353×14.87%);由于资金投入增加因素作用而增加的产值高达103 819万元(140 353×73.97%);由于劳动力投入因素作用而增加的产值为15 677万元(140 353×11.17%)。这进一步说明,虽然本企业总产值增长较快,但技术进步因素在总产值增长中发挥的作用较小,主要是依靠增加资金投入取得较高的生产发展速度。另一方面,本企业固定资产新增投资年平均增长39.04%,但却没有取得应有的投资效益,投入的增长远高于产出的增长,因此可以说,本企业生产的发展特征是"速度型"的,而不是"效益型"的。

分析结论

要加快技术进步速度

通过资料搜集整理分析,可以得出以下初步结论:

（1）10年来,本企业技术进步因素在生产发展中的作用日益增加。技术水平和技术贡献值的变动虽然在个别时期有起伏,但从长期发展趋势看,基本呈现逐步提高之势,发展前景较好。

（2）本企业生产的增长主要是依靠增加生产要素的投入,而不是主要依靠提高投入要素的效益而取得。10年间,资金贡献值远高于技术贡献值。因此,本企业走的是一条外延型扩大再生产之路。

（3）本企业生产的发展是"速度型"而不是"效益型"的。其工业总产值增长较快,但技术进步速度和技术贡献值一直偏低。同时资金投入的使用效益不显著,没有在生产中充分发挥作用。

（4）为促进技术进步,本企业应把主要精力放在对原有设备的更新改造上,提高投资的综合经济效益。同时应注意采取各种有效措施,如采用新工艺、新技术,提高产品的加工深度,提高职工技术素质,促进企业管理现代化等等,以加快技术进步速度,向内涵扩大再生产转化。

方法说明

（1）本例求解 α、β 两个经济参数,采用了回归法。回归模型如下:

$$W=a+\alpha Z$$

式中　$W=\dfrac{\Delta Y}{Y}-\dfrac{\Delta L}{L}=$ 总产值增长率—劳动力增长率；

　　　$Z=\dfrac{\Delta K}{K}-\dfrac{\Delta L}{L}=$ 资金增长率—劳动力增长率；

　　　α 表示资金产出弹性系数；

　　　a 表示技术进步年平均增长速度，$a=\overline{W}-\alpha\overline{Z}$（式中：$\overline{W}$ 和 $\overline{Z}$ 分别表示 W 和 Z 的序时平均数）。

按回归模型可得出求解 α 的公式

$$\alpha=\dfrac{n\sum ZW-\sum Z\sum W}{n\sum Z^2-(\sum Z)^2}$$

式中　n 表示资料项数；

　　　β 表示劳动力产出弹性系数，$\beta=1-\alpha$。

（2）本例产值、资金、劳动力的增长速度和各因素增长对产出增长率的贡献，以及各因素对产出增长贡献的比重，都是逐年计算，然后用算术平均数的方法计算 10 年的平均数，这样有利于观察各年的情况，但 10 年的平均数是不够精确的。

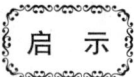

启　示

（1）用生产函数模型对技术进步进行综合评价，方法简明扼要，计算资料容易取得，不同企业之间有可比性。特别是增长速度方程，推导严谨，表达简练，式中抓住了生产资金和劳动力人数这两个影响经济增长的主要因素，并将其从总的经济增长中分离出来，从而能比较容易地计算技术进步对经济增长的影响，并能据以预测实现经济增长的预定目标所需要的技术进步速度。但这种模型法亦有局限性。影响经济增长的原因是很复杂的，并不是几个因素所能概括得了的，除了生产资金和劳动力人数外，诸如生产关系的变革、政策、产业结构的调整、自然条件的变化等，对经济增长也有一定的影响。由于模型法把经济增长因素简单地划分为生产要素的增加和技术进步，所以将一些非生产投入要素的影响也归并到技术进步的作用中了，这就不可避免地会影响到分析结论的准确性，需要研究改进。

（2）经济参数 α、β 的求解方法，有回归法、正则化法和经验判定法等，三种方法得到的 α、β 值是不一样的，因此，计算出来的技术进步贡献率也不一样，究竟哪种方法的计算结果更接近实际，需要在实践中检验。

第十七章　企业资金、成本、利润统计分析案例

导言

　　资金是物质资料价值的货币表现。企业在一定时间内,生产一定数量的产品或一定的商品流通量,占用的资金越少,就意味着越是降低了物化劳动消耗,增加了企业利润。进行企业资金统计分析,及时、准确地反映企业资金的占用和运用情况,揭示资金运用中存在的问题,研究解决问题的对策,就能够促进资金的充分利用,提高企业经济效益。

　　成本是反映企业经济活动的一个重要的综合性指标。例如工业企业产品成本的降低或提高,受产品生产的多少、质量的好坏、劳动生产率的高低、原材料和燃料动力消耗的节约或浪费、设备利用的好坏、资金运用,以及生产组织和劳动组织是否合理等因素的影响。进行企业成本统计分析,研究成本水平的变动、成本的构成及其变化,检查成本计划的执行情况,找出差距,挖掘潜力,就可以促进企业加强经济核算,改善经营管理,充分利用人力、物力、财力,不断降低成本,提高经济效益。

　　资金、成本、利润是三个密切联系的财务指标。分析资金、成本,必须落脚到利润。反过来说,从利润统计分析入手,也必然涉及资金和成本。往往资金、成本、利润是结合在一起进行分析的,当然有时分析的侧重点不同,有时分析的着眼点不同。

　　企业资金、成本、利润统计分析,涉及企业的方方面面,是比较复杂、比较深刻的一项分析,所需要的统计分析方法也比较多、比较深。本节的三个案例,使用的方法有经济订购批量数学模型、线性盈亏分析、相关系数、回归方程,以及各种综合指标等。

案例 13　利兴铸造厂产品成本分析

选 题

　　最近几年来,利兴铸造厂狠抓成本管理,提高经济效益,在降低原材料和能源消耗、提高劳动生产率,以及增收节支等方面,取得了显著成绩,单位成本有明显下降,基本扭转了亏损局面。但是各月单位成本起伏很大,有的月份盈利,有的月份利少甚至亏损。为了控制成本波动,并指导今后的生产经营,利兴铸造厂统计科专题进行了产品成本分析。

> **资料搜集整理分析**

首先,研究单位成本与产量的关系,详细资料见表 17-1。

表 17-1

铸铁件产量及单位成本

年　　　月	铸铁件产量(吨)	单位产品成本(元)	出厂价(元/吨)
上年 1 月	810	670	750
2 月	547	780	750
3 月	900	620	750
4 月	530	800	750
5 月	540	780	750
6 月	800	675	750
7 月	820	650	730
8 月	850	620	730
9 月	600	735	730
10 月	690	720	730
11 月	700	715	730
12 月	860	610	730
今年 1 月	920	580	720
2 月	840	630	720
3 月	1 000	570	720

从表 17-1 可以看出,铸铁件单位成本波动很大,在 15 个月中,最高的上年 4 月单位成本达 800 元,最低的今年 3 月单位成本为 570 元,全距是 230 元,上年 2、4、5、9 等 4 个月成本高于出厂价,出现亏损,而今年 3 月毛利率达到 20.8%[(720−570)÷720×100%]。

成本波动大的原因是什么呢? 从表 1 可以发现,单位成本的波动与产量有关。上年 4 月成本最高,而产量最低,今年 3 月成本最低,而产量最高,去年亏损的 4 个月,产量普遍偏低。这显然是个规模效益问题。在成本构成中,可以分为变动成本和固定成本两部分,根据利兴铸造厂的实际情况,变动成本主要包括原材料及能源消耗、工人工资、销售费用、税金等,固定成本主要包括折旧费用、管理费用和财务费用。在财务费用中,绝大部分是贷款利息,由于贷款余额大,在短期内无力偿还,所以每个月的贷款利息支出基本上是一项固定开支,不可能随产量的变动而变动,故将贷款利息列入固定成本之中。从目前情况看,在成本构成中,固定成本所占比重较大,每月产量大,分摊在单位产品中的固定成本就小,如果产量小,分摊在单位产品中的固定成本就大,所以每月产量的多少,直接影响单位成本的波动。

为了论证单位成本与产量之间是否存在相关关系,并找出其内在规律,以指导今后的工作,现计算相关系数,并建立回归方程。

列表整理资料见表 17-2,为便于比较,15 个月的资料按产量排序。

表 17-2

铸铁件产量与单位成本的回归计算表

序 号	铸铁件产量(吨) x	单位产品成本(元) y	x^2	y^2	xy
1	530	800	280 900	640 000	424 000
2	540	780	291 600	608 400	421 200
3	547	780	299 209	608 400	426 660
4	600	735	360 000	540 225	441 000
5	690	720	476 100	518 400	496 800
6	700	715	490 000	511 225	500 500
7	800	675	640 000	455 625	540 000
8	810	670	656 100	448 900	542 700
9	820	650	672 400	422 500	533 000
10	840	630	705 600	396 900	529 200
11	850	620	722 500	384 400	527 000
12	860	610	739 600	372 100	524 600
13	900	620	810 000	384 400	558 000
14	920	580	846 400	336 400	533 000
15	1 000	570	1 000 000	324 900	570 000
Σ	11 407	10 155	8 990 409	6 952 775	7 568 260

首先计算相关系数。设 r 代表相关系数,则

$$r = \frac{n\sum xy - \sum x \sum y}{\sqrt{n\sum x^2 - (\sum x)^2}\ \sqrt{n\sum y^2 - (\sum y)^2}}$$

$$= \frac{15 \times 7\ 568\ 260 - 11\ 407 \times 10\ 155}{\sqrt{15 \times 8\ 990\ 409 - (11\ 407)^2}\ \sqrt{15 \times 6\ 952\ 775 - (10\ 155)^2}}$$

$$= \frac{113\,523\,900 - 115\,838\,085}{2\,176.35 \times 1\,080.56} = \frac{-2\,314\,185}{2\,351\,676.76} = -0.98$$

计算结果表明,单位成本与产量之间,存在着高度负相关,相关系数为-0.98。

设备月铸铁件产量为自变量 x,单位成本为因变量 y,按资料作散点图,图形呈直线趋势,配合直线方程式

$$y = a + bx$$

上式称为单位成本 y 对产量 x 的回归直线,也称为 y 对 x 的回归方程。回归直线的斜率 b 称为回归系数,它表示当 x 增加一个单位时 y 的平均增加量,说明存在回归关系的两个变量间的数量关系。式中 a 为直线方程的常数项,就是说,当 $x=0$ 时,$y=a$,所以,a 为 $x=0$ 时直线在 y 轴上的截距。

根据最小平方法导得两个标准方程式

$$\begin{cases} \sum y = na + b\sum x \\ \sum xy = a\sum x + b\sum x^2 \end{cases}$$

解此方程组,得 a、b 两个参数的计算公式如下

$$b = \frac{\sum xy - \dfrac{\sum x \sum y}{n}}{\sum x^2 - \dfrac{(\sum x)^2}{n}}$$

$$a = \frac{\sum y}{n} - b\frac{\sum x}{n}$$

按照表 2 资料,代入公式计算如下

$$b = \frac{\sum xy - \dfrac{\sum x \sum y}{n}}{\sum x^2 - \dfrac{(\sum x)^2}{n}} = \frac{7\,568\,260 - \dfrac{11\,407 \times 10\,155}{15}}{8\,990\,409 - \dfrac{(11\,407)^2}{15}}$$

$$= \frac{7\,568\,260 - 7\,722\,539}{8\,990\,409 - 8\,674\,643} = \frac{-154\,279}{315\,766} = -0.49$$

$$a = \frac{\sum y}{n} - b\frac{\sum x}{n} = \frac{10\,155}{15} - (-0.49) \times \frac{11\,407}{15} = 677 + 0.49 \times 760 = 1\,049(元)$$

$$\hat{y} = a + bx = 1\,049 - 0.49x$$

计算结果表明,铸铁件产量每增加 1 吨,单位成本可以下降 0.49 元,设某月产量 x 为 1 100 吨,则单位产品成本

$$\hat{y} = 1\,049 - 0.49 \times 1\,100 = 510(元)$$

若 $x = 600$ 吨,则

$$\hat{y} = 1\,049 - 0.49 \times 600 = 755(元)$$

分析报告

增加产量是降低单位成本的重要途径

　　最近几年我厂狠抓成本管理,提高经济效益,基本上扭转了亏损局面,但各月单位成本波动很大,有的月份仍出现亏损。从表1可知自去年1月至今年3月的15个月中,有4个月的单位成本超过出厂价,有些月份的单位成本则比较低,可以获得10%～20%的利润。

　　各月单位成本产生波动的原因是什么呢? 从近15个月的资料看,单位成本的高低与产量有关,两者成反比。即产量高,成本低;产量低,成本高。经过相关分析,单位成本与产量之间存在高度负相关,相关系数为—0.98。

　　我厂当前单位成本与产量的关系如此密切,主要有两个原因:一个原因是在单位成本中包含变动成本和固定成本两个部分,分摊到每个单位产品上的固定成本,是随产量的变化而变化的。产量多,分摊到每个单位产品上的固定成本就少;产量少,分摊到每个单位产品上的固定成本就多。另一个原因是贷款利息支出大,增大了固定成本。在正常情况下,贷款的多少是随产量变化而变化的,贷款利息应该计算在变动成本中,可是现在贷款余额大,短期内又无偿还能力,银行利息成为每个月固定开支的费用,因此,它成为固定成本的重要组成部分。

　　为了有效地控制成本,不断提高经济效益,除继续采取措施增收节支之外,还必须努力增加产量和销售量,增加产量是降低单位成本的重要途径。

　　为了掌握在不同产量条件的单位成本,我们根据实际情况建立了单位成本对产量的回归方程

$$\hat{y}=1\,049-0.49x$$

　　回归方程表明,铸铁件产量每增加1吨,单位成本可以下降0.49元。

　　设月产量 x 为700吨,则单位成本为

$$\hat{y}=1\,049-0.49\times700=706(元)$$

　　即月产量达到700吨以上的规模,按目前的出厂价格,可以保持较好的经济效益。

利兴铸造厂统计科

启　示

　　(1) 规模效益是企业生产经营中的一条规律,人们认识了这条规律,特别是像利兴铸造厂这样,结合本企业的实际情况,具体计算产量与单位成本之间的相关系数和回归方

程,将规模效益量化,就能够更自觉地应用规模效益这条规律,指导生产经营,从而促进经济效益的提高。

（2）本案例是应用统计资料和统计方法揭示规律,说明规模效益在利兴铸造厂当时条件下的具体表现,用以指导生产经营,促进提高经济效益。这说明统计在企业经营管理中具有重要的作用。

案例 14　沈抚内燃机厂财务安全状况分析

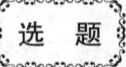

沈抚内燃机厂报告年度超额完成产品生产销售任务,经济效益又有新的提高,但债务增加,流动比率等财务安全指标不理想,为了进一步加强经营管理,提高经济效益,信息部专题进行了财务安全状况分析。

分析报告

努力改善财务安全状况

沈抚内燃机厂是生产小型柴油机的专业厂,为国有大型企业,现资产总额 19 411.5 万元,净资产 9 464.4 万元。今年企业围绕工厂转机建制上台阶,产销柴油机 22 万台的经营目标,在党委、厂部的正确领导下,通过全厂职工的共同努力,实现年产柴油机 24.7 万台,利润 1 723.2 万元,主要经济指标均创历史最高水平。

为进一步加强企业经济核算工作,提高经营管理水平,以便更好地利用现有资产,提高经济效益,特地对企业今年财务安全状况进行分析。具体指标见表 17-3。

表 17-3

财务指标状况

指 标 名 称	上 年 度	报 告 年 度	比上年增(减)百分点
资产负债率	50.00%	51.24%	1.24%
产权比率	99.99%	105.10%	5.11%
流动比率	131.00%	115.00%	−16.00%
资本安全率	146.09%	148.19%	2.10%

一、资产负债率指标分析

此指标反映企业偿付到期的长期债务能力。企业报告年度资产负债率为 51.24%,

即企业全部资产中,债权人提供的资本占企业总资产的51.24%,企业报告年度负债总额为9947.1万元,资产总额为19411.5万元,负债经营程度比上年的50%增加了1.24个百分点,负债净增加额为2031.7万元。从企业角度看,企业通过举债筹措的资金与股东提供的资金在经营中发挥同样的作用。在全部资产收益率超过借款支付的利息率时,企业所得的利率就会加大。报告年度,企业全部资本收益率为13.84%,而企业长期借款利息率为12.96%,短期借款利息率为12.06%,企业全部资本收益率超过借款利息率,在这种情况下,举债比率越大越好。因此,企业经营者审时度势,充分估计预期的利润和增加的风险,作出了正确的决策,增加了957.3万元的短期借款,增大了举债比率,大胆利用了债权人的资本来扩大企业经营规律,企业活力充沛,对前途充满信心。

二、产权比率指标分析

此项指标是衡量企业长期偿债能力的指标之一,反映由债权人提供的资金与股东提供的资金的相对关系,反映企业基本财务结构是否稳定,同时也表明债权人投入的资本受到股东权益的保障程度。一般说来,股东资本大于借入资本较好。企业报告年度产权比率为105.1%,即企业债权人提供的资本为股东提供资本的1.051倍,报告年度债权人提供的资本为9947.1万元,股东提供的为9464.4万元,债权人提供的资金比股东的多482.7万元,产权比率比上年增加了5.11个百分点。企业股东资本小于借入资本,若企业进行清算,债权人的利益就会因股东所占资本比重较小而缺乏保障,但也不能一概而论,对于股东来讲,在通货膨胀加剧的时期,企业多借债可以把损失和风险转嫁给债权人;在经济繁荣时期,多借债可以获得额外利润;在经济萎缩时期,少借债可以减轻利息负担和财务风险。产权比率高,是高风险、高报酬的财务结构;反之,则是低风险、低报酬的财务结构。报告年度是国家对过度增长的基本建设规模进行宏观调控的一年,农业发展受到高度重视,农机需求大幅度增加,小型柴油机产销两旺,企业经营者抓住机遇提高柴油机产量,促使销售市场规模扩大,果断地提高了产权比率,扩大了柴油机销售市场,增强了竞争能力,实现利税2407.0万元,再创历史最高水平。

三、流动比率分析

我厂报告年度流动比率为1.15,即流动资产为流动负债的1.15倍,企业报告年度流动资产为10520.0万元,流动负债为9108.6万元。流动比率指标反映企业短期偿债能力,企业能否偿还债务,要看有多少债务以及有多少流动资产,流动资产越多,短期债务越少,则偿债能力越强。一般认为,生产企业合理的最低流动比率为2,但还未从理论上证明,所以计算出来的流动比率只有和同行业平均流动比率、本企业历史流动比率进行比较,才能知道这个比率是高还是低。我厂报告年度流动比率比上年低16个百分点,无疑会影响企业短期偿债能力,但在市场经济情况下,这种偏低的流动比率,仍能满足企业短期债务的偿还,其原因有二:其一,报告年度是该企业生产经营发展兴旺时期,经济效益好,声誉高,同时,企业又为本省首批进行现代企业制度试点的22户企业之一,因此,企业在报告年度被作为省、市流动资金贷款的重点企业,在资金周转出现困难时,可通过贷款解决短期偿债的问题。报告年度,企业在市经委主管部门、银行的大力支持下,取得流动资金贷款690万元,技改贷款190万元。其二,企业流动负债中,应付账款是企业的短期负债,但在三角债存在的条件下,企业长期占用应付账款就成了企业长期性资本来源的一部分。报告年度企业应付账款的年初数为3 004.9万元,年末数为2 957.4万元,两者相差不大,应付账款2 957.4万元就成了企业资本的一部分,被企业占用,从而减轻了企业短期偿债的压力,所以,企业在报告年度特定的客观环境下,1.15的流动比率是合理的,是符合企业客观实际的。

四、资本安全率分析

此指标反映了资本保险系数和企业长期偿债能力。我厂报告年度资本安全率为148.19%,即企业净资产为实收资本的1.48倍,表明股东每投入1元钱,就有1.48元净资产作保证。报告年度企业净资产为9 464.4万元,比实收资本6 368.6万元多3 095.8万元,净资产在补偿股东的资本后,还有3 095.8万元可用于偿债。该指标比率越高,股东投入资本的保险系数就越高,资本也就越安全,长期偿债能力就越强。报告年度企业的资本安全率比上年上升了2.1个百分点,说明股东投入资本保险系数提高了2.1%,股民能更放心地将资金投入企业经营。

通过以上分析说明,报告年度沈抚内燃机厂党委、厂部抓住了国家经济调控的大好时机,抓住了小型柴油机市场大好的机遇,认真分析了企业所处的市场经济环境,根据自身的客观实际及特点,大胆利用债权人资本,适度负债经营,扩大了企业销售规模,增强了企业竞争能力,企业长期、短期偿债状况良好,基本财务结构稳定,资本安全,利税继上年再创历史最高水平。

当然,企业也存在潜在的危机,最为突出的是流动比率偏低的问题,企业报告年度流动比率为1.15,与生产企业合理的流动比率2相比低0.85,与本企业上年1.31相比,也低0.16,这样的比率在报告年度经济发展时期,在良好的经济环境中虽满足了企业短期偿债的需要,而一旦市场环境发生变化,企业短期偿债能力将随之受阻。因此,企业在今后的发展中,应放眼社会,着眼企业,努力挖掘潜力,抓好管理,认真分析影响企业流动比率低的各种因素,找出提高的途径,以增强自身的短期偿债能力。

一般情况下,影响企业流动比率的主要因素是营业周期、流动资产中的应收账款和存货周转率。企业上年应收账款为2 090.8万元,报告年度为509.9万元,比上年减少1 580.9万元;存货报告年度为7 317.2万元,上年为3 855.6万元,报告年度比上年增加存货3 461.6万元。企业存货大幅度增加,无疑是影响流动比率低的主要因素。为加强企业存货的周转速度,提高企业流动比率,第一,应抓好存货的管理,而要抓好存货的管理,应从两方面着手:其一,按科学方法抓好存货定额管理,为此,统计人员要深入实际,掌据企业的生产流程、特点及整个生产过程,制定出符合生产环节实际的在制品资金定额和产成品资金定额,根据生产需要及各配套厂家供应零件的进货期、进货量及企业生产的日均需要量制定储备资金定额;其二,认真按定额考核,严格奖惩,并将考核结果与其责任者的经济利益挂钩,从制度上控制存货资金的占用额,用经济手段来督促、落实,保证制度执行,以降低存货占用水平,加速存货周转速度,提高企业流动比率,增强企业短期偿债能力。第二,继续争取经委、主管局和银行的支持,创造良好的外部经济环境,争取一定数量的贷款,增加企业短期偿债资金来源,以保证企业生产经营规模扩大的资金需要和短期债务的偿还。第三,不断提高柴油机产品质量,以质量求生存、求发展、求效益,提高企业声誉,在必要时,可通过发行股票和债券来满足短期偿债的需要,争取下年度各项经济指标再创新纪录。

信息部

方法说明

反映企业财务安全状况的指标主要有如下几个。

一、资产负债率

资产负债率是债权人提供的资本占总资产的比率。计算公式为

$$资产负债率 = \frac{债权人提供的资本额}{企业资产总额} \times 100\%$$

资产负债率一般以 50% 为宜。在全部资产收益率超过借款支付的利息率时,资产负债率可以大一些。

二、产权比率

债权人提供的资本与股东提供的资本的比率。计算公式为

$$产权比率 = \frac{债权人提供的资本额}{股东提供资本额} \times 100\%$$

产权比率可用以衡量企业长期偿债能力,同时也表明债权人投入的资本受到股东权益的保障程度。

一般来说,产权比率越低,企业长期偿债能力越强。而产权比率高,是高风险、高报酬的财务结构。

三、流动比率

流动资产与流动负债的比率。计算公式为

$$流动比率 = \frac{流动资产额}{流动负债额} \times 100\%$$

流动比率反映企业短期偿债能力。

一般认为,生产企业合理的流动比率以 2 倍(即 200%)为宜。

四、资本安全率

企业净资产与实收资本的比率,计算公式为

$$资本安全率 = \frac{企业净资产}{实收资本} \times 100\%$$

资本安全率是股东投入资本的保险系数,也反映企业的长期偿债能力。资本安全率越高,股东投入资本也就越安全,长期偿债能力就越强。

启 示

财务安全状况分析是统计分析的重要课题之一。搞好企业财务安全状况分析,有三方面的意义:一是为企业资金决策提供科学依据;二是防止在财务安全方面出现重大失误;三是为股东和债权人提供投资保障信息。上述三方面的意义在本例中都有充分的体现。

案例 15 华光仪表厂债务状况分析

选 题

改革的不断深入发展,改变了国家对企业实行高度集中的统一管理,改变了生产经营过程所需的生产诸要素由国家统筹安排的局面,企业原有资金的供给方式发生了很大变化,企业筹集资金的渠道也越来越多,方式也更加灵活。当举债越来越成为企业资金来源的一个重要渠道时,负债率普遍较高、债务负担过重、偿债能力低下成为近几年困扰国有工业企业改革和发展的重点问题。为此,华光仪表厂统计人员利用第三次工业普查资料对本厂的债务状况做了分析,以说明企业债务的现状,分析产生负债率高、偿债能力低的原因,提出降低负债率、改善企业财务状况的对策。

分析过程

一、债务状况分析

该厂 2003 年、2004 年债务状况见表 17-4。

从表 17-4 可以看出,企业 2004 年负债总额为 14 241 万元,其中流动负债为 11 223 万元,长期负债为 3 018 万元,与 2003 年相比,负债总额增加 925 万元,增幅为 6.9%,其中流动负债增长 19.8%,而长期负债则下降 23.6%。

表 17-4

债 务 状 况 表

	2003 年年末		2004 年年末		比　　较	
	绝对数（万元）	结构	绝对数（万元）	结构	增减绝对数（万元）	增减
流动负债合计	9 366	100.0%	11 223	100.0%	1 857	19.8%
其中：短期借款	3 801	40.6%	4 776	42.6%	975	25.7%
应付账款	789	8.4%	1 475	13.2%	686	86.9%
预收账款	3 970	42.4%	3 472	30.9%	−498	−12.5%
其他应付款	432	4.6%	239	2.1%	−193	−44.7%
其他款项	374	4.0%	1 261	11.2%	887	237.2%
长期负债合计	3 950	100.0%	3 018	100.0%	−932	−23.6%
其中：长期借款	1 930	48.9%	1 812	60.0%	−118	−6.1%
应付债券	837	21.2%	0	0	−837	—
其他	1 183	29.9%	1 206	40.0%	23	1.9%
负 债 合 计	13 316	—	14 241	—	925	6.9%

从债务结构上看,首先,流动负债占负债总额的比重高达 78.81%,长期负债占 21.19%。高比例的流动负债不仅使企业经营风险加大,而且使企业背负沉重的短期偿债压力,一旦生产受阻,就会陷入困境。其次,在流动负债中,一年以内短期借款为 4 776 万元,占全部流动负债的 42.60%,与 2003 年相比增加 975 万元,增幅为 25.7%。其他应付未付的各种债务款及预收款为 6 447 万元,占流动负债的 57.4%。短期借款主要来源于银行,使银行成为企业的最大债权人。再次,在长期负债中,一年以上的借款为 1 812 万元,占长期负债的 60%,其他应付未付款项为 1 206 万元,占长期负债的 40%。2004 年长期负债比 2003 年减少 932 万元,下降 23.6%,其原因主要是年初偿还了 2002 年职工集资债券。长期借款中最早的借款为飞机仪表的技术改造,其来源主要是银行贷款。

二、偿债能力分析

该厂偿债能力分析指标情况见表 17-5。

表 17-5

偿债能力分析表

	2003 年	2004 年	增(＋)减(−)	国际公认水平
资产负债率	80%	71%	−9%	50%
流动比率	95.8%	75.8%	−20%	200%
速动比率	49.6%	39.4%	−10.2%	100%

1. 资产负债率

2004年该厂资产负债率为71％，比2003年下降9个百分点。如果从绝对数来看，负债总额增加925万元，造成负债总额增加而资产负债率下降的主要原因是2005年资产总额比2004年增加3 307万元，这主要是因为清产核算后按重估价值计算固定资产，这使得资产总额增大，资产负债率下降。2004年资产负债率虽比2003年下降，但负债水平还是比较高的。从债权人角度来说，资产负债率越低越好。因为负债比率低，企业长期偿债能力强，企业经营风险就小，债权人贷款的安全系数就大。如果从企业的角度来讲，则希望负债率较高。负债率高，说明企业利用债权人提供资金进行经营活动能力强，可希望通过借款来获取可能大于银行利率的更多的收益。但这并不是说越高越好，国际公认资产负债率不超过50％为宜，如果资产负债率大于100％，就意味着企业资不抵债，有破产的危险。衡量企业负债率的高低不能一概而论，在企业发展时期，如果通过较高的负债来获取更大的收益时，资产负债率就可以高一些；反之，当企业处于低谷时，资产负债率就不能太高了。而该厂处于任务严重不足时期，71％的资产负债率显然偏高。

2. 流动比率

此项指标反映了企业偿还流动负债的能力。流动比率越高，表明企业用于偿还短期债务的能力越强，但过高的流动比率可能伴随企业存货的大量积压，或者是应收账款较多，流动资产的周转速度和获利能力则要受到影响；如果流动比率过低，则意味着企业丧失短期偿债能力，而且过少的流动资产占用也难以满足企业日常生产经营活动的基本需要。该厂流动比率2004年为75.8％，比2003年下降20个百分点，表明企业偿债能力有所下降。通常认为流动比率应以200％为宜，以此衡量，该厂偿还短期借款的能力较低。

3. 速动比率

速动比率是衡量企业流动资产中能够立即用于偿还流动负债能力大小的指标。速动比率高，说明企业流动资产中用于偿还流动负债的能力高，反之则低。通常认为速动比率以100％为理想，以此为标准，2004年该厂速动比率为39.40％，表明企业偿债能力不强。

通过以上三项指标的分析可以看出，该厂负债比率偏高，企业偿债能力偏低。

【分析报告】

多渠道增资减债　提高企业偿债能力

我厂当前债务状况如下。

1. 负债比率偏高，债务负担沉重

2004年年末资产负债率71％，比公认水平高21个百分点；负债总额14 241万元，比2003年增加6.9％。

2. 债务结构不尽合理

流动负债占负债总额的比例高达 78.81%，而流动负债中，1 年以内短期借款占 42.6%，长期借款占长期负债的 60%。

3. 偿债能力尤其是短期偿债能力偏低

流动比率 75.8%，比公认水平低 124.2 个百分点；速动比率 39.4%，比公认水平低 60.6 个百分点。

那么，负债率高，债务负担过重的原因是什么呢？

造成企业负债率高、债务负担过重的原因既有历史的，也有现实的，既有政策性的，也有经营性的。

1. 历史和政策原因

改革前，国有企业的资金需求几乎全部由财政拨款解决，1985 年后，国家预算安排的基本建设投资由无偿拨款改为银行贷款，流动资金也多靠银行贷款，形成企业对银行的大量债务。而在改革前，企业的利润、折旧几乎全部上交，提留不足，造成企业资金不能自我积累，自有资金很少。金融改革不到位，企业难以多渠道吸收社会资金。该厂 2004 年资本金为 2 562 万元，仅占全部资产的 12.8%。如果以所有者权益合计数作为工厂自有资金也仅占 28%，因此随着生产规模日益扩大，企业的技术改造只能靠银行贷款解决。资金来源单一，而资金的需求越来越大，因此负债也就随之增长，利息支出逐年增大，企业负担日益沉重，经济效益受到制约。

2. 现实的和经营的原因

改革后，市场对企业的约束不断增强，但企业应变能力却没有相应提高，转换经营机制不到位，经济效益不高。企业在资金使用上存在着投入多，产出少的局面。军转民后，企业从单一的军品生产转变为面向市场的经营型企业，生产的产品受市场等多种因素制约，一些产品市场竞争力不强，产品积压资金占用较大。另外，由于企业之间债务互相拖欠比较严重，2004 年应收账款净额达 2 644 万元，造成资金周转缓慢，资金使用效率较低。

如何扭转企业负债率高，债务负担沉重的局面，改善企业财务状况呢？我们认为总的思路是，多渠道增资减债，降低负债率；加强资金管理，提高资金使用效果，提高企业经济效益，具体来说，有以下措施与对策。

1. 将有关债务转为国家投入

我厂为军工企业，可积极取得有关部门的大力支持，争取将"拨改贷"形成的债务、基本建设经营性基金形成的债务转为国家资本金。

2. 创造条件，争取通过发行股票或可转换债券筹集资金，增加资本金

3. 加强企业内部管理，搞活存量资金，提高资金使用效果

要盘活存量资金就要充分发挥财务杠杆的作用，建立新的财务运营机制，在成本和资金上加强控制，努力降低成本，减少浪费，以增强企业盈利能力。与此同时要加强销售工

作,减少库存积压,企业要面向市场,面向用户,狠抓产品质量和营销工作,要及时清欠收回货款,把资金占用减少到合理水平。

4. 正确运用负债经营,大力提高投资效果

企业资金的投资方向,既要考虑资金的需要量,又要考虑投资效果的好坏,特别是在负债经营情况下,对于企业内部的技术改造、新产品项目都要进行可行性研究,确定资金的具体使用,考虑负债投资的资金使用效果。要以项目投资效果为标准,决定是否投资和投资多少。

要合理控制经营过程的资金需要量。在核定流动资金需用量时,不仅要考虑产品的生产和规模,还要严密注视产品的销售趋势,做好市场调查与预测,防止盲目生产。对无销路的产品要坚持停产,减少资金占用,加速资金周转。

华光仪表厂信息部

方法说明

(1) 运用结构分析法,按负债项目分组,并计算各项目占负债总额的比重,以说明企业债务结构和现状。

(2) 运用偿债能力分析指标说明企业负债状况和偿债能力。其中

$$资产负债率=\frac{负债总额}{资产总额}\times100\%$$

$$流动比率=\frac{流动资产额}{流动负债额}\times100\%$$

$$速动比率=\frac{速动资产额}{流动负债额}\times100\%$$

$$=\frac{流动资产额-存货总额}{流动负债额}\times100\%$$

(3) 运用对比法,即以企业偿债能力指标的数值与国际公认的偿债能力指标的水平相比,并结合企业的实际情况,来判断说明企业偿债能力的大小。

实践效果

2005 年,分析报告中提出的"将有关债务转为国家投入"以及"通过发行股票或可转换债券筹集资金"的措施与对策,由于国家宏观经济政策和上级主管部门的因素未能实施,而该厂主要在加强企业内部管理上下工夫,采取了以下三方面的措施。

1. 加强销售工作,加速货币回笼

企业将销售任务层层落实,加大了销售工作力度,在市场竞争加剧的情况下,2005 年实现销售收入 12 153 万元,比 2004 年的 11 923 万元增加 230 万元,增长 2%,对改善财务

状况、减少负债比例起了决定性作用。

2. 提高投入产出比例，努力降低成本

该厂在 2005 年狠抓投入产出效果的控制，从成本上做起，努力降低成本，把成本考核作为目标考核的一个主要部分，促进各个基层单位在降低成本上动脑筋，想办法。2005 年每百元产值消耗直接材料为 30 元，比 2004 年减少 6 元，降低 17%。与此同时，对资金进行有效控制，特别是对生产过程各种资金占用进行有效控制，减少资金占用如原材料及在产品、半成品的资金占用由 2004 年的 2 258 万元，降低至 2005 年的 1 619 万元，降低 28%，提高了资金使用效果。

3. 盘活存量资金

该厂将 2005 年定为"管理年"，在盘活资产的存量上下工夫，充分利用现有各种资产，对多年闲置不用的设备、原材料利用或变现，减少闲置资产的占用，降低不必要的资金占用，实现资源的合理配置。

以上措施对提高资金使用效果、改善企业财务状况起到了积极作用。2005 年，企业负债总额 13 221 万元，比 2004 年减少了 7%；资产负债率 67%，比 2004 年下降 4 个百分点；流动比率、速动比率转降为升，分别比 2004 年上升 47.2 个百分点和 24.6 个百分点，偿债能力有了很大提高，财务状况得到改善。具体数据见表 17-6。

表 17-6

债务状况比较表

指标名称	单 位	2004 年	2005 年	增（＋）减（－）
负债合计	万元	14 241	13 221	－1 020
资产负债率		71%	67%	－4%
流动比率		75.8%	123%	47.2%
速动比率		39.4%	64%	24.6%

虽然该企业 2005 年财务状况有所改善，但筹资渠道单一，资产负债率偏高等根本问题并没得到解决，还需在国家宏观政策指导下，面向市场，努力工作，争取从根本上改善企业财务状况，提高经济效益。

启 示

企业债务问题的一个十分重要的问题，它不仅关系着企业经济效益的好坏，而且关系着企业的生死存亡。当前这还是一个比较普遍的问题，由于资产负债率偏高，有的企业经济效益不好，有的企业出现亏损，有的企业甚至资不抵债，破产倒闭。出现资产负债率偏高的原因是多种多样的，抓住这类课题进行深入的分析研究，就能够有效地提高经济效益。

第十八章 企业扭亏增盈统计分析案例

导言

任何一个亏损企业,都有造成其亏损的原因。对亏损企业进行统计分析,弄清亏损状况,分析造成亏损的各种因素,揭示问题的本质,一般来说,是能够找出对策的。如果具备必要的条件,是有可能扭亏增盈的。

本节的三个案例,都是在社会主义市场经济条件下的实例,这三个企业经过对亏损原因的分析,找出了病根,提出了扭亏增盈的决策方案,经过实施,都实现了扭亏增盈。

企业扭亏增盈统计分析,首先,要澄清亏损状况,核实统计数学。其次,要切实地、深刻地分析亏损原因。常用的因素分析方法有指数法、连环替代法、离差法、对比法等。在分析的过程中,始终要以唯物辩证法为指导,防止只看现象,不看本质;只见物,不见人;只看外因,不看内因等片面性的做法。再次,要在分析、预测的基础上,制订科学的决策方案,并进行充分地可行性论证。

案例 16 家电部亏损原因与扭亏方案

选 题

统计咨询服务组接受五金公司的咨询,课题是研究该公司家电部亏损的原因及对策。

资料搜集整理

咨询组到公司查阅了家电部近两年的财务报表,并向企业领导和有关职工调查了家电部经营管理情况。经过初步整理,结果显示:家电部第 1 年商品经营利润 14.7 万元,第 2 年商品经营利润为－12.3 万元,比上年减少 27 万元。针对这个事实,对影响商品经营利润增减的各个因素资料分别进行了整理。

分析过程

分析过程分三步进行,第一步分析第 2 年比第 1 年商品经营利润减少的原因;第二步在预测的基础上提出决策目标;第三步制定决策方案。

分析亏损原因,经过了四个层次:第一层应用连环替代法和离差法分析影响商品经营利润的四个因素,即商品销售额、毛利率、税率、费用率对商品经营利润的影响方向和影响程度,发现费用率提高 4.79 个百分点,使经营利润减少 31.2 万元,是影响商品经营利润减少的主要原因;第二层将费用率分解为销售额和费用额两个因素,应用连环替代法分析这两个因素对费用率的影响方向和影响程度,发现费用额增加是费用率提高的主要原因;第三层应用结构相对数,计算各项费用增加额占费用增加总额的比重,发现利息支出一项增加 25.74 万元,占费用增加总额的 86.67%;第四层应用因素分析法分析利息支出增多的原因,发现因贷款额增加而多支付利息 4.43 万元,因综合利率提高 8.41 个百分点,而多支付利息 21.26 万元。在销售额减少的情况下增加贷款,说明资金周转缓慢,综合利率提高也是因为资金周转缓慢,计划外高息贷款过多,又不能按时还贷被罚息所致。经过四个层次层层深入分析,结论是第 2 年该公司家电部商品经营亏损的主要原因是资金周转缓慢。

　　第 3 年是盈、是亏、是保本? 决策目标如何定? 应用调查研究预测法,预测第 3 年亏损 5.87 万元,即比第 2 年减亏 6.43 万元,以此作为第 3 年的决策目标。

　　如何实现决策目标? 提出了三个决策方案:第一个方案是扩大商品销售;第二个方案是增大毛利率;第三个方案是加速资金周转。经过论证第一、第二个方案不可行,唯一的出路是实行第三个方案,即加速资金周转。

┌─────────┐
│ 咨询报告 │
└─────────┘

出路在加速资金周转

——对五金公司家电商品经营策略的咨询报告

　　五金公司是一个三级批发企业,该公司第 1 年的利润总额高达 55 万元,在市场疲软的第 2 年,虽商品销售额下降,仍盈利 51 万元,取得了较好的经济效益,而家电部却出现亏损。根据该公司领导和有关人员的要求,我们对该公司特别是家用电器商品经营现状进行了诊断,并在此基础上,对第 3 年的经营策略提出以下咨询报告。

一、问题诊断

　　家用电器是该公司的骨干商品之一,其销售金额占公司销售总额的 1/3,地位举足轻重。主要家电商品销售量占全市社会商品零售量的 5%～20%。家电商品经营好坏,关系到广大人民群众的生活,也关系到企业的经济效益。经调查,该公司家电部近两年完成利润大起大落。第 1 年商品经营利润 14.7 万元,而第 2 年却亏损 12.3 万元,前后差额高达 27 万元。为了既保证市场供应,又能增强企业的应变能力,进一步提高该公司的经济效益,我们着重对家电部第 2 年经营亏损问题进行诊断。

（一）利润减少的因素分析

影响商品经营利润增减的主要因素有四个：商品销售额、毛利率、商品流通费用率和税率。根据家电部近两年的有关资料做定量分析，见表18-1。

表18-1

商品利润因素分析

指　　标	第1年	第2年	第2年与第1年差额		对经营利润影响额（万元）
			绝对数	相对数	
商品销售额（万元）	680.50	651.70	−28.80	−4.23%	−0.62
毛利率	8.51%	9.65%	1.14%	13.40%	7.43
税率	0.91%	1.31%	0.40%	43.96%	−2.61
费用率	5.44%	10.23%	4.79%	88.05%	−31.20
其中：利息率	3.07%	7.16%	4.09%	133.22%	−29.24
商品经营利润（万元）	14.70	−12.30	−27.00	−183.67%	−27.00

从表18-1可知：

（1）由于商品销售额减少28.8万元，使经营利润减少0.62万元，即

$$-28.8 \times 14.7 \div 680.5 = -0.62（万元）$$

（2）由于毛利率增加1.14个百分点，使经营利润增加7.43万元，即

$$1.14\% \times 651.7 = 7.43（万元）$$

（3）由于总费用水平提高4.79个百分点，使经营利润减少31.2万元，占下降利润的115.6%，即

$$4.79\% \times 651.7 = 31.2（万元）$$

（4）由于税率提高0.4个百分点，而使经营利润减少2.61万元，即

$$0.4\% \times 651.7 = 2.61（万元）$$

由于上述四个因素变动，影响经营利润减少27万元，即

$$-0.62 + 7.43 - 31.2 - 2.61 = -27（万元）$$

综上分析，费用率提高4.79个百分点，使经营利润比第1年减少31.2万元，这是影响利润下降的主要因素。

（二）费用率提高的主要原因

费用率提高受销售额和费用额两个因素影响，由于销售额减少，使费用率提高0.24

个百分点(37÷651.7—37÷680.5);由于费用额增加,使费用率提高 4.55 个百分点(66.7÷651.7—37÷651.7)。由此可见,费用额增加是费用率提高的主要因素。费用额增加又是由多种因素构成的,各项费用增减情况见表 18-2。

表 18-2

商品流通费用分析

单位:万元

费　用　要　素	第 1 年	第 2 年	增 加 额	占费用增加额的比重
一、运杂费	5.5	8.1	2.6	8.75%
二、保管费	0.5	0.6	0.1	0.34%
三、广告样品费	0.1	0.6	0.5	1.68%
四、利息	20.9	46.64	25.74	86.67%
五、保险费	0.4	0.2	—0.2	—0.67%
六、工资	2.7	3.7	1	3.37%
七、福利费	0.3	0.3	0	0
八、其他	6.6	6.56	—0.04	—0.14%
合　　　计	37	66.7	29.7	100%

从表 18-2 可以看出,影响商品流通费用增加的最直接因素是利息,第 2 年比第 1 年增加 25.74 万元,占费用增加额的 86.67%。第 2 年亏损 12.3 万元,比第 1 年利润减少 27 万元,仅利息增加而减少利润就达 25.74 万元。

(三)利息增多的主要原因

利息增多受贷款额和利率两个因素的影响。

第 2 年平均贷款余额 252.8 万元,比第 1 年 208.6 万元增加 44.2 万元,由于贷款额增加而多支付利息 4.43 万元,即

$$44.2 \times 10.02\% = 4.43(万元)$$

第 2 年综合利率 18.43%,比第 1 年 10.02%提高 8.41 个百分点,由于利率提高而多支付利息 21.26 万元,即

$$252.8 \times 8.41\% = 21.26(万元)$$

贷款额增加是由于资金周转缓慢,按平均贷款余额计算,第 1 年资金周转 3.26 次(680.5÷208.6),第 2 年资金周转 2.58 次(651.7÷252.6),第 2 年比第 1 年资金周转速

度减慢 0.68 次,每周转 1 次多 29 天(360÷2.58－360÷3.26)。由于资金周转速度减慢而多占用资金 52.5 万元(651.7÷360×29)。

资金周转缓慢的原因:一方面是多年积累下来的问题,如待处理削价损失 31 万元,危款 40 万元,向大连星海电视机厂投资 20 万元,库存残损商品 12 万元,以上共有 103 万元的包袱,如果按第 1 年的平均利率计算,仅此就多付银行利息 10.3 万元(103×10.02％);另一方面是商品周转速度减慢,第 1 年商品周转 4.67 次(680.5÷145.72),第 2 年周转 3.12 次(651.7÷208.63),第 2 年比第 1 年少周转 1.55 次,每周转 1 次多 38 天(360÷3.12－360÷4.67),由于商品周转速度减慢而多占用资金 68.8 万元(651.7÷360×38)。

银行贷款平均利率提高也有两方面的原因:一方面是利率本身有所提高;另一方面是超计划贷款多,且不能按期归还,支付高息及罚息较多。这就说明,利率提高也与资金周转速度慢有关。

由此可见,第 2 年该公司家电商品经营亏损的主要原因是资金周转缓慢。

二、决策目标

该五金公司家电商品经营,第 3 年是亏损、保本,还是盈利? 如果盈利,能盈利多少? 为了使决策目标建立在科学可靠的基础之上,我们进行了调查、预测和论证。

(一)家电商品销售额的预测

商业企业商品销售额是实现利润和税金的前提条件,因此,确定经营目标,首先应预测商品销售额。现根据全市社会商品零售总额和该公司家电商品市场占有率资料预测其销售额。几年前,该公司家电商品销售额占全市社会商品零售总额的比率为 3.05％,以后逐年下降,至第 2 年降为 1.72％,近几年平均市场占有率为 2.41％。第 3 年预计达到近几年的平均水平 2.41％,全市社会商品零售总额仍可保持第 2 年的 37 995 万元,则该公司家电商品销售额应该为 916 万元(37 995×2.41％)。但是,第 3 年 1～5 月实际销售额没有达到应有水平,按近 3 年 1～5 月占全年销售额的比重 43.38％计算,应该销售 397 万元(916×43.38％),而第 3 年 1～5 月实际销售额为 314 万元,差额为 83 万元,根据既成事实,从全年预测销售额中减去 83 万元,第 3 年销售额目标可订为 833 万元。

(二)贷款额的预测

贷款额的多少,取决于两个因素:一是正常商品周转所需资金,二是非正常周转占用资金。

该公司家电商品第 1 年商品周转 4.67 次,第 2 年商品周转 3.12 次,第 3 年恢复到第 1 年的周转速度,需要资金 178 万元,即

$$833÷4.67＝178(万元)$$

当前非正常周转占用资金 83 万元,其中,库存残损商品 12 万元,待处理削价损失 31 万元,危款 40 万元。此外,对大连星海电视机厂投资 20 万元,与应付款相抵,未计算在内。

以上两部分共需贷款 261 万元。

(三) 经营利润额预测

经营利润等于毛利额减费用,再减税金。

1. 毛利额

第 2 年的毛利率为 9.65%,第 3 年 1～5 月实际毛利率 7.4%,6～12 月按 9% 计算,全年毛利额可达 69.95 万元[314×7.4%＋(833－314)×9%]。

2. 费用额

不变费用额,第 2 年为 10.3 万元,第 3 年保持不变。

不含利息的变动费用率第 2 年为 1.5%,第 3 年 5 月以后运价有所提高,全年按 1.6% 计算,变动费用额为 13.33 万元(833×1.6%)。

银行贷款利息,有不同利率。计划内贷款 100 万元,月利率 9.45‰,年息计 11.34 万元。计划外银行允许贷款 95 万元,月利率 13.8‰,年息计 15.73 万元;超额贷款为 66 万元(261－100－95),利率再提高 30%,月利率高达 17.94‰,年息计 14.21 万元。以上合计年息为 41.28 万元。

以上三部分费用总额 64.91 万元。

3. 税金

第 2 年税率为 1.31%,第 3 年按此税率计算,税金为 10.91 万元(833×1.31%)。

根据以上计算,第 3 年的经营利润额预测为 －5.87 万元(69.95－64.91－10.91),比第 2 年减亏 6.43 万元。

三、决策方案

实现决策目标的主要途径是什么? 我们提出如下三个可供选择的经营策略方案,同时对每个方案分别进行论证。

1. 扩大商品销售

扩大商品销售,是增加盈利的一个途径,但它受一定条件制约,如果毛利率、费用率、税金率保持第 2 年不变,那么,扩大销售只能继续带来亏损。按第 3 年预测销售额 833 万元计算,毛利额为 80.38 万元(833×9.65%);费用额为 85.22 万元(833×10.23%);税金额为 10.91 万元(833×1.31%);经营利润额为 －15.75 万元(80.38－85.22－10.91)即亏损 15.75 万元,不仅不能减亏,而且还会增亏。

2. 增大毛利率

根据预测,毛利率增大 1 个百分点,可增加利润 8.33 万元,这个效益是很可观的,但从第 3 年 1～5 月的实际情况看,毛利率只有 7.4%,比第 2 年的 9.65% 还下降 2.25 个百分点,1~5月已减少毛利7万元(314×2.25%),照此计算,在费用率、税率保持第2年水平不变的情况下,全年将多亏损额18.7万元(833×2.25%)。第3年下半年要保持9%的毛利率,这个指标的实现是很艰巨的,也是应该努力争取的,但再提高毛利率的可能性是很小的。

3. 加速资金周转

第2年平均贷款余额253万元,全年资金周转2.58次,每次140天;第3年预测贷款余额261万元,全年周转3.19次,每次113天。第3年比第2年周转天数减少27天,可节约资金62.48万元(833÷360×27),减少利息11.5万元(62.47×18.43%)。

第2年平均利率18.43%,第3年预测平均利率15.82%,比第2年下降2.61个百分点,计可少付利息6.8万元(261×2.61%)。平均利率的降低,也有赖于加速资金周转。

以上两项,共可少付利息18.3万元(11.5+6.8),这说明靠加速资金周转扭亏增盈的潜力很大,资金周转1次每减少1天,可节约资金2.31万元,少付利息0.37万元。因此,加速资金周转是家电部扭亏增盈的主要途径,是具有可行性的决策方案。

根据家电部的情况,加速资金周转主要是勤进快销,果断处理有问题的库存商品,有力清收应收款。

以上备择方案,请公司领导决策。

统计咨询服务组

方法说明及实践效果

本案例主要应用如下几种方法。

1. 连环替代法

连环替代法是应用统计指数理论进行因素分析的方法之一,适用于分析绝对变动。其基本方法如下:

某经济指标 N 受 a,b 两因素的影响,假设它们之间的关系为: $N = a \times b$(或 $N = b/a$),则

$$N_0 = a_0 \times b_0$$
$$N_1 = a_1 \times b_0$$
$$N_2 = a_1 \times b_1$$

我们将指标的前后各个数值 N_0、N_1、N_2,进行比较,其数值差异便是指标 a、b 变换所造成的结果。即差数($N_1 - N_0$)是由于指标 a 变动的影响,差数($N_2 - N_1$)是由于指标 b 变动的影响。

这样便测定了因素 a 和因素 b 对经济活动总结果 N 所造成的影响。

应用连环替代法,替换指标 $a_1 b_0$,一般应是报告期数量指标乘(或除)基期质量指标。现以费用率的变化因素分析为例,见表 18-3。

表 18-3

费用率变化因素分析表

指　　　　　标	基　　　　期	报　告　期	差　　　异
商品销售额(万元)a	680.5	651.7	-28.8
费用额(万元)b	37	66.7	29.7
费用率 N	5.44%	10.23%	4.79%

基期指标 $N_0 = 37 \div 680.5 \times 100\% = 5.44\%$

替换指标 $N_1 = 37 \div 651.7 \times 100\% = 5.68\%$

报告期指标 $N_2 = 66.7 \div 651.7 \times 100\% = 10.23\%$

销售额的变动 $N_1 - N_0 = 5.68\% - 5.44\% = 0.24\%$

费用额的变动 $N_2 - N_1 = 10.23\% - 5.68\% = 4.55\%$

计算表明,该部费用率报告期比基期提高 4.79 个百分点,是由于销售额减少使费用率提高 0.24 个百分点和费用额增加使费用率提高 4.55 个百分点综合影响的结果。

连环替代法也可以用于多因素的分析。

2. 定量分析与定性分析相结合

统计分析的基本方法是定量分析。但世界上的事物是纷繁复杂的,各种不同性质的统计分析内容,需要采用与其相适应的统计分析方法。每一种统计分析方法都有其特定的用途。为了适当选择统计分析方法,正确地认识事物,必须做到定量分析与定性分析相结合,一般过程是:定性—定量—定性。首先通过定性分析,选择适当的统计分析方法,继而进行定量分析,最后还要进行定性分析。

本例中的问题诊断是定量分析与定性分析相结合的范例,其中经过四个层次,每一层次都经过了定性—定量—定性的过程。第一层分析利润减少的原因,影响利润减少有哪些因素? 这就属于定性分析,经过定性分析,将利润分解为销售额和经营利润率两个因素,这两个因素是乘积的关系,适合于用指数法。因为只研究绝对值的变动,所以用连环替代法。经营利润率又可分解为毛利率、税率、费用率三个因素,这三个因素是和的关系,可以用离差法。应用连环替代法和离差法计算各个因素的影响方向和影响程度,属于定量分析,然后发现费用率提高是利润减少的主要原因,这个结论就属于定性分析。第二层分析费用率提高的原因,将费用率分解为销售额和费用额两个因素,并确认两者是乘积的关系,决定采用连环替代法,这属于定性分析;计算两因素的影响方向和影响程度,属于定量分析;认定费用额增加是费用率提高的主要原因,因为事物的性质是由事物内部矛盾的主要方面决定的。三、四层也都经历了定性—定量—定性的过程。

该公司家电部第 3 年实际亏损 5.3 万元,比第 2 年减亏 7 万元,实现了决策目标。第 4 年实现了扭亏为盈。

启　示

怎样分析企业亏损的原因? 从本案例中可以得到一些启示。

(1) 对比时期的选择,应该是亏损年份(报告期)与盈利年份(基期)比较,这样才能找出由盈变亏的各项因素。

(2) 核定利润指标的变动。一般来说,可以核定报告期利润总额与基期利润总额的差额,如果营业外收支变动不大,也可以核定报告期经营利润(或称"营业利润")与基期经营利润的差额,这个差额就是报告期利润(负值)比基期利润减少的数额,利润减少数额正是需要深入研究的对象。

(3) 应用定量分析与定性分析相结合的方法,对利润指标层层分解,直到找出造成亏损的最基本原因为止。

(4) 在弄清亏损的原因之后,还需针对原因研究扭亏的各种可能的途径,然后逐一论证,找出其中最佳的方案。

案例 17　星光酒精厂利润滑坡的原因与对策

选　题

星光酒精厂上年盈利 33 万元,报告年度亏损 39 万元,出现利润大滑坡。年底上级调换了厂长,新厂长上任后决心带领职工扭转亏损局面。新厂长年轻有为,大学经济管理专业毕业,搞过几年工业统计,又当了一年多副厂长,他深知要扭转亏损局面,必须首先搞好企业诊断,进行科学的决策。为此,新任厂长将统计学会咨询服务组请来拟订决策方案,并派本厂统计人员与咨询服务组一起工作。

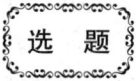

资料搜集整理分析

咨询服务组对以下资料进行搜集整理分析。

一、星光酒精厂近两年经营情况

星光酒精厂近两年经营情况见表 18-4。

表 18-4

星光酒精厂生产经营情况

项 目	单 位	上年度	报告年度	比上年增减量	比上年增(＋)减(—)
产值(不变价)	万元	611	425	−186	−30.44%
酒精销售量	吨	5 823	4 052	−1 771	−30.41%
出厂价	元/吨	1 283	1 782	499	+38.89%
销售收入	万元	747	722	−25	−3.35%
单位成本	元/吨	1 130	1 746	616	+54.51%
总成本	万元	658	707	49	+7.45%
税金	万元	56	54	−2	−3.57%
利润	万元	33	−39	−72	−218.18%

二、销售收入变动的影响因素

销售收入受销售量和价格两个因素的影响。

由于销售量减少使销售收入减少 227 万元,即

$$(4\,052-5\,823)\times 1\,283=-2\,272\,193(元)$$

由于价格上升使销售收入增加 202 万元,即

$$(1\,782-1\,283)\times 4\,052=2\,021\,948(元)$$

增减相抵,销售收入减少 25 万元。

三、总成本变动的影响因素

总成本受单位成本和产量两个因素的影响。

由于单位成本上升使总成本增加 249 万元,即

$$(1\,746-1\,130)\times 4\,052=2\,496\,032(元)$$

由于产量减少使总成本减少 200 万元,即

$$(4\,052-5\,823)\times 1\,130=-2\,001\,230(元)$$

增减相抵,总成本增加 49 万元。

四、单位成本的影响因素

单位成本可分解为单位变动成本和单位固定成本两部分。具体项目见表 18-5。

表 18-5

星光酒精厂酒精单位成本构成

金额单位：元

项　目	数量单位	上　年　度			报　告　年　度		
		数　量	单　价	金　额	数　量	单　价	金　额
单位成本				1 130			1 746
一、单位变动成本				901.1			1 422.3
粮食	吨	2.89	240	693.6	3.03	400	1 212
电	度	383	0.2	76.6	431	0.2	86.2
煤	吨	1.54	85	130.9	1.46	85	124.1
二、单位固定成本				228.9			323.7
固定成本总额				1 333 000			1 312 000
1. 管理费				683 000			642 000
2. 财务费				300 000			310 000
3. 折旧费				250 000			250 000
4. 工资				100 000			110 000
酒精产量	吨	5 823			4 052		

注：单位固定成本＝固定成本总额÷酒精产量。

五、单位变动成本的影响因素

单位变动成本可以分解为数量和价格两个因素，现计算成本指数如下，见表 18-6。

表 18-6

单位变动成本指数计算资料

金额单位：元

项　目	单位	数　量		价　格		金　额		
		上年度 q_0	报告年度 q_1	上年度 p_0	报告年度 p_1	上年度 $q_0 p_0$	报告年度 $q_1 p_1$	假定 $q_1 p_0$
粮食	吨	2.89	3.03	240	400	693.6	1 212	727.2
电	度	383	431	0.2	0.2	76.6	86.2	86.2
煤	吨	1.54	1.46	85	85	130.9	124.1	124.1
合计	元	—	—	—	—	901.1	1 422.3	937.5

$$数量指数\overline{K}_q=\frac{\sum q_1 p_0}{\sum q_1 p_0}=\frac{937.5}{901.1}\times100\%=104.04\%$$

$$\sum q_1 p_0-\sum q_0 p_0=937.5-901.1=36.4(元)$$

$$价格指数\overline{K}_p=\frac{\sum q_1 p_1}{\sum q_1 p_0}=\frac{1\,422.3}{937.5}\times100\%=151.71\%$$

$$\sum q_1 p_1-\sum q_1 p_0=1\,422.3-937.5=484.8(元)$$

$$单位变动成本总指数\overline{K}_{qp}=\frac{\sum q_1 p_1}{\sum q_0 p_0}=\frac{1\,422.3}{901.1}\times100\%=157.84\%$$

$$\sum q_1 p_1-\sum q_0 p_0=1\,422.3-901.1=521.2(元)$$

$$\overline{K}_{qp}=\overline{K}_q\times\overline{K}_p=104.04\%\times151.71\%=157.84\%$$

$$\sum q_1 p_1-\sum q_0 p_0=(\sum q_1 p_0-\sum q_0 p_0)+(\sum q_1 p_1-\sum q_1 p_0)$$

$$=36.4+484.8=521.2(元)$$

六、劳动生产率变动情况

劳动生产率变动情况见表18-7。

表18-7

劳动生产率变动

项　　　目	单　　位	上　年　度	报告年度	比上年增（＋）减（一）
工人劳动生产率	元/人	30 725	21 273	−30.76%
全员劳动生产率	元/人	23 698	16 239	−31.48%

七、主要经济指标横向对比资料

主要经济指标横向对比资料见表18-8。

表18-8

报告年度主要经济指标横向对比资料

项　　　目	单　位	全国最高水　平	全国平均水　平	本厂水平	比最高增（＋）减（一）	比平均增（＋）减（一）
企业年产量	吨	33 083	10 088	4 052	−87.75%	−59.83%
实物劳动生产率	吨/人	235.9	80.38	15.47	−93.44%	−80.75%
淀粉出酒率	%	57.29	52.14	50.27	−12.25%	−3.59%
标煤单耗	千克/吨	428	808	1 046	＋144.39%	＋29.46%
电单耗	度/吨	160	255	431	＋169.38%	＋69.02%

八、酒精市场供求状况调查资料

为了更好地安排今后的酒精生产和销售工作,咨询组对该地区范围内的 31 家酒精生产和使用单位进行了问卷调查,调查情况如下:

(1) 该地区共有 10 家酒精生产单位,报告年度共生产酒精 27 400 吨。

(2) 报告年度该地区酒精消费量为 25 409 吨,其中企业自产自用 16 900 吨,市场购买 8 509 吨。

(3) 目前,该地区生产酒精的厂家平均售价为 2 330 元/吨,而使用酒精的厂家平均购价为 2 350 元/吨。这说明使用单位在外地购价高于本地平均售价。

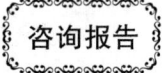

咨询报告

向管理要效益

星光酒精厂是一个拥有自动化设备的现代化企业,系轻工业定点生产单位,产品质量好,价格合理,建厂初期经济效益较好,年利润在 100 万元左右。上年利润下降到 33 万元,报告年度则亏损 39 万元,出现利润大滑坡。

从表 1 反映的情况看,报告年度比上年的利润减少 72 万元,主要是由于销售收入减少使利润减少 25 万元,由于总成本增加使利润减少 49 万元。

销售收入为什么减少呢? 从表 1 和资料二可以看出,由于报告年度酒精销售量比上年减少 1 771 吨,使销售收入减少 227 万元,由于酒精出厂价上涨 38.89%,使销售收入增加 202 万元。两个因素增减相抵,销售收入减少 25 万元。

总成本为什么增加呢? 从表 1 和资料三可以看出,报告年度单位成本达到 1 746 元,比上年的 1 130 元上升 616 元,由于单位成本上升使总成本增加 249 万元,由于产量减少使总成本减少 200 万元,增减相抵,总成本增加 49 万元。

单位成本为什么大幅度上升呢? 从表 2 可以看出,单位变动成本报告年度为 1 422.3 元,比上年的 901.1 元增加 521.2 元,由于单位变动成本的增加,使总成本增加 211 万元,即

$$(1\ 422.3-901.1)\times4\ 052=2\ 111\ 902(元)$$

单位固定成本报告年度为 323.7 元,比上年的 228.9 元增加 94.8 元,由于单位固定成本的增加,使总成本增加 38 万元,即

$$(323.7-228.9)\times4\ 052=384\ 130(元)$$

单位固定成本增加,主要是由于产量减少,而固定成本总额并没有增加。

单位变动成本为什么大幅度上升呢? 从资料五可以看出,一个因素是单位消耗数量

增长 4.04％,使单位变动成本增加 36.4 元,由于单位消耗数量增加使总成本增加 15 万元(36.4×4 052);另一个因素是原材料价格上涨 51.71％,使单位变动成本增加 484.8元。由于原材料价格上涨使总成本增加 196 万元(484.8×4 052)。

原材料涨价使总成本增加,同时使利润减少 196 万元。这在出厂价中已经得到补偿,由于出厂价上涨使利润增加 202 万元,这两项价格因素正负相抵后,使利润增加 6 万元(202-196)。

综上所述,报告年度的利润比上年减少 72 万元,其原因如下:① 销售收入减少使利润减少 25 万元。② 单位固定成本增加使利润减少 38 万元。③ 单位消耗数量增加使利润减少 15 万元。④ 产品出厂价增加额大于原材料进价增加额使利润增加 6 万元。即

$$6-25-38-15=-72(万元)$$

从本质上看,星光酒精厂利润滑坡是个管理问题。下面作进一步的分析论证。

第一,缺乏市场竞争意识,忽视营销管理。

上面归纳的利润减少的原因中,第 1、第 2 两项实际上都是个产销问题。因为产销量减少直接减少销售收入,减少利润。因为产销减少,也间接地增大了单位固定成本,使利润减少。

报告年度的酒精产销量为什么大幅度下降呢? 一个原因是原材料供应不足。酒精生产的主要原材料是红薯干,当时红薯干供不应求,价格猛涨,该厂又储备很少,所以原材料供应时断时续,对生产有一定的影响。另一个原因是忽视营销管理。报告年度酒精市场逐渐从供不应求转变为供过于求,市场出现了竞争,而该厂对市场竞争形势缺乏思想准备。既没有设立营销机构,也没有开展营销工作,结果失去了一些用户。

第二,生产管理和成本管理松弛。

从资料五、六、七可以看出,报告年度与上年比较,物质消耗上升,劳动生产率下降,几项主要经济指标远远低于全国平均水平。由于单位产品物质消耗上升,使利润减少 15 万元,全员劳动生产率下降 31.48％。

实物劳动生产率全国最高水平为 235.9 吨/人,全国平均水平为 80.38 吨/人,该厂只有 15.47 吨/人,比最高水平低 93.44％,比平均水平低 80.75％。

淀粉出酒率全国最高水平为 57.29％,全国平均水平为 52.14％,该厂则为 50.27％,比最高水平低 7.02 个百分点,比平均水平低 1.87 个百分点,该厂如果能达到全国平均水平,以年产量 6 500 吨计算,则可节约淀粉 464 吨(6 500÷50.27％-6 500÷52.14％),如果淀粉含量达到 66％,可折合红薯干 703 吨,按每千克红薯干 0.40 元计算,可节约原材料费 28.12 万元。

标煤单耗全国最低为 428 千克/吨,全国平均水平为 808 千克/吨,而该厂的标煤单耗达 1 046 千克/吨,比平均水平高 29.46％。如果标煤单耗能降至全国平均水平,仍以年产

量 6 500 吨计算,可节约标煤 1547 吨[6 500×(1.046-0.808)],可节约燃料费 13.4 万元(1 547×85)。

电单耗全国最低为 160 度/吨,全国平均水平为 255 度/吨,该厂为 431 度/吨,为平均水平的 169%,高出平均水平 176 度,如能达到平均水平,可节约电力 114.4 万度[6 500×(431-255)÷10 000],可节约电费 22.88 万元(114.4×0.2)。

第三,劳动管理方法陈旧。

改革开放已有多年,该厂劳动管理方面仍然是大锅饭、铁饭碗,干多干少一个样,干好干坏一个样,不能充分调动职工劳动生产和参与管理的积极性,因此,劳动效率低,原材料和能源浪费严重。

针对上述情况,提出如下对策:

(1) 深化经济体制改革,充分调动职工群众的积极性。发动群众提出改革措施,尽快改变在分配上的平均主义,劳动报酬要与产量和成本挂钩。

(2) 全面实行现代科学管理,向管理要效益,建立健全各项规章制度,尽快变人治为制度治,当前要抓好营销管理、生产管理和成本管理,努力缩小几项主要经济指标与全国平均水平的距离。

(3) 加强市场调查,大力开拓市场,提高设备利用率,努力增加产销量。该厂设计生产能力为年产酒精 10 000 吨,实际最高产量为 8 600 吨,鉴于当前生产有一定的困难,建议次年安排生产 6 500 吨,销售 6 500 吨。

统计咨询服务组

实践效果

该厂领导采纳了统计咨询服务组的意见,迅速组织实施,结果效益骤增。次年生产酒精 5 894 吨,比报告年度增长 45.46%,产销率达到 98%,各项经济指标都有不同程度的提高,实现了扭亏为盈,全年利润总额 41 万元。

启 示

帮助一个亏损企业扭亏增盈要有良策。这种良策从哪里来?良策只有一个来源,那就是来源于实践,来源于实事求是的调查研究。

一个企业亏损,既有一般性的原因,又有特殊的原因。只有通过实践,通过深入细致的调查研究,通过去粗取精、去伪存真、由此及彼、由表及里的分析,真正找出这个企业亏损的根本原因,认识问题的个性和共性,才能找出解决问题的良策。而要做到这一点,必须以唯物辩证法为指导,下工夫搜集足够的信息,熟练地应用统计方法,并进行认真的分析和研究。

案例 18　温泉汽水厂亏损问题的诊断

温泉汽水厂是商办小厂,生产条件好,产品销路广,可是投产 3 年来,亏损 5 万元。职工纷纷议论这个厂该不该办。为了正确回答这个问题,主管单位领导和统计人员组成调查组,深入该厂调查研究,对亏损问题进行诊断,最后写出了调查报告。

温泉汽水厂还办不办

温泉汽水厂是 3 年前投产的商办小企业,总投资 17 万元。该厂有得天独厚的温泉天然矿泉水资源,有充足的资金和设备能力,交通条件方便,销路广。然而,投产 3 年来,总亏损 5 万元。这给热心的群众和企业管理者们头上泼了一瓢冷水。于是这个厂还应不应该办就成了大家谈论的热点。为了找到答案,领导带领群众从客观实际出发,对企业亏损的原因进行了认真的分析。

(一) 管理不善,支大于收

该厂投资总额 17 万元,其中固定资产 8 万元,流动资金 9 万元。年有效生产期 5 个月,3 年共生产汽水 60 万瓶,实现销售收入 5 万元。

3 年的总支出情况是:

1. 贷款利息＝17 万(元)×7.2‰(月息)×36(月)＝44 064(元)

2. 瓶子损耗＝60 万(瓶)×5%(损耗率)×0.18(单位成本)＝5 400(元)

3. 原材料成本＝60 万(瓶)×74.4÷3 000(量)＝14 880(元)

4. 设备维修费＝500(年提)×3(年)＝1 500(元)

5. 固定资产折旧费＝8 万(元)×4%×3(年)＝9 600(元)

6. 工资福利费 21 558 元

7. 水电费＝200(元/月)×5(月)×3(年)＝3 000(元)

以上支出合计 100 002 元。

$$50\ 000(收入)-100\ 002(支出)=-50\ 002(元)(亏损)$$

(二) 投资无计划,资金利用率低

例如,汽水瓶一次购进 36 万个,价值 6.6 万元;包装箱一次购进 1 万个,价值 1.4 万元。若按年产汽水 25 万瓶计算,汽水保鲜期为 40 天,1.5 个月周转 1 次,全年生产 5 个月,周转 1 次需要汽水瓶 7.5 万个[25÷(5÷1.5)],多购瓶子 28.5 万个(36－7.5),每个成本价 0.18 元,计 51 300 元。包装箱实际需要 1 875 个,多购 8 125 个,计 11 375 元 (8 125×1.4)。

以上两项多开支 6.2 万元,每年多付利息 5 000 多元。

(三)设备有效使用率太低

按机械生产能力是每小时产汽水 700 瓶,按实际最高年产量 25 万瓶计算,年开工时间只需 357 小时(250 000÷700),1 天两班 16 小时,需开工时间 22.3 天(357÷16)。1 年中竟有 342.7 天处于停产状态。

(四)产量太小,难以保本

我们进行了保本点分析。有关资料见表 18-9。

表 18-9

保本点计算表

项　　　目	指标(元)	说　　明	项　　　目	指标(元)	说　　明
1. 单位汽水售价	0.14		3. 单位汽水贡献毛利	0.08176	
2. 单位变动成本	0.05824		4. 固定成本	22 294	
其中:			其中:		
① 单位原料	0.0248	74.4÷3 000	① 利息	14 688	7.2‰×17 万×12
② 水电费	0.0039	11.66÷3 000	② 折旧	3 200	8 万×4%
③ 损耗	0.01	5‰×0.2	③ 修理费	500	
④ 单位负担临时工工资	0.01394	41×17×5÷250 000	④ 固定工资福利	3 906	
⑤ 包装物摊销	0.0056				

根据表 18-9 资料计算保本销售量和销售额。

$$保本销售量=\frac{固定成本总额}{单位贡献毛利}=\frac{22\ 294}{0.08176}=27.27(万瓶)$$

$$保本销售额=\frac{固定成本总额}{贡献毛利率}=\frac{22\ 294}{\frac{0.08176}{0.14}\times100\%}=38\ 175(元)$$

用图 18-1 来表示。从图 18-1 中可以看出,年生产量只有超过 27.27 万瓶以后才有盈利,而现今最高年份产量只有 25 万瓶,必然亏损。

问题找出来了。经研究认为,温泉汽水厂不是不该办,而是没办好,因此,应继续办下去。但需采取如下措施:

(1)选用能人,实行经济目标责任制。

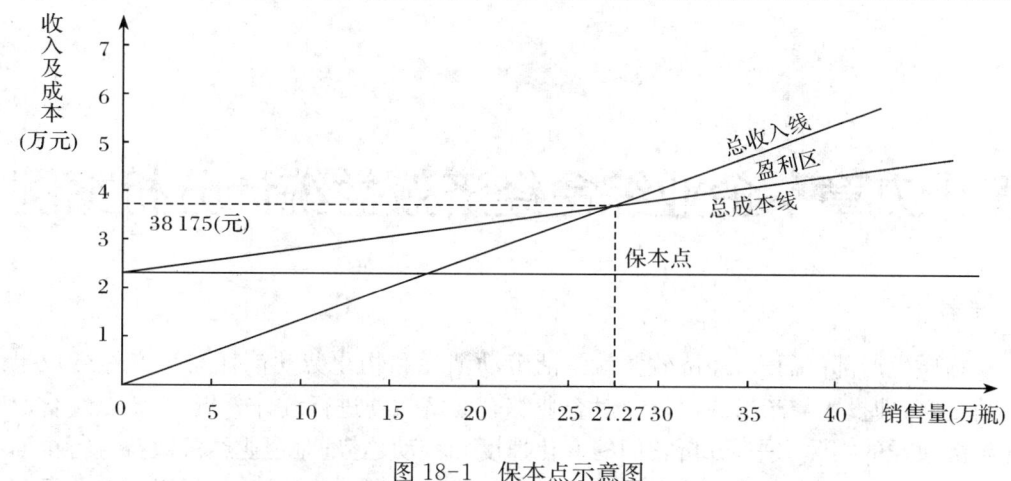

图 18-1　保本点示意图

（2）严格执行以岗位责任制为中心的各项规章制度。

（3）处理多余汽水瓶 20 万个，包装箱 6 000 个，可收回资金 44 400 元。

（4）努力增加生产。由于温泉汽水愁产不愁销，那么，在有效生产期 5 个月内可生产 63 万瓶（一天按 6 小时计算：6×700×30×5），可获净利 29 221 元〔（630 000－272 600）× 0.08176〕。

（5）综合利用，增加收入。原有房屋 18 间，固定工 5 人，临时工 17 人，在淡季可退掉 10 名临时工，其余人搞维修或其他副食加工，增产增收。

调查组

实践效果

上述措施在第 4 年得到部分实施，年产 40 万瓶，盈利 4 200 余元，扭转了亏损局面。

启　示

（1）企业亏损就像人生病一样，应该准确地进行诊断，弄清病情，找到病根，对症下药。统计具有企业诊断的功能，即咨询功能。本案例介绍的调查组对温泉汽水厂的诊断，通过统计调查取得了足够的信息，经过统计分析找出了病根，最后开出了处方，提出了针对性的五条措施，经过实施，收到了良好的效果，在创办第 4 年已经扭亏为盈。统计在亏损企业扭亏增盈方面是可以大有作为的。

（2）科学决策既需要科学的谋略，又需要科学的决断。无科学谋略的决断是盲目的决断，无科学决断的谋略只能束之高阁，实现不了谋略的价值。本案例是谋略与决断结合得比较好的一次科学决策。

第十九章　企业综合经济效益统计分析案例

导言

就物质生产部门而言,经济效益就是活劳动消耗和物化劳动消耗与生产经营成果之比。简言之,即投入与产出的比较。对企业综合经济效益进行统计分析,主要是综合反映企业经济效益的实际水平,分析它们的变化速度和变动趋势;对企业经济效益进行全面考核和综合评价,实事求是地反映提高经济效益的成绩和存在的差距;分析影响企业经济效益变化的因素及其影响程度,以便采取措施促进企业经济效益不断提高。

企业综合经济效益统计分析的方法,主要有两类:一类是计算企业经济综合评价指标,进行纵向、横向对比,分析其变化的原因;另一类是抓住反映企业综合经济效益的核心指标,采用指数法、离差法、连环替代法等因素分析方法,进行层层分解,总结成绩,发现问题,找出原因,提出对策。

本节的两个案例,基本上是采用上述两类方法。案例19主要抓住资金净利率进行层层分解;案例20主要抓住销售收入上升、利润下降的问题,深入进行了分析。

案例 19　西北机车车辆厂资金净利率统计分析

选　题

西北机车车辆厂是一个大型国有企业,主要的生产活动有新造电力机车、货车、修理电力机车、锯材加工、铸铜、铸铝等。2004年下半年,该厂统计人员接受了工业普查资料的任务。经过精心思考,决定对反映企业效益的核心指标——资金净利率进行分析,以反映企业盈利的实际水平,分析影响企业盈利水平变化的因素,为进一步提高企业经济效益寻求对策,为领导决策提供依据。

资料搜集整理

资金净利率是指税后利润与有形资产总额的比值,它的值越高,说明企业有形资金运作效益越佳。工业普查及有关年份的资料表明:2003年该厂税后利润3 513.6万元,有形资产总额38 464.6万元,资金净利率9.13%;2004年税后利润6 040.4万元,有形资产总额 55 857.3 万元,资金净利率 10.81％,比 2003 年提高了 1.68 个百分点,即盈利水平有所提高,但提高的幅度不大。在此基础上,统计人员利用有关资料对影响资金净利率的因素进行了分析。

分析过程

一、对资金净利率影响因素的分析

影响资金净利率的因素可分解为两个:一个是销售利润率;一个是资金周转率。前者说明企业销售收入的收益水平;后者说明企业有形资产周转速度。该厂 2003 年、2004 年有关资料见表 19-1。

表 19-1

资金净利率两因素分析表

	资金净利率(元/百元)	销售利润率(元/百元)	资金周转率(次)
2003 年	9.13	15.89	0.5749
2004 年	10.81	20.71	0.5223
2004 年与 2003 年之比(%)	118.40	130.33	90.85

根据表 1 资料可作如下分析。

从相对数关系分析

$$资金净利率指数＝销售利润率指数×资金周转率指数$$
$$118.40\%＝130.33\%×90.85\%$$

这说明,该企业资金净利率 2004 年比 2003 年提高了 18.40％,是销售利润率提高 30.33％,资金周转率下降 9.15％共同影响的结果。说明销售利润率提高是企业盈利水平提高的主要因素,而资金周转率下降是企业盈利水平提高幅度不大的原因。

从绝对数关系分析

$$百元资金利润增减额＝百元销售收入利润增减额＋百元资金周转影响额$$

$$1.68＝2.77＋(-1.09)$$

这说明,该企业 2004 年每百元资金实现的净利润比 2003 年增加了 1.68 元(10.81－9.13),其中

由于销售利润率提高使资金净利润增加额为

$$(20.71-15.89)×0.5749＝2.77(元/百元)$$

由于资金周转率下降使资金净利润减少额为

$$(0.5223-0.5749)×20.71＝-1.09(元/百元)$$

二、销售利润率提高原因分析

（1）销售利润率的变动是由税后利润和销售收入来决定的，即销售利润率＝税后利润÷销售收入。2003 年、2004 年销售收入和税后利润的变动情况见表 19-2。

表 19-2

销售利润率分析表

单位：万元

	2003 年	2004 年	增 加 或 减 少	
			绝对额	百分比
一、销售收入	22 112.6	29 171.6	7 059.0	31.92％
减：全部成本费用	18 599.0	23 099.6	4 500.6	24.20％
所得税	0	31.6	31.6	—
二、税后利润	3 513.6	6 040.4	2 526.8	71.91％

表 2 资料说明，2004 年销售收入 29 171.6 万元，比 2003 年增加了 7 059 万元，增长了 31.92％；税后利润 6 040.4 万元，比 2003 年增加 2 526.8 万元，增长了 71.91％，由此可以得出结论，销售利润率提高的原因在于税后利润增长的幅度高于销售收入增长的幅度。

（2）税后利润＝销售收入－全部成本费用－所得税。2004 年在上交所得税增加 31.6 万元的情况下，实现了税后利润大幅度增长，说明销售利润率提高的原因在于成本费用的变动。

（3）全部成本费用＝销售量（百元）×百元销售收入成本费用。2004 年全部成本费用为 23 099.6 万元，比 2003 年增加了 4 500.6 万元，同时使利润减少 4 500.6 万元，而 2004 年销售量也是扩大的，所以销售利润率提高的原因不是全部成本费用的变动，而只能是百元销售收入成本费用的降低。百元销售收入成本费用＝全部成本×100÷销售收入。从表 2 可以得出百元销售收入成本费用 2003 年为 84.11 元，2004 年为 79.19 元，比 2003 年降低了 4.92 元。

（4）从全部成本费用的构成来看，全部成本费用＝制造成本＋管理费用＋销售费用＋财务费用。2003 年、2004 年百元销售收入成本费用构成情况见表 19-3。

表 19-3

百元销售收入成本费用构成表

单位：元

	2003 年	2004 年	增加（减少）
制造成本	64.40	59.15	－5.25
管理费用	16.63	15.45	－1.18
销售费用	0.12	0.20	0.08
财务费用	2.96	4.38	1.42
合　　计	84.11	79.18	－4.93

从表 3 可看出,百元销售收入费用降低的原因是制造成本降低了 5.25 元,管理费用降低了 1.18 元,而销售费用、财务费用都是增加的。

（5）制造成本下降的主要原因是原材料消耗和制造费用的下降,该厂 2004 年大力开展了修旧利废活动,取得了显著成效。新造 SS3 型机车原材料由 2003 年单台 264.7 万元下降到 217.9 万元,同时自制半成品由 48.8 万元上升到 78.5 万元,总的来说,单台用料下降了 16.7 万元;新造 C62A 单台原材料由 9.2 万元下降到 8 万元,下降了 1.2 万元。新造 SS3 型机车制造费用由 2003 年的 54.4 万元下降为 2004 年的 27.2 万元,下降了 27.2 万元。单台用料和制造费用的下降,使总制造成本比 2003 年减少,利润相应增加。

（6）有关资料表明,销售费用增加的主要原因是市场销售扩大,相应的广告费及销售服务费比上年有较大的增加;财务费用增加的主要项目是利息支出增加 6.28 万元,究其原因,是贷款增加,利率上调所致。

三、资金周转率降低原因分析

资金周转率是指有形资产相对于销售收入来讲的,即资金周转率＝销售收入÷有形资产总额。2004 年销售收入增加,资金周转率应该是提高的,为什么反而下降了? 从表 19-4 可以看出,2004 年有形资产总额为 55 857.3 万元,比 2003 年增加了 45.2%,高于销售收入的增长幅度 31.92%,这是资金周转率下降的原因。

表 19-4

有形资产构成表

单位：万元

	2003 年	2004 年	增　　加	
			绝对额	百分比
固定资产	16 655.4	28 697.9	12 042.5	72.3%
流动资产	21 809.2	27 159.4	5 350.2	24.5%
有形资产总额	38 464.6	55 857.3	17 392.7	45.2%

从表 19-4 可以看出,固定资产 2004 年增加了 72.3%,流动资产增加了 24.5%。经核实查证,固定资产增加的主要原因是 2003 年清产核资评估的土地按规定增加 2004 年固定资产,价值 10 639 万元,购入及自制固定资产增加 889 万元,基本建设转入固定资产 514.5 万元,若扣除土地一项,固定资产仅比 2003 年增加 8.43%。流动资产增加的主要原因是,应收账款 2004 年为 9 854.2 万元,比 2003 年增加 3 696.6 万元,增加了 60%;存货 2004 年为 12 395.5 万元,比 2003 年增加了 1 009.6 万元,增加了 8.9%;现金及有价证券

2004 年为 4 903 万元,比 2003 年增加了 644 万元,增加了 13.13％。应收账款增加是由于 2004 年市场销售较 2004 年增大,外欠车款增加,内部调价款不到位也是其增加的一个原因。存货增加主要是在产品较 2003 年增加了 850 万元。由于应收账款与存货的增加,资金紧张,贷款增加,利息支出也相应增加。

分析报告

改善经营管理降低产品成本

2004 年西北机车车辆厂在生产任务不足、资金严重短缺、税负上升过猛的情况下,资金净利率达 10.81％,比 2003 年提高 18.40％,增加了 1.68 个百分点,说明该企业有形资产运作效益有所提高,但提高的幅度不大。

我们用图形综合说明以上对资金净利率提高原因的分析过程(见图 19-1)。

绝对数单位:万元

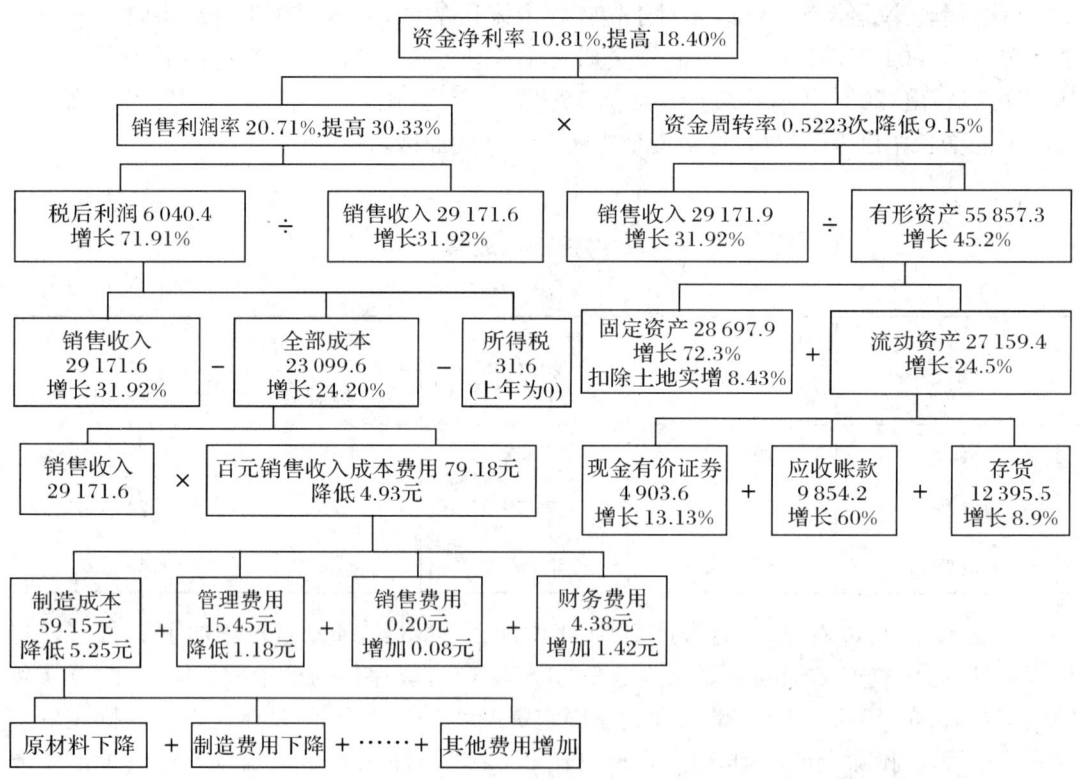

图 19-1 资金净利率提高原因层层分析图

从以上分析过程和图 1 可以得出如下结论：

（1）2004 年资金净利率提高的主要原因是在销售收入增加的前提下，由于原材料消耗节约，制造费用降低，导致制造成本下降，百元销售收入成本费用下降，税后利润大幅度增加，这说明西北机车车辆厂 2004 年降低原材料消耗、降低产品制造成本的工作是很有成绩的。

（2）2004 年资金周转率降低的主要原因是应收账款增加和存货增加。

根据分析结论，特提出改善经营管理、降低产品成本、提高企业盈利水平的建议如下。

1. 充分利用剩余生产能力，增加生产，狠抓销售工作，增加销售收入

销售收入是实现利润的前提条件，产品是销售收入的基础。西北机车车辆厂由于生产任务严重不足，致使生产能力利用率不高。2004 年修理电力机车能力利用率为 52.67%，修理货车能力利用率为 77.42%，新造电力机车能力利用率为 20%～40%，新造货车能力利用率为 75.11%，其他生产能力利用率更低，只在 2.38%～20.22% 之间。内部计划只占生产能力的 1/3，2/3 的收入要通过市场销售获得。因此，要更新观念，去掉靠上级增产的思想，寻求新的市场需求，"找米下锅"，提高生产能力利用率；按照"优势互补、互为市场"和"建立利益共同体"的原则，建立健全厂外营销网点，建立激励与约束相结合的运行机制，调动营销人员的积极性，增加销售收入。

2. 实行全面成本费用管理，继续降低百元销售收入成本费用率

首先，控制设计成本，不断改进工艺，降低材料消耗成本，广泛开展修旧利废活动，复旧为用，复旧为宝，减少委托加工修理，降低制造成本；其次，建立全面经济责任制，实行成本费用全员和全过程管理，使人人、事事、每个环节都按照定额标准或计划管理、使用，更大幅度降低成本费用。

3. 加强资金管理，减少库存，抓紧清欠，加速资金周转

首先，建立健全各项定额，严格按照定额控制物资采购、储备、生产和销售各阶段的投入，尽量减少超定额占用。将 2004 年高达 12 395 万元的存货资金（其中原材料 3 709 万元，在产品 7 081 万元）降下来。其次，着重抓好产品销售收入和其他应收款的结算，组织清欠队伍，加强清欠工作，加快货款回收，加速资金周转。经测算，若能将应收款全部收回，资金周转率就可提高到 0.6456 次，资金净利率就可达 13.37%，比 2004 年实际水平提高 23.68%，提高 2.56 个百分点。

西北机车车辆厂统计科

方法说明

（1）资金净利率是反映企业盈利水平和经济效益的核心指标，是反映国有企业资产运作能力、资产增值能力的主要指标。本案例将它作为分析对象，就可以从投入与产出两方面深入分析企业的问题，找出提高经济效益的途径。

（2）本案例主要运用了指数法，例如

$$资金净利率＝销售利润率×资金周转率$$
$$全部成本费用＝销售收入×百元销售收入成本费用$$

（3）本案例还运用了结构分析法。在分析百元销售收入成本费用、制造成本降低原因时运用项目分组、结构分析的方法，找出其降低的主要原因。

（4）本案例在分析时层层分解，逐步深入。从资金净利率到销售利润率和资金周转率，再分析两者提高和降低的原因，分为四层、五层分析，直到探究出影响资金利润率提高的主要原因为止，逐步深入，层次分明，结论明确，对策有据。

实践效果

2005 年，该厂根据分析报告的意见，着重采取了以下措施。

1. 深化改革，落实考核制度

工厂改革办对各单位制定具体的考核办法，把奖金、岗位工资等与各自的工作业绩指标挂起钩来，奖优罚劣，提高了职工的责任感和生产积极性。

2. 增加市场销售

虽然 2005 年工厂任务严重不足，如新造货车由 2004 年的 1 352 辆，下降到 1 120 辆，但由于领导重视，销售人员努力，市场销售由 2004 年的 600 辆增加到 900 辆，是 2004 年的 1.5 倍，销售收入由 2004 年的 29 171.6 万元，增加到 32 519 万元，增长 11.47％，企业基本实现了由只靠国家计划生存向面对市场的转变。

3. 实行零库存管理，降低采购成本

2005 年工厂对采购部门下达了库存资金下降 500 万元的指标。采购部门采取了多种措施，首先是货比三家，通过综合比较，选定价格、费用较低的商家进货，以减少费用支出；其次，实行零库存管理。买方市场的出现，使某些商家采取用多少货付多少款的促销方式。工厂利用这一有利形势，用多少买多少，不多买，不积压。再次，积极处理积压物资。通过以上措施，2005 年采购成本明显下降，库存资金得到压缩，在计划价格不变的情况下，采购部门库存资金由 4 012 万元下降到 3 366 万元，下降了 646 万元。

4. 模拟市场管理，试运行厂内银行管理机制，减少了各车间资金占用

全厂存货资金由 12 395 万元减少到 10 360 万元，其中，在产品由 7 081 万元下降到 5 858 万元，原材料由 3 709 万元降为 2 993 万元；减少短期借款 425 万元，财务费用下降 10 万元。

但由于受经济大环境的影响，2005 年应收账款却从 2004 年的 9 854.2 万元上升为 12 495 万元，与存货下降相抵后，资金周转率为 0.5760 次，提高 10.28％；全部成本费用

略有增加,销售利润率为 19.20%,下降 1.51 个百分点,资金净利率 11.06%,仅上升 0.25 个百分点。经济效益不够理想。

启 示

(1) 统计分析首先要选好课题。统计分析课题从哪里来? 开发现有统计信息资源,就有大量的课题可选。本案例充分说明了这一点。一般来说,统计分析选题应该针对党和国家制定方针政策的需要,针对各级各类决策的需要,紧紧围绕经济效益这个中心来进行。本案例从大量的第三次工业普查资料中,选择了资金净利率这个反映企业效益的核心指标进行分析,收到了良好的效果。

(2) 本案例是分析层次最多的案例之一,最多的达到 5 个层次。这些层次是怎样层层分解的呢? 主要是根据事物内部固有的联系,用定性分析的方法进行分解。对于这类复杂的事物,统计人员只有具备广泛的知识,理解研究对象的内在规律,才有可能做出正确的分解。

(3) 本案例对于每一个层次都进行了定量分析,通过定量分析分清了主要因素和次要因素,揭示了事物的性质。这里使用的定量分析方法有:一是指数法,即应用指标体系分析各个因素影响的方向和程度;二是结构分析,研究各个因素在总体中的比重。这两种方法的应用,是按照研究对象的性质选择的。如果各个因素之间是乘积的关系,就应当采用指数法;如果各个因素之间是和的关系,就应当采用结构分析方法或离差法。

案例 20 半岛客车厂经济效益制约因素分析

选 题

半岛客车厂近年销售收入大幅度增长,利润水平则比较低,而且呈下降趋势,销售与利润不同步。企业在生产经营过程中,有一些基本的比例关系,这些比例关系合理,经济效益就好;反之,则不好。一般来说,工资的增长幅度不应大于劳动生产率的增长幅度,原材料消耗和利息支出的增长幅度不应大于产值的增长幅度,劳动生产率的增长幅度不应低于劳动固定资产装备系数的增长幅度。经常研究这些比例关系,就能使企业坚持正确的发展方向,不断提高经济效益。为此,计划处对这些比例关系进行了深入的分析研究。

资料搜集整理

根据几个主要比例关系的要求,搜集整理了如下资料,见表 19-5。

表 19-5

半岛客车厂主要经济指标统计资料

指　　标	单位	第 1 年	第 2 年	第 3 年	第 4 年	第 5 年
1. 总产值	万元	74 739.9	108 145	136 541.3	129 197	125 082.2
2. 销售收入	万元	72 187	105 441	133 789	130 279	122 174
3. 平均职工人数	人	12 605	12 333	12 109	12 047	11 670
4. 工资总额	万元	6 452.6	9 460.0	12 409.5	13 617.9	13 870.0
5. 原材料消耗总额	万元	37 370	56 776	76 463	71 575	70 045
6. 原材料占产值的比率	%	50.00	52.50	56.00	55.40	56.00
7. 利息支出总额	万元	1 729	2 514	3 471	3 839	3 596
8. 固定资产原值	万元	44 333	56 831	99 742	102 055	103 987
9. 利润总额	万元	1 492	1 677	1 621	1 345	1 104

分析报告

努力保持企业内部合理的比例关系

近几年,我厂生产能力有了很大提高,第 5 年工业总产值 12.5 亿元,比第 1 年 7.47 亿元增长 67.4%,每年平均递增 13.7%。第 5 年销售收入 12.2 亿元,比第 1 年 7.2 亿元增长 69.2%,每年平均递增 14.1%。但利润水平却一直处于较低水平,而且呈下降趋势。第 5 年利润总额 1 104 万元,销售利润率为 0.90%,比第 1 年利润总额 1 492 万元下降 26%,比第 1 年销售利润率 2.07%下降 1.17 个百分点。

企业利润与产值不同步,原因是多方面的,关键在于企业内部几个比例关系不合理,违背了客观规律。

一、工资的增长幅度大于劳动生产率的增长幅度

虽然近年来我厂的职工人数变化不大,但工资总额的增长幅度却很大,而且超过了产值的增长速度。工资的变动直接影响产品成本水平,当工资增长速度低于劳动生产率增长速度时,分摊到单位产品成本中的工资就会减少,而会相应增加单位产品的盈利;反之,则会相应减少单位产品的盈利。近五年中,我厂平均工资每年平均增长速度为 23.4%,比劳动生产率平均增长速度 16%高出 7.4 个百分点。如表 19-6 所示。

表 19-6

职工平均工资和全员劳动生产率统计资料

年　序	平　均　工　资		全员劳动生产率 （元/人）	全员劳动生产率 定基发展速度
	金　额 （元/人）	定基发展速度		
1	5 119.1	100%	59 293.9	100%
2	7 670.5	149.8%	87 687.5	147.9%
3	10 248.2	200.2%	112 760.2	190.2%
4	11 304.0	220.8%	107 244.1	180.9%
5	11 885.2	232.2%	107 182.7	180.8%
平均每年增长速度（%）	23.4		16.0	—

这种不合理的比例,必然影响企业经济效益的提高。

二、原材料消耗的增长幅度高于产值的增长幅度

近年来,虽然我厂的产值不断增长,但原材料消耗的增长更大,高于产值的增长速度。原材料消耗在产值中所占比重很大,第 1 年占 50%,第 5 年上升到 56%,比第 1 年上升了 6 个百分点。原材料消耗增大的主要原因:一是设计漏洞较多,修改设计频繁,造成材料浪费和物资积压;二是采购成本高,采购环节多,造成人为的材料价格上浮;三是生产管理不甚严格,消费、丢失现象时有发生,形成不必要的材料损耗,相应地提高了产品的成本,原材料消耗的增大,制约了经济效益的提高。

三、利息支出的增长幅度大于产值的增长幅度

我厂的利息支出逐年上升,利息支出的增长速度远远高于产值的增长速度。近 5 年利息支出年均增长速度达 20.1%,高出产值增长速度 6.4 个百分点,详细资料见表 19-7。

表 19-7

利息支出和总产值统计资料

年　序	利　息　支　出		总　产　值	
	金额（万元）	定基发展速度	金额（万元）	定基发展速度
1	1 729	100%	74 739.9	100%
2	2 514	145.4%	108 145.0	144.7%
3	3 471	200.8%	136 541.3	182.7%
4	3 839	222.0%	129 197.0	172.9%
5	3 596	208.0%	125 082.2	167.4%
平均增长速度（%）	20.1	—	13.7	—

利息支出大幅度增长的原因:一是物价上涨及工资支出加大,导致企业在完成同样产值的条件下所需的周转资金加大;二是由于企业经济效益增长不高,削弱了企业自我积累的能力,因而企业所需补充的资金绝大部分来自银行贷款,利息也就必然增加。

四、劳动生产率的增长低于固定资产装备系数的增长

劳动生产率随着劳动者固定资产装备系数的提高而提高,而且劳动生产率的增长速度应更快于劳动者固定资产装备系数的提高速度。从表 19-8 可见,第 5 年与第 1 年相比,我厂劳动者的固定资产装备系数提高了 1.53 倍,工人劳动生产率提高了 0.81 倍,这就是说,劳动者的固定资产装备系数每提高 1%,劳动生产率相应提高 0.53%。劳动生产率的增长显著慢于劳动者固定资产装备系数的提高,暴露出设备利用率不高、管理不善等问题。

表 19-8

劳动者固定资产装备系数与劳动生产率的对比关系

项　　　目	第 1 年	第 2 年	第 3 年	第 4 年	第 5 年
固定资产原值(万元)	44 333	56 831	99 742	102 055	103 987
平均工人数(人)	10 084	9 866	9 687	9 638	9 336
每一工人固定资产装备系数(元/人)	43 964	57 603	102 965	105 888	111 383
固定资产装备系数指数(%)	100	131.02	234.2	240.85	253.35
工人劳动生产率(元/人)	74 117	109 614	140 953	134 050	133 978
工人劳动生产率指数(%)	100	147.89	190.18	180.87	180.77

鉴于以上情况,我们认为企业要提高生产水平、降低成本、提高经济效益,必须立足现有基础,挖潜、革新、改造,努力保持企业内部合理的比例关系。为此我们提出以下建议:

(1)加大成本费用控制力度,减少成本费用支出原则是保证技术投入、产品开发和市场开发两个重点,压缩一般性开支,特别是压缩与生产经营无直接关系的支出。重点是卡两头、抓中间。一头卡住产品的设计成本和采购成本,另一头要卡住出厂车的质量;抓中间就是抓住生产过程的物料消费,制定先进合理的材料消耗定额,加强管理。降低设计成本的主要途径:一是设计部门在签订技术协议时要首先考虑物资部门库存中的超储、积压、呆滞这一部分物资,在设计成本中进行控制;二是大力推广产品标准化、系统化、规格化,尽量减少特殊物资和专用料,增大通用料的比重;三是提高设计水平,减少工序中的在制品报废。

(2)把减员增效、下岗分流作为提高企业经济效益和竞争力的主要措施切实抓好鼓励单位在提高工装水平、改进工艺技术水平上下工夫,大幅度地降低用人,调整劳动组织和生产组织结构,合理地设置机构,精简人员,最大限度地减少劳动消耗和占用,提高劳动

生产率和职工整体素质。

　　(3) 优化资产结构,提高资产收益率。应努力降低资产的占用,重视设备资产实物形态管理,着重于设备生产能力的充分利用和发挥,提高设备利用率,使设备技术状况完好、有效。各车间增加二班或三班制,使设备能力得到充分利用。利用引进设备和大、精设备优势,车间在完成工厂下达生产任务前提下,走向市场,广揽市场,达到歇人不歇机,对闲置设备和利用率不高的陈旧设备进行处理,将闲置厂房、土地充分利用起来,对库存积压物资该清理的清理,该处理的处理,以盘活工厂资产存量。

半岛客车厂统计科

方法说明

　　(1) 劳动生产率指标,要根据不同目的和分析要求,选择适当形式的劳动量,计算不同的劳动生产率指标。本例为了与工资比较,采用了工业总产值全员劳动生产率。其计算公式为

$$工业总产值全员劳动生产率 = \frac{报告期工业总产值}{报告期全部职工平均人数}$$

　　为了劳动者固定资产装备系数比较,又采用了工业总产值工人劳动生产率。其计算公式为

$$工业总产值工人劳动生产率 = \frac{报告期工业总产值}{报告期生产工人平均人数}$$

　　(2) 劳动者固定资产装备系数,是提高劳动生产率的物质基础之一。其计算公式为

$$劳动者固定资产装备系数 = \frac{工业生产用固定资产的平均原值}{平均工人数}$$

启　示

　　工业企业内部有一些基本的比例关系,主要是工资的增长幅度应小于劳动生产率的增长幅度,原材料消耗的增长幅度应小于产值的增长幅度,利息支出的增长幅度应小于产值的增长幅度,劳动生产率的增长幅度应大于劳动者固定资产装备系数的增长幅度等。统计应该经常对这些比例关系的发展变化情况实行监督,一旦发现某些比例关系不合理,就要及时报警,并且认真分析原因,提出对策。

第二十章　企业实现经济增长方式转变统计分析案例

导言

　　企业实现经济增长方式的转变,是指从粗放经营向集约经营转变。粗放经营是单纯靠生产要素的投入,追求数量的增加、规模的扩大,以量取胜的外延扩大再生产的经营形式。集约经营是依靠高科技投入,提高管理水平,追求产品的高品位、高附加值,以质取胜的内涵扩大再生产的经营形式。企业实现经济增长方式从粗放经营向集约经营转变,是一个战略性的转变,经常进行经济增长方式转变的统计分析,有利于加快从粗放经营向集约经营转变的过程。

　　企业实现经济增长方式转变的统计分析,主要从投入和产出两个方面进行:一方面是对投入进行分析,研究生产要素投入增长和技术进步增长对经济增长的贡献率,及其在经济增长中所占比重。如果技术进步对经济增长的贡献率达到经济增长率的 50% 以上,基本上就进入集约经营的范畴。从这方面进行分析,需要应用柯布-道格拉斯生产函数或增长速度方程等方法,对技术进步进行测度。案例 23 采用的就是这种分析方法。另一方面是对产出进行分析,研究产品品位的高低和附加值的多少。从这方面进行分析,需要对净产值占总产值的比重、资金利税率、成本费用利润率、全员劳动生产率等指标进行计算分析。这方面没有统一的标准,可以通过纵向对比和横向对比进行判断。案例 21、案例 22 属于这方面的分析。

案例 21　益康制药厂四环素碱原材料消耗变动分析

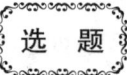

选 题

一、根据自身已有的知识,选择能够驾驭的课题

　　调查者曾在该厂生产技术部门工作,阅读过许多四环素碱生产技术书籍,具备分析该课题相应的知识。

二、根据资料积累状况,选择占有大量材料的课题

　　调查者平时注意收集四环素碱技术经济指标及相关资料,有丰富的资料储备。

三、根据服务对象的需要,选择领导关心的课题

　　四环素碱原材料消耗不仅关系着附加值的高低,而且关系着经济增长方式的转变,是该厂人人关心的"热点"问题,分析该课题,符合领导需要。

> **资料搜集整理**

（1）根据平时掌握的资料,对四环素碱原材料消耗变动进行初步分析。在此基础上,为正式分析列出分析提纲。

（2）根据分析提纲,设计分析用表。将分析用表所需基础资料,从历史台账、同行业台账上摘录下来,并据以计算分析指标,见表 1 至表 5。

（3）将平常搜集的原材料供应、产品生产、产品销售、市场状况、经营管理、会计核算、业务核算等业务部门的数字、文字资料,进行鉴别、整理、分类,将有用的材料单独存放,摘出要点列入分析提纲。

（4）根据分析的需要,深入车间、有关科室进行调查研究,搜集当前制约发酵水平提高的主要因素,以及消除这些因素所应采取的措施的资料。将搜集的资料加以整理,摘出要点列入分析提纲。

（5）根据分析的需要,设计新指标"容放比系数"（发酵罐容积÷发酵罐放罐体积）,计算出各年指标数值列于表 4 内。

（6）为计算和表达的方便,将总产量、原材料单耗、发酵单位的原计算单位十亿单位、千克/十亿单位、单位/厘米^3 调整为万亿单位、吨/万亿单位、亿单位/米^3,并相应调整指标数值。

> **分析过程**

一、总耗变动的分析

总耗变动受单耗和总产量两个因素变动的影响。总耗（mq）等于单耗（m）与总产量（q）的乘积。为分析两个因素的影响方向和程度,建立指数体系如下

$$\frac{m_1 q_1}{m_0 q_0} = \frac{m_1 q_1}{m_0 q_1} \times \frac{m_0 q_1}{m_0 q_0}$$

$$m_1 q_1 - m_0 q_0 = (m_1 q_1 - m_0 q_1) + (m_0 q_1 - m_0 q_0)$$

根据上述指数体系,利用表 20-2 资料进行因素分析,可知总耗上升 6.8%,是由于单耗下降 4.9%、总产量上升 12.3%引起的;总耗增加 126 吨,是由于单耗下降少耗 103 吨、总产量上升多耗 229 吨引起的。该厂虽总耗上升,但单耗是下降的,节约原材料取得了一定成绩。应进一步分析单耗降低的原因。

二、单耗变动的分析

该产品单耗的升降,与单批产量、单批消耗两者的升降密切联系。从表 20-1 可见,单批产量上升 12.7%,大大快于单批消耗上升 6.9%的速度,这就是单耗下降 4.9%的原

表 20-1

原材料单耗变动情况

指标名称	单　位	上年度	报告年度	比上年度升(＋)降(－)
原材料单耗	吨/万亿单位	17.95	17.07	－4.9％
单批产量	亿单位	2 670	3 010	＋12.7％
单批消耗	吨	4.80	5.13	＋6.9％

因所在。由该产品生产工艺特点所决定,单批消耗上升,可能引起单批产量上升,有时后者还快于前者,故不再分析单批消耗上升的原因。下面仅对单批产量上升的原因进行分析。

三、单批产量变动的分析

根据单批产量(vrp)可以表现为放罐体积(v)、发酵单位(r)与提炼总收率(p)的连乘积,开展因素分析可采用以下指数体系

$$\frac{v_1 r_1 p_1}{v_0 r_0 p_0} = \frac{v_1 r_0 p_0}{v_0 r_0 p_0} \times \frac{v_1 r_1 p_0}{v_1 r_0 p_0} \times \frac{v_1 r_1 p_1}{v_1 r_1 p_0} = \frac{v_1}{v_0} \times \frac{r_1}{r_0} \times \frac{p_1}{p_0}$$

$$v_1 r_1 p_1 - v_0 r_0 p_0 = (v_1 r_0 p_0 - v_0 r_0 p_0) + (v_1 r_1 p_0 - v_1 r_0 p_0) + (v_1 r_1 p_1 - v_1 r_1 p_0)$$

$$= (v_1 - v_0) r_0 p_0 + (r_1 - r_0) v_1 p_0 + (p_1 - p_0) v_1 r_1$$

根据以上指数体系,利用表 3 资料进行分析表明:放罐体积、发酵单位、提炼总收率三个因素分析上升 2.6％、8.7％和 1.1％,使单批产量分别增加 69 亿、238 亿、33 亿单位。其中发酵单位是主要的影响因素,也是单耗降低的主要原因。应进一步分析发酵单位上升的原因。

四、发酵单位变动的分析

发酵单位等于发酵周期乘以发酵指数再乘以容放比系数,据以建立指数体系并利用表 4 资料进行分析,说明发酵周期、发酵指数上升 3.3％、7.8％分别使发酵单位增加 8 亿单位/米^3 和 19 亿单位/米^3,其中发酵指数是主要的影响因素。容放比系数降低 2.4％,使发酵单位减少 6 亿单位/米^3。虽然容放比系数变小使发酵单位降低,但放罐体积却相应增加,不会引起单批产量下降、单耗上升,无需再作分析。

五、与华北厂的对比分析

通过以上分析,说明该厂在提高产品生产技术水平、降低原材料消耗方面取得了很大成绩。但与本行业的先进厂家华北制药厂相比,还存在很大差距。从表 20-5 可以看出,该厂除提炼总收率高于华北厂外,其余指标均存在很大差距。尤其是染菌率,该厂高出华北厂 3 倍多,严重影响了生产水平的提高和消耗的降低。

╭∾∾∾∾∾∾∾∾╮
　分析报告
╰∾∾∾∾∾∾∾∾╯

提高技术水平降低原材料消耗

四环素碱是我厂主要盈利产品。在当前该产品生产厂家纷纷降价出售的情况下,我厂的四环素碱只有在保证质量、提高产品品位的前提下,努力降低成本,提高附加值,加快从粗放经营向集约经营转变的步伐,才能在激烈的市场竞争中立于不败之地。由于原材料费用占产品成本的比重很大,加之当前大部分原材料价格居高不下,使得该产品原材料的消耗情况成为全厂人人关心的大问题,也是开展统计分析的重要课题。现根据近两年的统计资料,对我厂四环素碱原材料消耗变动情况作如下剖析。

1. 总耗变动的分析

报告年度四环素碱全部原材料总消耗为 1 983 吨,比上年度增加 126 吨,增长 6.8%,见表 20-2。

表 20-2

原材料消耗变动情况

指标名称	单　　位	上年度	报告年度	比上年度增(＋)减(－)
原材料总耗(mq)	吨	1 857	1 983	＋6.8%
原材料单耗(m)	吨/万亿单位	17.95	17.07	－4.9%
总产量(q)	万亿单位	103.47	116.19	＋12.3%

根据表 20-2 资料,采用因素分析法,对单耗和总产量两个因素进行分析:

(1) 由于单耗降低 4.9%,使总耗减少 103 吨。

$$\frac{m_1 q_1}{m_0 q_1}=\frac{17.07\times116.19}{17.95\times116.19}=\frac{1\,983}{2\,086}\times100\%=95.1\%$$

$$m_1 q_1-m_0 q_1=1\,983-2\,086=-103(吨)$$

(2) 由于总产量增长 12.3%,使总耗增加 229 吨。

$$\frac{m_0 q_1}{m_0 q_0}=\frac{17.95\times116.19}{17.95\times103.47}=\frac{2\,086}{1\,857}\times100\%=112.3\%$$

$$m_0 q_1-m_0 q_0=2\,086-1\,857=229(吨)$$

可见,四环素碱原材料消耗变动的特点是总耗数量上升、单耗水平下降,由于单耗水平降低,节约原材料成本 25 万元。

2. 单批产量变动的分析

由四环素碱的生产工艺特点所决定,单耗水平的升降,与单批产量、单批消耗两者的升降密切联系。报告年度与上年度相比,四环素碱单批产量上升了 12.7%,大大快于单批消耗上升 6.9%的速度。这就是单耗水平降低 4.9%的原因所在。为了弄清影响单批产量上升的各因素的影响方向和程度,下面对单批产量变动情况(见表 20-3)进行分析。

表 20-3

单批产量变动情况

指标名称	单　　位	上年度	报告年度	比上年度增(＋)减(一)
单批产量(vrp)	亿单位	2 670	3 010	＋12.7%
放罐体积(v)	米^3	11.64	11.94	＋2.6%
发酵单位(r)	亿单位/米^3	240.2	261.0	＋8.7%
提炼总收率(p)	%	95.60	96.66	＋1.1%

影响单批产量变动的放罐体积、发酵单位、提炼总收率三个因素的影响方向和程度如下:

(1) 由于放罐体积增加 2.6%,使单批产量增加 69 亿单位。

$$\frac{v_1 r_0 p_0}{v_0 r_0 p_0} = \frac{v_1}{v_0} = \frac{11.94}{11.64} \times 100\% = 102.6\%$$

$$(v_1 - v_0) r_0 p_0 = (11.94 - 11.64) \times 240.2 \times 95.60\% = 69 (亿单位)$$

(2) 由于发酵单位提高 8.7%,使单批产量增加 238 亿单位。

$$\frac{v_1 r_1 p_0}{v_1 r_0 p_0} = \frac{r_1}{r_0} = \frac{261.0}{240.2} \times 100\% = 108.7\%$$

$$(r_1 - r_0) v_1 p_0 = (261.0 - 240.2) \times 11.94 \times 0.9560 = 238 (亿单位)$$

(3) 由于提炼总收率提高 1.1%,使单批产量增加 33 亿单位。

$$\frac{v_1 r_1 p_1}{v_1 r_1 p_0} = \frac{p_1}{p_0} = \frac{0.9666}{0.9560} \times 100\% = 101.1\%$$

$$(p_1 - p_0) v_1 r_1 = (0.9666 - 0.9560) \times 11.94 \times 261.0 = 33 (亿单位)$$

上述三个因素共同作用的结果,使单批产量上升了 12.7%,增加 340 亿单位。

$$\frac{v_1 r_1 p_1}{v_0 r_0 p_0} = 102.6\% \times 108.7\% \times 101.1\% = 112.75\%$$

$$v_1 r_1 p_1 - v_0 r_0 p_0 = 69 + 238 + 33 = 340 (亿单位)$$

以上分析说明,放罐体积、发酵单位、提炼总收率三个因素都程度不同地使单批产量提高,其中发酵单位提高是主要的影响因素,也是单耗水平降低的主要原因。

3. 发酵单位变动的分析

发酵单位变动受发酵周期、发酵指数、容放比系数三个因素变动的影响,它是这三个因素的乘积。有关资料见表 20-4。

表 20-4

发酵单位变动情况

指标名称	单　　位	上年度	报告年度	比上年度增（＋）减（－）
发酵单位	亿单位/米^3	240.2	261.0	＋8.7％
发酵周期	时	149	154	＋3.3％
发酵指数	亿单位/米^3·时	1.2544	1.3523	＋7.8％
容放比系数		1.2887	1.2577	－2.4％

根据表 20-4 资料，可得出如下结论：

（1）由于发酵周期延长 3.3％[（154÷149－1）×100％]，使发酵单位增加 8 亿单位/米^3[（154－149）×1.2544×1.2887]。

（2）由于发酵指数上升 7.8％[（1.3523÷1.2544－1）×100％]，使发酵单位增加 19 亿单位/米^3[（1.3523－1.2544）×154×1.2887]。

（3）由于容放比系数降低 2.4％[（1.2577÷1.2887－1）×100％]，使发酵单位减少 6 亿单位/米^3[（1.2577－1.2887）×154×1.3523]。

由于以上三个因素的共同作用，使发酵单位增长 8.7％（103.3％×107.8％×97.6％－100％），增加 21 亿单位/米^3[8＋19＋（－6）]。

分析表明，发酵周期的延长，发酵指数的上升，不同程度地使发酵单位有了提高，其中发酵指数上升是主要的影响因素；容放比系数变小是使发酵单位降低的影响因素。

综观四环素碱原材料消耗变动的情况分析，说明我厂在提高产品生产技术水平、降低原材料消耗方面取得了很大成绩。但与华北制药厂相比，还有很大的差距，见表 20-5。

表 20-5

报告年度两厂指标对比

指标名称	单　　位	华北厂	益康厂	对比 华北厂	比 益康厂	益康厂比华北厂高（＋）低（－）绝对量
发酵单位	亿单位/米^3	327.8	261.0	100	80	－66.8
发酵周期	时	182.87	154.00	100	84	－28.87
发酵指数	亿单位/米^3·时	1.6810	1.3523	100	80	－0.3287
大罐染菌率	％	12.98	53.63	100	413	＋40.65
提炼总收率	％	96.00	96.66	100	101	＋0.66
原材料单耗	吨/万亿单位	14.91	17.07	100	114	＋2.16

从表20-5可以看出,除提炼总收率我厂略高于华北厂外,其余指标均存在很大差距。尤其是染菌率,我厂高出华北厂3倍多,严重影响了生产水平的提高和消耗的降低。如果我厂的发酵指数、发酵周期能分别达到华北厂的1.6810亿单位/米^3·时和182.87时,则发酵单位就能达到320.0亿单位/米^{3}左右,单批产量就能达到3 690亿单位左右,原材料单耗就能降到14.00吨/万亿单位左右,比现在的17.07吨/万亿单位降低18.0%。按照报告年度的产量推算,一年可节约原材料350多吨,价值80多万元,整个经济效益就会大大提高。

为了促进我厂"学华北、赶先进、创一流"活动向纵深发展,今后只有消除制约发酵水平提高的主要因素,才能进一步提高生产水平,降低原材料消耗和成本。为此,针对我厂目前情况,建议采取以下措施。

1. 使用高产菌种

菌种的优劣直接关系到产品生产水平的高低和原材料消耗量的大小。目前,我厂尚未进行菌种选育,且一时又不能创造条件。故应采取以下措施:① 从目前看,要千方百计购进高产菌种,在做好试验后批量生产,争取使技术经济水平有一个较大的突破。② 从长远看,我厂不搞菌种选育的状况必须改变。

2. 制服染菌

由于我厂染菌率高,严重影响了发酵水平,也给提炼带来了一定困难,不但影响收率和产量,而且影响质量和消耗。采取的措施:① 从目前看,要尽量减少空气供应系统造成的污染;同时积极开展消毒工技术练兵活动,努力提高消毒质量。② 从长远看,要采取先进的过滤介质代替目前的炭棉介质,这是解决空气供应系统造成染菌的根本方法。

3. 扭转缺水状况

一到夏季,由于水供应不足,发酵大罐高温不下,严重影响着发酵生产的正常进行。采取的措施:① 从目前看,一是做好计划用水、节约用水工作,充分利用二次水,生活用水实行定时供应;二是搞好溴化锂制冷机组的维修工作,确保机组正常运转不"停车",使二次水的冷却不中断。② 从长远看,一是再上一台溴化锂制冷机组,增加二次水的冷却量;二是在现有深井出水量逐渐减少的情况下,积极筹措资金,再打2眼深井,增加一次水的供应量。

益康制药厂统计处

方法说明

一、纵比横比结合法

在分析总耗变动、单耗变动、单批产量变动、发酵单位变动时,采用了纵比的方法。与华北厂的对比,即横比的方法。通过纵比,说明我厂在提高产品生产技术水平、降低原材料消耗、提高附加值方面取得了很大成绩,从而坚定了走集约经营的道路。通过横比,找出了存在的差距。这样纵比横比相结合,能得出比较全面、正确的结论,加速转变经济增长方式的步伐。

二、逐层分析法

在分析原材料消耗变动原因的过程中,采用了逐层分析法。首先分析总耗上升的原因是总产量上升,而单耗是下降的。接着分析单耗下降的原因是单批产量的上升大大快于单批消耗的上升。然后分析单批产量上升是由于放罐体积、发酵单位、提炼总收率不同程度的提高,其中发酵单位提高是主要影响因素。最后分析发酵单位提高的原因是发酵周期延长、发酵指数上升,其中后者是主要的影响因素,而容放比系数变小是使发酵单位降低的影响因素。这样层层分解,步步深入,使分析环环紧扣、脉络分明、透彻入里。

三、层层归纳法

在分析总耗变动、单耗变动、单批产量变动、发酵单位变动,整个纵比以及横比过程中,都采用了先摆材料、后下结论的归纳法。这样层层使用归纳法,使人感到分析自然,顺理成章。

四、指数的因素分析法

在分析总耗的变动时,采用了个体指数的两因素分析法。在分析单批产量变动、发酵单位变动时,采用了个体指数的三因素分析法。

指数的因素分析法是运用统计指数原理,分析受多因素影响的复杂现象的总变动中,各个因素影响方向和程度的方法。使用该方法的前提是复杂现象的量可以分解为若干连乘因素。指数的两因素分析,应假定其中某一因素数量相同,从而测定另一因素的影响。指数的多因素分析,应遵守以下原则:① 因素排列原则。按照因素间的内在联系,将数量因素排前、质量因素排后。② 数量假定原则。假定其他因素数量相同,从而测定其中另一因素的影响。③ 指标替换原则。从前往后,由报告期(实际)指标逐一替换基期(计划)指标,替换过的指标不能再变回来。

五、相关联系分析法

相关联系分析法是将性质不同但又互有联系的现象的统计指标,联系起来进行分析的一种统计分析方法。利用这种方法,既可以研究事物发展变化的原因和后果,又可以研究有关事物之间的各种比例关系。

在分析单耗变动的原因时采用了这种方法。根据四环素碱生产工艺特点,单耗的变动与单批产量、单批消耗的变动有着密切的联系。这种联系可以表述为:单耗与单批消耗成正比,与单批产量成反比。但单批消耗的上升可能引起单批产量的上升,有时后者还快于前者。通过两个有联系的因素之比较,可以看出单批产量上升大大快于单批消耗上升,是单耗降低的原因所在。

在统计分析中,多种分析方法结合应用,能收到良好的分析效果。

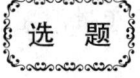 **实践效果**

厂领导认为,分析报告分析了四环素碱原材料消耗变动的特点,以及发生变动的影响因素及其影响程度,既充分肯定了本厂提高生产技术水平和降低原材料消耗所取得的成绩,又通过与华北制药厂的对比,找出了存在的差距,所提措施建议切实可行,起到了支持决策的作用。有些措施建议采用后,仅仅半年的时间已收到如下初步成效:

(1)通过采取"搞好溴化锂制冷机组的维修工作"、"充分利用二次水"和"生活用水实行定时供应",使四环素碱生产用水已得到一定程度的缓解。

(2)解决"空气供应系统所造成的污染"已列入 QC 小组攻关的课题;"开展消毒工技术练兵活动"已纳入劳动竞赛活动的内容。半年来染菌率已比上年同期降低 20%。

采取以上措施,已取得非常明显的经济效益。半年时间总单耗比上年同期下降10%,节约原材料 100 多吨,节约原材料费用 30 万元。

有些措施建议已着手实施或正在为实施创造条件:

(1)"再上一台溴化锂制冷机组"已列入下年的计划。

(2)"再打深井"已提到厂领导的议事日程上来,并着手进行联系、准备工作。

(3)为"采用先进的过滤介质",有关部门正在进行调研。

(4)除了"购进高产菌种"外,正在积极创造条件,争取在较短的时间内把菌种选育工作开展起来。

这些措施全部实施后,所取得的经济效益将是非常可观的。

启　示

(1)选择原材料消耗这一类的课题进行分析研究,对于促进企业实现经济增长方式的转变,进一步提高经济效益,具有重要意义。这类课题也是企业领导和广大职工关心的问题,分析结果易于实施,能够收到良好的效果。

(2)纵向对比与横向对比相结合,既看到自己的进步,又看到与先进企业的差距,符合唯物辩证法,这对于鼓励职工的积极性,鼓励其向更高目标攀登,具有积极的作用。

(3)应用指数体系进行因素分析,是一种科学的因素分析方法,也能够精确地计算各个影响因素的影响方向和影响程度,深刻地提示事物的本质和规律。

案例 22　阳光锅炉厂物质消耗统计分析

选　题

阳光锅炉厂近来致力于经营形式从粗放型向集约型转变,注重科学投入,加强经营管理,努力降低物耗,提高附加值,走以质取胜的内涵扩大再生产的道路。经过近几年的实践,厂领导感到,经营形式转变的程度如何,今后应从哪些方面努力,需要通过分析研究弄清楚。为此,统计处进行了物质消耗的统计分析。

┌─────────────┐
│ **资料搜集整理** │
└─────────────┘

根据选题的要求,在企业内部搜集整理了近两年的总产值、净产值、全部物质消耗价值,以及主要原材料和能源消耗的统计资料;在外部搜集整理了全国同行业主要原材料和能源消耗水平的资料。

┌─────────┐
│ **分析报告** │
└─────────┘

降低物质消耗,实现集约经营

提高企业经济效益的主要途径之一是降低物耗。从宏观上讲,若能降低单位产品的物耗就意味着用同样的社会总耗费,可以得到更多的社会总产品。从微观上讲,其一,降低物耗可以降低企业单位产品成本,提高产品在市场上的竞争能力。从锅炉行业平均水平来看,材料占生产总成本的75%左右,而我厂报告年度却高达82.89%。其二,降低物耗可以提高企业的适应能力,使企业在材料、燃料、能源等涨价的不利条件下,提高企业的自我消化能力。其三,降低物耗可以提高企业自我改造和自我发展的能力。其四,物资消耗的高低,是反映一个企业生产技术和科学管理水平的重要标志。因此,我们在寻求降低物耗的途径上下真功夫,花大力气,努力探索提高附加值的途径,走内涵扩大再生产的道路。

一、物质消耗纵向对比分析

报告年度我厂实行经营责任制。在厂长领导下企业大力开展双增双节运动,全厂职工发扬团结、勤奋、求实,创新的"楚锅"精神,以深化改革、依法治厂、优质低耗、增进效益为方针,在加强物耗管理、挖潜降耗、不断提高经济效益上取得较好的成绩。物耗节约方面取得较好成效:全面超额完成年度节约计划,实际节约煤炭5 150吨,节约电力462万度,节约成品油29.7吨,节约木材192.8立方米,节约钢材1 052吨,合计节约金额263.62万元,为年节约计划的183.3%。下面从三个方面对物耗指标进行具体分析:

(一)从钢材利用率及工艺定额利用率分析

(1)报告年度完成45台5 829蒸吨锅炉产品,锅炉产量总产品净重28 506吨,实际耗用钢材33 099吨,钢材利用率为86.12%,较上年度的86.06%提高0.06个百分点,这一指标不仅达到国家考核一级企业管理水平(85.79%),而且在国内锅炉行业中亦居领先地位。

（2）报告年度锅炉产量总工艺净重 31 348 吨，工艺定额利用率为 90.93％，这一指标也完成了上级考核计划指标。但非工艺性损耗占工艺定额需用量的 2.61％，较上年度的 2.44％上升 0.17 个百分点。主要原因是材料代用大幅度增加，尤其是槽钢，近年钢厂生产型钢以 b 型为主，而我厂设计则采用 a 型，同时进口型钢每米较国产材料重，故材料代用的增加，相应使非工艺性损耗增加。

（二）从总产值、净产值方面分析物质消耗的变化

下面从总产值、净产值方面分析物质消耗的变化。具体资料见表 20-6。

表 20-6

产值及物耗资料

指　标　名　称	单位	报告年度	上 年 度	报告年度比上年	
				增（＋）减（一）差　额	增（＋）减（一）
工业总产值（现价）	万元	13 930	10 072	＋3 858	＋38.30％
工业净产值（现价）	万元	2 531	2 622	－91	－3.47％
净产值占总产值比重	％	18.17	26.03	—	－7.86％
全部物资消耗价值	万元	11 399	7 450	3 949	＋53.01％
全部物质消耗价值占总产值比重	％	81.83	73.97	—	＋7.86％
全年耗用钢材	吨	33 099	24 417	8 682	＋35.56％

从表 20-6 可以看出报告年度现价总产值比上年度增加 3 858 万元，增长速度为 38.3％，而工业净产值却比上年度下降了 3.47％，也就是说报告年度我厂新创造的价值比上年度减少了 91 万元。

再从净产值占现价总产值的比重来看，也比上年度下降 7.86 个百分点，也就是全部物质消耗占现价总产值比重增长 7.86 个百分点。再进一步分析可看出报告年度全部物耗价值比上年度增加 3 949 万元，其增长速度为 53.01％，大幅度超过现价总产值的增长速度。其中：全年消耗钢材比上年增加 8 682 吨，其增长速度为 35.56％。这说明我厂在生产活动中的物质消耗上升主要是由钢材消耗大幅度上升造成的，所以要增加净产值必须在降低物耗上狠下工夫。

通过计算净产值可以知道净产值和物耗存在着反比例关系，它随物耗节约而增加，反之减少。从表 1 中可以清楚看出：两年中物质消耗占现价总产值的比重从上年度的 73.97％上升到报告年度的 81.83％，而净产值占现价总产值的比重却从上年度的 26.03％下降到报告年度的 18.17％。由此可见，降低物耗应是提高我厂经济效益的主要途径。现试想全部物耗价值占总产值的比重若能降低到 70％左右的话，那么我厂工业净

产值就会增加 1 648 万元〔(81.83%－70%)×13 930〕。

前面已经阐明,我厂钢材利用率在锅炉行业中居于领先地位,我们必须看到靠生产过程中节约钢材并不是主要渠道,而主要是要靠产品设计部门在保证产品达到质量和性能要求的前提下,尽量减少产品的钢材净重,这才是降低钢材消耗的主要途径。单位锅炉产品的材料成本的高低主要取决于本厂的设计部门。我厂设计的一台配 20 万千瓦机组 670 蒸吨的管式锅炉,其构架净重为 1 790 吨,而同行业哈尔滨锅炉厂设计的一台同型号、规格、用途的锅炉,其构架净重只要 1 420 吨,从这一比较就可以看出我厂设计的锅炉多耗费构架钢材净重 370 吨。目前,每吨钢材平均价格为 1 670 元,我厂设计这台锅炉构架的材料成本要比哈锅厂高 62 万元(370×0.167),多耗的材料价值相当于一台 20 蒸吨的链条锅炉的造价。

(三) 能耗分析

我厂深化企业内部改革,加强能源管理、挖掘潜力的节能工作取得了较好的成效,产值较上年度增长 32.91%,能耗总量(折标煤)却比上年度下降了 1.32%,万元产值综合能耗创历史最好成绩。下面同样用纵向比较分析,见表20-7。

表20-7

能 耗 资 料

项　　目	单　位	报告年度	上 年 度	增(＋)减(一)
全厂消耗标准煤	吨	15 847	16 059	－1.32%
工业总产值(不变价)	万元			32.91%
万元产值综合能耗	吨	1.32	1.78	－25.84%
万元产值耗电量	度	912	1 145	－20.35%
万元产值耗水量	吨	194.42	276	－29.56%
原煤消耗总量	吨	14 846	15 589	－4.8%
电力消耗总量	万度	1 096.3	1 035.02	5.92%
成品油消耗总量	吨	286.6	232.7	23.16%

从表20-7可以看出我厂能源消耗下降幅度较大,主要原因是原煤消耗比上年度减少 743 吨(14 846－15 589),折标准煤为 531 吨,下降 4.8%。从有关数据中反映出生产耗煤,非生产耗煤分别比上年度减少 5.3%、27.9%,电力消耗、成品油消耗分别比上年度上升 5.9%、23.2%。煤炭消耗的下降,主要原因是加强煤炭消耗的管理,一方面抓生产用煤的定额管理及考核工作,促进动力部门注意节约,降低消耗;另一方面对非生产用煤也抓住不放,制定用煤限额。供应部门严格按定额进行限额发放,减少流失。严格实行奖惩办法,提高了有关人员的积极性,有力地促进了节约工作的开展,减少了浪费、降低了

煤耗。

电力消耗总量的增长,是因生产增长速度较高。万元产值增长速度为 32.91%,而电力消耗增长为 5.92%,万元产值耗电量下降 20.35%。这也是万元产值综合能耗下降的一个因素。

成品油增长幅度较大,主要是生产结构的变动所引起的,特别是汽容分厂用于封头及预热方面的柴油耗用量增长较多。

总的来说我厂能源消耗方面是比较好的,能源消耗的弹性系数为负数,为企业降低物耗、提高经济效益创造了良好条件。

上面已从三个方面对我厂原材料、燃料、能源消耗的实际情况进行了企业自身的纵向分析比较。为扩大视野,下面进行同行业的横向比较。

二、报告年度物耗指标的横向比较分析

下面进行物耗的横向比较。具体资料见表 20-8。

表 20-8

物耗横向分析资料

指标名称	单位	本厂水平	同行业最高		各厂平均水平	本厂排列名次
			水　平	厂　名		
钢材利用率	%	86.12	86.89	无锡	85.65	3
万元产值耗能源	千克	1 319	354	无锡	923	7
万元产值耗电量	度	912	368	无锡	731	7
万元产值耗水量	吨	194.42	41.56	济南	86.95	8
万元产值耗钢材	千克	3 221	1 862	上海	2 900	7

注:表中数据是以报告年度行业统计资料中选择电站锅炉厂的主要物资消耗指标计算比较的。

(一)原材料消耗指标

我厂报告年度钢材利用率为 86.12%,这一比率虽然比较高,但通过同行业比较,比最高水平低 0.77 个百分点,比各厂平均水平高 0.47 个百分点,排列第 3。试想把我厂钢材利用率提高到无锡最高水平的 86.89%,则全年可节约钢材 255 吨[(86.89% − 86.12%)×33 099]。

(二)万元总产值综合能耗

报告年度我厂万元产值耗能源 1 319 千克,比各厂平均水平多消耗 396 千克。此指标虽然和地区有密切关系,但从南方各企业的能源消耗水平来看,也均比我厂消耗低。若把我厂能源消耗降低到各厂平均水平,则全年可节约能源 4 758 吨(0.396×12 014.55)。

再看其他几项能耗水平在同行业比较中仍是较高的。最主要的问题是,我厂属已建厂30余年的老厂,随着设备的陈旧老化,65%以上的设备均超期服役,这是影响动力设备能源单耗上升的主要因素。因此加快我厂设备的更新改造工作已是当务之急。

通过以上同行业横向对比,可以很清楚地看到我厂的物耗指标均较高,其水平与各兄弟厂相比差距确实很大,仅从万元总产值综合能耗这一指标的平均水平相比,我厂要高42.9%,比效益最佳的无锡锅炉厂要高272.6%。所以横向对比不但看出我厂各项指标在同行业中所处的地位,更主要的是找出了我厂与各兄弟厂的差距。

三、向降低物耗要效益的措施与建议

(1) 提高全厂职工对降低物耗的责任感,加强管理。厂领导要进一步做好宣传工作,把全厂职工的思想政治工作渗透于经济管理之中,提高全厂职工的主人翁责任感,团结一心实行集约经营;要坚持精神鼓励与物质鼓励相结合,严格执行节约降耗的定额管理制度,完善节约责任制;要深入开展节奖超罚制度,对节约材料较好的单位或个人,给予节约奖励,对超额或浪费的,根据情节轻重给予批评或处罚。

(2) 改进产品设计技术,不断提高设计水平。其一,厂技术部门在设计产品时要与经济部门密切配合,形成全厂的控制物耗网络体系。设计部门要重视价值工程,在设计产品结构中有改革精神,大胆去掉一些不必要的保守陈旧功能,尽量以最低的材料成本和最佳的质量为前提,不断改进产品设计方案。其二,不可忽视的方面是在技术改革上台阶发展的同时,要着重发挥我厂特种锅炉生产的优势,这样既可以达到降低单位产品成本的目的,又可以提高产品的市场竞争能力,这才是向降低物耗要效益的重要支柱。

(3) 建议厂部及有关部门领导按国家及省厅关于能耗分等规定,抓紧配齐室炉(站房)的计量仪表,逐步完善计量、仪表的维护保养管理制度,并列入月度考核计划,以此促进厂能源计量管理工作。同时有计划地分期分批开办现代化企业管理学习班,以提高企业仓库管理工作质量。

(4) 建议厂部在安排资金时,有计划地考虑设备的更新。在更新设备选型时要考虑其节能性与先进性。

阳光锅炉厂统计处

启　示

(1) 降低物质消耗是集约经营的一个重要方面。集约经营是指依靠高科技投入、高管理投入,追求产品的高品位、高附加值,以质取胜的内涵扩大再生产的经营形式。本例正是通过改进产品设计技术,不断提高设计水平,更新设备,实行现代科学管理,提高职工素质等途径,不断降低物质消耗,提高经济效益,努力向集约型经营形式转变的。

(2) 统计分析,尤其是物质消耗统计分析,运用纵向对比与横向对比相结合的方法,是一种很好的分析方法。通过纵向对比和横向对比,既可以看到进步,又能够发现差距,从而促进企业不断前进。

案例 23　宝成电气厂经济增长方式转变统计分析

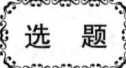

近 4 年来,宝成电气厂的工业总产值以 45.73% 的速度递增。在此期间投入了大量的资金和劳力,同时注意技术进步,加强企业管理。这 4 年是粗放经营,还是集约经营,技术进步对经济增长的贡献率有多大,今年应该沿着什么道路发展,这是亟须正确回答的一些问题。厂信息部通过技术进步贡献率分析,研究了本厂经济增长方式转变的进程。

【资料搜集整理分析】

测度技术进步用索洛增长速度方程法,经济参数 α、β 采用正则化法。根据分析方法的要求,搜集整理了如下资料,见表 20-9。

表 20-9

宝成电气厂产值、资金、劳动力资料

项　　目	代号	基　　期	报告期	总增长率	年均递增
工业总产值(万元)	Y	510	2 300	351.0%	45.73%
资金(万元)	K	450	961	113.5%	20.89%
劳动力(人)	L	68	179	163.2%	27.38%

注:报告期是基期以后第 4 年。

总增长率和年均递增率算式为

$$\text{工业总产值年均递增率 } y = \sqrt[l]{\frac{Y_l}{Y_0}} - 1 = \sqrt[4]{\frac{2\,300}{510}} - 1 = 45.73\%$$

$$\text{资金年均递增率 } k = \sqrt[l]{\frac{K_l}{K_0}} - 1 = \sqrt[4]{\frac{961}{450}} - 1 = 20.89\%$$

$$\text{劳动力年均递增率 } l = \sqrt[l]{\frac{L_1}{L_0}} - 1 = \sqrt[4]{\frac{179}{68}} - 1 = 27.38\%$$

经济参数 α、β 的算式为

$$\alpha' = \frac{y}{k} = \frac{45.73\%}{20.89\%} = 2.19$$

$$\beta' = \frac{y}{l} = \frac{45.73\%}{27.38\%} = 1.67$$

$$\alpha = \frac{\alpha'}{\alpha' + \beta'} = \frac{2.19}{2.17 + 1.67} = 0.57$$

$$\beta = 1 - \alpha = 1 - 0.57 = 0.43$$

资金投入增长对产值增长的贡献率算式为

$$\alpha k = 0.57 \times 20.89\% = 11.90\%$$

劳动力投入增长对产值增长的贡献率算式为

$$\beta l = 0.43 \times 27.38\% = 11.77\%$$

技术进步对产值增长的贡献率算式为

$$a = y - \alpha k - \beta l = 45.73\% - 11.90\% - 11.77\% = 22.06\%$$

将上述计算结果归纳总结,见表20-10。

表20-10

资金、劳动、技术对总产值增长的影响

项　　　目	代号	年均对总产值增长贡献率	占总产值增长速度的比重	总产值增长绝对额(万元)
工业总产值	y	45.73%	100%	1 740
资金投入增长因素	αk	11.90%	26.02%	453
劳动力投入增长因素	βl	11.77%	25.74%	448
技术进步增长因素	a	22.06%	48.24%	839

【分析报告】

坚持走内涵扩大再生产的道路

近4年来,我厂工业总产值高速增长,报告期工业总产值2 300万元,比4年前的510万元增长3.5倍,每年平均递增45.73%。

工业总产值高速增长,一方面是生产要素的投入增长。4年来,劳动力从基期的68人,增加到报告期的179人,增长1.63倍,每年平均递增27.38%,对总产值增长的贡献率为11.77%;资金从基期的450万元,增加到报告期的961万元,增长1.13倍,每年平均递增20.89%,对总产值增长的贡献率为11.90%。另一方面是科技进步。科技进步对总产值增长的贡献率为22.06%。

各个因素占总产值增长速度的比重,资金占26.02%,使总产值绝对额增加453万元;劳动力占25.74%,使总产值绝对额增加448万元,技术进步占48.24%,使总产值绝对额增加839万元。看来,技术进步对总产值增长的贡献率占到了一定的比重,是在向内涵扩大再生产的方向前进。

4年来,在技术进步方面主要进行了如下三项工作。

一、增加先进设备,改进工艺

先后添置了数控冲床、三点式液压母线折弯机、液压型材剪切机等加工设备;增添了回路电阻测试仪,机械特性测试仪等检测设备,配置了多台计算机、出图机、制图软件等全套 CAD 辅助设计的有关设施,从而基本实现了技术装备的现代化。

二、不断开发新产品

先后开发了 GCS 抽屉式低压配电柜、DOMINO 组合式开关柜、BFC-20B 抽屉式低压开关柜、KYN1-10 型交流金属铠装移开式高压开关柜、GC2-10(F)型手车式高压开关柜、XGN2-10 型固定金属封闭开关设备等产品,使产品达到 30 多种,适应了大型钢厂、汽车制造厂、电厂、铁路等大型企业的需要。

三、基本实现企业管理现代化

在抓好建立以责任制为核心的规章制度,建立信息系统,实现标准化等企业管理的基础工作之后,逐步实现了以市场观念、竞争观念、以人为本为内容的管理思想现代化;以营销部门为龙头,以定岗、定薪、竞争上岗的人事制度为内容的管理组织现代化;以目标管理、市场预测、ABC 管理法、决策树法、量本利分析等方法为内容的管理方法现代化;以建立管理信息系统和微机管理为内容的管理手段现代化;以培训人才、招聘人才、合理使用人才为内容的管理人才现代化;以厂长经营承包为内容的管理体制现代化。

但是,技术进步对产值增长的贡献率还不够大。发达国家一般在50%以上,高的达到80%左右,按这个标准,我厂的技术进步贡献率还有差距。同时,在产品开发、技术改造和企业管理现代化方面,还有许多工作要做。在走内涵扩大再生产道路的认识上还不尽一致,至今仍有盲目投资、乱铺摊子的倾向,而对技术进步兴趣不浓,对现代管理重视不够。因此,坚持走内涵扩大再生产的道路绝非易事。

为了尽快实现集约经营,坚持走内涵扩大再生产的道路,必须注意如下三个方面。

一、进一步提高对集约经营重要性的认识

粗放经营是一种依靠大量的资源和能力投入,追求低水平的总量扩张,以量取胜的外延扩大再生产的经营形式,是速度性的发展。而集约经营是相对于粗放经营而言的,是效益性的发展。因此,要加速从粗放经营向集约经营转变。

二、进一步推动技术进步

根据市场需求,不断开发新产品,继续进行技术改造、努力完善企业管理,大力提高企业的市场竞争能力,提高技术进步对生产增长的贡献率。

三、正确掌握资金、劳动力等生产要素的投入

职工人数的增长速度应低于产值的增长速度,以保证劳动生产率的不断提高。资金投入要有合理的回报率,以保证合理的投入产出比率。开发新市场,建设新的工厂,要经过充分的论证。

宝成电气厂信息部

启　示

技术进步贡献率是判断企业经营形式的一个重要指标。粗放经营的特点是单纯靠生产要素的投入,技术进步贡献率小。集约经营则是主要靠技术进步。本例技术进步贡献率为 22.06%,占总产值增长速度的 48.24%,说明在从粗放经营向集约经营转变的过程中有了一定的进展,但生产要素的投入对总产值增长速度的影响为 51.76%,仍处于主导地位。今后需要加快经济增长方式转变的进程。经常进行经济增长方式转变的统计分析,有利于加快这一进程。

附录一 术语表

备择假设(alternative hypothesis) 与原假设逻辑相反的假设。

比例(proportion) 一个样本(或总体)中各个部分的数据占全部数据之比。

比率(ratio) 样本(或总体)中各不同类别数值之间的比值。

必然事件(certain event) 在同一组条件下,每次试验一定出现的事件。

变量(variable) 说明现象某种特征的概念。

标准差(standard deviation) 方差的平方根。

标准分数(standard score) 也称标准化值或分数,它是变量值与其平均数的离差除以标准差后的值。

标准化残差(standardized residual) 残差除以它的标准差后得到的数值。

不规则波动(irregular variation) 称为随机波动,指序列中的偶然性波动。

不可能事件(impossible event) 在同一组条件下,每次试验一定不出现的事件。

参数(parameter) 用来描述总体特征的概括性数字度量,是研究者想要了解的总体的某种特征值。

残差(residual) 因变量的观测值 y_i 与根据估计的回归方程求出的预测值 $\hat{y}_i$ 之差,用 e 表示。对于第 i 个观测值,残差为 $e_i = y_i - \hat{y}_i$。

充分统计量(ample statistic) 在样本加工统计量的过程中不损失任何信息的统计量。

抽样分布(sampling distribution) 样本统计量的分布。

抽样框(sampling frame) 用于抽选样本的总体单位信息,是概率抽样中所不可缺少的。

抽样误差(sampling error) 由抽样的随机性引起的样本结果与总体真值之间的差异。

处理(treatment) 不同的因子水平。

次序统计量(order statistic) 设有样本 $(X_1, X_2, \cdots, X_n)$,若有满足以下条件的函数:每当样本得到一组观测值 $x_1, x_2, \cdots, x_n$ 时,其由小到大的排序 $x_{(1)} \leqslant x_{(2)} \leqslant \cdots \leqslant x_{(i)} \leqslant \cdots x_{(n)}$ 中,第 i 个值 $x_{(i)}$ 就作为统计量 $X_{(i)}$ 的观测值,而 $X_{(1)}, X_{(2)}, \cdots, X_{(n)}$ 称为次

序统计量。

　　β错误（β error）　　原假设为伪，却在检验中未拒绝原假设，又称取伪错误或第Ⅱ类错误（type Ⅱ error），用 β 表示其概率。

　　α错误（α error）　　原假设为真，却在检验中将原假设放弃，又称弃真错误或第Ⅰ类错误（type Ⅰ error），用 α 表示其概率。

　　单因素方差分析（one-way analysis of variance）　　研究一个分类型自变量同数值型因变量之间关系的一种统计方法。

　　点估计（point estimate）　　用样本估计量 θ 的取值直接作为总体参数 θ 的估计值。

　　独立性（independence）　　两个事件中不论哪一个事件发生与否并不影响另一个事件发生的概率，则称这两个事件具有相互独立性。

　　独立性检验（test of independence）　　对两个分类型变量是否存在相依关系的检验。如果存在相依关系，有必要对这种相关性进行进一步测定。

　　独立样本（independent sample）　　一个样本中的元素与另一个样本中的元素相互独立。

　　对照组（control group）　　随机抽选的实验对象的子集。在这个子集中，每个单位不接受实验组成员所接受的某种特别的处理。

　　多元回归方程（multiple regression equation）　　描述因变量 y 的期望值与自变量 x_1，x_2，$\cdots$，x_k 之间关系的方程。一般形式为：$E(y) = \beta_0 + \beta_1 x_1 + \beta_2 x_2 + \cdots + \beta_k x_k$。

　　多元回归模型（multiple regression model）　　描述因变量 y 如何依赖于自变量 x_1，x_2，$\cdots$，x_k 和误差额 ε 的方程。一般形式为：$y = \beta_0 + \beta_1 x_1 + \beta_2 x_2 + \cdots + \beta_k x_k + \varepsilon$。

　　多重比较方法（multiple comparison procedures）　　通过对总体均值之间的配对比较来检验哪些均值之间存在差异的方法。

　　多重共线性（multicollinearity）　　回归模型中两个或两个以上的自变量彼此相关。

　　多重判定系数（multiple coefficient of determination）　　回归平方和占总平方和的比例，反映因变量 y 取值的变差中，能被估计的多元回归方程所解释的比例。

　　F 分布（F distribution）　　设随机变量 Y 与 Z 相互独立，且 Y 与 Z 分别服从自由度为 m 与 n 的 χ^2 分布，则 $X = \dfrac{Y/m}{Z/n} \sim F(m, n)$，称它服从第一自由度为 m、第二自由度为 n 的 F 分布。

　　方差（variance）　　各变量值与其平均数离差平方的平均数。

　　方差分析（analysis of variance）　　缩写为 ANOVA，通过检验多个总体均值是否相等来研究分类型自变量对数值型因变量影响的统计方法。

　　方差分析表（analysis of variance table）　　用来汇总方差分析计算和结果的表。

　　非抽样误差（non-sampling error）　　抽样误差以外的，由其他各种原因引起的样本结果与总体真值之间的差异。

非概率抽样(non-probability sampling)　根据方便原则或依主观判断选择样本单位。

非平稳序列(non-stationary series)　包含趋势性、季节性或周期性的序列,它可能只含有其中的一种成分,也可能是几种成分的组合。

χ^2 分布(Chi-square distribution)　设随机变量 X_1,X_2,$\cdots$,X_n 相互独立,且 $X_i(i = 1 \sim n)$ 服从标准正态分布 $N(0,1)$,则它们的平方和 $\sum_{i=1}^{n} X_i^2$ 服从自由度为 n 的 χ^2 分布。

分类变量(categorical variable)　说明事物类别的一个名称,其取值是分类数据。

分类数据(categorical data)　只能归于某一类别的非数字型数据,它是对事物进行分类的结果,数据则表现为类别,是用文字来表述的。

峰态(kurtosis)　对数据分布平峰或尖峰程度的测度。

概率(probability)　随机事件出现可能性大小的数值。

概率抽样(probability sampling)　遵循随机原则进行的抽样,总体中每个单位都有一定的机会被选入样本。

估计标准误差(standard error of estimate)　度量各市级观测点在直线周围的散布状况的一个统计量,是均方残差(MSE)的平方根,用 s_e 表示。

估计的多元回归方程(estimated multiple regression equation)　利用最小二乘法,根据样本数据求出的多元回归方程的估计。其一般形式为:$\hat{y} = \hat{\beta}_0 + \hat{\beta}_1 x_1 + \hat{\beta}_2 x_2 + \cdots + \hat{\beta}_k x_k$。

估计的回归方程(estimated regression equation)　根据样本数据求出的回归方程的估计。对于一元线性回归,估计的回归方程形式为:$\hat{y} = \hat{\beta}_0 + \hat{\beta}_1 x_1$。

估计量(estimator)　用来估计总体参数的统计量的名称,用 $\hat{\theta}$ 表示,比如样本均值、样本比例、样本方差等都可以是一个估计量。

估计值(estimated value)　根据一个具体的样本计算出来的估计量的数值。

股票价格指数(stock price index)　反映某一股票市场上多种股票价格变动趋势的一种相对数,简称股价指数,其单位一般用"点"(point)表示。

观测数据(observational data)　通过调查或观测收集到的数据,这类数据是在没有对事物人为控制的条件下得到的。

回归方程(regression equation)　描述因变量 y 的期望值如何依赖于自变量 x 的方程。一元线性回归方程的形式为:$E(y) = \beta_0 + \beta_1 x$。

回归模型(regression model)　描述因变量 y 如何依赖于自变量 x 和误差项的方程。对于只涉及一个自变量的一元线性回归模型可表示为:$y = \beta_0 + \beta_1 x_1 + \varepsilon_0$。

基本事件(elementary event)　如果一个事件不能分解成两个或更多个事件,则这个事件称为基本事件。

极差(range)　也称全距,是一组数据的最大值与最小值之差。

几何平均数(geometric mean)　n 个变量值乘积的 n 次方根。

季节变动(seasonal fluctuation)　也称季节性,指时间序列在 1 年内重复出现的周期性波动。

假设检验(hypothesis testing)　利用样本信息,对提出的命令进行检验的一套程序和方法。

渐进分布(asymptotic distribution)　当样本量 $n \to \infty$ 时,统计量 $T(X_1, X_2, \cdots, X_n)$ 的极限分布。

相互作用(interaction)　一个因素和另一个因素联合产生的对因变量的附加效应。

截面数据(cross-sectional data)　在相同或近似相同的时间点上收集的数据,它所描述的是现象在某一时刻的变化情况。

均方(mean square)　平方和除以相应的自由度后的值。

均值(mean)　也称为平均数,它是全部数据的算术平均。

拉氏指数(Laspeyres index)　1864 年,德国学者拉斯贝尔斯提出的一种指数计算方法,它是在计算一组商品的价格指数时,把作为权数的销售量固定在基期计算的指数。

累积频数(cumulative frequencies)　将各有序类别或组的频数逐级累加起来得到的频数。

离散系数(coefficient of variation)　也称变异系数,一组数据的标准差与其相应的平均数之比,是测度数据离散程度的相对值。

离散型随机变量(discrete random variable)　如果随机变量 X 的所有取值都可以逐个列举出来,则称 X 为离散型随机变量。

连续性随机变量(continuous random variable)　如果随机变量 X 的所有取值不可以逐个列举出来,则称 X 为连续型随机变量。

列联表(contingency table)　由两个以上的变量进行交叉分类的频数分布表。

列联系数(coefficient of contingency)　简称 c 系数,是描述列联表数据相关程度的系数,通常用于列联表大于 2×2 的情况。

临界值(critical value)　假设检验中非拒绝域和拒绝域的分界点。

零售价格指数(retail price index)　反映城乡商品零售价格变动趋势的一种经济指数。

拟合优度检验(goodness of fit test)　对多个总体比例是否等于其期望概率的检验。当期望概率相同时,表现为对多个总体比例是否相等的检验。

P 值(P-value)　当原假设为真时,得到的样本数据或更极端数据的概率。

帕氏指数(Paasche index)　1874 年德国学者帕舍所提出一种指数计算方法,它是在计算一组商品的价格指数时,把作为权数的销售量固定在报告期计算的指数。

判定系数(coefficient of determination)　回归平方和占总平方和的比例,用 R^2 表示,它是对估计的回归方程拟合优度的度量。

匹配样本(matched sample)　一个样本中的数据与另一个样本中的数据相对应。

偏态(skewness)　对数据分布对称性的测度。

频数(frequency)　落在某一特定类别或组中的数据个数。

频数分布(frequency distribution)　各个类别及其相应的频数形式的分布。

平均差(mean deviation)　也称平均绝对离差,它是各变量值与其平均数离差绝对值的平均数。

平均增长率(average rate of increase)　时间序列中各逐期环比值(也称环比发展速度)的几何平均减 1 后的结果,用于描述现象在整个观察期内平均增长变化的程度。

平稳序列(stationary series)　基本上不存在趋势的序列,该序列中的各观察值基本上在某个固定的水平上波动。

期望值(expected value)　随机变量 X 的平均取值。

区间估计(interval estimate)　在点估计的基础上,给出总体参数估计的一个区间范围,该区间通常由样本统计量加减抽样误差得到。

趋势(trend)　时间序列在长期内呈现出某种持续向上或持续下降的变动,趋势可以是线性的,也可以是非线性的。

时间序列(time series)　同一现象在不同时间上的相继观察值排列而成的序列。

时间序列数据(time series data)　在不同时间上收集到的数据,它所描述的是现象随时间而变化的情况。

实验数据(experimental data)　在试验中控制实验对象而搜集到的变量的数据。

实验组(experimental group)　随机抽选的实验对象的子集。在这个子集中,每个单位接收某种特别的处理。

数值型变量(metric variable)　说明事物数字特征的一个名称,其取值是数值型数据。

数值型数据(metric data)　按数字尺度测量的观察值。

双因素方差分析(two-way analysis of variance)　研究两个分类型自变量同数值型因变量之间关系的一种统计方法。

顺序变量(rank variable)　说明事物有序类别的一个名称,其取值是顺序数据。

顺序数据(rank data)　只能归于某一有序类别的非数字型数据。

四分位差(quartile deviation)　也称为内距或四分间距,它是上四分位数与下四分位数之差。

四分位数(quartile)　也称四分位点,它是一组数据排序后处于 25% 和 75% 位置上的值。

随机化区组设计（randomized block design）　先按一定规则将实验单元划分为若干同质组，称为"区组"（block），然后再将各种处理随机地指派给各个区组的一种设计。

随机事件（random event）　在同一组条件下，每项实验可能出现也可能不出现的事件。

t 分布（t distribution）　设 $X \sim N(0,1)$，$Y \sim \chi^2(n)$，且 X 与 Y 独立，则称 $t = X / \sqrt{\dfrac{Y}{n}}$ 服从自由度为 n 的 t 分布，记为 $t \sim t(n)$。

条件概率（conditional probability）　当某一事件 B 已经发生时，求事件 A 发生的概率，称这种概率为事件 B 发生条件下事件 A 发生的条件概率，记为 $P(A \mid B)$。

统计量（statistic）　描述样本特征的概括性数字度量。

统计学（statistics）　收集、处理、分析、解释数据并从数据中得出结论的科学。

调整的多重判定系数（adjusted multiple coefficient of determination）　用样本量 n 和自变量的个数 k 进行调整的多重判定系数，记为 R_a^2。

V 相关系数（V correlation coefficient）　另一种描述列联表数据相关程度的系数，可用于多种情况的列联表。在 2×2 列联表情况下，V 相关系数与 φ 相关系数结果相同。

无偏性（unbiasedness）　估计量抽样分布的数学期望等于被估计的总体参数。

显著性水平（significance level）　在原假设正确的情况下，错误地拒绝原假设的概率。显著性水平用 α 表示。

相关关系（correlation）　变量之间存在的一种不确定的数量关系，一个变量的取值不能由另一个变量唯一确定。

相关系数（correlation coefficient）　根据样本数据计算的度量两个变量之间线性关系强度的统计量，记为 γ。

φ 相关系数（φ correlation coefficient）　描述 2×2 列联表数据相关程度的系数，数值在 $0\sim1$ 之间。

消费价格指数（consumer price index）　反映一定时期内消费者所购买的生活消费品价格和服务项目价格的变动趋势和程度的一种相对数。我国称为居民消费价格指数。

循环波动（cyclical fluctuation）　也称周期性，指序列近乎规律性地从低至高再从高至低的周而复始的变动。

样本（sample）　从总体中抽取的一部分元素的集合，构成样本的元素的数目称为样本量。

一致性（consistency）　随着样本量的增大，估计量的值越来越接近被估总体的参数。

移动平均法（moving average）　对时间序列逐期递移求得一系列平均数作为趋势值或预测值的一种方法。

异众比率(variation ration)　非众数组的频数占总额数的比例。

因变量(dependent variable)　被预测或被解释的变量,用 y 表示。

因子(factor)　检验的对象,所研究的分类型变量的另一个名称。

因子设计(factorial design)　两个因素(可推广到多个因素)搭配的实验设计,该设计主要用于分析两个因素及其交互作用对实验结果的影响。

有效性(efficiency)　对同一总体参数的两个无偏估计量,有更小标准差的估计量更有效。

预测区间估计(prediction interval estimate)　对于一个给定的自变量 x 值,因变量 y 的一个个别值的区间估计。

原设计(null hypothesis)　提出一个(或两个)参数是否等于(或大于、小于)某个特殊值的命题。

增长率(growth rate)　也称增长速度,是报告期观察值与基期观察值之比减 1,用％表示。有环比增长率和定基增长率之分。

指数(index number)　广义地讲,任何两个数值对比形成的相对数都可以称为指数;狭义地讲,指数是用于测定多个项目在不同场合下综合变动的一种相对数。

指数平滑法(exponential smoothing)　对过去的观察值加权平均进行预测的一种方法。

置信区间(confidence interval)　由样本统计量所构造的总体参数的估计区间。

置信区间估计(confidence interval estimate)　对于一个给定的自变量 x 值,因变量 y 的平均值的区间估计。

置信水平(confidence level)　也称为置信度或置信系数(confidence coeffi-cient),它是将构造置信区间的步骤重复多次,置信区间中包含总体参数真值的次数所占的比例。

中位数(median)　一组数据排序后处于中间位置上的变量值,用 M_e 表示。

中心极限定理(central limit theorem)　服从均值为 μ、方差为 σ^2/n 的正态分布。

众数(mode)　一组数据中出现次数最多的变量值,用 M_0 表示。

自变量(independent variable)　用来预测因变量的一个或多个变量,用 x 表示。

自由度(degree of freedom)　自由度可解释为独立变量的个数,还可用二次型的秩来解释。

总平方和(sum of squares for total)　简记为 SST,全部观测值 x_{ij} 与总平均值 $\bar{x}$ 的误差平方和,反映全部观测值的离散状况。

总体(population)　包含所研究的全部个体(元素)的集合。

组间平方和(sum of squares for factor A)　简记为 SSA,各组均值 $\bar{x}_i$ 与总均值 $\bar{x}$ 的误差平方和,反映各总体的样本均值之间的差异程度,又称因素平方和。

组距(class width)　一个组的上限与下限之差。

组内平方和(sum of squares for error) 简记为 SSE,每个水平或组的各样本数据与其组均值的误差平方和,反映每个样本各观测值的离散状况,又称为误差平方和或残差平方和。

组中值(class midpoint) 每一组中下限值与上限值中间的值,即组中值=(下限值+上限值)÷2。

最小二乘法(method of least squares) 使因变量的观察值 y_i 与估计值 $\hat{y}_i$ 之间的离差平均和达到最小来估计 β_0 和 β_1 的方法,也称最小平方法。

附录二 用 Excel 生成概率分布表

附表 1 标准正态分布表

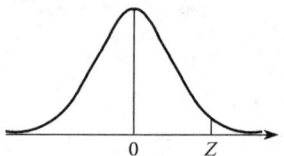

利用 Excel 提供的统计函数 normsdist，可以生成标准正态分布累积概率分布表，即 $P(Z \leqslant x)$。生成标准正态分布累积概率分布表的具体操作步骤如下。

第 1 步：将 x 的值（可根据需要确定）输入到工作表的 A 列，将 x 取值的尾数输入到第 1 行，形成标准正态分布表的表头，如下表所示。

序号	A	B	C	D	E	F	G	H	I	J	K
1	x	0.00	0.01	0.02	0.03	0.04	0.05	0.06	0.07	0.08	0.09
2	0.0										
3	0.1										
4	0.2										
5	0.3										
6	0.4										
7	0.5										
8	0.6										
9	0.7										
10	0.8										
11	0.9										
12	1.0										

第 2 步：在 B2 单元格输入公式"＝NORMSDIST($A2＋B$1)"，然后将其向下、向右复制即可得到标准正态分布概率表，部分结果如下表所示（读者可根据需要生成不同 x 的标准正态分布概率表）。

序号	A	B	C	D	E	F	G	H	I	J	K
1	x	0.00	0.01	0.02	0.03	0.04	0.05	0.06	0.07	0.08	0.09
2	0.0	0.500 0	0.504 0	0.508 0	0.512 0	0.516 0	0.519 9	0.523 9	0.527 9	0.531 9	0.535 9
3	0.1	0.539 8	0.543 8	0.547 8	0.551 7	0.555 7	0.559 6	0.563 6	0.567 5	0.571 4	0.575 3
4	0.2	0.579 3	0.583 2	0.587 1	0.591 0	0.594 8	0.598 7	0.602 6	0.606 4	0.610 3	0.614 1
5	0.3	0.617 9	0.621 7	0.625 5	0.629 3	0.633 1	0.636 8	0.640 6	0.644 3	0.648 0	0.651 7
6	0.4	0.655 4	0.659 1	0.662 8	0.666 4	0.670 0	0.673 6	0.677 2	0.680 8	0.684 4	0.687 9
7	0.5	0.691 5	0.695 0	0.698 5	0.701 9	0.705 4	0.708 8	0.712 3	0.715 7	0.719 0	0.722 4
8	0.6	0.725 7	0.729 1	0.732 4	0.735 7	0.738 8	0.742 2	0.745 4	0.748 6	0.751 7	0.754 9
9	0.7	0.758 0	0.761 1	0.764 2	0.767 3	0.770 4	0.773 4	0.776 4	0.779 4	0.782 3	0.785 2
10	0.8	0.788 1	0.791 0	0.793 9	0.796 7	0.799 5	0.802 3	0.805 1	0.807 8	0.810 6	0.813 3
11	0.9	0.815 9	0.818 6	0.821 2	0.823 8	0.826 4	0.828 9	0.831 5	0.834 0	0.836 5	0.838 9
12	1.0	0.841 3	0.843 8	0.846 1	0.848 5	0.850 8	0.853 1	0.855 4	0.857 7	0.859 9	0.862 1
13	1.1	0.864 3	0.866 5	0.868 6	0.870 8	0.872 9	0.874 9	0.877 0	0.879 0	0.881 0	0.883 0
14	1.2	0.884 9	0.886 9	0.888 8	0.890 7	0.892 5	0.894 4	0.896 2	0.898 0	0.899 7	0.901 5
15	1.3	0.903 2	0.904 9	0.906 6	0.908 2	0.909 9	0.911 5	0.913 1	0.914 7	0.916 2	0.917 7
16	1.4	0.919 2	0.920 7	0.922 2	0.923 6	0.925 1	0.926 5	0.927 9	0.929 2	0.930 6	0.931 9
17	1.5	0.933 2	0.934 5	0.935 7	0.937 0	0.938 2	0.939 4	0.940 6	0.941 8	0.942 9	0.944 1
18	1.6	0.945 2	0.946 3	0.947 4	0.948 4	0.949 5	0.950 5	0.951 5	0.952 5	0.953 5	0.954 5
19	1.7	0.955 4	0.956 4	0.957 3	0.958 2	0.959 1	0.959 9	0.960 8	0.961 6	0.962 5	0.963 3
20	1.8	0.964 1	0.964 9	0.965 6	0.966 4	0.967 1	0.967 8	0.968 6	0.969 3	0.969 9	0.970 6
21	1.9	0.971 3	0.971 9	0.972 6	0.973 2	0.973 8	0.974 4	0.975 0	0.975 6	0.976 1	0.976 7
22	2.0	0.977 2	0.977 8	0.978 3	0.978 8	0.979 3	0.979 8	0.980 3	0.980 8	0.981 2	0.981 7
23	2.1	0.982 1	0.982 6	0.983 0	0.983 4	0.983 8	0.984 2	0.984 6	0.985 0	0.985 4	0.985 7
24	2.2	0.986 1	0.986 4	0.986 8	0.987 1	0.987 5	0.987 8	0.988 1	0.988 4	0.988 7	0.989 0
25	2.3	0.989 3	0.989 6	0.989 8	0.990 1	0.990 4	0.990 6	0.990 9	0.991 1	0.991 3	0.991 6
26	2.4	0.991 8	0.992 0	0.992 2	0.992 5	0.992 7	0.992 9	0.993 1	0.993 2	0.993 4	0.993 6
27	2.5	0.993 8	0.994 0	0.994 1	0.994 3	0.994 5	0.994 6	0.994 8	0.994 9	0.995 1	0.995 2
28	2.6	0.995 3	0.995 5	0.995 6	0.995 7	0.995 9	0.996 0	0.996 1	0.996 2	0.996 3	0.996 4
29	2.7	0.996 5	0.996 5	0.996 7	0.996 8	0.996 9	0.997 0	0.997 1	0.997 2	0.997 3	0.997 4
30	2.8	0.997 4	0.997 5	0.997 6	0.997 7	0.997 7	0.997 8	0.997 9	0.997 9	0.998 0	0.998 1
31	2.9	0.998 1	0.998 2	0.998 2	0.998 3	0.998 4	0.998 4	0.998 5	0.998 5	0.998 6	0.998 6
32	3.0	0.998 7	0.998 7	0.998 7	0.998 8	0.998 8	0.998 9	0.998 9	0.889 9	0.999 0	0.999 0
33	3.1	0.999 0	0.999 1	0.999 1	0.999 1	0.999 2	0.999 2	0.999 2	0.999 2	0.999 3	0.999 3
34	3.2	0.999 3	0.999 3	0.999 4	0.999 4	0.999 4	0.999 4	0.999 4	0.999 5	0.999 5	0.999 5
35	3.3	0.999 5	0.999 5	0.999 5	0.999 6	0.999 6	0.999 6	0.999 6	0.999 6	0.999 6	0.999 7
36	3.4	0.999 7	0.999 7	0.999 7	0.999 7	0.999 7	0.999 7	0.999 7	0.999 7	0.999 7	0.999 8

（续表）

序号	A	B	C	D	E	F	G	H	I	J	K
37	**3.5**	0.999 8	0.999 8	0.999 8	0.999 8	0.999 8	0.999 8	0.999 8	0.999 8	0.999 8	0.999 8
38	**3.6**	0.999 8	0.999 8	0.999 9	0.999 9	0.999 9	0.999 9	0.999 9	0.999 9	0.999 9	0.999 9
39	**3.7**	0.999 9	0.999 9	0.999 9	0.999 9	0.999 9	0.999 9	0.999 9	0.999 9	0.999 9	0.999 9
40	**3.8**	0.999 9	0.999 9	0.999 9	0.999 9	0.999 9	0.999 9	0.999 9	0.999 9	0.999 9	0.999 9
41	**3.9**	1.000 0	1.000 0	1.000 0	1.000 0	1.000 0	1.000 0	1.000 0	1.000 0	1.000 0	1.000 0
42	**4.0**	1.000 0	1.000 0	1.000 0	1.000 0	1.000 0	1.000 0	1.000 0	1.000 0	1.000 0	1.000 0

附表 2　标准正态分布分位数表

利用 Excel 提供的统计函数 normsinv 可以生成标准正态分布份位数表，标准正态分布的分位数是根据标准正态分布随机变量分布的累积概率的值计算相应的临界值。如果 $P(Z \leqslant x) = p$，则对于任意给定的 $P(0 \leqslant p \leqslant 1)$，可以求出相应的 x。用 Excel 生成标准正态分布分位数表的具体操作步骤如下。

第 1 步：将标准正态变量累积概率的值输入到工作表的 A 列，其尾数输入到第 1 行，形成标准正态分布分位数表的表头，如下表所示。

序号	A	B	C	D	E	F	G	H	I	J	K
1	p	0.000	0.001	0.002	0.003	0.004	0.005	0.006	0.007	0.008	0.009
2	0.50										
3	0.51										
4	0.52										
5	0.53										
6	0.54										
7	0.55										
8	0.56										
9	0.57										
10	0.58										
11	0.59										
12	0.60										
13	0.61										
14	0.62										
15	0.63										

（续表）

序号	A	B	C	D	E	F	G	H	I	J	K
16	0.64										
17	0.65										
18	0.66										
19	0.67										
20	0.68										
21	0.69										
22	0.70										
23	0.71										

　　第 2 步：在 B2 单元格输入公式"＝NORMSINV($A2+B$1)"，然后将其向下、向右复制即可得到标准正态分布分位数表，部分结果如下表所示（读者可根据需要生成不同 p 值的标准正态分布分位数表）。

序号	A	B	C	D	E	F	G	H	I	J	K
1	p	0.000	0.001	0.002	0.003	0.004	0.005	0.006	0.007	0.008	0.009
2	0.50	0.000 0	0.002 5	0.005 0	0.007 5	0.010 0	0.012 5	0.015 0	0.017 5	0.020 1	0.022 6
3	0.51	0.025 1	0.027 6	0.030 1	0.032 6	0.035 1	0.037 6	0.040 1	0.042 6	0.045 1	0.047 6
4	0.52	0.050 2	0.052 7	0.055 2	0.057 7	0.060 2	0.062 7	0.065 2	0.067 7	0.070 2	0.072 8
5	0.53	0.075 3	0.077 8	0.080 3	0.082 8	0.085 3	0.087 8	0.090 4	0.092 9	0.095 4	0.097 9
6	0.54	0.100 4	0.103 0	0.105 5	0.108 0	0.110 5	0.113 0	0.115 6	0.118 1	0.120 6	0.123 1
7	0.55	0.125 7	0.128 2	0.130 7	0.133 2	0.135 8	0.138 3	0.140 8	0.143 4	0.145 9	0.148 4
8	0.56	0.151 0	0.153 5	0.156 0	0.158 6	0.161 1	0.163 7	0.166 2	0.168 7	0.171 3	0.173 8
9	0.57	0.176 4	0.178 9	0.181 5	0.184 0	0.186 6	0.189 1	0.191 7	0.194 2	0.196 8	0.199 3
10	0.58	0.201 9	0.204 5	0.207 0	0.209 6	0.212 1	0.214 7	0.217 3	0.219 8	0.222 4	0.225 0
11	0.59	0.227 5	0.230 1	0.232 7	0.235 3	0.237 8	0.240 4	0.243 0	0.245 6	0.248 2	0.250 8
12	0.60	0.253 3	0.255 9	0.258 5	0.261 1	0.263 7	0.266 3	0.268 9	0.271 5	0.274 1	0.276 7
13	0.61	0.279 3	0.281 9	0.284 5	0.287 1	0.289 8	0.292 4	0.295 0	0.297 6	0.300 2	0.302 9
14	0.62	0.305 5	0.308 1	0.310 7	0.313 4	0.316 0	0.318 6	0.321 3	0.323 9	0.326 6	0.329 2
15	0.63	0.331 9	0.334 5	0.337 2	0.339 8	0.342 5	0.345 1	0.347 8	0.350 5	0.353 1	0.355 8
16	0.64	0.358 5	0.361 1	0.363 8	0.366 5	0.369 2	0.371 9	0.374 5	0.377 2	0.379 9	0.382 6
17	0.65	0.385 3	0.388 0	0.390 7	0.393 4	0.396 1	0.398 9	0.401 6	0.404 3	0.407 0	0.409 7
18	0.66	0.412 5	0.415 2	0.417 9	0.420 7	0.423 4	0.426 1	0.428 9	0.431 6	0.434 4	0.437 2
19	0.67	0.439 9	0.442 7	0.445 4	0.448 2	0.451 0	0.453 8	0.456 5	0.459 3	0.462 1	0.464 9
20	0.68	0.467 7	0.470 5	0.473 3	0.476 1	0.478 9	0.481 7	0.484 5	0.487 4	0.490 2	0.493 0
21	0.69	0.495 9	0.498 7	0.501 5	0.504 4	0.507 2	0.510 1	0.512 9	0.515 8	0.518 7	0.521 5
22	0.70	0.524 4	0.527 3	0.530 2	0.533 0	0.535 9	0.538 8	0.541 7	0.544 6	0.547 6	0.550 5

（续表）

序号	A	B	C	D	E	F	G	H	I	J	K
23	**0.71**	0.553 4	0.556 3	0.559 2	0.562 2	0.565 1	0.568 1	0.571 0	0.574 0	0.576 9	0.579 9
24	**0.72**	0.582 8	0.585 8	0.588 8	0.591 8	0.594 8	0.597 8	0.600 8	0.603 8	0.606 8	0.609 8
25	**0.73**	0.612 8	0.615 8	0.618 9	0.621 9	0.625 0	0.628 0	0.631 1	0.634 1	0.637 2	0.640 3
26	**0.74**	0.643 3	0.646 4	0.649 5	0.652 6	0.655 7	0.658 8	0.662 0	0.665 1	0.668 2	0.671 3
27	**0.75**	0.674 5	0.677 6	0.680 8	0.684 0	0.687 1	0.690 3	0.693 5	0.696 7	0.699 9	0.703 1
28	**0.76**	0.706 3	0.709 5	0.721 8	0.716 0	0.719 2	0.722 5	0.725 7	0.729 0	0.732 3	0.735 6
29	**0.77**	0.738 8	0.742 1	0.745 4	0.748 8	0.752 1	0.755 4	0.758 8	0.762 1	0.765 5	0.768 8
30	**0.78**	0.772 2	0.775 6	0.779 0	0.782 4	0.785 8	0.789 2	0.792 6	0.796 1	0.799 5	0.803 0
31	**0.79**	0.806 4	0.809 9	0.813 4	0.816 9	0.820 4	0.823 9	0.827 4	0.831 0	0.834 5	0.838 1
32	**0.80**	0.841 6	0.845 2	0.848 8	0.852 4	0.856 0	0.859 6	0.863 3	0.866 9	0.870 5	0.874 2
33	**0.81**	0.877 9	0.881 6	0.885 3	0.889 0	0.892 7	0.896 5	0.900 2	0.904 0	0.907 8	0.911 6
34	**0.82**	0.915 4	0.919 2	0.923 0	0.926 9	0.930 7	0.934 6	0.938 5	0.942 4	0.946 3	0.950 2
35	**0.83**	0.954 2	0.958 1	0.962 1	0.966 1	0.970 1	0.974 1	0.978 2	0.982 2	0.986 3	0.990 4
36	**0.84**	0.994 5	0.998 6	1.002 7	1.006 9	1.011 0	1.015 2	1.019 4	1.023 7	1.027 9	1.032 2
37	**0.85**	1.036 4	1.040 7	1.045 0	1.049 4	1.053 7	1.058 1	1.062 5	1.066 9	1.071 4	1.075 8
38	**0.86**	1.080 3	1.084 8	1.089 3	1.093 9	1.098 5	1.103 1	1.107 7	1.112 3	1.117 0	1.121 7
39	**0.87**	1.126 4	1.131 1	1.135 9	1.140 7	1.145 5	1.150 3	1.155 2	1.160 1	1.165 0	1.170 0
40	**0.88**	1.175 0	1.180 0	1.185 0	1.190 1	1.195 2	1.200 4	1.205 5	1.210 7	1.216 0	1.221 2
41	**0.89**	1.226 5	1.231 9	1.237 2	1.242 6	1.248 1	1.253 6	1.259 1	1.264 6	1.270 2	1.275 9
42	**0.90**	1.281 6	1.287 3	1.293 0	1.298 8	1.304 7	1.310 6	1.316 5	1.322 5	1.328 5	1.334 6
43	**0.91**	1.340 8	1.346 9	1.353 2	1.359 5	1.365 8	1.372 2	1.378 7	1.385 2	1.391 7	1.398 4
44	**0.92**	1.405 1	1.411 8	1.418 7	1.425 5	1.432 5	1.439 5	1.446 6	1.453 8	1.461 1	1.468 4
45	**0.93**	1.475 8	1.483 3	1.490 9	1.498 5	1.506 3	1.514 1	1.522 0	1.530 1	1.538 2	1.546 4
46	**0.94**	1.554 8	1.563 2	1.571 8	1.580 5	1.589 3	1.598 2	1.607 2	1.616 4	1.625 8	1.635 2
47	**0.95**	1.644 9	1.654 6	1.664.6	1.674 7	1.684 9	1.695 4	1.706 0	1.716 9	1.727 9	1.739 2
48	**0.96**	1.750 7	1.762 4	1.77 4	1.786 6	1.799 1	1.811 9	1.825 0	1.838 4	1.852 2	1.866 3
49	**0.97**	1.880 8	1.895 7	1.911 0	1.926 8	1.943 1	1.960 0	1.977 4	1.995 4	2.014 1	2.033 5
50	**0.98**	2.053 7	2.074 9	2.096 9	2.120 1	2.144 4	2.170 1	2.197 3	2.226 2	2.257 1	2.290 4

附表 3　t 分布临界值表

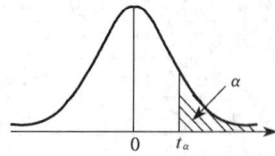

第 1 步：将 t 分布自由度 df 的值输入到工作表的 A 列，将右尾概率 α 的取值输入到第 1 行，形成 t 分布临界值表的表头，如下表所示。

序号	A	B	C	D	E	F	G	H
1	df/α	0.100	0.050	0.025	0.010	0.005	0.001	0.0005
2	1							
3	2							
4	3							
5	4							
6	5							
7	6							
8	7							
9	8							
10	9							
11	10							
12	11							
13	12							
14	13							
15	14							
16	15							
17	16							
18	17							
19	18							
20	19							
21	20							

第 2 步：在 B2 单元格输入公式"=TINV(B\$1 * \$A2)"，然后将其向下、向右复制即可得到 t 分布临界值表，部分结果如下表所示（读者可根据需要生成不同 α 和不同自由度的 t 分布临界值表）。

利用 Excel 提供的统计函数 tinv，可以构建 t 分布临界值表，该表是根据 t 分布的右尾概率 α 计算的相应的临界值。如果 $P(t \geqslant x) = \alpha$，则对于任意给定的概率 $P(0 \leqslant \alpha \leqslant 1)$，可以求出相应的 x。生成 t 分布临界值表的具体操作步骤如下。

序号	A	B	C	D	E	F	G	H
1	df/α	0.100	0.050	0.025	0.010	0.005	0.001	0.0005
2	1	3.0777	6.3138	12.7062	31.8205	63.6567	318.3088	636.6192
3	2	1.8856	2.9200	4.3027	6.9646	9.9248	22.3271	31.5991
4	3	1.6377	2.3534	3.1824	4.5407	5.8409	10.2145	12.9240

（续表）

序号	A	B	C	D	E	F	G	H
5	4	1.533 2	2.131 8	2.776 4	3.746 9	4.604 1	7.173 2	8.610 3
6	5	1.475 9	2.015 0	2.570 6	3.364 9	4.032 1	5.893 4	6.868 8
7	6	1.439 8	1.943 2	2.446 9	3.142 7	3.707 4	5.207 6	5.958 8
8	7	1.414 9	1.894 6	2.364 6	2.998 0	3.499 5	4.785 3	5.407 9
9	8	1.396 8	1.859 5	2.306 0	2.896 5	3.355 4	4.500 8	5.041 3
10	9	1.383 0	1.833 1	2.262 2	2.821 4	3.249 8	4.296 8	4.780 9
11	10	1.372 2	1.812 5	2.228 1	2.763 8	3.169 3	4.143 7	4.586 9
12	11	1.363 4	1.795 9	2.201 0	2.718 1	3.105 8	4.024 7	4.437 0
13	12	1.356 2	1.782 3	2.178 8	2.681 0	3.054 5	3.929 6	4.317 8
14	13	1.350 2	1.770 9	2.160 4	2.650 3	3.012 3	3.852 0	4.220 8
15	14	1.345 0	1.761 3	2.144 8	2.624 5	2.976 8	3.787 4	4.140 5
16	15	1.340 6	1.753 1	2.131 4	2.602 5	2.946 7	3.732 8	4.072 8
17	16	1.336 8	1.745 9	2.119 9	2.583 5	2.920 8	3.686 2	4.015 0
18	17	1.333 4	1.739 6	2.109 8	2.566 9	2.898 2	3.645 8	3.965 1
19	18	1.330 4	1.734 1	2.100 9	2.552 4	2.878 4	3.610 5	3.921 6
20	19	1.327 7	1.729 1	2.093 0	2.539 5	2.860 9	3.579 4	3.883 4
21	20	1.325 3	1.724 7	2.086 0	2.528 0	2.845 3	3.551 8	3.849 5
22	21	1.323 2	1.720 7	2.079 6	2.517 6	2.831 4	3.527 2	3.819 3
23	22	1.321 2	1.717 1	2.073 9	2.508 3	2.818 8	3.505 0	3.792 1
24	23	1.319 5	1.713 9	2.068 7	2.499 9	2.807 3	3.485 0	3.767 6
25	24	1.317 8	1.710 9	2.063 9	2.492 2	2.796 9	3.466 8	3.745 4
26	25	1.316 3	1.708 1	2.059 5	2.485 1	2.787 4	3.450 2	3.725 1
27	26	1.315 0	1.705 6	2.055 5	2.478 6	2.778 7	3.435 0	3.706 6
28	27	1.313 7	1.703 3	2.051 8	2.472 7	2.770 7	3.421 0	3.689 6
29	28	1.312 5	1.701 1	2.048 4	2.467 1	2.763 3	3.408 2	3.673 9
30	29	1.311 4	1.699 1	2.045 2	2.462 0	2.756 4	3.396 2	3.659 4
31	30	1.310 4	1.697 3	2.042 3	2.457 3	2.750 0	3.385 2	3.646 0
32	31	1.309 5	1.695 5	2.039 5	2.452 8	2.744 0	3.374 9	3.633 5
33	32	1.308 6	1.693 9	2.036 9	2.448 7	2.738 5	3.365 3	3.621 8
34	33	1.307 7	1.692 4	2.034 5	2.444 8	2.733 3	3.356 3	3.610 9
35	34	1.307 0	1.890 9	2.032 2	2.441 1	2.728 4	3.347 9	3.600 7
36	35	1.306 2	1.689 6	2.030 1	2.437 7	2.723 8	3.340 0	3.591 1
37	36	1.305 5	1.688 3	2.028 1	2.434 5	2.719 5	3.332 6	3.582 1
38	37	1.304 9	1.687 1	2.026 2	2.431 4	2.715 4	3.325 6	3.573 7
39	38	1.304 2	1.686 0	2.024 4	2.428 6	2.711 6	3.319 0	3.565 7

（续表）

序号	A	B	C	D	E	F	G	H
40	**39**	1.303 6	1.684 9	2.022 7	2.425 8	2.707 9	3.312 8	3.558 1
41	**40**	1.303 1	1.683 9	2.021 1	2.423 3	2.704 5	3.306 9	3.551 0
42	**41**	1.302 5	1.682 9	2.019 5	2.420 8	2.701 2	3.301 3	3.544 2
43	**42**	1.302 0	1.682 0	2.018 1	2.418 5	2.698 1	3.296 0	3.537 7
44	**43**	1.301 6	1.681 1	2.016 7	2.416 3	2.695 1	3.290 9	3.531 6
45	**44**	1.301 1	1.680 2	2.051 4	2.414 1	2.692 3	3.286 1	3.525 8
46	**45**	1.300 6	1.679 4	2.014 1	2.412 1	2.689 6	3.281 5	3.520 3

附表 4　x^2 分布临界值表

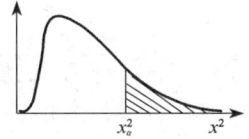

利用 Excel 提供的统计函数 chinv，可以构建 x^2 分布临界值表，该表是根据 x^2 分布的右尾概率 α 计算的相应的临界值。即如果 $P(x^2 \geqslant x) = \alpha$，则对于任意给定的概率 $P(0 \leqslant \alpha \leqslant 1)$，可以求出相应的 x。生成 x^2 分布临界值表的具体操作步骤如下。

第 1 步：将 χ^2 分布自由度 df 的值输入到工作表的 A 列，将右尾概率 α 的取值输入到第 1 行，形成 χ^2 分布临界值表的表头，如下表所示。

序号	A	B	C	D	E	F	G	H	I	J	K
1	df/α	0.995	0.990	0.975	0.950	0.900	0.100	0.050	0.025	0.010	0.005
2	**1**										
3	**2**										
4	**3**										
5	**4**										
6	**5**										
7	**6**										
8	**7**										
9	**8**										
10	**9**										
11	**10**										
12	**11**										
13	**12**										

（续表）

序号	A	B	C	D	E	F	G	H	I	J	K
14	13										
15	14										
16	15										
17	16										
18	17										
19	18										
20	19										
21	20										

　　第 2 步：在 B2 单元格输入公式"＝CHIINV(B＄1，＄A2)"，然后将其向下、向右复制即可得到 χ^2 分布临界值表，部分结果如下表所示（读者可根据需要生成不同 α 和不同自由度的 χ^2 分布临界值表）。

序号	A	B	C	D	E	F	G	H	I	J	K
1	df/α	0.995	0.990	0.975	0.950	0.900	0.100	0.050	0.025	0.010	0.005
2	1	0.000 0	0.000 2	0.001 0	0.003 9	0.015 8	2.705 5	3.841 5	5.023 9	6.634 9	7.879 4
3	2	0.010 0	0.020 1	0.050 8	0.102 6	0.210 7	4.605 2	5.991 5	7.377 8	9.210 3	10.596 6
4	3	0.071 7	0.114 8	0.215 8	0.351 8	0.584 4	6.251 4	7.814 7	9.348 4	11.344 9	12.838 2
5	4	0.207 0	0.297 1	0.484 4	0.710 7	1.063 6	7.779 4	9.487 7	11.143 3	13.276 7	14.860 3
6	5	0.411 7	0.554 3	0.831 2	1.145 5	1.610 3	9.236 4	11.070 5	12.832 5	15.086 3	16.749 6
7	6	0.675 7	0.872 1	1.237 3	1.635 4	2.204 1	10.644 6	12.591 6	14.449 4	16.811 9	18.547 6
8	7	0.989 3	1.239 0	1.689 9	2.167 3	2.833 1	12.017 0	14.067 1	16.012 8	18.475 3	20.277 7
9	8	1.344 4	1.646 5	2.179 7	2.732 6	3.489 5	13.361 6	15.507 3	17.534 5	20.090 2	21.955 0
10	9	1.734 9	2.087 9	2.700 4	3.325 1	4.168 2	14.683 7	16.919 0	19.022 8	21.668 0	23.589 4
11	10	2.155 9	2.558 2	3.247 0	3.940 3	4.865 2	15.987 2	18.307 0	20.483 2	23.209 3	25.188 2
12	11	2.603 2	3.053 5	3.815 7	4.574 8	5.577 8	17.275 0	19.675 1	21.920 0	24.725 0	26.756 8
13	12	3.073 8	3.570 6	4.403 8	5.226 0	6.303 8	18.549 3	21.026 1	23.336 7	26.217 0	28.299 5
14	13	3.565 0	4.106 9	5.008 8	5.891 9	7.041 5	19.811 9	22.362 0	24.735 6	27.688 2	29.819 5
15	14	4.074 7	4.660 4	5.628 7	6.570 6	7.789 5	21.064 1	23.684 8	26.118 9	29.141 2	31.319 3
16	15	4.600 9	5.229 3	6.262 1	7.260 9	8.546 8	22.307 1	24.995 8	27.488 4	30.577 9	32.801 3
17	16	5.142 2	5.812 2	6.907 7	7.961 6	9.312 2	23.541 8	26.296 2	28.845 4	31.999 9	34.267 2
18	17	5.697 2	6.407 8	7.564 2	8.671 8	10.085 2	24.769 0	27.587 1	30.191 0	33.408 7	35.718 5
19	18	6.264 8	7.014 9	8.230 7	9.390 5	10.864 9	25.989 4	28.869 3	31.526 4	34.805 3	37.156 5
20	19	6.844 0	7.632 7	8.906 5	10.117 0	11.650 9	27.203 6	30.143 5	32.852 3	36.190 9	38.582 3
21	20	7.433 8	8.260 4	9.590 8	10.850 8	12.442 6	28.412 0	31.410 4	34.169 6	37.566 2	39.996 8
22	21	8.033 7	8.897 2	10.282 9	11.591 3	13.239 6	29.615 1	32.670 6	35.478 9	38.932 2	41.401 1

（续表）

序号	A	B	C	D	E	F	G	H	I	J	K
23	22	8.642 7	9.542 5	10.982 3	12.338 0	14.041 5	30.813 3	33.924 4	36.780 7	40.289 4	42.795 7
24	23	9.260 4	10.195 7	11.688 6	13.090 5	14.848 0	32.006 9	35.172 5	38.075 6	41.638 4	44.181 3
25	24	9.886 2	10.856 4	12.401 2	13.848 4	15.658 7	33.196 2	36.415 0	39.364 1	42.979 8	45.558 5
26	25	10.519 7	11.524 0	13.119 7	14.611 4	16.473 4	34.381 6	37.652 5	40.646 5	44.314 1	46.927 9
27	26	11.160 2	12.198 1	13.843 9	15.379 2	17.291 9	35.563 2	38.885 1	41.923 2	45.641 7	48.289 9
28	27	11.807 6	12.878 5	14.573 4	16.151 4	18.113 9	36.741 2	40.113 3	43.194 5	46.962 9	49.644 9
29	28	12.461 3	13.564 7	15.307 9	16.927 9	18.939 2	37.915 9	41.337 1	44.460 8	48.278 2	50.993 4
30	29	13.121 1	14.256 5	16.047 1	17.708 4	19.767 7	39.087 5	42.557 0	45.722 3	49.587 9	52.335 6
31	30	13.786 7	14.953 5	16.790 8	18.492 7	20.599 2	40.256 0	43.773 0	46.979 2	50.892 2	53.672 0
32	31	14.457 8	15.655 5	17.538 7	19.280 6	21.433 6	41.421 7	44.985 3	48.231 9	52.191 4	55.002 7
33	32	15.134 0	16.362 2	18.290 8	20.071 9	22.270 6	42.584 7	46.194 3	49.480 4	53.485 8	56.328 1
34	33	15.815 3	17.073 5	19.046 7	20.866 5	23.110 2	43.745 2	47.399 9	50.725 1	54.775 5	57.648 4
35	34	16.501 3	17.789 1	19.806 3	21.664 3	23.952 3	44.903 2	48.602 4	51.966 0	56.060 9	58.963 9
36	35	17.191 8	18.508 9	20.569 4	22.465 0	24.796 7	46.058 8	49.801 8	53.203 3	57.342 1	60.274 8
37	36	17.886 7	19.232 7	21.335 9	23.268 6	25.643 4	47.212 2	50.998 5	54.437 3	58.619 2	61.581 2
38	37	18.585 8	19.960 2	22.105 6	24.074 9	26.492 1	48.363 4	52.192 3	55.668 0	59.892 5	62.883 3
39	38	19.288 9	20.691 4	22.878 5	24.883 9	27.343 0	49.512 6	53.383 5	56.895 5	61.162 1	64.181 4
40	39	19.995 9	21.426 2	23.654 3	25.695 4	28.195 8	50.659 8	54.572 2	58.120 1	62.428 1	65.475 6
41	40	20.706 5	22.164 3	24.433 0	26.509 3	29.050 5	51.805 1	55.758 5	59.341 7	63.690 7	66.766 0
42	41	21.420 8	22.950 6	25.214 5	27.325 6	29.907 1	52.948 5	56.942 4	60.560 6	64.950 1	68.052 7
43	42	22.138 5	23.650 1	25.998 7	28.144 0	30.765 4	54.090 2	58.124 0	61.776 8	66.206 2	69.336 0
44	43	22.859 5	24.397 6	26.785 4	28.964 7	31.625 5	55.230 2	59.303 5	62.990 4	67.459 3	70.615 9
45	44	23.583 7	25.148 0	27.574 6	29.787 4	32.487 1	56.368 5	60.480 9	64.201 5	68.709 5	71.892 6
46	45	24.311 0	25.901 3	28.366 2	30.612 3	33.350 4	57.505 3	61.656 2	65.410 2	69.956 8	73.166 1
47	46	25.041 3	26.657 2	29.160 1	31.439 0	34.215 2	58.640 5	62.829 6	66.616 5	71.201 4	74.436 5

附表 5　F 分布临界值表

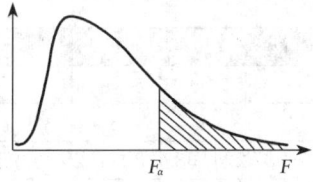

　　利用 Excel 提供的统计函数 finv，可以构建 F 分布临界值表，该表是根据 F 分布的右尾概率 α 计算的相应的临界值。即如果 $P(F \geqslant x) = \alpha$，则对于任意给定的概率 $P(0 \leqslant \alpha$

≤1),可以求出相应的 x。生成 F 分布临界值表的具体操作步骤如下。

第1步:在 B1 单元格输入 F 分布右尾概率 α 的取值(如 $\alpha=0.05$),在第 2 行输入分子自由度 $df1$ 的值,在第 1 列输入分母自由度 $df2$ 的值,如下表所示。

序号	A	B	C	D	E	F	G	H	I	J	K
1	$\alpha=$	0.05									
2	$df2/df1$	1	2	3	4	5	6	7	8	9	10
3	1										
4	2										
5	3										
6	4										
7	5										
8	6										
9	7										
10	8										
11	9										
12	10										
13	11										
14	12										
15	13										
16	14										
17	15										
18	16										
19	17										
20	18										
21	19										
22	20										

第2步:在 B3 单元格输入公式"=FINV(B1,B$2,$A3)",然后将其向下、向右复制即可得到 F 分布临界值表,$\alpha=0.05$ 时 F 分布临界值表的部分结果如下表所示(读者可根据需要生成不同 α 和不同自由度的 F 分布临界值表)。

序号	A	B	C	D	E	F	G	H	I	J	K
1	$\alpha=$	0.05									
2	$df2/df1$	1	2	3	4	5	6	7	8	9	10
3	1	161.448	199.500	215.707	224.583	230.162	233.986	236.768	238.883	240.543	241.882
4	2	18.513	19.000	19.164	19.247	19.296	19.330	19.353	19.371	19.385	19.396
5	3	10.128	9.552	9.277	9.117	9.013	8.941	8.887	8.845	8.812	8.786

（续表）

序号	A	B	C	D	E	F	G	H	I	J	K
6	4	7.709	6.944	6.591	6.388	6.256	6.163	6.094	6.041	5.999	5.964
7	5	6.608	5.786	5.409	5.192	5.050	4.950	4.876	4.818	4.772	4.735
8	6	5.987	5.143	4.757	4.534	4.387	4.284	4.207	4.147	4.099	4.060
9	7	5.591	4.737	4.347	4.120	3.972	3.866	3.787	3.726	3.677	3.637
10	8	5.318	4.459	4.066	3.838	3.687	3.581	3.500	3.438	3.388	3.347
11	9	5.117	4.256	3.863	3.633	3.482	3.374	3.293	3.230	3.179	3.137
12	10	4.965	4.103	3.708	3.478	3.326	3.217	3.135	3.072	3.020	2.978
13	11	4.844	3.982	3.687	3.357	3.204	3.095	3.012	2.948	2.896	2.854
14	12	4.747	3.885	3.490	3.259	3.106	2.996	2.913	2.849	2.796	2.753
15	13	4.667	3.806	3.411	3.179	3.025	2.915	2.832	2.767	2.714	2.671
16	14	4.600	3.739	3.344	3.112	2.958	2.848	2.764	2.699	2.646	2.602
17	15	4.543	3.682	3.287	3.056	2.901	2.790	2.707	2.641	2.588	2.544
18	16	4.494	3.634	3.239	3.007	2.852	2.741	2.657	2.591	2.538	2.494
19	17	4.451	3.592	3.197	2.965	2.810	2.699	2.614	2.548	2.494	2.450
20	18	4.414	3.555	3.160	2.928	2.773	2.661	2.577	2.510	2.456	2.412
21	19	4.381	3.522	3.127	2.895	2.740	2.628	2.544	2.477	2.423	2.378
22	20	4.351	3.493	3.098	2.866	2.711	2.599	2.514	2.447	2.393	2.348
23	21	4.325	3.467	3.072	2.840	2.685	2.573	2.488	2.420	2.366	2.321
24	22	4.301	3.443	3.049	2.817	2.661	2.549	2.464	2.397	2.342	2.297
25	23	4.279	3.422	3.028	2.796	2.640	2.528	2.442	2.375	2.320	2.275
26	24	4.260	3.403	3.009	2.776	2.621	2.508	2.423	2.355	2.300	2.255
27	25	4.242	3.385	2.991	2.759	2.603	2.490	2.405	2.337	2.282	2.236
28	26	4.225	3.369	2.975	2.743	2.587	2.474	2.388	2.321	2.265	2.220
29	27	4.210	3.354	2.960	2.728	2.572	2.459	2.373	2.305	2.250	2.204
30	28	4.196	3.340	2.947	2.714	2.558	2.445	2.359	2.291	2.236	2.190
31	29	4.183	3.328	2.934	2.701	2.545	2.432	2.346	2.278	2.223	2.177
32	30	4.171	3.316	2.922	2.690	2.534	2.421	2.334	2.266	2.211	2.165
33	31	4.160	3.305	2.911	2.679	2.523	2.409	2.323	2.255	2.199	2.153
34	32	4.149	3.295	2.901	2.668	2.512	2.399	2.313	2.244	2.169	2.142
35	33	4.139	3.285	2.892	2.659	2.503	2.389	2.303	2.235	2.179	2.133
36	34	4.130	3.276	2.883	2.650	2.494	2.380	2.294	2.225	2.170	2.123
37	35	4.121	3.267	2.874	2.641	2.485	2.372	2.285	2.217	2.161	2.114
38	36	4.113	3.259	2.866	2.634	2.477	2.364	2.277	2.209	2.153	2.106
39	37	4.105	3.252	2.859	2.626	2.470	2.356	2.270	2.201	2.145	2.098
40	38	4.098	3.245	2.852	2.619	2.463	2.349	2.262	2.194	2.138	2.091

(续表)

序号	A	B	C	D	E	F	G	H	I	J	K
41	**39**	4.091	3.238	2.845	2.612	2.456	2.342	2.255	2.187	2.131	2.084
42	**40**	4.085	3.232	2.839	2.606	2.449	2.336	2.249	2.180	2.124	2.077
43	**41**	4.079	3.226	2.833	2.600	2.443	2.330	2.243	2.174	2.118	2.071
44	**42**	4.073	3.220	2.827	2.594	2.438	2.324	2.237	2.168	2.112	2.065
45	**43**	4.067	3.214	2.822	2.589	2.432	2.318	2.232	2.163	2.106	2.059
46	**44**	4.062	3.209	2.816	2.584	2.427	2.313	2.226	2.157	2.101	2.054
47	**45**	4.057	3.204	2.812	2.579	2.422	2.308	2.221	2.152	2.096	2.049

附表6　随机数字表

利用 Excel 提供的统计函数"RAND",可以生产位于 0~1 之间的均匀分布随机数。利用"RANDBETWEEN"函数则可以生成位于任意两个指定数之间的一个随机数。比如,要生成 1~100 之间的一个随机数,可按下列步骤操作。

第1步:在 Excel 表格界面中,直接点击"fx"命令。

第2步:在复选框"函数分类"中点击"全部"选项,并在"函数名"中点击"RANDBE-TWEEN"选项,然后"确定"。

第3步:在"Bottom"输入要返回的最小整数(本例为1),在"Top"输入要返回的最大整数(本例为100)。单击"确定"即可得到一个随机数(要得到多个随机数向下复制即可)。

下表是由该函数得到的多个随机数。

序号	A	B	C	D	E	F	G	H	I	J	K
1	6	56	11	27	77	8	33	84	12	67	94
2	61	64	13	70	49	16	25	58	19	83	94
3	29	91	21	85	14	14	53	32	67	8	98
4	96	91	30	27	85	29	16	43	51	60	93
5	92	32	95	90	27	94	77	32	5	42	28
6	86	57	79	82	88	13	8	74	80	17	17
7	99	50	33	36	67	16	8	72	83	8	20
8	63	65	35	54	43	44	87	83	3	78	33
9	94	65	73	19	60	81	32	41	31	87	34
10	25	57	91	88	4	85	86	13	30	85	95
11	70	31	60	18	27	75	91	54	23	16	17
12	90	48	8	8	18	92	53	37	49	34	35

（续表）

序号	A	B	C	D	E	F	G	H	I	J	K
13	68	6	81	92	28	68	25	52	24	4	30
14	25	54	51	97	97	70	77	72	3	98	50
15	88	25	39	50	9	52	74	37	51	45	18
16	41	87	62	62	47	37	32	79	31	1	79
17	73	24	23	80	50	87	5	64	59	14	52
18	88	16	49	34	64	52	98	4	12	20	35
19	29	91	19	10	92	92	10	72	28	93	57
20	56	18	41	2	43	32	24	2	1	85	98
21	57	39	92	44	70	12	91	11	79	70	3
22	66	12	39	54	75	8	2	62	72	97	64
23	5	44	11	40	33	99	11	78	40	46	81
24	21	22	10	53	47	57	62	97	92	33	60
25	72	27	59	2	21	65	73	34	69	39	18

主要参考文献

1. 陈在余,陶应虎. 统计学原理与实务[M]. 北京:清华大学出版社,2009.
2. 贾俊平,何晓群. 统计学[M]. 4 版. 北京:中国人民大学出版社,2008.